"十三五"职业教育国家规划教材

普通高等学校邮轮服务与管理专业系列规划教材

邮轮前厅服务与管理

李肖楠　徐文苑　主　编
李军委　　　　副主编

化学工业出版社

·北京·

《邮轮前厅服务与管理》一书为普通高等学校邮轮服务与管理专业系列规划教材。本书以学生就业为导向，以服务邮轮行业为宗旨，以前厅主要岗位工作任务为主线，以提高学生的服务水平为目的编写而成。书中包括走进国际邮轮前厅、登船服务、礼宾服务、前台接待服务、电话总机服务、岸上观光服务、未来航程销售和预订、邮轮收银服务和顾客关系管理9个工作模块。本书着眼于学生的能力培养，适合邮轮管理和服务专业学生及有志于从事邮轮前厅工作的人士学习使用，也可作为邮轮前厅从业人员进修与培训的专业教材。

图书在版编目（CIP）数据

邮轮前厅服务与管理/李肖楠，徐文苑主编．—北京：化学工业出版社，2017.7（2022.8重印）
ISBN 978-7-122-29727-3

Ⅰ.①邮⋯ Ⅱ.①李⋯②徐⋯ Ⅲ.①旅游船-旅游服务 Ⅳ.①U695.1

中国版本图书馆CIP数据核字（2017）第111537号

责任编辑：王　可　蔡洪伟　于　卉　　　　装帧设计：刘丽华
责任校对：宋　夏

出版发行：化学工业出版社（北京市东城区青年湖南街13号　邮政编码100011）
印　　刷：三河市航远印刷有限公司
装　　订：三河市宇新装订厂
787mm×1092mm　1/16　印张20　字数537千字　2022年8月北京第1版第8次印刷

购书咨询：010-64518888　　　售后服务：010-64518899
网　　址：http://www.cip.com.cn
凡购买本书，如有缺损质量问题，本社销售中心负责调换。

定　价：49.80元　　　　　　　　　　　　　　　　　　　　　版权所有　违者必究

前言

近年来,欧美邮轮旅游市场已渐近饱和,而亚太邮轮旅游市场则增势强劲,出现了邮轮旅游重心向东半球转移的趋势。在这一过程中,中国已成为全球最具活力的邮轮旅游市场,巨大市场潜力正吸引着全球邮轮巨头陆续入驻。中国交通运输协会邮轮游艇分会(CCYIA)统计数据显示:2016年中国10大港口城市接待邮轮出入境中外旅客2261405人(4522810人次),同比增长82%;其中,出境中国旅客2122610人(4245220人次),首次突破200万人,同比增长91%。面对越来越多的中国游客,各大国际邮轮公司急需从中国招聘大量邮轮专业型人才。邮轮专业人才的奇缺,不仅表现在人数上,而且突出地体现在"质"的差距上。作为国际化邮轮专业人才,不仅要有较高的语言能力、沟通能力和文化素养,而且要有把握市场动态及发展趋势的能力,要精通服务理念,善于营造一个"宾至如归"的氛围。目前,邮轮行业中"最大量需要的人才"是各类服务岗位、部分管理岗位和技术岗位,如前台接待、餐厅服务员、客舱服务员等。因此,尽快形成一支具有较高服务水平,熟悉国际邮轮业行规、法规、操作模式的邮轮专业人才队伍是当务之急。本教材的编写旨在满足高职高专邮轮服务和管理专业学生系统学习训练及邮轮从业人员在职培训的实际需要,为邮轮培养面向服务第一线的高素质、高技能、复合型邮轮前厅专业人才。

《邮轮前厅服务与管理》一书具有三个突出特点。

(1) 内容选取充分体现"工学结合"。本教材的编写者主动深入邮轮前厅服务的各个环节,做了大量实践性的调研,教材所选取的工作情景、工作流程、服务案例等内容全部取自各大国际邮轮前厅各岗位的服务一线,真实体现邮轮前厅的工作过程。

(2) 结构设计体现"教学做一体"。本教材的结构设计突出"教学做一体",从课前阅读、岗位流程的操作,到情景模拟训练和案例讨论,力求实现教学的过程就是服务程序系统化训练的过程,训练的过程就是工作岗位实战的过程。

(3) 编排顺序着眼"可持续发展"。本教材的内容编排既充分考虑"就业导向"的需要,也着眼于邮轮服务业人才未来可持续发展的需要。在内容安排顺序上,不仅把握由浅入深的一般性顺序,还有意识地增加了大量的邮轮前厅方面的英文资料,在拓宽学生知识面的同时,培养和训练学生的英语交际和应用能力。

本书由天津海运职业学院李肖楠副教授和天津职业大学徐文苑教授担任主编,山东交通职业学院泰山校区李军委担任副主编，天津海运职业学院黄婧、赵莹莹、韩东红、皇家加勒比海洋水手号邮轮（RCCL Voyager of the Seas）前厅宾客接待专员侯丹霞、诺唯真珠宝号邮轮（NCL Gem）收银员徐芳参与编写。具体编写分工为李肖楠编写模块一、模块二、模块七、模块九，李军委、黄婧、赵莹莹编写模块三，赵莹莹、侯丹霞编写模块四，黄婧、徐文苑编写模块五，李肖楠、李军委编写模块六，李肖楠、韩东红、徐芳编写模块八。李肖楠负责本教材的框架设计、大纲编写和全书统稿工作。

因编者水平和编写时间有限，书中疏漏之处在所难免，敬请教育同仁、莘莘学子以及广大读者批评指正。

编　者
2017 年 3 月

目录

模块一　走进国际邮轮前厅

项目一　邮轮前厅部的主要任务 ………………………………………………… 2
项目二　邮轮前厅部的组织机构 ………………………………………………… 8
项目三　邮轮前厅部员工的素质要求 …………………………………………… 22
项目四　邮轮前厅布局及设备 …………………………………………………… 29

模块二　登船服务

项目五　登船准备工作 …………………………………………………………… 37
　任务一　明确办理登船手续的目的 …………………………………………… 38
　任务二　获取办理登船手续所需的相关信息 ………………………………… 38
　任务三　准备办理登船手续所需的相关物品 ………………………………… 41
　任务四　了解办理登船手续的相关证件 ……………………………………… 49
项目六　登船服务流程 …………………………………………………………… 64
　任务一　在线登记 ……………………………………………………………… 64
　任务二　码头登船 ……………………………………………………………… 70
项目七　邮轮登船手续 …………………………………………………………… 78
　任务一　个人游客登船 ………………………………………………………… 79
　任务二　团队游客登船 ………………………………………………………… 81
　任务三　优先登船 ……………………………………………………………… 84
　任务四　停靠港登船 …………………………………………………………… 87
项目八　登船中常见问题的处理 ………………………………………………… 89

模块三　礼宾服务

项目九　行李服务 ………………………………………………………………… 96
　任务一　行李托运准备 ………………………………………………………… 97
　任务二　登船行李托运 ………………………………………………………… 99
　任务三　离船行李托运 ………………………………………………………… 102
　任务四　行李服务中常见问题的处理 ………………………………………… 106
项目十　贵宾服务 ………………………………………………………………… 109
　任务一　了解邮轮礼宾计划 …………………………………………………… 110
　任务二　认识邮轮礼宾俱乐部 ………………………………………………… 116
　任务三　学习私人管家服务 …………………………………………………… 118

模块四　前台接待服务

项目十一　前台接待 ··· 124
　任务一　认识邮轮前台 ··· 124
　任务二　掌握邮轮前台接待服务的项目 ·· 127
　任务三　更换舱房 ··· 129
　任务四　解决邮轮前台接待中的常见问题 ··· 129
项目十二　提供问讯 ··· 132
　任务一　询问船上服务和设施 ·· 132
　任务二　咨询航线和岸上观光 ·· 135
　任务三　查询船上游客及员工 ·· 136

模块五　电话总机服务

项目十三　认识电话总机 ··· 140
　任务一　了解电话总机房的设施设备 ··· 140
　任务二　掌握总机服务的基本要求 ·· 142
　任务三　熟悉邮轮总机服务的项目 ·· 143
项目十四　提供总机服务 ··· 148
　任务一　电话转接 ··· 148
　任务二　留言服务 ··· 150
　任务三　叫醒服务 ··· 151

模块六　岸上观光服务

项目十五　认识岸上观光服务 ··· 157
　任务一　了解岸上观光部门职责 ··· 157
　任务二　设计岸上观光行程 ··· 162
项目十六　提供岸上观光服务 ··· 170
　任务一　预订岸上观光行程 ··· 171
　任务二　组织岸上观光行程 ··· 176
　任务三　岸上观光服务中常见问题的处理 ··· 178

模块七　未来航程销售和预订

项目十七　准备工作 ··· 182
　任务一　认识邮轮的舱房种类 ·· 183
　任务二　了解邮轮的不同房态 ·· 193
　任务三　掌握邮轮航线的价格 ·· 194
项目十八　未来航程销售 ··· 205
　任务一　认识未来航程销售 ··· 205
　任务二　未来航程销售的技巧 ·· 212
项目十九　邮轮航程预订 ··· 216
　任务一　了解航程预订的渠道、方式和种类 ······································ 218

任务二　掌握航程预订的流程 ·· 220

模块八　邮轮收银服务

　项目二十　收银基础知识 ·· 241
　　任务一　了解邮轮结账方式 ·· 242
　　任务二　掌握船上付款方式 ·· 245
　项目二十一　兑换外币 ·· 251
　　任务一　学会鉴别货币真假 ·· 252
　　任务二　掌握外币兑换的程序 ·· 257
　项目二十二　收取押金 ·· 260
　　任务一　登记信用卡 ·· 262
　　任务二　预存现金 ·· 264
　项目二十三　结账离船 ·· 267
　　任务一　结账 ·· 267
　　任务二　离船 ·· 270

模块九　顾客关系管理

　项目二十四　邮轮忠诚顾客计划 ·· 277
　　任务一　建立良好的宾客关系 ·· 278
　　任务二　邮轮忠诚顾客计划 ·· 281
　项目二十五　顾客投诉 ·· 289
　　任务一　正确理解顾客投诉 ·· 291
　　任务二　正确处理顾客投诉 ·· 298

附录　邮轮前厅英语词汇

参考文献

模块一
走进国际邮轮前厅

荷美"欧罗丹"号邮轮(MS Eurodam)前厅

前厅部(Pursers Department)是邮轮的接待中心,与酒店接待类似,主要负责邮轮财务管理、信息咨询、投诉处理,还包括游客上下船时海关和移民手续的办理、护照和签证的管理,同时还要增强销售意识,积极推销岸上行程和未来航程。

【学习与训练总目标】

- 掌握邮轮前厅部的地位、作用和主要任务。
- 了解邮轮前厅部的组织机构。
- 熟悉邮轮前厅部岗位设置和职责。
- 掌握邮轮前厅部员工的素质要求。
- 熟悉邮轮前厅部的布局和设备要求。

项目一 邮轮前厅部的主要任务

【学习与训练子目标】

1. 掌握邮轮前厅部的概念。
2. 明确前厅部在邮轮酒店部中的地位和作用。
3. 熟悉邮轮前厅部的主要工作任务。

课前阅读

从 Pursers（乘务长）到 Guest Services（宾客服务），变得不止是名称

Pursers（乘务长）这一职务早在14世纪初就被列入皇家海军准尉军衔中，并作为海军军衔一直持续到1852年。乘务长主要负责船上的物资管理，例如食物、酒水、衣物、被褥甚至蜡烛。乘务长最初被称为"会计员"。他们通常在采购时收取供货商5%的佣金，并记录下来，货物出售给船员时会适当地加价。乘务长其实并不负责船员的薪水，但却需要密切关注，因为船员必须支付他们的生活开销，而将其消费从工资中扣除正是乘务长的工作所在。尽管乘务长这一职务是没有报酬的，但由于其非常可观的预期收入在当时是非常抢手的。由于船只旅行带来越来越多的副业，乘务长也越来越有钱。

在现代客运船只中，Pursers（事务部）已经进化成一个拥有多名员工的部门，主要处理船上的行政事务、财务税费、外币兑换及其他一切与乘客和船员的财务相关的事宜。后来，随着邮轮业的迅速发展和普及，Pursers 的工作职责也发生了进一步的转变，主要为邮轮乘客提供上下船、接待、解答、收银结账、投诉处理等各项服务。在20世纪90年代末，许多邮轮开始用 Guest Services 代替 Pursers，这一名称的变化更多体现了该部门工作内容和工作职责的变化，也更加直观、准确和形象地表达了该部门的服务对象和工作职责。

【知识点与技能点】

一、邮轮前厅部的概念

（一）邮轮甲板（Cruise Deck）

一般而言，一艘中、大型豪华邮轮，其甲板设备和基本设施配置如下。

1. 运动甲板（Sun or Sports Deck）和丽都甲板（Lido Deck）

运动甲板位于邮轮最上面两层，设施有游泳池、池畔酒吧、健身房、美容院、SPA 水疗、桑拿、运动步道、网球场、篮球场、小型高尔夫球场、攀岩墙、甲板冲浪等。

2. 服务设施甲板（Promenade Deck）或大堂甲板（Lobby Deck）

服务设施甲板位于邮轮中间，包括两至三层，基本设施大致有主餐厅、付费餐厅、游憩场所、剧场、歌舞厅、电影院、卡拉OK、各式主题酒吧、咖啡厅、免税精品店、便利商店、照片长廊、相片冲洗店、会议中心、电脑上网设备、卫星通信、儿童游乐场、婴儿看护中心、医疗设施、宾客服务前台和岸上观光等。

3. 客舱区（Stateroom）

客舱区大致可分为内舱房（Inside Stateroom）、海景房（Ocean View Stateroom）、阳台舱（Ocean View Stateroom with Balcony）、套房舱（Suite）等四大类型。

（二）邮轮大堂（Cruise Lobby）

与酒店一样，邮轮上也有开阔挑高的区域，主要设置成步行街，分布着各种娱乐和服务设施，许多邮轮的登船口也常开设在该层甲板，这一部分区域称为邮轮大堂。邮轮大堂一般位于邮轮的3～7层甲板，由于类型、吨位、特色等差距，不同邮轮大堂的位置也略有区别。例如诗丽雅"交响曲"号邮轮（Silja Symphony）的大堂位于7层甲板（图1-1），而歌诗达"赛琳娜"号邮轮（Costa Serena）的大堂则位于3层甲板，中庭（万神殿大堂）一直挑高到5层（图1-2）。

图1-1　诗丽雅"交响曲"号邮轮位于7层大堂甲板的登船口

图1-2　歌诗达"赛琳娜"号邮轮的万神殿大堂（Atrium Pantheon）

（三）邮轮前厅部（Cruise Pursers Department）

邮轮前厅部与酒店前厅部非常类似，是指设在邮轮大堂，负责招呼和接待乘客，提供上下船、收银、外币兑换、咨询、委托代办和投诉等服务，同时与乘客建立良好关

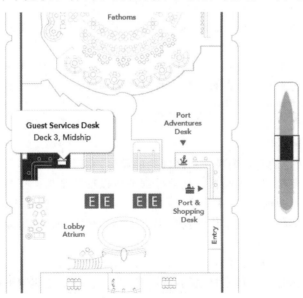

图1-3　迪斯尼"魔力"号（Disney Magic）位于三层甲板的宾客服务台（Guest Service Desk）

系的部门。

与酒店前厅部相比，邮轮前厅部的功能和职责有所不同，例如邮轮前厅部并不负责客房预订，也没有迎宾服务，入住接待服务也由岸上接待（Shore Embarkation）和船上接待（Ship Embarkation）共同完成。

行业内和学术界关于邮轮"前厅部"的叫法不一，荷美邮轮（Holland America）直接采用酒店前厅部的叫法，英文名称是 Front Office Department；而公主邮轮（Princess Cruise）则沿用早期船只的传统叫法，英文名称是 Pursers Department，可译为事务部，也可译为前厅部；大多数邮轮如嘉年华邮轮、皇家加勒比邮轮、精致邮轮、迪斯尼邮轮、诺唯真邮轮、地中海邮轮、银海邮轮、世鹏邮轮均采用 Guest Services Department 代替前厅部，译为宾客服务部。为了方便理解，本书主要采用邮轮前厅部（Guest Services Department）的叫法。图1-3即为迪斯尼"魔力"号邮轮的宾客服务台。

 小资料

漂浮在海上的"酒店"还是"度假村"？

如今的邮轮带给人们的是一种新的旅行方式，吃、住、行、游、娱、购都在船上进行，并且还能将游客送往其他目的地上岸游玩，没有舟车劳顿，没有长途跋涉，有的是精致美好的食物、精彩的运动项目、惬意的咖啡时光、乐翻天的娱乐节目、有趣实用的学习课程，整个旅途轻松舒适，让人不自觉便达到了"不知今夕是何夕"的状态。所以邮轮被称为漂浮在海上的"度假村"。

在被称为漂浮在海上的"度假村"之前，邮轮一度被称为漂浮在海上的"酒店"。至于原因，一方面固然是由于邮轮作为一个新鲜事物刚进入中国时，人们对其认识和了解不够深入，想当然地将其与酒店联系在一起，但另一方面也不乏邮轮公司对邮轮部门的划分给人带来的误解，邮轮一般由三大部门组成：航海部（Deck & Engine Dept.）、市场部（Marketing Dept.）和酒店部（Hotel Dept.）。邮轮酒店部提供的服务基本与酒店一样，也有客房、前台接待、餐饮、娱乐等，所以邮轮理所当然地被称作漂浮在海上的"酒店"，而这也正是邮轮"前厅部"叫法的由来。另外，为了方便人们理解，邮轮中介公司在员工招聘时直接采用前厅部的称呼，也在一定程度上扩大了这一称谓的影响力。

二、邮轮前厅部的地位和作用

前厅部并不是邮轮主要的营业部门，但它对邮轮市场形象、服务质量乃至管理水平和经济效益都有至关重要的影响。

（一）前厅部是邮轮的营业橱窗，反映邮轮的整体服务质量

一艘邮轮服务质量和档次的高低，从前厅部就可以反映出来，正是从这个意义上讲，有人把前厅称为邮轮的"脸面"，这张脸是否"漂亮"，不仅取决于大堂的设计、布置、装饰、灯光等硬件设施的豪华程度，更取决于前厅部员工的精神面貌、办事效率、服务态度、服务技巧、礼貌礼节以及组织纪律性。

（二）邮轮前厅部决定着游客的第一印象和最后印象

前厅部是游客抵达邮轮后首先接触的部门，因此，它是给游客留下第一印象的地方。从心理学上讲，第一印象非常重要，游客总是带着这种第一印象来评价一艘邮轮的服务质量。如果第一印象好，那么即使在旅游期间遇到有不如意的地方，顾客也会认为这是偶尔发生的，可以原谅；反之，如果第一印象不好，那么，他就会认为这艘邮轮出现这类服务质量差

的事是必然的，邮轮在他心目中的不良形象就很难改变，而且他还会对邮轮服务多加挑剔。此外，游客离开邮轮时也是从前厅部离开的，因此，这里也是给游客留下最后印象的地方，而最后印象在游客脑海里停留的时间最长。最后印象的好坏，在很大程度上取决于前厅部服务员的礼貌礼节和服务质量，如果服务员态度不好，办事效率不高，就会给游客留下不良的最后印象，使其在游客旅游期间为游客提供的良好服务"前功尽弃"，如果用一个公式表示就是"$99+1=0$"，即最后印象决定着游客对邮轮的最终印象。所以，前厅部员工应当充分认识到自身在邮轮服务工作中所处的重要地位，提高对客服务质量和管理水平，塑造良好的服务形象。

（三）前厅部是邮轮的信息集散中心

前厅部是邮轮信息集散的枢纽。作为邮轮业务活动的中心，前厅部直接面对游客提供各种服务，是邮轮中最敏感的部门。前厅部能收集到有关游客需求、对客服务、经营活动的各种信息。

这些信息为邮轮提供优质服务奠定了基础，游客从预订开始，其信息就进入到邮轮的信息管理系统，随着游客在邮轮消费活动的开展，游客的更多信息不断地被获取和充实，这些信息将成为邮轮对客服务的依据。另外，通过对这些信息的整理和分析，形成真实反映邮轮经营管理情况的数据报表和工作报告，作为制订和调整邮轮计划和经营管理的参考依据。

（四）前厅部具有一定的经济作用

邮轮前厅部不仅可以通过提供物品租赁、委托代办、外币兑换、岸上观光、导游服务等直接取得经济收入，而且可以灵活地向游客推销下次航程预订，从而获得隐性收入，并且销售工作的好坏还直接影响到邮轮接待游客的数量和营业收入的多寡，因此，每一名合格的前厅部员工同时还应该是销售人员。

（五）前厅部具有一定的协调作用

前厅部犹如邮轮的大脑，在很大程度上控制和协调着整个邮轮的经营活动。对外，前厅部要与海关、港口、旅行社等沟通协调游客出入境和上下船相关事宜；对内，前厅部还要及时将客源、客情、游客需求及投诉等各种信息通报有关部门，共同协调整个邮轮的对客服务工作，以确保服务工作的效率和质量。所以，前厅部通常被视为邮轮的"神经中枢"（Nerve Center），是整个邮轮酒店部承上启下、联系内外、疏通左右的枢纽，而前厅部员工的素质和水平，则直接影响到邮轮酒店部其他部门对顾客的服务质量。

（六）前厅部是建立良好游客关系的重要环节

在市场经济条件下，顾客就是"上帝"，邮轮是为游客提供食、住、行、游、购、娱等综合服务的行业，邮轮服务质量的好坏最终是由游客作出评价的，评价的标准就是游客的"满意程度"，建立良好的顾客关系有利于提高游客的满意度，争取更多的回头客，从而提高邮轮的经济效益。

前厅部是游客与邮轮联系的纽带，与邮轮其他部门相比，前厅部是邮轮中的一线部门，前厅部员工就是一线员工，直接为游客提供各种服务，并且前厅服务贯穿于游客旅游的整个周期中，因此，作为与游客接触最多的前厅部是建立良好顾客关系的重要环节。

三、邮轮前厅部的主要工作任务

前厅部处于邮轮接待服务的第一线，它接触面广、业务复杂，在整个邮轮酒店部的运营过程中起着不可替代的作用，肩负着重要的接待任务。前厅部的主要工作任务有：未来航程销售、提供各种对客服务、协调和沟通、信息收集与处理、客账管理、建立客史档案、邮轮会员俱乐部管理等。

（一）未来航程销售（Future Cruise Sales）

未来航程销售是邮轮的首要任务。邮轮收入的主要来源有船票收益和船上客人消费收入（On Board Revenue）两大块，由于客房商品具有不可储存性的特征，属于一种"极易腐烂"的商品（Perishable Product），所以邮轮公司通常提前半年甚至一年就公布次年的航班信息，目的是鼓励邮轮客人提前制订出行计划，这样既能保证船票收益，同时也能保证船上客人的消费收入。因此，邮轮前厅部员工必须具有强烈的营销意识和推销能力，积极进行未来航程销售。

（二）提供各种对客服务

前厅部是邮轮中的一线部门，直接为游客提供各种相关服务，范围涉及收银结账、委托代办、行李服务、贵宾接待、未来航程销售、投诉处理等服务，还涉及换房、咨询、电话通信、岸上观光、导游、物品租赁、外币兑换等。

在完成前厅各项服务过程中，前厅服务应与邮轮酒店部其他服务，诸如客舱服务、餐饮服务、安全服务等方面共同构成邮轮酒店部的整体服务，强调服务到位，使游客对邮轮留下满意、深刻的印象。

（三）协调和沟通

前厅部根据游客要求和邮轮营销部门的销售计划衔接前、后台业务以及与游客、旅行社、港口、海关之间的联络、沟通工作，达到使游客满意以及内部业务运作顺畅的目的。例如：游客向前厅服务人员反映客舱温度问题，前厅服务人员就应立即通过管理渠道向设备维护部门反映游客意见，并给予游客圆满的答复。

（四）信息管理

前厅是游客汇集活动的场所，与游客保持着最多的接触，因此前厅部要随时准备向游客提供其所需要和感兴趣的信息资料。如邮轮前厅部每天印发一份《今日活动指南》，分英语、意大利语、法语、德语、西班牙语、葡萄牙语、俄语、日语、中文等，会在前一天晚上由客舱服务员送到游客房中，里面列明从清晨至晚上，在什么时间什么地点有什么活动开展，例如美食制作、艺术展览、电影上映、滑冰表演、毛巾宠物课程教授、手工艺制作、趣味游戏等。这份指南也会列明那天的衣着准则，或者船上的商店有什么特价优惠等资料。如果是上岸观光日，指南上还会列明要去的岸上观光点的旅游信息。如图1-4所示，即为歌诗达邮轮的每日活动指南。

前厅部还要收集有关客源市场、产品销售、营业收入、游客意见等信息，并对这些信息进行加工、整理，并将其传递给酒店部决策管理机构，并与有关部门协调沟通。

图1-4 歌诗达邮轮的每日活动指南（Today）

（五）客账控制

邮轮上规定除赌场和小费外其他消费均采用无现金支付系统，游客上船后需要开通邮轮船卡才能消费，前厅部应在游客上船后及时为游客绑定信用卡或收取现金，并核算和管理游客在船上的消费状况，根据规定及时回收账款，保证邮轮营业收入，避免出现"漏账"现象。同时负责编制各种会计报表，及时反映邮轮的经营状况。

(六) 客史建档和会员俱乐部管理

为了更好地发挥信息集散和协调服务的作用，前厅部一般都要为乘坐邮轮出行一次以上的游客建立客史档案。建立客史档案时，一般都要将游客的姓氏、身份、公司、出行日期、消费记录及特殊要求作为主要内容予以记载，作为邮轮提供周到、细致、有针对性服务的依据，这也是寻求和分析客源市场、研究市场走势、调整营销策略和产品策略的重要信息来源。

乘坐邮轮出行一次以上的顾客会自动成为邮轮俱乐部的会员，出行次数越多，会员积分越多，可享受的优惠折扣和独享特权就越多。会员俱乐部定期向顾客推介邮轮航线、推出会员优惠、组织抽奖活动，既可以推动邮轮航线销售，也可以维护游客关系。

项目二　邮轮前厅部的组织机构

【学习与训练子目标】

1. 明确邮轮前厅部的部门设置。
2. 了解邮轮前厅部的组织机构。
3. 熟悉邮轮前厅部各岗位的工作职责。

课前阅读

快捷高效的登船手续

来自上海的苏女士在某旅游论坛上与大家分享了她的歌诗达邮轮之旅，其中尤其盛赞了歌诗达邮轮快捷高效的登船流程安排：

"一到达港口，就有歌诗达邮轮公司的工作人员在港口迎接，引导我们前往行李集中区，发给我们歌诗达专用的行李标签，提醒我们大件行李必须托运，小件行李可以随身携带，护照、身份证、贵重物品等也需要随身携带。把房号写在行李标签上，然后系到行李上，最后交给工作人员就'OK'了，前后一共耗时1分钟。邮轮公司的工作人员说我们的行李会由行李生直接送至客舱。"

"办理完行李托运，根据登船指示牌的提醒去往登记柜台办理登船手续，出示护照、护照复印件和船票，一会儿就领到了印有个人信息的邮轮船卡，工作人员询问是否需要同时关联信用卡，听到只需半分钟就能关联好，果断拿出信用卡，填写好信用授权单，果然不到半分钟就关联完毕了。"

"拿着船卡，过安检、过海关一路顺畅，从廊桥登上了期待已久的歌诗达大西洋号邮轮，开启了东南亚之旅。"

登船部是邮轮前厅部中一个非常关键的部门，每当邮轮停靠港的时候都是登船部员工最为忙碌的时候，此时往往需要其他部门员工的通力合作，才能完成几千人同时进行的登船和下船手续。

【知识点与技能点】

合理的组织机构与明确的岗位职责是保证组织正常运转的前提。对于邮轮前厅部，其组织机构的设置应当根据邮轮的吨位、目标市场、接待特点及管理方式等因素综合考虑，避免机构重叠臃肿，同时，各部门之间应做到任务明确、分工协作、统一指挥。

一、邮轮前厅部部门设置

（一）邮轮前厅部主要部门

关于前厅部的部门设置，不同邮轮公司各有不同，一般来说，邮轮前厅部由前台、总机、礼宾、登船等部门组成。有的邮轮公司如维京邮轮（Viking Cruise）将岸上观光（Shore Excursion）和未来航程销售（Future Cruise Sales）也放到前厅部中，邮轮前厅部的主要部门设置如图2-1所示。

图 2-1　邮轮前厅部部门设置

1. 前台部（Front Desk/Guest Service Desk）

前台部又称为接待处（Reception），主要负责接待游客，为游客提供服务和解决问题。该部门是邮轮前厅部的核心部门，通常设置在大堂甲板非常明显的位置，方便顾客寻找和到达。前台配备有前台经理、顾客关系经理、接待员和国际翻译专员等职位。其主要职责是：推销客房；为客人提供舱房更换和升舱服务；提供咨询解答服务；制作邮轮简报；收银结账服务；外币兑换；物品租借；接待来访顾客；处理顾客邮件、留言以及分发；客人投诉的处理和解决；顾客关系维护等。

2. 总机部（Operator）

电话总机房配备有总机主管（领班）和话务员，主要负责接转邮轮与陆地之间的电话，回答客人的电话询问，提供电话找人、电话投诉、留言服务，叫醒服务等。

3. 礼宾部（Concierge）

礼宾部也称为套房礼宾关系，主要为套房客人和 VIP 客人提供贵宾接待和各种委托代办服务，同时也为邮轮客人提供行李搬运服务。礼宾部主要由礼宾主管、礼宾关系专员、贴身管家（Butler）、行李员等组成。其主要职责包括：负责套房客人和 VIP 顾客的港口迎接；为顾客提供行李托运服务；陪客进房；船上娱乐及餐饮预订；回答客人问讯，为顾客指引方向；代办顾客各项委托事务等。

4. 登船部（Embarkation）

登船部主要配备登船专员、离船专员、行政专员等岗位，主要负责客人上下船的相关事宜，如与海关、港口沟通联系邮轮停靠的时间，客人上下船的时间等，同时负责保管顾客的护照、签注等相关证件。

5. 岸上观光（Shore Excursion）

目前，很多邮轮在邮轮前台附近设置岸上观光服务台，归属前厅部，该部门设有岸上观光预订员、导游、团队协调员等职位。其主要职责是负责顾客岸上观光路线设计和预订；陆地导游服务；与邮轮中间商、代理商的沟通和协调等。

6. 未来航程销售（Future Cruise Sales）

由于未来航程销售对邮轮的重要性，多数邮轮会在邮轮前台附近设置未来航程销售服务台，设有未来航程销售经理以及销售员。其主要职责是针对船上游客进行未来航程销售，提供优惠措施促使游客预订，总而言之，就是针对常客推出的一项忠诚顾客优惠项目。

（二）游客在邮轮上的活动周期（Guest Cycle）

了解对客服务流程，了解游客在每个流程中的需求，对邮轮提供有效服务是非常重要的。借鉴游客在酒店的四个活动周期，我们将游客在邮轮上的活动周期也分为四个阶段：首先是乘船之前，此时游客需要提前进行舱房的预订，前厅部员工应该利

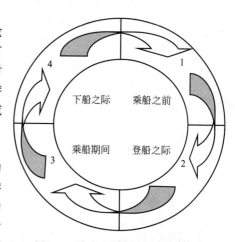

图 2-2　游客在邮轮上的活动周期

用游客乘船之际配合邮轮销售部积极进行未来航程销售；其次是登船之际，此时游客需要顺利登记上船，需要前厅部员工提供行李托运服务和登记服务；再次是乘船期间，此时游客的需求非常广泛，不单单前厅部，酒店所有部门都需要满足游客需求，提供优质满意的服务；最后是下船之际，此时游客需要顺利下船并赶往下一目的地，需要前厅部提供行李托运服务、收银结账服务等。游客在邮轮上的活动周期如图 2-2 所示。

（三）邮轮前厅部在顾客各个活动周期中的主要工作任务

邮轮前厅部在顾客各个活动周期中发挥着举足轻重的作用，其主要工作任务有：推销客房并进行舱房预订、提供优质的接待服务、为游客提供各种综合服务、负责客舱账务等。邮轮前厅部在顾客各个活动周期中的主要工作任务如表 2-1 所示。

表 2-1　邮轮前厅部在顾客各个活动周期中的主要工作任务

区　域	任　务	岗　位	备　注
第一阶段	客房推销和预订	岸上销售/未来航程销售	
第二阶段	行李托运	礼宾部	
	办理上船登记	登船部	
	分发邮轮船卡	登船部	
	证件收取和管理	登船部	
	套房客人和 VIP 客人接待	礼宾部	
第三阶段	外币兑换和账务管理	前台部	
	舱房更换和升舱		
	问讯、邮件、物品租借		
	投诉受理和解决		
	未来航程推销	未来航程销售	
	电话转接	总机部	
	岸上观光预订和导游服务	岸上观光	
	停靠港上下船	登船部	
	船上娱乐及餐饮预订等委托代办服务	礼宾部	
第四阶段	行李托运	礼宾部	
	收银结账	前台部	
	办理下船	登船部	

二、邮轮前厅部的组织机构设置

（一）邮轮前厅部组织机构设置的原则

1. 从实际出发

邮轮前厅部组织机构的设置应从邮轮酒店部的实际出发，根据邮轮的吨位、大小、目标市场、管理方式和经营特色等设置不同的组织机构。例如，大型邮轮前厅部核心机构设置应健全；中型邮轮前厅部机构设置可适当合并和删减；而小型邮轮前厅部就更为简单。

2. 机构精简

机构精简遵循"因事设岗、因岗定人、因人定责"的劳动组织编制原则，防止出现机构重叠、人浮于事的现象，同时要处理好分工与组合、方便顾客与便于管理等方面的矛盾。

3. 分工明确

在明确各岗位人员工作任务的同时，应明确上下级隶属关系以及相关信息传达、反馈的渠道、途径和方法，防止出现职能空缺、业务衔接环节脱节等现象。

(二) 邮轮前厅部组织机构图

1. 巨型邮轮前厅部组织机构

邮轮一般是指吨位在 7 万吨以上的邮轮，其前厅部的组织机构健全、分工明确、层级清晰，分设前台部、总机部、礼宾部、登船部、岸上观光等对客服务部门，设有部门经理（Manager）、主管（Supervisor）、领班（Captain）和服务员（Staff）四个层级。如图 2-3 所示，为常见的巨型邮轮前厅部组织机构示意图。

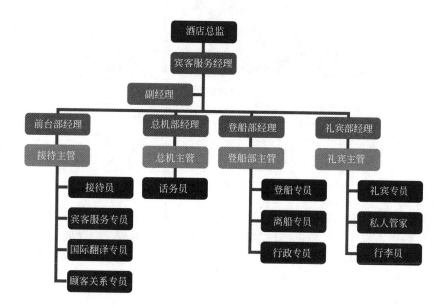

图 2-3　巨型邮轮前厅部组织机构图

2. 大型邮轮前厅部组织机构

大型邮轮是指吨位在 5 万～7 万吨之间的邮轮，与巨型邮轮相比，大型邮轮的前厅部机构组成有所减少，设有前台部、登船部和礼宾部等对客服务岗位，但职能完备，满足接待服务的需要。管理层级减少，一般设部门经理、主管（或领班）、服务员三个层级。如图 2-4 所示，为常见的大型邮轮前厅部组织机构示意图。

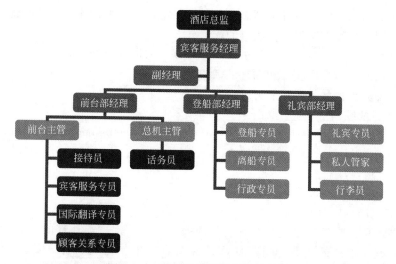

图 2-4　大型邮轮前厅部组织机构图

3. 中小型邮轮前厅部组织机构

吨位在 5 万吨以下的邮轮被称为中小型邮轮，中小型邮轮一般在酒店总监下设前台部经理，负责接待、问讯、收银、总机、登船、离船和礼宾等对客服务，通常设立领班和服务员两个层级。如图 2-5 所示，是常见的中小型邮轮前厅部组织机构示意图。

图 2-5　中小型邮轮前厅部组织机构

三、邮轮前厅部各主要岗位工作职责

(一) 前厅部经理

(1) 岗位名称：前厅部经理（Guest Service Manager/Front Office Manager）。

(2) 岗位级别：经理。

(3) 直接上司：酒店总监（Hotel Director）。

(4) 下属对象：前厅部副经理、前厅各主管岗位。

(5) 岗位概要：直接管理所有邮轮前厅部员工并确保正确履行前厅职责。负责对前厅部副经理、前台部、总机部、登船部、礼宾部和岸上观光部等各区域和各项对客服务进行指挥协调。

(6) 主要职责

① 能不断地推出独特新颖的技术来提高船上宾客服务的水平；

② 利用顾客反馈和评估技术在宾客服务团队中创建一种积极向上的文化氛围；

③ 执行前台货币管理的政策和程序；

④ 发扬和推广船上督导团队成功的管理经验；

⑤ 要强化标准、效率、服务和质量在船上宾客服务部内的传递；

⑥ 按要求履行相关职责。

(7) 任职条件

① 五年或五年以上四星或五星酒店、邮轮或其他服务相关行业中成功的管理经验；

② 拥有在国际环境中取得业务成果的能力；

③ 拥有激励、领导和参与多元化员工队伍以提高协同效应和提高生产力的经验；

④ 体力上满足应急救生演习和训练的需要；

⑤ 除英语外其他语种的表达能力强。

(二) 前厅部副经理

(1) 岗位名称：前厅部副经理（Assistant Guest Service Manager/Assistant Guest Manager）。

(2) 岗位级别：经理。

(3) 直接上司：前厅部经理。

(4) 下属对象：各岗位主管。

(5) 岗位概要：监督邮轮前厅部各岗位的服务工作，保持前厅部的良好运作，处理顾客投诉，解决顾客提出的问题，与其他部门保持良好的沟通与协作，负责接待邮轮贵宾顾客。

(6) 主要职责

① 负责邮轮通关和证件管理，促进与港口当局和政府机构之间法律文件的及时处理；

② 协调游客船上的特殊要求，以及港口岸上观光的服务请求；

③ 协调和审计船上工资、收入和现金系统，有效地管理游客和船员财务问题的所有细节；

④ 负责处理所有行李遗失的报告及与岸上办公室、港口代理和航口公司代表之间的沟通；

⑤ 负责监督和协调全体乘客的登船和离船过程，处理特殊需求和医院原因的离船安排；

⑥ 组织分配前台和后台员工的职责、工作和休假安排；

⑦ 制订关于新员工和解聘人员的建议，以确保有足够的、持续的员工供应；

⑧ 处理游客的投诉和问讯，确保所有问题能以专业友好的方式立即解决；

⑨ 确保所有前台/后台员工的个人形象/卫生和制服满足邮轮的标准和制度要求；

⑩ 为邮轮行政部门的所有员工提供岗位培训，加强他们目前的表现并为未来的发展做好准备；

⑪ 负责前台和后台办公室内所有会议、早会和特殊聚会的计划、组织和发布；

⑫ 根据船舶应急方案的要求，熟读安全管理方案和其在安全组织中的责任，并能随时准备在紧急情况下采取行动。

(7) 任职条件

① 至少一年在酒店、度假村或邮轮上的前厅管理经验；

② 拥有前厅收益管理和船员管理经验的优先；

③ 具有酒店管理、工商管理或相关专业的大专、大学或国际同等学历；

④ 较强的管理能力，能在多元文化环境中工作；

⑤ 具备行政管理能力，具有成本、货币和质量意识；

⑥ 良好的英语表达能力（口头和书面）；

⑦ 具有处理投诉的经验。

(三) 前台部经理

(1) 岗位名称：前台部经理（Front Desk Manager/Guest Relations Manager）。

(2) 岗位级别：督导。

(3) 直接上司：前厅部经理。

(4) 下属对象：前台部各员工。

(5) 主要职责

① 领导团队提供卓绝的顾客服务，主动解决顾客反馈；

② 利用顾客的反馈和评价对团队员工进行教练和辅导；

③ 参与登船过程和证件审查；通过良好的沟通平衡财务部和宾客服务部之间的业务需求以提高顾客的评价；培训团队成员；以体贴、专业的态度回应顾客的忧虑；

④ 根据需要协助编制岸上报告，满足预期预算的需要；

⑤ 保持对邮轮定期活动和特殊活动的了解，为顾客提供准确的信息。

(6) 任职条件

① 至少一年的酒店、邮轮或度假村前台督导管理的经验；

② 提供示范性客户服务的原则和流程知识，能耐心、高效地与顾客打交道；

③ 具有较高的英语听说读写能力；

④ 体力上满足应急救生演习和训练的需要。

（四）接待员

(1) 岗位名称：接待员（Receptionist/Guest Service Agent/Guest Service Associate）。

(2) 岗位级别：员工。

(3) 直接上司：前台部经理。

(4) 岗位概要：接待员的工作地点是邮轮的前台，工作职责与酒店接待员类似。他们要以礼貌专业的态度为乘客办理登船和离船、回答各种咨询、处理顾客投诉或问题。尽管工作内容多变，但接待员首要任务是代表着邮轮的形象。他们提供信息咨询、为外宾提供外币兑换、处理失物招领、广播公告、处理顾客投诉等。

(5) 主要职责

① 确保所有顾客的要求、询问和关切能及时得到回应；

② 通过称呼顾客姓名提供个性化服务；

③ 回答顾客有关岸上观光、停靠港和邮轮的相关问题；

④ 立即解决顾客的问题或反馈给部门负责人；

⑤ 准备顾客的相关证件；

⑥ 负责顾客账单和信用卡登记；

⑦ 确保顾客信息资料按时印刷（每日简报、菜单等）；

⑧ 保持前台的现金流，为顾客提供现钞兑换和外币兑换；

⑨ 确保接待区域随时整洁有序；

⑩ 通过授权进出机制确保接待区域的安全；

⑪ 维修请求、接待日志和失物招领的记录保存；

⑫ 及时审阅登船处/接待处顾客提交的证件，包括船票、护照和其他所有必需的文件；

⑬ 从邮轮信息系统中导入和导出财务信息和顾客资料；

⑭ 准备顾客登船卡；

⑮ 负责与顾客登船和离船相关的工作，包括但不限于账户付款和信用卡登记；

⑯ 收集邮轮酒店各部门员工提供的照片和视频，如果需要上传至邮轮信息系统中；

⑰ 港口通关时协助准备相关文件。

(6) 任职条件：

① 毕业于酒店或旅游相关专业；

② 至少两年相同或相近岗位的工作经验；

③ 良好的英语口头和书面表达能力，能运用其他语种优先；

④ 具有较高的电脑水平（办公软件、邮轮信息系统）；

⑤ 良好的组织能力和沟通能力；

⑥ 具有坚毅的品格、抗压能力、团队合作精神、践守承诺、积极乐观、形象大方得体。

（五）国际翻译专员

(1) 岗位名称：国际翻译专员（International Host/Hostess/Ambassador）。

(2) 岗位级别：员工。

(3) 直接上司：前台部经理。

(4) 岗位概要：国际翻译专员主要负责提供个性化服务，同时为母语非英语的顾客提供语言协助和翻译，帮助他们全面了解和享受邮轮体验。

(5) 主要职责

① 用不同语言对有关岸上观光、船上活动、娱乐及住宿等提供意见咨询、问题解答和语言翻译，保持较高的顾客满意度；

② 欢迎母语非英语的顾客，任何部门需要时作为译者，翻译文件和公告，并用不同语

言准备各种请柬、报告和信件；
③ 协助顾客口译，并将文件及其他文件从一种语言翻译为另一种语言。提供同声翻译；
④ 登船和离船过程中，与证件管理专员在入境和通关方面紧密合作。
(6) 任职条件
① 能巧妙地与顾客、部门负责人和邮轮员工沟通来解决问题和协调解决方案；
② 精通英语、西班牙语、意大利语、英语和法语，口语表达和书面表达娴熟；
③ 具备电脑、网络等方面的工作知识，能熟练使用各种办公软件；
④ 必须满足身体素质的要求，包括能参加紧急救生演习和必要的培训。

(六) 宾客关系专员

(1) 岗位名称：宾客关系专员（Guest Relations Officer）。
(2) 岗位级别：员工。
(3) 直接上司：前台部经理。
(4) 岗位概要：通过个性化服务确保总体客户满意度。这一角色需要运用示范性解决问题的技巧、敏锐的聆听技巧、较强的沟通和组织能力和真诚的社交技巧。通过积极、主动地识别解决方案和实时追踪，成功化解挑战和危机。
(5) 主要职责
① 在品牌和顾客的第一印象中起到关键作用；
② 用友好真诚的态度迎接所有顾客，使用积极和清晰的讲话声音，抽出时间来详细了解所有的请求；
③ 有责任成为客服专业人士团队中坚定和专注的执行者，并努力奋斗为客人送上非凡真挚的服务；
④ 在前台提供现金和宾客账户服务，如接受现金支付、兑换个人或旅行支票或兑换外币。
(6) 任职条件
① 酒店、邮轮或相关企业客户关系岗位至少一年的工作经验；
② 至少一年的现金处理经验，并对美元及汇率有所了解；
③ 成熟的客户服务技能，通过关注和积极倾听，以体贴、专业和积极的态度与顾客适当地互动；
④ 能操作基本的办公设备，包括电话、电脑和复印机；
⑤ 能以清晰、明确和亲切的英语与顾客沟通。根据需要能讲其他语言；
⑥ 必须满足身体素质的要求，包括能参加紧急救生演习和必要的培训。

(七) 团队协调员

(1) 岗位名称：团队协调员（Group Coordinator）。
(2) 岗位级别：员工。
(3) 直接上司：前台部经理。
(4) 岗位概要：负责船上团体游客的整体客户体验，主要为小组会议、讨论会和重大聚会协调活动和安排。该岗位非常重要，需要与各部门通力合作，共同讨论会议细节如空间要求、时间进度、餐饮服务、装饰、舞台使用、声光视频等；甚至还包括员工需求和加班费的问题。
(5) 主要职责
① 要求自身在任何时候都能保持专业和礼貌的态度，这适用于与顾客或船上同事员工之间的身体和语言的互动；
② 与客户或组织代表讨论细节，如人数、需要的展示空间和服务的时间安排等；

③ 快速、有效地解决冲突并提供备选安排计划和计算额外费用；
④ 与岸上观光经理协调特殊的岸上观光需求。
(6) 任职条件
① 豪华酒店的会展中心、销售、公共关系领域或相关服务行业一年活动策划和执行的经验；
② 具备成熟的客户服务技能，用以建立和巩固客户关系；
③ 具备升级销售和捆绑销售产品和服务的能力；
④ 能够与小组代表、部门负责人和船上员工技巧性地沟通解决问题和协调解决方案；
⑤ 能高效、及时地召开会议；
⑥ 具备良好的英语听说读写能力；
⑦ 能讲英语之外的其他语言优先，如西班牙语、法语、意大利语、葡萄牙语、德语、普通话或日语。

（八）话务员

(1) 岗位名称：话务员（Guest Service Operator）。
(2) 岗位级别：员工。
(3) 直接上司：总机主管。
(4) 岗位概要：在总机房根据客户服务的标准和电话礼仪应答所有来电，同时按照客户服务的最高标准为顾客提供服务。
(5) 主要职责
① 拥有邮轮部门、服务、停靠港和岸上观光等方面广泛的知识；
② 与其他部门就套房事项、舱房变更或其他请求保持联系；
③ 确保所有收到的顾客投诉或者立即解决或者提交给前台经理或酒店经理跟进，并及时告知顾客所要采取的行动；
④ 熟悉标准的24小时客舱送餐菜单；
⑤ 为顾客提供邮轮、港口和旅游的基本信息。
(6) 任职条件
① 流利的英语口语和书面表达能力；
② 熟练掌握另一种外语，如西班牙语、德语、法语、意大利语；
③ 有耐心，处事得体有礼；
④ 有船上工作经验；
⑤ 能在高压之下工作；
⑥ 良好的沟通技巧；
⑦ 维护所有通信的保密性，无论是书面、电子邮件、传真还是电话。

（九）登船专员/签证官

(1) 岗位名称：登船专员/签证官（Embarkation Officer/Clearance Officer）。
(2) 岗位级别：员工。
(3) 直接上司：登船部经理。
(4) 岗位概要：主要负责游客的全程上下船工作、船舶抵离电子通知单和其他电子提交文件、游客的相关证件、停靠港船舶通关相关文件，包括与移民和海关处理游客的通关及在Fidelio系统中准确地记录游客的名单。
(5) 主要职责
① 负责所有与港口清关有关的移民、海关和签证、登船和离船、船舶证书和相关文件等相关工作；

② 是船长和游客与当地港口代理之间的主要联络官，与船方和地面工作人员协调登船和离船布置及程序，以及处理与每个停靠港地方当局的船舶通关事宜；

③ 负责将航次文件下载到 Fidelio 系统中，同时负责创建和维护有关游客和船员的所有相关报告；

④ 确保 Fidelio 系统中的游客名单随时更新并保持准确，能反映出舱房更换和游客中途登船等；

⑤ 根据相关政策为码头登船工作人员印制和提供游客名单；

⑥ 处理出现的问题并负责解决相关客户投诉；

⑦ 根据需要为海陆联动游客处理机票更改请求；

⑧ 确保游客和船舶文件安全，并检查登船廊桥无文件和船舶物品遗留。

(6) 任职条件

① 至少两年的酒店或船上相关工作经验；

② 流利的英语口语和书面写作能力；

③ 掌握打字技能和计算机软件技能，如 Office 办公软件和邮轮 Fidelio 软件。

(十) 证件管理专员

(1) 岗位名称：证件管理专员（Documentation Officer/Administration Officer）。

(2) 岗位级别：员工。

(3) 直接上司：登船部经理。

(4) 岗位概要：主要负责给海关当局如海关、出入境等部门准备相关证件，同时准备需要送到乘客舱房的相应材料如离船通知单等。

(5) 主要职责

① 参与到登船过程中，审查出入境证件如护照、外国人居留证，确定其有效性；提交异常证件给前台经理，由其最终批准或拒绝；

② 在起航和到达之前，根据相应的海关程序下达适当的计划指令并据此准备货物登陆建议表；准备上船和下船人员名单和相关信息并提交给相应的移民局官员和岸上人员；

③ 确保所有证件都按规定准备好，避免罚款；有任何差异立即通知前台经理并采取纠正措施；

④ 审计由港口服务人员输入电脑系统但在登船过程中尚未捕获的出入境信息，通过直接联系游客和按要求更新记录来收集丢失的信息；

⑤ 在游客上下船时，给宾客服务人员提供帮助；

⑥ 在所有停靠港的舷梯处会见港口代理、海关和移民官员并提交证件办理通关，允许船只靠岸和乘客及船员上岸；

⑦ 通过强制执行组织标准、程序和法律法规维护安全健康的环境。

(6) 任职条件

① 酒店、邮轮或服务行业至少两年的前台管理和运营的工作经验；

② 了解提供个性化服务包括需求评估、问题解决和质量服务标准的完成等方面的原则和流程知识；

③ 能与管理者、船上和岸上员工开展外交式沟通来解决问题和友好协商解决具有挑战性的问题；

④ 具备较高的英语听说读写能力。

(十一) 礼宾专员

(1) 岗位名称：礼宾专员（Concierge）。

(2) 岗位级别：服务员。

(3) 直接上司：礼宾部经理。

(4) 岗位概要：礼宾专员岗位提供个性化顾客服务体验，在这里，顾客的需求和期望都会被及时满足。在创造客户体验和服务执行方面，礼宾专员是首屈一指的执行能手。持续不断的对话有赖于专业的性情和个性，包括较强的沟通和组织能力、必要的解决问题能力和积极的倾听技巧。

(5) 主要职责

① 在宾客关系经理的指导下，负责协调顾客特殊的、超出一般的船上服务需求；

② 在宾客关系经理的监督下，负责协调顾客港口岸上服务的需求，如豪华轿车服务、汽车租赁、餐厅预订等；

③ 在宾客关系经理的监督下，负责处理顾客的需求和投诉，确保顾客能够得到及时、礼貌和专业的解决并能使顾客完全满意；

④ 在收到可能需要客舱升级之类的需求时及时转交宾客关系副经理处理。

(6) 任职条件

① 酒店管理、工商管理或相关领域学士学位或同等学历；

② 高档酒店、度假村或邮轮中至少两年的酒店管理经验（船上工作经验者优先）；

③ 掌握基本的电脑软件操作技能；

④ 必须满足身体素质的要求，包括能参加紧急救生演习和必要的培训。

（十二）私人管家

(1) 岗位名称：私人管家（Butler）。

(2) 岗位级别：员工。

(3) 直接上司：礼宾部经理。

(4) 岗位概要：一个训练有素、尽职的私人管家主要在客舱服务员离开后接手，提供客舱服务员没有机会或时间提供的特殊服务和接触。

(5) 主要职责

① 协助打包和拆包；

② 付费餐厅座位预订；

③ 提供餐前小点和点餐服务；

④ 加快洗衣、干洗和熨烫服务；

⑤ 调制马提尼鸡尾酒；

⑥ 准备泡泡浴；

⑦ 安排套房鸡尾酒和聚餐。

(6) 任职条件

① 至少两年五星豪华酒店私人管家岗位的工作经验；拥有酒店管理的素质要求；英语流利，同时掌握法语、西班牙语、葡萄牙语、意大利语或法语。

② 拥有良好的客舱服务和餐饮服务的工作经验，并拥有酒店管理的学位。

（十三）行李员

(1) 岗位名称：行李员（Bellboy/Bellman/Bellhop/Porter）。

(2) 岗位级别：员工。

(3) 直接上司：礼宾部经理。

(4) 岗位概要：行李员主要负责传递留言、提供客房服务和为客人提供行李服务。

(5) 主要职责

① 行李员需要为客人搬运行李并带客入房，有时还涉及客舱设施使用的介绍或演示，如电视、淋浴和电话；

② 客人离船时，行李员携带行李并护送游客去到下船点；
③ 当邮轮停靠港口，游客上岸观光或进行其他活动时，行李员需站在邮轮登船口附近欢迎游客或为游客携带包裹；
④ 海上航行日时，行李员可能被分配其他各种职务，包括客房送餐、接待区域和后台部门清洁。

（6）任职条件
① 拥有酒店或邮轮工作经验；
② 友好、平易近人的态度；
③ 良好的英语听说能力；
④ 能搬运和携带包裹和行李。

（十四）岸上观光经理
（1）岗位名称：岸上观光经理（Shore Excursion Manager）。
（2）岗位级别：督导。
（3）直接上司：前厅部经理。
（4）下属对象：岸上观光部各员工。
（5）岗位概要：主要管理船上岸上短途旅行计划和提供卓越的客户服务。
（6）主要职责
① 负责船上岸上观光项目的运行；
② 必须对部门收益和定价目标以及如何实现有很清晰的认识；
③ 监督、教练和评估岸上观光副经理和其他工作人员；
④ 准备旅游信息表和下船人数统计表格；
⑤ 为游客准备和提供游览介绍；
⑥ 维护岸上观光的游览视频，必要时重写剧本，并与视频程序员/广播经理确定需要拍摄的镜头；
⑦ 负责岸上观光服务台，包括关于旅游销售、退款问题、港口和船舶信息等方面的游客服务；
⑧ 考察港口新的游览行程，并轮流监督以不断检讨质量控制。

（7）任职条件
① 在大型客船岸上观光项目中至少两年的工作经验；
② 必须了解港口和旅游方面的相关知识；
③ 具备销售背景，能达到销售目标；
④ 优秀的公开演讲和公关技巧；
⑤ 能够明确、清晰、诚挚地使用英语与游客和船员展开交流；
⑥ 具有很强的沟通、解决问题、决策制订和人际交往的能力；
⑦ 卓越的客户服务、团队建设和冲突解决的能力；
⑧ 强大的规划、指导、组织、人员配备、控制和评估的能力；
⑨ 必须能亲自参与应急求生程序的演练。

（十五）岸上观光员
（1）岗位名称：岸上观光员（Shore Excursion Staff/Assistant Shore Excursion Manager）。
（2）岗位级别：员工。
（3）直接上司：岸上观光经理。
（4）岗位概要：岸上观光人员负责提供最好的岸上观光服务和提升岸上观光的销售额。

（5）主要职责

① 必须具备办公室和行政技能，无需具备旅游方面的工作经验；

② 岸上观光员工有时也被称为助理岸上观光经理，负责岸上观光服务台的人员配备，包括客户服务和旅游销售；

③ 必须礼貌地处理游客投诉；

④ 负责审查与邮轮航线相连的各种季节性陆地旅游机会。

（6）任职条件

① 良好的人际沟通和公众演讲的技能；

② 充分了解停靠港及其周边旅游资源。

（十六）岸上观光导游

（1）岗位名称：岸上观光导游（Tour Guide/Shore Excursion Guide）。

（2）岗位级别：员工。

（3）直接上司：岸上观光经理。

（4）岗位概要：主要为游客提供景点的导游讲解服务。

（5）主要职责

① 充分了解游览项目、船只和所有船上及岸上提供的服务；

② 在游览期间帮助和护送客人，向邮轮游客介绍自己，当他们需要时提供帮助；

③ 游客下船期间负责顾客接送、下船游客名单以及码头上的援助。

（6）任职条件

① 大学学历，现代语言学和旅游学等方面的专业学位；

② 具有旅游方面的工作经验；

③ 流利的英语沟通能力，同时必须具备英语以外的语言能力（如德语、法语、葡萄牙语、意大利语）；

④ 登船之前必须具备合法的医学证书。

（十七）未来航程销售经理

（1）岗位名称：未来航程销售经理（Future Cruise Sales Manager/Onboard Loyalty Manager）。

（2）岗位级别：督导。

（3）直接上司：前厅部经理。

（4）下属对象：未来航程销售部各员工。

（5）岗位概要：主要负责销售邮轮未来航程并寻找回头客，目标是增加销售额、促进预订和提升游客忠诚度。

（6）主要职责

① 提供有关忠诚顾客俱乐部和未来航程销售的相关信息和帮助；

② 最大限度地提高销售额，增强游客体验；

③ 向大量游客介绍未来航程，以创造更多的销售；

④ 记录与忠诚顾客俱乐部和未来邮轮销售相关的问题和事件；

⑤ 针对忠诚顾客俱乐部会员的活动策划和社交主办功能；

⑥ 促进忠诚顾客俱乐部和未来航程的销售；

⑦ 记录未来航程的销售情况，制订销售策略；

⑧ 为游客提供定制化服务。

（7）任职条件

① 具有丰富的客户服务经验；

② 休闲或旅游的学历背景；
③ 具有主动性和随机应变的能力；
④ 良好的沟通能力和解决问题的能力；
⑤ 具有亲和力，平易近人；
⑥ 良好的组织性。

（十八）未来航程销售员

（1）岗位名称：未来航程销售员（Future Cruise Sales Associates）。

（2）岗位级别：员工。

（3）直接上司：未来航程销售经理。

（4）岗位概要：主要负责帮助船上游客制订未来邮轮航程计划，同时不断超越邮轮行业标准，确保游客满意度。

（5）主要职责

① 在整个邮轮航行期间提供忠诚顾客计划，并确保其他部门及其员工接受该计划的培训并及时了解该计划的最新信息；
② 与未来航程销售经理一起策划忠诚顾客俱乐部的活动，并担任活动主持人；
③ 作为船只的主要联系人接受游客的咨询；
④ 更新计算机系统中会员的注册和修改信息；
⑤ 保持接待区域干净整洁，邀请游客成为忠诚顾客俱乐部的会员；
⑥ 促销邮轮品牌、行程、船只、舱房类型等；
⑦ 维护未来航程销售的宣传册及其他促销资料。

（6）任职条件

① 一至两年同一岗位或类似岗位的工作经验；
② 具有销售经验者优先；
③ 自信心；
④ 良好的沟通能力和解决问题能力。

项目三　邮轮前厅部员工的素质要求

【学习与训练子目标】
1. 掌握前厅部员工需具备的素质要求。
2. 能具备邮轮前厅部员工的职业素质。

课前阅读

美国公主邮轮招聘简章

一、关于公主邮轮

美国公主邮轮公司创立于公元 1965 年,是全世界规模最大、服务最好的邮轮公司之一,旗下有 17 艘超过 10 万吨的豪华邮轮。其航线涉足全球 200 多个风景如画的知名港口。公主邮轮是现今世界上集餐饮、娱乐与名胜游览于一体并为游客提供灵活选择的高级邮轮公司。

二、岗位及待遇（工资以美金结算,每两周一次）

前厅部（PUESERS）

客服经理（Customer Relations Manager）

客服人员（Customer Service Agent）

岸上观光经理（Shore Excursions Manager）

导游（Tour Staff）

国际翻译专员（International Host）

证件管理专员（Asst Purser/Administration）

以上岗位根据职位不同综合收入＝底薪＋小费＋服务费≈600～4000 美元,免费吃住,住宿一般 2 人一间（有卫生间、电视、储物柜等）,免费医疗（牙齿除外）及船员保险。

三、工作时间及合同期

每天工作约 10～13 个小时（包括工作餐及咖啡时间,责任制工作）。邮轮靠岸后,不值班的邮轮乘务员可上岸购物和旅游,6～10 个月为一个合同期,一个合同期结束后,回国休假 2 个月,以后均续签合同,按照国际海员法法例签订劳工合同。

四、要求

男女不限,21 岁以上,能英文交流,具备邮轮、酒店行业专业技能或相关工作经验,身体健康（无传染病）,良好的服务意识,能适应全英文工作环境,与来自全球的工作同事友好共事,吃苦耐劳,遵纪守法,无不良记录。

讨论：

邮轮前厅部员工应该具备哪些素质要求?

【知识点与技能点】

由于工作环境的特殊性,除了具备良好的专业知识和职业技能外,邮轮服务人员需具备更高的素质要求。

一、良好的外部形象

前厅是客人集散的地方，前厅员工则是代表整个邮轮接待每一位客人。高大的身材、良好的外部形象，能使客人的心理得到某种愉悦的感受，给顾客留下美好的印象。这里的外部形象既包括外貌、仪容，也包括仪表、仪态、举止等。哲学家培根有句名言："相貌的美高于色泽的美，而秀雅合适的动作美又高于相貌的美，这才是美的精华。"举止是展示自己才华和修养的重要的外在形态，恰到好处的举止，能帮助一个人走向成功。

（一）端庄大方的仪容仪表

仪表即人的外表，一般来说，它包括人的容貌、服饰、个人卫生和姿态等方面。仪容主要是指人的容貌，是仪表的重要组成部分。端庄大方的仪容仪表是一个综合概念，它包括三个层次的含义：一是指人的容貌、形体、仪态等的协调优美；二是指经过修饰打扮以后及后天环境的影响形成的美；三是指其内在美的一种自然展现。

1. 头发

不可漂染颜色艳丽的发色，不可烫发，坚持勤洗头发，定期修剪，经常梳理，保持头发干净整齐。男性员工头发长度后不盖领、侧不遮耳；可使用发胶，但不可过于油腻或潮湿。女性员工前刘海不过眉毛，鬓发不盖过耳部，头发不能触及后衣领，过肩长发必须束起，不佩戴色彩艳丽的饰物。

2. 面容

要注意清洁与适当的修饰，保持容光焕发。保持皮肤不油、不干、无皮屑，不能佩戴有色眼镜。男性员工要经常留意及修剪鼻毛，使其不外露。女性员工可适当化妆，但应以淡妆为宜，不能浓妆艳抹，并避免使用气味浓烈的化妆品。

3. 手部

常洗手，保持手部尤其是指甲洁净；定期修剪，指甲长短适宜。男性员工要保持手部干净，不可有吸烟留下的污渍，长度仅能遮盖指尖，不涂指甲油。女性员工不能涂有色指甲油。

4. 着装

着公司规定的制服，做到整齐、清洁、挺括、大方、美观、得体。穿衬衫要束在长裤、裙里面，长袖衫袖口不能卷起，袖口的纽扣要扣好。注意：内衣不能外露，不掉扣、漏扣、不挽袖、不卷裤；领带、领结、飘带与衬衫领口的吻合要紧凑且不系歪；姓名牌要佩戴在左胸的正上方。着黑色皮鞋或布鞋，皮鞋擦拭光亮，无破损，搭配深色无鲜艳花纹的袜子，并勤换洗，保持无异味。

5. 饰品

前厅员工佩戴饰品应当符合岗位要求，且制作精良。前厅员工可佩戴一枚式样简约的戒指，且佩戴位置正确。女性员工可佩戴耳钉或耳环，但耳环长度不能超过耳垂，还可佩戴质地较轻、体积不大、较精致的金项链或银项链。

（二）优雅得体的仪态举止

仪态是指人在行为中的姿势和风度。姿势是指身体呈现的各种形态；风度是人的举止行为，待人接物时的一种外在表现方式，属于气质方面的表露。风度美是一种综合的美、完善的美，这种美应是身体各部分器官相互协调的整体表现，同时也包括了一个人内在素质与仪态的和谐。

在前厅接待中，要求服务人员的仪态风度是端庄稳重，落落大方。端庄是服务人员的形象，大方是服务人员应有的风度。热情和蔼、大方得体地为宾客服务，才能赢得信任、赢得更多的顾客。

1. 挺拔的站姿

前厅员工在站立时,头要正,双目平视,嘴唇微闭,下颌微收,面容平和自然,双肩放松,稍向下沉,人体有向上的感觉,躯干挺直,做到挺胸、收腹、立腰,双手要自然下垂于身体两侧,中指贴拢裤缝,双腿应直立、并拢,脚跟相靠,双脚成60°角。

此外,男女的站立姿势有所不同:男士应身体立直,右手搭在左手上,贴在臀部,双腿分开,双脚平行,与肩同宽或略宽些;女士则身体立直,双臂下垂,右手搭在左手上,贴在腹部,双腿并拢,脚跟靠紧,双脚前后略分开或分开成"V"字形或丁字形(图3-1)。

特别值得注意的是,前厅员工站立时不要过于随便,不要探脖、塌腰、耸肩,双腿弯曲或不停地抖动。在庄重场合,双手不可放在衣兜里或插在腰间,这些站姿会给人留下不好的印象。在非正式场合下,如果累了可以稍微调整一下姿态,如:可以将一条腿向前跨半步或向后撤半步,身体中心轮流放在两条腿上,如果这些姿态掌握得好,则既可以防止疲劳,又不失风度美。

2. 优雅的坐姿

能够保持坐姿文雅,并非一项简易的技能,坐姿不正确,不但不美观,而且还使人体畸形。基本要领是:上体自然坐直,两腿自然弯曲,双脚平落地上,双膝应并拢,男士可稍稍分开,但女士的双膝、脚跟必须靠紧,两手半握拳放在膝上、或小臂平放在座椅两侧的扶手上,注意由肩到臀,紧贴胸部,胸微挺,腰要直,目平视,嘴微闭,面带笑容,大方、自然(图3-2)。

图3-1 女士站姿

按照国际惯例,坐姿可以分为端坐、侧坐、跪坐、盘坐等,根据不同国家的生活方式和风俗习惯,各有要求。国际上公认的也是最普遍的坐姿是端坐和侧坐。端坐时间过长,会使人感到疲劳,这时可变换为侧坐。侧坐分左侧和右侧两种,在保持坐姿的基本要领基础上,向左(右)摆45°,两脚、两膝靠拢。无论是哪一种坐法,都应以娴雅自如的姿态来达到对别人的尊重,给他人以美的印象。

3. 稳重的走姿

起步时,上身略向前倾,身体重心放在前脚掌上。行走时,应目视前方,上体正直,挺胸收腹立腰,重心稍向前倾,双肩平稳,双臂以肩关节为轴前后自然摆动。女子要行如和风。两脚行走线应是正对前方成直线,而不是两平行线,也就是通常所说的"一字步"(一条直线)。因为踩两条平行线,臀部就会失去摆动,腰部会显得僵硬,失去步态的优美。男子行走,两脚跟交替前进在一线上(二条直线),两脚尖稍外展。

走路时不可弯腰驼背,不可大摇大摆或左右摇晃,脚尖外八字或内八字,脚拖在地面上等不良习惯都要纠正,走路时也不能把双手插在裤袋内。另外,前厅服务人员行走时还要注意以下问题。

(1)行走在走廊、通道、楼梯时应靠右行走,见到客人要主动问好。

(2)两人行走,不要拉手搭肩;多人行走,不要横排成行;与客人同进出时,要礼让客人。

图3-2 女士坐姿

（3）通道比较狭窄，有客人从对面走来时，服务员应主动，停下工作，侧身站立，用手示意，请宾客通过。

（4）遇有急事或手提重物需超过行走前面的客人时，应先向客人致歉，在征得客人同意后方可超前走，并注意从客人的一侧通过，如有两位客人并列时，不能在其中间穿过。

（5）遇到十分紧迫的事，可加快步伐，但不可慌张奔跑。

（6）行走时，不得吸烟、吃东西、吹口哨、整理衣服等。

4．雅致的蹲姿

很多欧美国家的人认为"蹲"这个动作是不雅观的，所以只有在非常必要的时候才蹲下来做某件事情。前厅服务中，蹲下捡东西或者系鞋带时一定要注意自己的姿态，尽量迅速、美观、大方，应保持大方、端庄的蹲姿。雅致的蹲姿，一般采取下列两种方法。

（1）交叉式蹲姿。下蹲时右脚在前，左脚在后，右小腿垂直于地面，全脚着地。左腿在后与右腿交叉重叠，左膝由后面伸向右侧，左脚跟抬起脚掌着地。两腿前后靠紧，合力支撑身体。臀部向下，上身稍前倾。

（2）高低式蹲姿。下蹲时左脚在前，右脚稍后（不重叠），两腿靠紧向下蹲。左脚全脚着地，小腿基本垂直于地面，右脚脚跟提起，脚掌着地。右膝低于左膝，左膝内侧靠于左小腿内侧，形成左膝高右膝低的姿势，臀部向下，基本上以右腿支撑身体。

(a) 交叉式蹲姿　　(b) 高低式蹲姿

图 3-3　雅致的蹲姿

男性员工选用这种蹲姿时，两腿之间可有适当距离。女性员工则要两腿并紧，穿旗袍或短裙时需更加留意，以免尴尬。如图 3-3 所示。

仪容仪表对一名服务员来说，是其自身的"硬件"，是自身自有的条件，也是一名服务员的先决条件，是不可改变的。但是我们可以通过洒脱的风度、迷人的气质以及优雅的举止等内在因素来补充。优美的风度和举止实质上是人的高尚情操、渊博的知识、独到的思辨能力等心理状态的自然流露。所以，前厅员工应该追求自身品格、知识、能力等诸多内在因素的提高，从而使自己的仪容、仪表展现一种内外协调的和谐之美。概括起来就是：动作舒缓轻盈、态度温和大方、举止端庄稳重、表情热情含蓄。

 小资料

迪斯尼邮轮的形象要求（The Disney Look）

作为一名船员，您应该维护我们全球知名的友好经典的形象。迪斯尼的员工形象源自迪斯尼的理念，即每名船员在带领顾客进入一个梦幻世界的过程中扮演着重要角色。按照我们的指导原则，您和您的团队将做到专业的"舞台"形象，代表迪斯尼品牌并提高整体的客户体验和"形象"。

女性形象要求如下。

（1）头发必须梳理整齐，发型以保守经典为主。

（2）发饰应素净，以纯色为主，并与服装相匹配。

(3) 化淡妆，且与肤色相配。
(4) 指甲油需与肤色互为补充，不可选择亮色，也不可贴花。
(5) 饰品应选择简约、精致、小巧的类型。
(6) 不可佩戴有色眼镜，确保眼睛能被顾客看到，以自然的眼睛颜色与顾客视线接触。
(7) 名牌应始终佩戴在左胸上方。
(8) 工服应随时保持干净整洁。
(9) 工作时，文身和/或刺青穿孔等不可显露出来。

男性员工的形象要求如下。
(1) 头发必须修剪整齐，侧不遮耳、后不盖领。
(2) 护发产品应选用自然色。
(3) 头发颜色一定要自然，不可烫染夸张的颜色。
(4) 面部毛发必须修剪整齐，以保守为主。
(5) 饰品方面，每只手可佩戴一枚戒指，另可佩戴一块商务风格的手表。
(6) 不可佩戴有色眼镜，确保眼睛能被看到，以自然的眼睛颜色与顾客视线接触。
(7) 名牌应始终佩戴在左胸上方。
(8) 工服应随时保持干净整洁。
(9) 工作时，文身和/或刺青穿孔等不可显露出来。

二、能适应海上的生活

作为邮轮服务人员大部分时间都在海上度过。海上的生活（Life at Sea）与陆地上的生活差别很大：首先，船员的合同期一般在4～8个月不等，期间都在海上随同邮轮漂浮着，不能离开邮轮，不能回家与家人团聚；其次，长期在一个封闭的环境中工作，活动空间仅限于整个邮轮；第三，邮轮上的船员来自全世界不同国家，船员之间在信仰、习惯、沟通等方面差异很大，如果不能适应这种工作环境，就会影响船员的工作水平。

 小资料

海上生活剪影

如果你看过《爱之船》这部电影，那么一定会认为邮轮上船员的工作是这个世界上最好的工作之一，各种嬉笑怒骂、狂欢作乐和浪漫的海上风光，还可以随着奢华的邮轮周游世界。然而，邮轮上工作人员真正的生活是怎样的呢？著名旅游网站"Thrillist"的报道向大家揭示了邮轮上船员们的真实生活，让我们先睹为快吧！

1. 员工专区

虽然船员们睡在甲板之下狭小的舱室里，但是他们却拥有一片宽敞豪华的员工专区，其中配有运动甲板、热水浴池、运动场、酒吧和餐厅。船员们更多的是在这里享受生活。

2. 狂欢派对

大家可以想象一下电影《泰坦尼克》中的场景，在邮轮上工作生活，有点类似于大学的学习生活，一边努力工作，一边努力找乐子。每当夜深人静客人们都睡下后，船员们就开始了大肆狂欢的疯狂派对生活。

3. 没有休假

合同中规定，在连续的4～10个月中，船员们每周需要工作7天。这就意味着船员没有一天是休息日，于是只能在工作间隙中找时间放松一下。

4. 工作时间

在船上的工作有时会变得令人抓狂，因为船员的职责所在，需要保证随叫随到。船员们有时候可能会连续15周工作、每周工作100个小时以上。

5. 容易存钱

在邮轮上，有些工作会赚很多小费，而且工资和陆地上的其他工作相差不多。同时，船员们既不需要付食宿费，又不需要为公共交通发愁。因此在船上几乎是零花销，这样一来很容易就存下一大笔钱。

6. 单独供餐

很多人以为船员们和乘客们吃的东西是一样的，其实不然。船员们拥有独立的餐厅，但是烹饪出的菜肴并不十分诱人。

7. 国籍众多

在邮轮上工作，可以遇到来自世界各个国家的乘客，有些船员甚至拥有60多个不同国家的国籍，而在船上学习不同国家的文化习俗也是一件十分有趣的事。

8. 等级分明

邮轮上等级制度分明，船上员工分三类，分别是指挥官（Officer）、工作人员（Staff，如舞娘、演奏师、荷官和礼品店收银员等）和普通员工（Crew，如调酒师、服务员和客舱服务员等）。不同的人员可享受不同的待遇，比如指挥官可以和乘客们一起观看表演，上岸参观港口，而其他的船员们就不允许随意离船上岸，在非当值期间不允许随意进出非员工区域。

9. 高效工作

船员们拥有超高的工作效率。在岸上没有哪一家餐厅可以和邮轮餐厅相比，因为邮轮上的餐厅会在15分钟内迅速坐满900人等待就餐。每艘邮轮上一般会有2处餐厅，每处餐厅拥有2个就餐时间段，于是船员们就需要在5个小时内为3500名乘客提供就餐服务。

10. 迅速轮换

有时候邮轮需要在3小时以内准备好下一次航行，在港口停靠好后，迅速组织几千名乘客下船，清理整个邮轮，进行船员轮班调整，然后休整一新、等待下一批游客登船。

三、具备较强的服务意识

邮轮旅游的独特性体现在其服务水平上，船员与乘客的比例越大代表服务水平越高，此外，还要求邮轮服务人员热情周到、亲切真诚、一视同仁，具备主动为客人提供良好服务的意识，这是提高邮轮服务质量的关键。较强的服务意识是邮轮服务人员的从业前提，也是最基本的职业素质之一。微笑服务是服务意识的最主要表现之一，也是邮轮对服务人员的最主要要求。

案例赏析

微笑服务，感染快乐

从登上邮轮那一瞬间，我们就被邮轮上工作人员快乐的气氛感染；婀娜多姿的前台小姐、英俊的餐厅服务生、勤劳的客舱工作人员等，他们每日重复劳动却始终坚持，不管他们遇到什么事，当他们出现在我们面前总是面带微笑，主动和每个客人打招呼，积极开朗的工作态度，给予我们积极向上、无比美好的心情，让我们的旅程都充满欢笑……

四、具备较高的英语水平

邮轮工作是高度国际化的工作,服务对象国际化、服务人员国际化、工作空间国际化,因此,较高的语言应用能力是邮轮员工的基本素质。目前,各大国际豪华邮轮上的通行工作语言是英语。同时,语言应用能力越强,在邮轮上得到重用的机会就越多,升迁的可能性就越大,在同类岗位上的待遇也就越高。

前厅员工的工作特性决定了其英语水平相比其他部门员工要更高,能流利地使用英语与游客进行对话和交流,处理各种英文材料,熟练地使用前台管理系统。

五、具备较高的沟通能力

邮轮服务人员需要处理好与游客、同事及上下级之间的关系。在邮轮上,不管服务人员还是游客都来自不同国家,人际交往中,既有文化的冲突,又有利益的关联,这就需要邮轮服务人员掌握游客和同事所在国的文化习俗,具有较强的沟通意识,掌握人际沟通的原则,具备良好的沟通交流的技能与能力,积极地进行交流。

除了以上几点,作为一名优秀的前厅部员工,还应该具有稳定的心理素质、认真负责的工作态度、娴熟的专业技能、丰富的专业知识和广阔的知识面等素质。

项目四　邮轮前厅布局及设备

【学习与训练子目标】

1. 明确邮轮前厅设计的基本原则。
2. 认识邮轮前厅构成及布置。
3. 能进行简单的前厅环境和服务设计。

案例导读

"地中海神曲"号中庭的施华洛世奇水钻楼梯

　　从意大利的热那亚港一路打拼到现在拥有着庞大国际货运业务的 Gianluigi Aponte 先生，在 1988 年灵光一闪，跨入了邮轮旅游行业，从此一发不可收拾。充分利用国际货运的港口优势，开辟新航线，到如今拥有在役 12 条豪华邮轮船队，可谓是极其成功的投资案例。

　　"地中海神曲"号（MSC Divina）是 MSC 地中海邮轮 14 万吨幻想曲级旗舰邮轮之一，于 2012 年下水，可搭载 4345 人。受传奇影星索菲亚·罗兰女士启发，"地中海神曲"号全新诠释了黄金年代航海旅行的无限优雅与无穷魅力。超现代化的气势恢宏的邮轮让您感受极致舒适的同时还为您准备了众多世界顶级运动、休闲、娱乐设施。

　　不同于传统观念上的欧洲内敛、古典的氛围，"地中海神曲"号全船使用意大利各色大理石材作装饰，融合了现代艺术的装修风格。整条船被水晶和玻璃包围，随处可见大的落地玻璃窗，加勒比深邃的蓝色大海一览无余，坐在餐厅一边享受美食，一边欣赏无阻碍的海景，确实是一大享受！

　　值得一提的是船中庭 2 座共 4 条对称的施华洛世奇水钻楼梯，横跨中庭 5～7 层，每一条造价 2 万欧元，"地中海神曲"号已经不能用璀璨来形容，用"亮瞎眼"更贴切。这完全是 Aponte 夫人的创艺，把对水晶的热爱融入到生活中（图 4-1）。

【知识点与技能点】

　　邮轮前厅，包括邮轮的中庭、楼梯和公共卫生间等。前厅是邮轮建筑的重要组成部分，

图4-1 "地中海神曲"号邮轮
（MSC Divina）中庭

是游客活动的汇集场所，也是给游客留下第一印象和最后印象的地方。因此，一个设计合理、功能齐全、环境幽雅的前厅，能赢得游客的好感。

一、邮轮前厅设计的基本原则

前厅的设计随着邮轮业的发展不断更新，各类型邮轮在前厅设计上都突出自己的特点，但是前厅的设计都要遵循以下一些基本原则，以利于前厅的运转。

（一）经济性原则

前厅一般设在邮轮 3～7 层甲板的大堂中部，该位置是邮轮的寸金之地。经济性原则即要在"力求在邮轮的每寸土地上都要挖金"的经营理念下，充分利用大堂空间。大堂的面积取决于邮轮的类型和规模大小。一般来讲大堂的建筑面积与邮轮客舱数之间有一定关系，约为0.4～0.8平方米/（间·套），也可以根据邮轮的目标顾客来确定大堂面积。

（二）明显性原则

前厅的位置应该是明显的，也就是前厅的可见度比较强。顾客进入邮轮后就能很容易找到前厅，同时前厅的员工也能够看清大堂出入的过往顾客。如果一艘邮轮的前厅不易让顾客找到，那么其设置是不合理的。此外，前厅的明显性原则还包括前台各业务处的明确标识。

（三）美观性原则

前厅的布局、灯光、色彩以及气氛都是不容忽视的内容。例如，嘉年华邮轮旗下的嘉年华"征服"号的大堂非常气派，金碧辉煌，壮丽非凡，宛如皇宫（图4-2）。

图4-2 嘉年华"征服"号邮轮
（Carnival Conquest）中庭

图4-3 迪斯尼"幻想"号邮轮
（Disney Fantasy）中庭

(四)独特性原则

大堂的设计应该以邮轮的经营特色为依据,设计效果应充分显示和烘托邮轮的特色,讲究独特性。千万不可盲目仿效其他邮轮,只有风格独特、创意新颖的前厅设计,才能给游客带来赏心悦目的感觉,也才能增强邮轮的品牌价值和竞争优势。因此邮轮的大堂设计一定要形成自己独特的形象定位,增加形象识别特点。迪斯尼邮轮(图4-3)、歌诗达邮轮都以其独特的设计风格而著称。

二、前厅的构成及布置

(一)服务区域

前厅的对客服务区域主要包括前台接待处、岸上观光预订处和未来航程销售等。

1. 前台接待处(Front Desk/Guest Relations Desk)

前台接待处简称"前台",是为游客提供登/离船、结账、问讯、外币兑换、顾客投诉等综合服务的场所。前台是前厅活动的主要焦点,应设在大堂中醒目的位置,最好正对大堂入口处,这样可以使工作人员观察到整个前厅、出入口、电梯、商场等的活动情况,从而做好接待准备工作。前台的柜台长短和台内面积视邮轮的规模、等级而定。前台的外观形状与整个大堂的建筑密切相关,较常见的有直线型、折线型、半圆型等(图4-4、图4-5)。

图4-4 荷美"奥斯特丹"号邮轮
(Holland America Osterdam)前台接待处

图4-5 铁行"太平洋咏叹"号邮轮
(P&O Australia Pacific Aria)前台接待处

2. 岸上观光预订处(Shore Excursion Desk/Tour Desk)

为了方便顾客寻找,岸上观光预订处一般设在大堂前台附近。主要为顾客提供各停靠港和观光游览信息,并为顾客提供岸上游览行程和导游预订服务(图4-6)。

图4-6 诺唯真"遁逸"号邮轮
(Norwegian Escape)岸上观光预订处

图4-7 精致邮轮(Celebrity Cruise)
未来航程销售

3. 未来航程销售(Future Cruise Sales/Cruise Next)

与岸上观光预订一样,未来航程销售也设在大堂附近,主要为顾客提供邮轮公司未来的航程信息并进行推销,同时负责邮轮的忠诚顾客项目(Loyalty Program)(图 4-7、图 4-8)。

另外,前厅部办公室、总机房、账务室等机构,与前厅接待服务密切相关,但又不必直接与顾客打交道,因而一般设在前台后面联络方便但较为隐秘之处。

图 4-8　精致"星座"号邮轮
（Celebrity Constellation）未来航程销售

图 4-9　铁行"太平洋咏叹"号邮轮
（P&O Australia Pacific Aria）大堂休息处

（二）休息区域

休息区域是顾客等候、休息或约见亲友的场所（图 4-9）。它既要位置明显又需保持相对安静和不受打扰。休息区域的主要家具是供顾客休息的沙发座椅和配套茶几。沙发可根据需要围成几组方形,也可围着柱子设置,在人流进出频繁、充满动感的大厅空间中,构筑一个隔而不断、既围又透的宁静舒适的小环境。前厅休息区域的风格、面积必须与邮轮的规模和星级相适应,前厅中应有足够的空间供顾客活动和休息。

（三）其他设施

前厅内其他设施有主楼梯（图 4-10）、大堂吧、网吧（图 4-11）、各种艺术品等装饰物；有的邮轮前厅甚至还与步行街相连,如皇家加勒比邮轮上的皇家大道（Royal Promenade）（图 4-12）。

图 4-10　迪斯尼"魔力"号邮轮
（Disney Magic）大堂主楼梯

图 4-11　铁行"太平洋咏叹"号邮轮
（P&O Australia Pacific Aria）大堂网吧

三、前厅的环境

前厅作为整个邮轮的中心,其环境和氛围是非常重要的。为了创造好的气氛和环境,必须重视前厅的装饰美化,把满足功能需求与创造环境、氛围的艺术效果结合起来,把体现主题风格、地方特色与适应国际环境艺术新潮流结合起来（图 4-13）。

图 4-12 皇家加勒比"海洋独立"号邮轮（Independence Of The Seas）皇家大道　　图 4-13 诺唯真"遁逸"号（Norwegian Escape）中庭装饰灯和 LED 显示屏

（一）前厅的光线

前厅内要有适宜的光线，要能使顾客在良好的光线下活动，员工在适当的光照下工作。前厅内最好通入一定数量的自然光线，同时配备层次、类型各不相同的灯光，以保证良好的光照效果。灯光的强弱变化应逐步进行。要使每位顾客的眼睛都能逐步适应光线明暗的变化，可采用不同种类、不同亮度、不同层次、不同照明方式的灯光，配合自然光线达到上述要求。

为追求热烈的气氛，大厅一般采用高强度的华丽吊灯。顾客休息处设有便于阅读和交谈的立灯或台灯，灯光昏暗，形成舒适、安静和优雅的格调。而对前台的工作人员则要使用照明度偏高的灯光，创造一种适宜的工作环境。各种光色都应和谐、柔和而没有炫目的感觉。灯具除用以照明外，其本身就是一种装饰品，所以大厅内的各种灯具必须配套，其造型应与大厅内的建筑风格相呼应（图 4-14）。

（二）前厅的色彩

前厅环境的好坏，还受到前厅内色彩的影响。色彩经人的心理和生理反应会产生不同的感觉，色彩具有感情象征。例如，红色有迫近感、扩张感，使人兴奋，可以营造出热情、温暖、喜庆的气氛；绿色象征着自然和生长，使人情绪平静而稳定等。因此，前厅内顾客主要活动区域的地面、墙面、吊灯等，应以暖色调为主，以烘托出豪华热烈的气氛。而前厅的服务环境及顾客休息的沙发附近，应以冷色调为主，使人能有一种宁静、平和的心境，适应服务员工作和顾客休息

图 4-14 "地中海真爱"号（MSC Preziosa）灯饰

对环境的要求，创造出前厅特有的安静、轻松的气氛。

（三）前厅的气味

气味也是影响前厅环境的因素之一。一位资深的前厅管理人员说过：一进大堂，看看邮轮地面是否干净光洁，再闻闻大堂的气味，你就可以知道邮轮管理水平如何。空气中的臭气对人体健康造成的损害，一方面是身体上的，会影响呼吸系统和感染疾病，甚至会危及生命；另一方面是心理上的，使人情绪不稳，甚至暴躁。以前很多邮轮是在大堂喷洒空气清新剂，现在一些邮轮开始推行"大堂香氛"，即在大堂里释放邮轮自己特制的香气。

(四) 前厅的声音

前厅声源多、音量大。如噪声过于集中，就会超过人体感觉舒适的限度，使人烦躁不安，容易出错，易于激动和争吵，降低效率。因而在建造前厅时，应考虑使用隔音板等材料，降低噪声。员工工作交谈时，声音应尽量轻些，有时甚至可以使用一些体态语言，代替说话进行沟通（如用手势招呼远处的同事）。要尽量提高工作效率，使顾客在高峰时间不致长久滞留于大厅，破坏大厅安静的气氛。前厅应尽可能播放轻松、动听的背景音乐，以减少噪声对顾客的危害。

思考与训练

一、问答题

1. 什么是邮轮前厅和邮轮前厅部？
2. 邮轮前厅部和酒店前厅部的区别是什么？
3. 邮轮前厅部的地位和作用表现在哪些方面？
4. 邮轮前厅部的主要工作任务是什么？
5. 邮轮前厅部的主要部门有哪些？
6. 画出邮轮前厅部的组织架构图。
7. 复述邮轮前厅部各岗位工作职责。
8. 分析邮轮前厅部员工的素质要求。
9. 设计邮轮前厅时应坚持哪些原则？
10. 应如何维护一个良好的邮轮前厅环境？

二、实训项目

项目名称：邮轮前厅和前厅部调研。

练习目的：使学生能全面把握邮轮前厅部的业务范围、组织架构、员工素质要求、各岗位工作职责等，并能区分邮轮前厅部与酒店前厅部。

实训内容：调研一艘邮轮的前厅部，了解前厅部的组织机构、人员配备、岗位职责，并根据所学内容进行分析，然后总结出邮轮前厅部与酒店前厅部的异同。

测试考核：实训结束后，完成一份邮轮前厅部的调研报告。

【课后阅读材料】

A day in the life of a Hotel Manager

As Hotel Manager on-board a cruise ship I am responsible for the entire Hotel Department on-board, and work closely together with their Department Heads as well as the Deck and Engine Department to ensure that the guests on-board have "the holiday of their lifetime"!

Let me show you a typical day in my life as a Hotel Manager on-board a cruise ship. The good thing on this particular ship is that the Cabins and the Offices are on 2 opposite sides. The cabins are located forward, on a higher deck and the offices are on a lower deck at the aft of the ship. This means that the even the walk to the work place, passing through the ship, enables me to carry out my Hotel Manager duties by keeping note of my surroundings.

Passing through all public and behind-the-scenes areas such as Galleys, Provision Rooms, the Laundry, the Offices of the Department Heads, the Crew Area, Crew and Staff/Officers Mess is necessary for me to understand what is really happening on board the ship. I observe all activities, take corrective action where necessary and make myself available for questions/comments, especially from crew members who will never stop by the Hotel Managers office.

图 4-15 全球十大顶级豪华邮轮第一名——诺唯真"逍遥"号（Norwegian Breakaway）

At the same time, this walk through includes my greeting and talking to guests, making sure they are enjoying themselves, listen to complaints and be present as a Ships Officer and representative for the Cruise Company.

After the initial walk-through, and maybe breakfast, it is time to do paperwork, answering e-mails, reporting to the main office, dealing with requests and providing information.

Almost every day I have meetings to attend, such as the Captain's Meeting, Hotel Manager Meeting, Revenue Meeting, conducting crew cabin inspections or a safety drill.

Meeting with Department Heads to ensure a smooth operation, or the occasional "putting out fires" moments, making decisions in line with the company's guidelines and dealing with guest complaints or crew issues are part a regular party of my day.

After a busy morning, it is time for another walk through, especially during meal times, to see the galley and restaurant staff in full swing.

Depending on what is going on on-board the ship, after lunch I can have a short break for either resting, going ashore or just enjoying some off-time.

For coffee-time and cocktail hour I must have another walk through, then there is more paperwork to be done and more emails to be answered.

An important part of my job is to be present during dinner and eating with the guests. Being ready to entertain them and being available for conversations is also part of the job, as well as dealing with internal issues. Whilst this may sound like a nice, easy task, I can assure you it is not as simple as it sounds.

Hosting a dinner table at least once every week means you are entertaining 8 guests. The menu is the same every week, and so are the questions of the guests. At one point, the waiter serving the Hotel Manager's table answered the questions for me, since he knew the answers perfectly and he gave me a chance to get at least a bite of each course which was served!

Of course each day is a little different and often brings different issues for me to deal with, and when least expected a never before experienced situation comes up and I have to deal with it in the best way possible.

模块二

登船服务

"地中海神曲"号（MSC Divina）CHECK-IN 柜台

登船服务（Embarkation）是邮轮前厅服务的核心内容，该服务在邮轮码头完成，工作人员需要同时为几千位客人办理登船，并在 3～4 小时内完成。工作人员除了要为顾客提供主动、热情、礼貌和微笑服务以外，还要提高工作效率，尽可能地缩短顾客办理入住登记的等候时间。

【学习与训练总目标】

- 了解登船手续的意义并熟悉登船需要准备的各项物品和证件。
- 分别掌握在线登记的步骤和码头登记的流程。
- 能区分个人游客和团队游客的登船手续。
- 了解优先登船的对象和手续。
- 熟悉停靠港登船的程序和注意事项。
- 了解登船过程中的常见问题并能给予恰当处理。

项目五　登船准备工作

【学习与训练子目标】

1. 掌握办理登船手续的目的和重要性。
2. 熟悉办理登船手续所需的各项信息资料。
3. 了解办理登船手续所需的证件,并准备好相关物品。

课前阅读

邮轮旅游进入"免签"时代

据中、日两国出入境管理局的通知,日本已于 2015 年 3 月 18 日开始实施"船舶观光登陆许可制度",允许乘坐日本法务大臣事先指定的客船的外国游客,以观光为目的在停靠港口免签入境,但该外国游客须在所乘客船离港前返回客船。

应对这一消息,国内邮轮产品供应商也在第一时间进行调整。例如,携程旅行网将对赴日邮轮的售卖期最晚延长至始发前 3 天,相比以前平均提前 15 天的停售时间,整整延长了近两周。

实行免签政策后,选择一些邮轮公司的赴日航线,游客无需预留办签证时间,可以选择当月任意在售的航次,还能节省 200 多元的日本签证费用。对于游客而言,这一消息不仅意味着省去了办理日本签证的时间和经济成本,也能有更长的时间决策,同时有可能享受到更实惠的船票价格,可谓一举多得。

到底搭乘哪些邮轮赴日可以免签呢?目前日方指定获准资质的有 20 艘邮轮,包括皇家加勒比、丽星邮轮、大洋邮轮、泰山邮轮等国内外大型邮轮公司的邮轮。随着免签新政策的推进,会有更多的邮轮加入到"赴日免签"的阵营,预计未来 90% 以上短途线路将实现"免签出行"。

随着赴日邮轮免签政策的推出,原本邮轮旅行的第一道壁垒"签证"正在逐渐被打破,可以预计,国人邮轮旅游的热情将被进一步助推,不只是上海、天津、厦门等母港城市,北京、杭州、南京、云南、武汉等城市也将成为新的爆发点。

【知识点与技能点】

乘坐邮轮旅游时,办理登船手续是邮轮游客必须履行的法定手续。邮轮前厅部会设立登船部(Embarkation Department),设有登船/离船专员(Embarkation Officer/Disembarkation Officer/Clearance Officer)、证件管理员(Documentation/Administrative Officer)等岗位。该部门的服务范围有:负责登船日(Embarkation Day)游客登船手续的办理、负责游客护照的保管工作、负责停靠港游客的上下船工作、负责与各港口海关人员沟通游客和船员的出入境事宜等。

邮轮码头登船服务具有面对面接触、规程严谨、时间短、量大且复杂的特点,而且对游客能否顺利登船及邮轮能否按时起航产生重要影响,因此,登船服务是邮轮前厅服务的关键环节。

游客在办理登船的过程中对邮轮服务设施的第一印象,对于营造热情、友好的氛围和建立持续良好的商务关系非常重要。因此,作为登船工作人员必须在登船工作之前做好各种准备工作。

任务一 明确办理登船手续的目的

办理登船是前厅部对客服务全过程中的一个关键阶段,其工作效果将直接影响到前厅功能的发挥,同时,办理登船手续也是游客与邮轮建立正式的、合法关系的最根本的一个环节。

一、遵守国家法律中有关出入境管理的规定

《中华人民共和国出境入境边防检查条例》《国际航行船舶进出中华人民共和国口岸检查办法》明确规定:游客乘坐邮轮旅游时,必须办理出入境手续,设有游客检查大厅的,应安排游客在检查大厅查验通道办理出入境手续;没有游客检查大厅或检查大厅不能满足查验需求的,将采取派检查人员随船、从锚地登轮或靠泊后登轮办理等检查方式。邮轮工作人员若不按规定为游客办理登船手续,是违反国家法律有关出入境管理规定的行为,将受到处罚。

二、与游客建立正式、合法的关系

游客在购买邮轮航线后,邮轮公司会要求游客在邮轮出发日期72小时前完成在线登记(On Line Check-in),并打印出邮轮电子船票(Cruise Tickets),船票上明确了游客所乘邮轮的名称、起航时间及预订编号;游客的护照编号、家庭住址、紧急联系人姓名及联系方式等基本信息,这意味着游客与邮轮公司之间确立了正式合法的经济关系,因此,这张船票相当于是游客与邮轮公司签订的旅游合同,同时该船票是换取邮轮船卡和登船的凭证。

三、可以获得游客的个人资料,为邮轮公司提供信息和数据

办理登船手续时,尤其是在线登记中包含有游客的个人详细资料,如游客的姓名、性别、年龄、国籍、出生日期、婚姻状况等基本信息。这些基本信息对于邮轮的服务与管理至关重要,一方面为邮轮其他部门提供个性化和人性化服务提供了依据;另一方面也为邮轮公司开发符合游客需求的航线和服务提供了信息和数据。

四、可以掌握游客上下船人员的信息,确保人数准确

游客办理登船手续时,要凭借船票和护照等领取邮轮船卡,该船卡是游客在整个邮轮巡航期间的身份象征,既是房卡也是消费卡,同时还是游客上下船的凭证,游客需要刷邮轮船卡上下船,这样做的目的是邮轮可以随时掌握游客上下船人员的信息,确保每次上下船人数的准确性,避免游客滞留岸上或脱团失踪。

五、可以掌握游客的付款方式,保证邮轮收入

国际邮轮一般都采用"无现金"支付系统,统一使用一张消费卡刷卡消费,该卡通常为游客在登船时领取到的邮轮船卡,因此办理登船手续领取邮轮船卡时,工作人员会询问游客是否需要绑定国际信用卡以开通邮轮船卡的消费功能,大多数游客都是在办理登船手续时绑定信用卡,也有少数游客登船后在邮轮前台绑定信用卡或根据航线长短和舱房等级预存一定量的现金。

办理登船手续时,邮轮可以掌握游客的付款方式,从而保证邮轮收入,保护邮轮的利益。掌握付款方式可以确定游客在邮轮旅游期间的信用标准,同时也可提高游客办理结账手续的服务效率。

任务二 获取办理登船手续所需的相关信息

在游客登船之前,邮轮登船部工作人员应从岸上部门(Shoreside,也称为总部 Head Office)获取该航次游客的相关信息。这些信息包括乘坐该航次游客的名单、有特殊需要的

游客名单、重要游客名单、会员资料、游客历史档案等。

以上信息资料在游客登船前就应该准备好。在邮轮信息系统中，这些信息资料不断地在更新，工作人员可通过电脑网络轻易获取。

一、游客名单

游客名单（Manifest）为登船部工作人员提供乘坐该航次游客的一些基本信息，如游客姓名、舱房号和特殊要求等。

在核对游客名单时，作为登船部的工作人员，应该清楚以下事情，并采取相应的措施：邮轮还空余多少舱房以供游客升级客舱（Upgrade）和更换客舱（Room Move）。

二、有特殊要求的游客名单

有些游客在预订时，可能会额外的提出服务要求，登船部工作人员必须事先通知有关部门做好准备工作，恭候游客的到来。如游客是素食者，要求为其准备素食，工作人员应将游客的要求转达给餐饮部门；还有的游客腿脚不便，希望能租借船上的轮椅使用，工作人员应提前准备好轮椅，方便游客上船后能及时使用。这一切工作都必须在游客登船之前准备好。

三、重要游客名单

邮轮必须对重要游客（VIP）加以足够的重视。重要游客可分为以下几类。

（1）个人贵宾（VIP，Very Important Person）。主要包括政府方面、文化界、邮轮方面的知名人士以及入住一定级别套房的游客等。

（2）公司贵宾（CIP，Commercially Important Person）。主要指大公司、大企业的高级行政人员、旅行社和旅游公司职员、新闻媒体工作者等。

（3）需特别关照的游客（SPATT，Special Attention Guests）。主要指多次乘坐的游客（Repeat Guests）以及需要特别照顾的老、弱、病、残游客等。

邮轮通常为重要游客提供特别的服务和礼节，如个性化迎宾服务、优先登船离船服务、收费餐厅和娱乐活动优先预订、海上管家全程热线和服务柜台等。由于以上游客较为重要，邮轮常把重要游客名单印发至前厅各部门及邮轮相关对客服务部门，让他们在接待服务过程中多加留意。

 小资料

皇家加勒比邮轮套房专属贵宾礼遇

皇家套房贵宾服务由皇家加勒比邮轮公司匠心打造，为金色船卡宾客（豪华套房GS、主人套房OS、家庭套房FS、皇家套房RS）专享。该服务涵盖贵宾抵达码头、登船、下榻套房、用餐、游玩到离船的全套专享服务，旨在为每一位套房客人提供皇家超凡的邮轮体验。

海上管家服务：
➢ 提供个性化迎宾及登船办理服务；
➢ 尊享皇家式优先登船离船服务；
➢ 收费餐厅、演出及娱乐活动优先预订；
➢ 皇家套房专享全程快速通道；
➢ 海上管家全程热线和服务柜台。

尊享餐饮体验：
➢ 皇家套房行政酒廊，包括专享欧陆精致早餐和傍晚时段免费酒水、小食；
➢ 主餐厅早、午餐皇家套房专享区域，晚餐最佳坐席；

- ➢ 免费客房送餐服务（主餐厅菜单）；
- ➢ 皇家下午茶体验（限五晚以上航次）；
- ➢ 海鲜龙虾欢送餐会；
- ➢ 收费餐厅优先预订用餐坐席；
- ➢ 免费鲜榨果汁。

特制皇家套房配备：
- ➢ 迎宾水果篮及依云水；
- ➢ 豪华品牌沐浴用品；
- ➢ 免费熨衣服务（限一件）。

专享娱乐活动定制：
- ➢ 船长室或后厨探秘（预约后统一安排）；
- ➢ 冰舞表演：礼宾部为金色船卡宾客预留专享普通席位，按统一标准收费；
- ➢ 专属甲板日光浴席位。

涉及收费项目的以各收费项目通知为准（以上礼遇服务于2016年6月28日中国母港航次以后推出）。

四、会员资料

为了鼓励游客出游和回馈答谢常客，各家邮轮公司都设立自己的会员俱乐部，在搭乘过一次邮轮后，便可成为邮轮俱乐部的会员，并获得相应的积分奖励，游客通过积分享受不同级别的优惠，比如专属登船礼物、专属浴袍、私人定制礼物等，邮轮登船部工作人员需要在游客登船之前获取游客的会员资料，并根据不同级别会员准备相应的会员礼遇。

 小资料

荷美邮轮水手协会（Mariner Society）会员权益

1星水手（0积分），优惠信息订阅；

2星水手（达到30积分），上述所有，赠送邮轮照片，邮轮服饰店10%折扣，预订荷美邮轮享受15%折扣；

3星水手（达到75积分），上述所有，特色收费餐厅享受25%折扣，酒吧等酒水享有折扣，SPA享有折扣，推送最新的航次；

4星水手（达到200积分），上述所有，免费洗衣、熨烫，优先上下船、岸上观光优先预订和登陆，行李优先交付，特色收费餐厅享受50%折扣，邮轮服饰店15%折扣，同舱内第三、第四人免费（限航次）；

5星水手（达到500积分），上述所有，100分钟上网套餐享受50%折扣，赠送两次尖峰烧烤餐厅的用餐，一整天SPA免费使用权，一堂免费名厨烹饪课。

怎样获得积分：每航行一天获得一个积分，在邮轮上消费和预订套房都可以获得额外积分。

五、游客历史档案

游客历史档案（Guest History Record）简称"客史档案"，是对乘坐邮轮一次以上的全部或部分游客设立的汇总资料，是在接待过程中形成的具有参考利用价值的一种专业文档。邮轮均有游客历史档案，在电脑的帮助下，登船部工作人员很容易查到游客在邮轮的消费记录。

（一）客史档案的作用

（1）做好游客登船前的准备工作，为游客提供个性化服务（Personalized Service）。通过客史档案，了解游客不同的生活习惯和兴趣爱好，有针对性地提供周到、细致的服务。

（2）客史档案的建立有助于邮轮做好有针对性的销售工作。建立客史档案就是为了了解游客需求，并在今后的促销中满足游客需求，进而与游客保持良好、稳定的关系，争取更多的回头客，培养忠诚顾客。

（3）提高邮轮经营决策的科学性。通过对客史档案的分析，可以了解游客的需求，明确并选定邮轮的目标市场，做好市场预测工作，有针对性地改进邮轮的服务与管理，进而获得利润，提供经济效益。

（二）客史档案的内容

（1）常规档案。包括游客姓名、性别、年龄、出生日期、婚姻状况以及家庭地址、电话号码、公司名称、头衔等，收集这些资料有助于了解目标市场的基本情况，了解"谁是我们的顾客"。

（2）预订档案。包括游客的预订方式、介绍人，预订的季节、月份和日期以及预订的类型等，掌握这些资料有助于邮轮选择销售渠道，做好促销工作。

（3）消费档案。包括包价类别、游客租用的舱房、支付的房价、餐费以及在商品、娱乐等其他项目上的消费；喜欢何种舱房和邮轮的哪些设施等，从而了解顾客的消费水平、支付能力以及消费倾向、信用情况等。

（4）习俗、爱好档案。这是客史档案中最重要的内容，包括游客旅行的目的、爱好、生活习惯；宗教信仰和禁忌；海上巡游期间要求的额外服务。了解这些资料有助于为游客提供有针对性的"个性化"服务。

（5）反馈意见档案。包括游客在船上的意见、建议；表扬和赞誉；投诉及处理结果等。

（三）客史档案资料的收集

及时、准确地收集和整理客史档案资料，才能发挥客史档案应有的作用。这既要求邮轮要有切实可行的资料收集方法，又要求前厅和邮轮其他对客服务部门的员工用心服务，善于捕捉有用信息。

（1）岸上销售部门和邮轮上的未来航程销售部门主要通过预订单收集和获取游客的基本信息。

（2）邮轮前厅部门通过游客的登记单、账单、意见反馈单、投诉处理意见等，收集有关信息。

（3）邮轮其他部门如客舱、餐饮、娱乐、销售的接待记录。

任务三　准备办理登船手续所需的相关物品

一、邮轮船卡

（一）邮轮船卡的作用

邮轮船卡（Cruise Seapass Card）又称为邮轮登船卡、邮轮通行卡，在游客办理完预订手续后，邮轮前厅部员工会为每一位游客制作邮轮船卡，并在登船时凭借船票领取，邮轮船卡人手一张。该卡非常重要，交给游客时一定要提醒其小心保管，若不小心遗失或消磁，应第一时间找到邮轮前台员工重新制作或充磁。邮轮船卡的主要作用是证明游客的身份。具体作用是：

（1）邮轮船卡是游客巡游期间的身份证明（Personal Onboard ID Card）。船卡里面有游客的基本身份资料，比如姓名、国籍、护照号码、身份证号码以及上船时采集的相片等，足以证明游客的身份。

（2）邮轮船卡是游客登船和下船的通行证（Passport）。也即游客需凭借邮轮船卡在登船口"刷卡"才能登船和下船，刷卡上下船时显示屏上会出现持卡人首次登船时拍摄的照片（图5-1）。这么做的主要原因是动辄几千人同时登船和下船，船方很难统计人数，而通过邮轮船卡，船方很容易统计出上下船的人数，明确哪些游客已经登船和下船，哪些游客尚未登船和下船。

（3）邮轮船卡也是舱房的房卡或钥匙卡（Cabin Key Card）。用于打开舱房，有的船卡还能用于舱房内取电，只有将船卡插入特制的取电卡槽，才能打开舱房内总开关，舱房内的电器才能使用。并不是所有邮轮的房卡都有此功能，例如迪斯尼邮轮会在舱房内为游客准备单独的取电卡（图5-2）。

图5-1　皇家加勒比"海洋航行者"号登船口的上下船"刷卡"设备

图5-2　迪斯尼邮轮客舱中的取电卡（Light Card）

案例赏析

"帝王公主"号邮轮上的环保船卡

公主邮轮公司（Princess Cruise）最新打造的帝王级别的"帝王公主"（Regal Princess）号2014年全新下水，这是公主邮轮有史以来吨位最大的船，是2013年下水的"皇家公主"号的姐妹船。

"帝王公主"号再一次将公主邮轮秉承50年之久的卓越、优雅及舒适的传统推向全新境界。全新的特色设施会让最挑剔的游客也感受到愉悦与惊喜。

图5-3　"帝王公主"号邮轮的邮轮船卡

出于对完美主义的孜孜追求，公主邮轮对于客户的反馈一直保持着无比的关注，不断根据那些有搭乘邮轮经验的客人们关于邮轮的想法去改进舱房的设计，在全新亮相的"帝王公主"号上每一个细节都得到了完美的彰显，保证了旅途中的每一位游客都能得到无微不至的关怀，确保游客的旅途更舒适。

"帝王公主"号的每个客舱都配有环保的邮轮船卡（图5-3），和地面酒店一样，可以控制客舱的灯光,进门插卡、出门取卡,当顾客不在客舱的时候,可以节省船上的能源。

(4)邮轮船卡还是顾客在船上的消费卡(Cruise Credit Card)。国际邮轮均采用"无现金"支付系统,也即邮轮上所有的消费(除赌场外)都将使用邮轮船卡来支付,这就意味着要开通邮轮船卡的支付功能,开通支付功能有两种方式:一是提供一张船方可接受范围内的国际信用卡,如美国运通卡(American Express)、万事达卡(Master Card)、维萨卡(Visa Card)、JCB卡、大莱卡(Diners Club)等,将信用卡与邮轮船卡绑定,消费时可直接刷邮轮船卡;二是登船后,到邮轮前台,根据航线长短和舱房等级,预存一定量的现金。一旦开通后,顾客的全程邮轮假期消费,包括礼品商店购物、付费餐厅消费、酒吧(包括所有饮料消费的15%的服务费)、美容服务、洗衣、电话等,就可凭邮轮船卡刷卡付账。

(5)邮轮船卡同时也是游客在主餐厅的用餐证明。船上共有四五千名游客,晚餐是分时段进行的,首批一般在18:00左右,第二批在20:00左右,船卡上印有游客用餐的时间,游客需凭船卡入场。

(6)邮轮船卡还是游客在船上享受不同会员等级福利的会员卡(Membership Card)。船上专门为贵宾和高等级会员开辟俱乐部区域,要想进入俱乐部,享受会员福利,必须使用邮轮船卡(图5-4)。

图5-4 皇家加勒比邮轮上持金卡用户可进入的区域

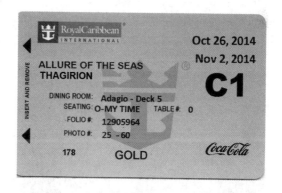

图5-5 皇家加勒比"海洋绿洲"号邮轮船卡(正面)

(二)邮轮船卡卡面上的信息

邮轮船卡虽小,功能却很多,除了上述几点作用外,邮轮船卡卡面上还印有游客的诸多信息,包括游客姓名、舱房号、主餐厅名称、主餐厅就餐的时间和餐桌号、救生演习的地点编号等内容。如图5-5所示。

1. 邮轮船卡正面信息

(1) ALLURE OF THE SEAS "海洋绿洲"号(邮轮名称)。

(2) THAGIRION 游客英文姓名。

(3) DINING ROOM:Adagio-Deck 5 用膳餐厅名称:5层甲板的阿达若餐厅。

(4) SEATING:O-MY TIME 用膳梯次(分为三种:传统编位、流动座次和开放式座次)。

(5) TABLE♯:0 餐桌号码。

(6) FOLIO♯:12905964 游客无线Wifi账号:12905964(密码一般为游客的房间号码)。

(7) PHOTO♯:25-60 照片25~60。

(8) 178 船舱号码后三位(无甲板号)。

(9) GOLD 黄金会员（皇家加勒比邮轮皇冠铁锚俱乐部会员）。

(10) Oct 26，2014-Nov 2，2014 邮轮出发日期和返航时间（2014年10月26日～11月2日）。

(11) C1 救生演习集合点（紧急逃生区）。

2. 邮轮船卡背面信息

重要备注：请您随时携带此登船卡，此卡为您的登船识别证、签账卡及船舱钥匙。当您每次登船及在船上消费时，我们的邮轮工作人员将要求您出示此卡。

IMPORTANT：Please keep this card with you at all times throughout your cruise. It gives your dining room seating and table information. You will be asked to show the card at the gangway when boarding the vessel, and when making purchases with the Super Charge program on board the ship.

（游客签名）

（三）邮轮船卡的种类

尽管每家邮轮公司的邮轮船卡都是不同的，在设计上也各有特色，但邮轮船卡的功能和卡面上的内容大致相同（图5-6～图5-15）。同一家邮轮公司的邮轮船卡会在颜色上有所区别，用以区分贵宾和普通顾客或给予一定级别会员的会员权益，如，皇家加勒比邮轮普通顾客的船卡是淡蓝色；入住豪华套房以下的顾客持有的船卡是银色；入住豪华套房以上（含豪华套房）的顾客持有的船卡是金色。另，尖峰俱乐部级别会员的船卡将永久为金卡，持金卡顾客可独享船上某些特定区域的使用和享有优先登船等特权。

图5-6 嘉年华"自由"号邮轮船卡

图5-7 "海岛公主"号邮轮船卡

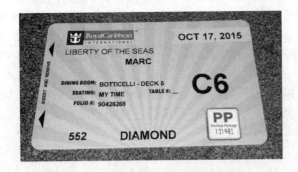

图5-8 皇家加勒比"海洋自由"号邮轮船卡

图5-9 丽星"宝瓶星"号邮轮船卡

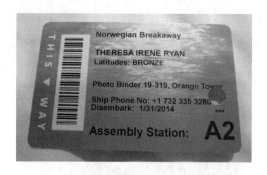

图 5-10 诺唯真"逍遥号"邮轮船卡

图 5-11 迪斯尼"梦想"号邮轮船卡

图 5-12 "地中海神曲"号邮轮船卡

图 5-13 歌诗达"康科迪亚"号邮轮船卡

图 5-14 荷美"奥斯特丹"号邮轮船卡

图 5-15 天海"新世纪"号邮轮船卡

案例赏析

"海洋量子"号邮轮上邮轮船卡被 Wowbands 替代……

当您登上"海洋量子"号邮轮,进入客舱后,会看到床上放置着服务员提前准备好的邮轮船卡和 RFID 腕表(也即 Wowbands)(图 5-16),如果您想更便捷地使用船上的设施设备,那就戴上腕表去享受吧!

1. Wowbands 是什么?

Wowbands 也叫 RFID 腕表,RFID 是 Radio Frequency Identification 的缩写,翻译为射频识别,俗称电子标签。Wowbands 与邮轮船卡账户相连并存有与客户邮轮假期相关的信息，如舱房信息、餐厅预订等，因此 Wowbands 可以代替邮轮船卡使用，能实现开房门（图 5-17）、消费付款、打印相片等功能。

图 5-16　邮轮船卡和 RFID 腕表

图 5-17　Wowbands 开房门

2. Wowbands 是什么样子的？

Wowbands 被设计成腕表的样式，可以戴在手腕上使用，Wowbands 有白色、黄色、黑色和蓝色共四种颜色（图 5-18），不可随意选择，颜色的确定与顾客紧急集合点有关。

图 5-18　四种颜色的 Wowbands

图 5-19　"海洋量子"号邮轮船卡

3. Wowbands 与邮轮船卡的关系？

Wowbands 可以代替邮轮船卡（图 5-19）使用，而且非常便捷，皇家加勒比邮轮鼓励顾客使用 Wowbands 但不强求。

4. 皇家加勒比邮轮公司的哪些邮轮提供 Wowbands？

图 5-20　歌诗达"维多利亚"
邮轮行李牌

皇家加勒比邮轮公司目前有四艘邮轮正在提供 Wowbands，其中量子系列的"海洋量子"号（Quantum of the Seas）、"海洋赞礼"号（Ovation of the Seas）、"海洋圣歌"号（Anthem of the Seas）共三艘邮轮和绿洲系列的"海洋和悦"号（Harmony of the Seas）正在提供。皇家加勒比邮轮公司打算将 Wowbands 普及到其旗下的所有邮轮上。

二、行李牌（Luggage Tag）

办理行李托运服务时，邮轮公司会向游客提供邮轮行李牌（图 5-20、图 5-21）。游客需要在标签上写明姓名和客舱号，并将该行李牌固定在行李把手上。行李经过海关检查后,将首先放置在行李托运处,然后会由邮轮工作人员直接送至游客的客舱。

图 5-21 "地中海序曲"号（MSC Sinfonia）行李牌（Luggage Lable）

三、邮轮日报

邮轮每天为游客准备每日报纸,即邮轮日报（图 5-22、图 5-23）,由客舱服务员提前送

图 5-22 嘉年华邮轮的邮轮日报
（FUN TIMES）

图 5-23 公主邮轮的邮轮日报
（PRINCESS PATTER）

至顾客舱房。每日报纸就是详细的邮轮指南，主要内容是当日活动安排，包括时间、地点、用餐信息、娱乐活动、节目演出、航程信息、购物促销、岸上观光介绍等。

四、紧急救生演习卡（Emergency Drill Card）

除了邮轮船卡，有的邮轮还为游客提供紧急救生演习卡（Emergency Drill Card）以确保所有游客均有参加过紧急救生演习，如歌诗达邮轮（图5-24）和地中海邮轮（图5-25），在听到7短1长的紧急报警信号时，游客需穿戴好救生衣并携带此卡前往紧急集合地点参加紧急救生演习，紧急救生演习卡一般是红色的，此卡将在演习集合时被工作人员回收以便确认游客是否参加过紧急救生演习。

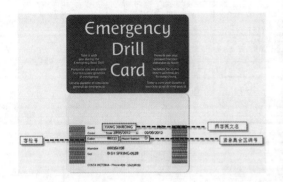

图5-24　歌诗达邮轮紧急救生演习卡

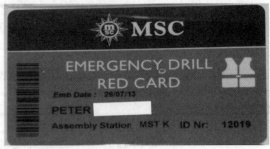

图5-25　地中海邮轮紧急救生演习卡

在紧急救生演习期间客舱服务员会在门锁插卡的地方插上一张"已撤离（Evacuated）"卡片（图5-26），表明该客舱游客已撤离。

图5-26　"已撤离"卡片

图5-27　歌诗达邮轮餐席卡（Table Card）

五、餐席卡（Table Card）

有的邮轮公司会为游客提供餐席卡（图5-27、图5-28），卡上内容有游客晚餐就餐的地点、时间和桌号，游客可拿着餐席卡到指定的主餐厅用餐。

六、付费转账登记表

办理登船时，工作人员会询问游客是否需要将邮轮船卡绑定信用卡以开通其消费功能，如果需要绑定，工作人员会请游客填写一份申请单，如图5-29所示为皇家加勒比邮轮付费转账登记表。

七、护照领取卡

从中国母港出发的国际邮轮，需要收取游客的护照原件统一代为保管，收取后会给予一张护照领取卡（图5-30），并提醒游客妥善保管好，下船时凭此卡领取护照。

图 5-28 公主邮轮餐席卡（Table Card）

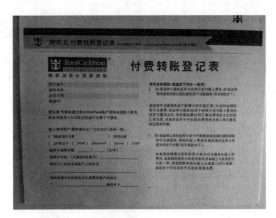
图 5-29 皇家加勒比邮轮付费转账登记表

图 5-30 歌诗达邮轮护照领取卡

任务四 了解办理登船手续的相关证件

邮轮旅行途经的国家和地区，会要求邮轮游客出示相应证件，包括有效护照、签证及疫苗接种证书，它们会因访问的港口和游客国籍的不同而有所不同。许多国家要求游客的护照在旅行结束后仍保持至少 6 个月有效期。另外，护照上的名字应与游客预订时使用的名字一致。护照应有足够的空白页容纳出入境签注和可能需要的签证。因此，游客需要在出发前准备好相应的旅游证件与身份证明文件，并在办理登船手续时提交给邮轮公司。

一、船票（Cruise Ticket）

船票（Cruise Ticket）（图 5-31～图 5-33）即电子船票（E-ticket），也称为上船通行证，是游客在出发前通过邮轮公司的网站进行网上登记，然后打印出的登船证明性文件。船票非常重要，既是游客旅游行程的书面确认，还可以简化码头登船手续。在到达邮轮码头办理上船手续时，需要游客出示其船票。

二、护照（Passport）

（一）护照概述

护照（Passport），是一个主权国家发给本国公民出入国境和国外旅行、居住的身份证明与国籍证明。持照人享有护照颁发国的外交保护。护照是一种官方的证明文件，一般由主

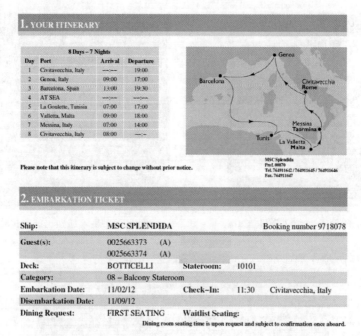

图 5-31 "地中海辉煌号"(MSC Splendida)邮轮船票(Embarkation Ticket)

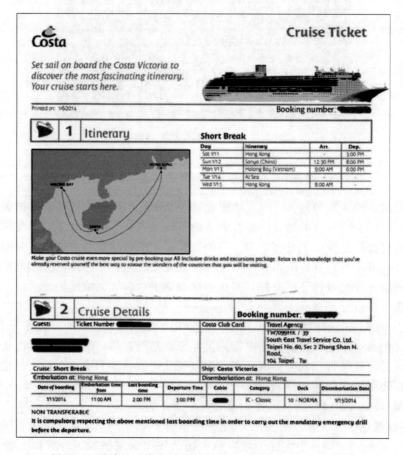

图 5-32 歌诗达"维多利亚"号(Costa Victoria)邮轮船票

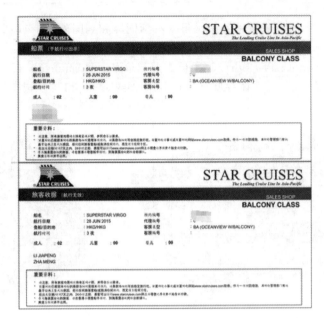

图 5-33 丽星"处女星"号（Star Virgo）邮轮船票

权国家颁发，不是主权国家原则上不能颁发护照。我国颁发护照的机关是外交部和公安部及其授权的地方外事部门、公安部门。

一个有效的护照一般包括下列内容：颁发护照国家的国名全称、国徽或代表国家标志的图案；持证人的姓名、性别、出生日期、出生地点、职业（或身份）和偕行人员，有些国家的护照还有持证人的身高、肤色、眼睛和头发的颜色及面部特征等；持证人的照片、本人签字，照片上要盖有发照机构的骑缝钢印；发照机构的印章、发照日期、护照有效期限以及延期、签证页和护照使用说明等。护照使用的文字以本国文字为主，大多数国家的护照还同时印有国际通用的文字，一般为英文。如图 5-34 所示，即为我国护照；如图 5-35、图 5-36 所示为美英两国的护照。

（二）护照的作用

（1）出入本国国境。世界各国普遍规定出入国境的本国公民必须持有有效护照（或其他代替护照的证件）。有的国家除护照外还要办理出入境手续。没有护照、证件即被视为非法出入境。

（2）证明持照人的国籍。在国外，护照是持照人

图 5-34 中华人民共和国护照

所属国籍的证明，居住国一般依照其所持护照来确定他的国籍。

（3）证明持照人的身份。持照人在居住国可以得到与其身份相一致的法律地位，也必须进行与其身份相一致的活动。

（4）持照人向前往国申请签证必备的依据。护照一般都有时效，它在有效期内发生效力。护照期满前持照人可以根据有关规定办理延期手续，未办理延期手续的护照即自然失效，不再具有上述作用。

(三) 护照的种类

护照（Passport）是一个国家的公民出入本国国境和到国外旅行或居留时，由本国颁发的一种证明该公民国籍和身份的合法证件。护照分以下几种：外交护照（Diplomatic Passport）、公务护照（Service Passport）、官员护照（Office Passport）、普通护照（Passport）、特别护照（Special Passport）、团体护照（Group Passport）和联合国护照（United Nations Passport）。

图 5-35　美国护照

图 5-36　英国护照

小资料

护照（Passport）的识别

1. 国籍的识别

目前世界上大多数国家的护照或其他代用护照上都有发照国本国文字和国际上通用的文字（英文）标明国籍。但也有一些国家只用本国文字标明国籍，遇到这种情况，可以按照护照封皮上的国徽图案或国家标志来识别。

部分国家护照号码规则如下。

美国护照：9位阿拉伯数字。

日本护照：在7位号码前有两个英文字母。

法国护照：前两位是数字，中间是两个英文字母，最后为5位数字。

新加坡护照：护照号码前是大写"S"，中间7位数字，最后有一位英文字母。

马来西亚护照：英文字母"K"字打头，加7位数字。

2. 护照有效期的识别

护照有时效限制，并在有效期内发生效力。护照期满前持照人应根据本国有关的法律规定到政府授权机关更换新护照或申办护照延期，否则护照会自然失效，不再具有原效力。

护照有效期的表述方法一般有以下几种：在护照有效期一栏写明有效期，这是最常见的；在护照有效期一栏注明自签发之日起若干年有效；在护照的使用说明中规定自签发之日起若干年有效；规定在一些特定的条件下有效；护照内未注明有效期限的，视为永久有效。

3. 护照真伪的识别

注意识别护照样式、图案、颜色。注意护照内各项内容和发照机关签署印章的情况，查看是否有伪造和涂改痕迹。查看护照上的照片及对自然特征的记载是否与持照人相符，照片上加盖的骑缝印章有无可疑之处。

三、签证（Visa）

持有有效护照的我国公民不论因公或因私出国，除了前往同我国签订有互免签证协议的国家外，如斯里兰卡、尼泊尔、马尔代夫等国家，事先均须获得前往国家的签证。签证一般制作在护照上，和护照同时使用。未建交国通常将签证制作在另纸上，称为另纸签证，与护照同时使用。

（一）签证概述

签证（Visa），是一个国家的主权机关在本国或外国公民所持的护照或其他旅行证件上的签注、盖印，以表示允许其出入本国国境或者经过国境的手续，也可以说是颁发给他们的一项签注式的证明。概括地说，签证是一个国家的出入境管理机构（例如移民局或其驻外使领馆）对外国公民表示批准入境所签发的一种文件。

（二）签证与护照

护照是持有者的国籍和身份证明，签证则是主权国家准许外国公民或者本国公民出入境或者经过国境的许可证明。

签证一般都签注在护照上，也有的签注在代替护照的其他旅行证件上，有的还颁发另纸签证。如美国和加拿大的移民签证是一张 A4 大小的纸张，新加坡对外国人也发一种另纸签证，签证一般来说须与护照同时使用，方有效力。

（三）签证的作用

签证是一个主权国家为维护本国主权、尊严、安全和利益而采取的一项措施。签证是一个主权国家实施出入本国国境管理的一项重要手段。一个国家的公民如果希望到其他国家旅行、定居、商贸、留学等，除必须拥有本人的有效护照或旅行证件外，另一个条件就是必须获得前往国家的签证。通常情况下，一个国家发给外国人的签证，是以外国给其本国国民的待遇是否平等互惠为原则，为两国国民彼此往来给予同等的优惠和便利。但也有免签证国家，如持有中国护照免签证国家和地区有 21 个，持有美国护照的免签证国家和地区有 130 个等。

对外国人，一般均是根据申请者的身份和入境目的发给不同的入境签证，如旅游、探亲、移民、留学、工作等签证，并限制入境后的居留时间。因签证种类不同，要求提供的有关材料也不一样。一般对以短期居留为目的的申请限制较少，等待批准的时间也较短。对以长期居留为目的，申请则限制较多，待批的时间也较长。一个国家没有允许外国人无条件入境的义务（有条约者除外），一个外国人也没有要求一国政府允许他入境的权利。一个主权国家对外国人入境永远是有条件限制的。随着国际贸易、国际政治关系的发展，旅游业的兴旺，许多国家的签证规定趋于简化。各国之间也有互免签证或简化签证手续的协议。

（四）签证的种类

（1）根据出入境情况可分为出境签证、入境签证、出入境签证、入出境签证、再入境签证和过境签证等 6 种类别。出境签证只准许持证人出境，如需入境，须再办入境签证。入境签证即只准许持证人入境，如需出境，须再申办出境签证。出入境签证的持证人可以出境，也可以再入境。多次入出境签证的持证人在签证有效期内可允许入出境。

（2）根据出入境事由常规可分为外交签证、公务签证、移民签证、非移民签证、礼遇签证、旅游观光签证、工作签证、留学签证、商务签证以及家属签证等。每个国家情况不一样。

（3）根据时间长短分为长期签证和短期签证。长期签证的概念是，在前往国停留 3 个月以上。申请长期签证不论其访问目的如何，一般都需要较长的申请时间。在前往国停留 3 个月以内的签证称为短期签证，申请短期签证所需时间相对较短。

（4）依据入境次数可分为一次入境和多次入境签证。

(5) 依据使用人数可分为个人签证和团体签证。

(6) 依据为持有人提供的方便可分为另纸签证、落地签证等。

(7) 世界上大多数国家的签证分为外交签证、公务（官员）签证和普通签证。中华人民共和国的签证（图 5-37）主要有外交签证、礼遇签证、公务签证和普通签证等四种，是发给申请入境的外国人。

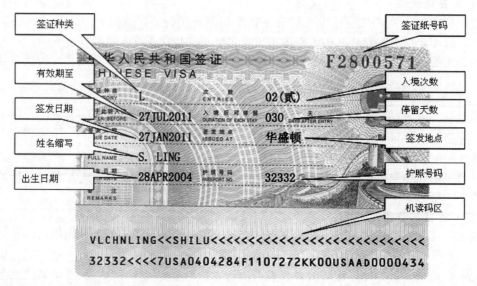

图 5-37 中华人民共和国签证

 **小资料**

落地签、免签与申根签证

1. 落地签证

落地签证是指在前往国的入境口岸办理签证（又称口岸签证）。一般说来，办理落地签证，需要邀请人预先在本国向出入境管理部门提出申请，批准后，将批准证明副本寄给出访人员。后者凭该证明出境，抵达前往国口岸时获得签证。

对外国公民发放口岸签证的国家，主要是西亚、东南亚、中东及大洋洲的部分国家。

2. 互免签证

互免签证是随着国际关系和各国旅游事业的不断发展，为便利各国公民之间的友好往来而发展起来的，是根据两国间外交部签署的协议，双方公民持有效的本国护照可自由出入对方的国境，而不必办理签证。互免签证有全部互免和部分互免之分。

3. 申根签证

1985 年 6 月 14 日，由 5 个欧洲国家在卢森堡的一个小城市申根签署了《申根公约》，该公约于 1995 年 7 月正式全面生效，申根公约的成员国亦称"申根国家"或者"申根公约国"，成员国的整体又称"申根区"。申根公约的目的是取消相互之间的边境检查点，并协调对申根区之外的边境控制。即在各成员国之间取消边境管制，持有任意成员国有效身份证或签证的人可以在所有成员国境内自由流动。根据该《申根公约》的规定，旅游者如果持有其中一国的有效签证即可合法地到所有其他申根国家参观。

后来，又陆续加入了许多国家。申根国共有26个，包括奥地利、比利时、丹麦、芬兰、法国、德国、冰岛、意大利、希腊、卢森堡、荷兰、挪威、葡萄牙、西班牙、瑞典、匈牙利、捷克、斯洛伐克、斯洛文尼亚、波兰、爱沙尼亚、拉脱维亚、立陶宛、马耳他、瑞士和列支敦士登。

以上26个申根国家根据《申根公约》，可以为短期往返访问的外国人签发"申根国统一签证"，得到其中一国的申根签证，可前往其他申根国家访问，无须其他签证。

"申根签证"的具体申请规定如下。

（1）只前往某一申根国家，应申办该国的签证。

（2）过境一申根国或几个申根国前往另一申根国，应申办另一申根国（入境国）的签证。

（3）前往几个申根国，应申办主要访问申根国（主访国）或停留时间最长的申根国的签证。

（4）无法确定主访国时，应申办前往的第一个申根国的签证。

（5）申根签证不能逐个国家申办，须统一在某一申根国办理。

（6）根据《申根公约》的规定，办妥一国签证可进入其他申根国，被一国拒签意味着被其他申根国拒签。

（五）签证办理程序

办理外国签证，无论是中国人办理外国签证，还是外国人办理其他国家签证，无论是委托代办，还是自己直接办理，一般需要经过下列几个程序。

（1）递交有效的护照。

（2）递交与申请事由相关的各种证件，例如有关自己出生、婚姻状况、学历、工作经历、个人资产等的证明。

（3）填写并递交签证申请表格。签证不同，表格也不同，多数要用外文填写，同时提供本人照片。

（4）前往国驻该国大使馆或领事馆官员会见。有的国家规定，凡移民申请者必须面谈后，才能决定；也有的国家规定，申请非移民签证也必须面谈。

（5）大使馆或者领事馆将填妥的各种签证申请表格和必要的证明材料呈报国内主管部门审查批准。有少数国家的使领馆有权直接发给签证，但仍须转报国内备案。

（6）前往国家的主管部门进行必要的审核后，将审批意见通知驻该国使领馆。如果该国使领馆同意，即发给签证。如果拒绝，也会通知申请者（对于拒签，使领馆方面也是不退签证费的）。

（7）缴纳签证费用。一般来说，递交签证申请的时候就要先缴纳费用，也有个别国家是签证申请成功的时候才收取费用。一般而言，移民签证费用略高，非移民签证费用略低。也有些国家和地区的签证是免费的。

（六）签证的使用

1. 有效期

签证的有效期，是指从签证签发之日起到以后的一段时间内准许持有者入境的时间期限，超过这一期限，该签证就是无效签证。一般国家发给3个月有效的入境签证，也有的国家发给1个月有效的入境签证。有的国家对签证有效期限制很严，如德国只按申请日期发放签证。过境签证的有效期一般都比较短。

2. 停留期

签证的停留期，是指持证人入境该国后准许停留的时间。它与签证有效期的区别在于签证的有效期是指签证的使用期限，即在规定的时间内持证人可出入或经过该国。如某国的入、出境签证有效期为3个月,停留期为15天,那么,这个签证从签发日始3个月内无论哪一天都可以入、出该国国境,但是,从入境当日起,到出境当日止,持证人在该国只能停留15天。有的国家签发必须在3个月之内入境,而入境后的停留期为1个月;有的国家签证入境期限和停留期是一致的。如美国访问签证的有效期和停留期都是3个月,即在3个月内入境方为有效,入境后也只能停留3个月。签证有效期一般为1个月或者3个月;最长的一般为半年或者1年以上,如就业和留学签证;最短的为3天或者7天,如过境签证。

3. 有效次数

签证除了有效期、停留期之外,还规定有效次数。一般分为一次有效签证、两次和多次有效签证等。一次有效签证是指该签证在有效期内使用一次就失效。两次有效签证,即在签证有效期内可以使用两次。多次有效签证,即在签证有效期内持照人可以多次出、入其国境。例如澳大利亚、印度的旅游签证有的是在3个月或者6个月内允许多次入出境。有些国家受雇签证也是多次入境有效。当然,签发何种签证、有效期限多长、有效次数多少、签证机关等都是根据入境申请者的具体情况决定的。

 小资料

签 证 代 号

有些国家为了便于识别和管理,根据申请签证者的不同事由,用各种不同的字母代号标明在所签发的签证上。这种字母代号就是签证代号。

1. 美国

目前使用签证代号最多的是美国,其中非移民签证代号有18种之多,每个种类再细分为多项。简介如下:

(1) A 类签证,即外交公务签证;

(2) B 类签证,即商务旅游签证;

(3) C 类签证,即过境签证;

(4) D 类签证,即机组人员、海员签证;

(5) E 类签证,即国际条约或协议投资者签证;

(6) F 类签证,即留学签证;

(7) G 类签证,即国际组织员工签证;

(8) H 类签证,即临时雇员及接受训练者签证;

(9) I 类签证,即新闻从业人员签证;

(10) J 类签证,即交换访问学者签证;

(11) K 类签证,即结婚签证;

(12) L 类签证,即跨国公司职员签证;

(13) M 类签证,即非学术性留学生签证;

(14) N 类签证,即某些特殊移民的随同父母和孩子的签证;

(15) O 类签证,即具有杰出才能的人员的签证;

(16) P 类签证,即杰出的娱乐行业和体育界人才的签证;

(17) Q 类签证,即文化交流签证;

(18) R 类签证,即宗教工作者的签证;

(19) 国防科研项目工作人员签证的签发对象是与美国政府有国家防御平等互惠条约的

国家所委派的工作人员（无签证代号）。

（20）残疾人教育工作签证的签发对象为赴美进行残疾人教育培训项目的人士（无签证代号）。

2. 中国

签证分为外交签证、礼遇签证、公务签证、普通签证。

对因外交、公务事由入境的外国人，签发外交、公务签证；对因身份特殊需要给予礼遇的外国人，签发礼遇签证。外交签证、礼遇签证、公务签证的签发范围和签发办法由外交部规定。

对因工作、学习、探亲、旅游、商务活动、人才引进等非外交、公务事由入境的外国人，签发相应类别的普通签证。普通签证的类别和签发办法由国务院规定。

普通签证分为以下类别，并在签证上标明相应的汉语拼音字母。

（1）C（乘务签证），发给执行乘务、航空、航运任务的国际列车乘务员、国际航空器机组人员、国际航行船舶的船员及船员随行家属和从事国际道路运输的汽车驾驶员。

（2）D（定居签证），发给入境永久居留的人员。

（3）F（访问签证），发给入境从事交流、访问、考察等活动的人员（图5-38）。

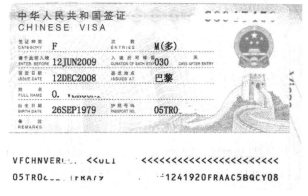

图5-38　中华人民共和国访问签证

（4）G（过境签证），发给经中国过境的人员。

（5）J1（记者签证），发给外国常驻中国新闻机构的外国常驻记者；J2（记者签证），发给入境进行短期采访报道的外国记者。

（6）L（旅游签证），发给入境旅游的人员；以团体形式入境旅游的，可以签发团体L字签证（图5-39）。

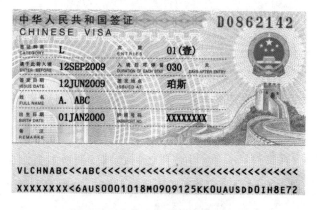

图5-39　中华人民共和国旅游签证

(7) M（商贸人员签证），发给入境进行商业贸易活动的人员。

(8) Q1（探亲华人签证），发给因家庭团聚申请入境居留的中国公民的家庭成员和具有中国永久居留资格的外国人的家庭成员，以及因寄养等原因申请入境居留的人员；Q2（探亲华人签证），发给申请入境短期探亲的居住在中国境内的中国公民的亲属和具有中国永久居留资格的外国人的亲属。

(9) R（高端人才签证），发给国家需要的外国高层次人才和急需紧缺专门人才。

(10) S1（私人事务签证），发给申请入境长期探亲的因工作、学习等事由在中国境内居留的外国人的配偶、父母、未满18周岁的子女、配偶的父母，以及因其他私人事务需要在中国境内居留的人员；S2（私人事务签证），发给申请入境短期探亲的因工作、学习等事由在中国境内停留居留的外国人的家庭成员，以及因其他私人事务需要在中国境内停留的人员。

(11) X1（学习签证），发给申请在中国境内长期学习的人员；X2（学习签证），发给申请在中国境内短期学习的人员。

(12) Z（职业签证），发给申请在中国境内工作的人员。

四、检疫/健康证明

所有游客都有责任确保其个人身体健康，适合旅行。疾病预防控制中心（CDC）及世界卫生组织（WHO）已为各国所需的疫苗接种提供指导原则。在大多数情况下，邮轮建议游客进行预防接种，但在某些情况，预防接种则属必须。因此邮轮建议，游客应与当地专业医疗人员，或是受世界卫生组织鉴定合格的旅游医药专员查询。

出于公共安全和相关法规的要求，所有游客都需如实申报健康状况（图5-40）。若有任

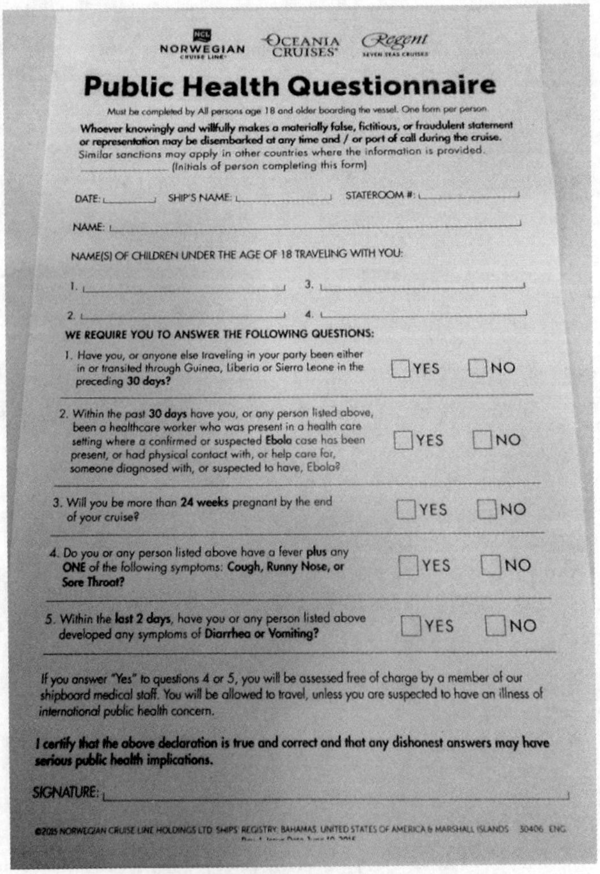

NCL NORWEGIAN CRUISE LINE · OCEANIA CRUISES · Regent SEVEN SEAS CRUISES

Public Health Questionnaire

Must be completed by All persons age 18 and older boarding the vessel. One form per person.

Whoever knowingly and willfully makes a materially false, fictitious, or fraudulent statement or representation may be disembarked at any time and / or port of call during the cruise.
Similar sanctions may apply in other countries where the information is provided.
________ (Initials of person completing this form)

DATE: ________ SHIP'S NAME: ________ STATEROOM #: ________

NAME: ________

NAME(S) OF CHILDREN UNDER THE AGE OF 18 TRAVELING WITH YOU:

1. ________ 3. ________

2. ________ 4. ________

WE REQUIRE YOU TO ANSWER THE FOLLOWING QUESTIONS:

1. Have you, or anyone else traveling in your party been either in or transited through Guinea, Liberia or Sierra Leone in the preceding **30 days**? ☐YES ☐NO

2. Within the past **30 days** have you, or any person listed above, been a healthcare worker who was present in a health care setting where a confirmed or suspected **Ebola** case has been present, or had physical contact with, or help care for, someone diagnosed with, or suspected to have, Ebola? ☐YES ☐NO

3. Will you be more than **24 weeks** pregnant by the end of your cruise? ☐YES ☐NO

4. Do you or any person listed above have a fever **plus** any **ONE** of the following symptoms: **Cough, Runny Nose, or Sore Throat?** ☐YES ☐NO

5. Within the **last 2 days**, have you or any person listed above developed any symptoms of **Diarrhea or Vomiting?** ☐YES ☐NO

If you answer "Yes" to questions 4 or 5, you will be assessed free of charge by a member of our shipboard medical staff. You will be allowed to travel, unless you are suspected to have an illness of international public health concern.

I certify that the above declaration is true and correct and that any dishonest answers may have serious public health implications.

SIGNATURE: ________

©2015 NORWEGIAN CRUISE LINE HOLDINGS LTD. SHIPS' REGISTRY: BAHAMAS, UNITED STATES OF AMERICA & MARSHALL ISLANDS 30406 ENG

图5-40 诺唯真邮轮公众健康调查表

何不适，无论是个签还是团签游客都需在到达码头后，第一时间告知邮轮公司地面工作人员，便于进一步的检查和安排。

五、港澳居民来往内地通行证和台湾居民来往大陆通行证

（一）港澳居民来往内地通行证

港澳居民来往内地通行证（图5-41），由中华人民共和国广东省公安厅签发，是具有中华人民共和国国籍的香港特别行政区居民及澳门特别行政区居民来往内地所用的证件。该证于1990年启用，其前身是俗称"回乡证"的"港澳同胞回乡证"。

图5-41　港澳居民来往内地通行证

（二）台湾居民来往大陆通行证

台湾居民来往大陆通行证（图5-42）简称"台胞证"，是台湾居民来往大陆的旅行证件，由公安部出入境管理局授权的公安机关签发或委托在香港和澳门特别行政区的有关机构代为办理。根据国务院最新修改的《中国公民往来台湾地区管理办法》的规定，自2015年7月1日起台胞来往大陆免予签注。2015年9月15日，公安部宣布决定启用2015版台湾居民来往大陆通行证（简称电子台胞证、台胞卡）。

图5-42　台湾居民来往大陆通行证

六、港澳通行证及有效签注和赴台"两证一签"

从港澳港口出发的邮轮，内地居民要准备：中华人民共和国往来港澳通行证和有效签注。从中国台湾港口出发的邮轮，内地居民要准备：大陆居民往来台湾通行证及有效签注和中华人民共和国台湾地区入出境许可证。

（一）中华人民共和国往来港澳通行证

中华人民共和国往来港澳通行证（图5-43）俗称双程证，是由中华人民共和国公安部出入境管理局签发给中国内地居民因私往来香港或澳门地区旅游、探亲、从事商务、培训、就业、留学等非公务活动的旅行证件。

内地居民因私往来香港或澳门特别行政区旅游、探亲、从事商务、培训、就业等非公务活动，向户口所在地的市、县公安出入境管理部门提出申请。凭公安出入境管理部门签发的往来港澳通行证及有效签注前往。

来港澳前，必须取得内地公安部门签发的有关来港澳目的的签注。签注分为探亲签注（T）、商务签注（S）、团队旅游签注（L）、个人旅游签注（G）、其他签注（Q）和逗留签注（D）。持证人须在往来港澳通行证和签注有效期内，按照规定的次数和停留时限往来香港或者澳门。

图5-43　中华人民共和国往来港澳通行证（正反面）

图5-44　大陆居民往来台湾通行证

（二）赴台"两证一签"

大陆居民赴台必须办理"两证一签"。所谓"两证"是指大陆居民往来台湾通行证（图5-44）和中国台湾地区入出境许可证（入台证）；"一签"是指台湾个人旅游签注G签，由直辖市、地（市）级公安机关出入境管理部门签发，贴在大陆居民往来台湾通行证第二页，表示此次出境的身份以及有效期。

1. 大陆居民往来台湾通行证

1991年12月17日国务院令第93号公布，自1992年5月1日施行的《中国公民往来台湾地区管理办法》第六条规定："大陆居民前往台湾定居、探亲、访友、旅游、接受和处理财产、处理婚丧事宜或者参加经济、科技、文化、教育、体育、学术等活动，须向户口所在地的市、县公安局提出申请。"

大陆居民往来台湾通行证是大陆地区居民往来台湾地区所持有的证件，一般与中国台湾地区入出境许可证（入台证）一起检查。从 2015 年 7 月 1 日起大陆居民往来台湾通行证的有效期由原来的 5 年改为 10 年。

2. 赴台签注

直辖市、地（市）级公安机关出入境管理部门对往来台湾地区的申请作出批准或者不批准的决定。同时申请大陆居民往来台湾地区通行证及前往台湾地区签注的，由各省、自治区、直辖市公安厅（局）出入境管理部门集中制作、签发。对持有有效大陆居民往来台湾通行证申请前往台湾签注的，由直辖市、地（市）级公安机关出入境管理部门签发。

小资料

国内 47 个试点城市开放赴台个人游

据统计，2011 年大陆居民赴台个人游正式启动，截至 2016 年，大陆已有 5 批 47 个试点城市开放赴台湾个人游。

2011 年首批开放北京、上海、厦门三地，同时开放福建居民赴金门、马祖、澎湖地区个人游。

2012 年增开成都、天津、重庆、南京、杭州、广州、济南、西安、福州、深圳 10 个城市。

2013 年 6 月，再宣布开放沈阳、郑州、武汉、苏州、宁波、青岛、石家庄、长春、合肥、长沙、南宁、昆明和泉州 13 个试点城市。

2014 年 8 月 18 日，正式启动第四批赴中国台湾个人游试点城市，包括哈尔滨、太原、南昌、贵阳、大连、无锡、温州、中山、烟台、漳州 10 个城市。

2015 年 3 月 18 日，公布大陆居民赴台个人游第五批 11 个试点城市，包括海口、呼和浩特、兰州、银川、常州、舟山、惠州、威海、龙岩、桂林、徐州。

据了解，第五批试点城市的赴台个人游业务于 2015 年 4 月 15 日正式启动。

大陆游客到台湾需要两本证件，一个是大陆居民往来台湾通行证，需要到当地公安机关出入境部门办理；二是个人旅游观光入台证，需要办理通行证之后才可以申请。

七、家庭法律文件

（一）未成年人登船需要的文件

1. 国际邮轮

国际邮轮对年龄的最低要求是 18 周岁，规定出生未满 6 个月的婴儿不能上船，18 周岁或 21 周岁以下未成年人必须跟随法定监护人一起登船。如果跟随的成年人不是其法定监护人（如：孩子的爷爷奶奶不是其法定监护人），必须由法定监护人出具有效的授权书，授权该成年人可携带其孩子乘坐邮轮，并携带授权书作为必要证明一起办理登船手续。具体资料如下：

（1）其父母必须填写具有律师授权的"授权声明信"和"随行监护人承诺"。请打印该附件并签字携带；

（2）父母护照复印件（有照片姓名的那页）；

（3）未成年人的出生证复印件。

由于国际邮轮多数通过国内旅行社或代理商对外售票和组织游客办理签证事宜，实际需要的文件可能会由于不同旅行社或代理商的规定不同有所区别。

案例赏析

邮轮对游客年龄的限制

所有邮轮公司对游客年龄的最低要求是18岁,年满18岁的已婚游客不在这些年龄限制之内,但可能要出示已婚证明。

1. 下列邮轮公司要求每间舱房内至少有1位游客年满18岁或以上。

大洋邮轮(Oceania Cruises)、冠达邮轮(Cunard Cruises)、铁行邮轮(P&O Cruises)、丽晶七海邮轮(Regent Seven Seas Cruises)、海之梦邮轮(Sea Dream Cruises)、星飞邮轮(Star Clippers)。

2. 下列邮轮公司有以下要求:
(1)舱房内的所有游客必须年满18周岁或以上。
(2)如果有小于18周岁的游客,舱房内的其他游客必须年满21岁或以上。

公主邮轮(Princess Cruises)、银海邮轮(Silversea Cruises)、迪斯尼邮轮(Disney Cruises)、维京邮轮(Viking River Cruises)。

3. 下列邮轮公司要求每间舱房内至少有1名游客年满21周岁或以上。

精致邮轮(Celebrity Cruises)、丽晶七海邮轮(Regent Seven Seas Cruises)、皇家加勒比邮轮(RCCL)、诺唯真邮轮(Norwegian Cruise Line)、地中海邮轮(MSC Cruises)、世邦邮轮(Seabourn Cruises)、歌诗达邮轮(Costa Cruises)、世界探索邮轮公司(Discovery World Cruises)。

4. 下列邮轮公司要求:
(1)每间舱房内的所有游客都必须年满21周岁或以上;
(2)舱房内若是有小于21周岁的游客,其他游客必须年满25岁或以上。

嘉年华邮轮(Carnival Cruises)、荷美邮轮(Holland American Cruises)、风星邮轮(Windstar Cruises)。

2. 我国邮轮

我国天海邮轮公司规定:邮轮起航当天18周岁以下的游客为未成年人,必须确保每个船舱中,至少有1位游客的年龄在18周岁以上;被监护人尽可能与监护人入住同一船舱,否则船方将根据实际情况保留限制未成年人登船的权利。若未成年人不随其父母一起登船出行,必须要提供以下资料。

(1)其父母及随行监护人必须填写"授权声明信"及"随行监护人承诺函",签字携带。
(2)未成年人的出生证复印件或有父母和孩子信息页面的户口簿复印件。
(3)如果陪同出行的成年人非未成年人的父母,而是其法定监护人,则必须出示相关的"法定监护证明"。
(4)蹦床、游泳池等船上设施须由未成年人的父母或监护人(需持有以上已经签署的规定文件)陪同前往,并在现场监护。以上所有文件请未成年游客随身携带,办理登船手续时必须出示,否则船方可能拒绝该未成年游客登船。并且所有相关文件都需要在码头办理登船手续时出示。

(二)孕妇登船需要的文件

为了孕妇的安全与健康,邮轮公司要求登船的孕妇须确保直到离船日这一天孕期未满24周。并在办理登船手续时出示相关医学证明。证明需由注册/特许执业医生开具,并需证明妊娠正常,母亲和婴儿健康状况良好、适合旅行,且非高风险怀孕,同时说明预产日期。

地中海邮轮公司则将怀孕时间延长至 28 周，建议处于任何怀孕期的孕妇在旅行前先进行医疗咨询。截至旅行结束时怀孕期将达 28 周的孕妇需提供医生证明适宜参加旅行。

（三）70 岁以上老年人登船需要的文件

大多数国际邮轮公司并没有对邮轮游客的最大年龄提出要求，但国内旅行社或代理商在组织游客邮轮旅游时则对游客的最大年龄提出要求，一般不接受 80 周岁以上游客的预订，并要求 70 周岁以上老年人出示适宜出行的健康证明。

另外，在办理签证和出境的时候，可能需要更多的相关文件如资产证明、户口本、银行流水证明、健康申报表、入境卡等文件，具体需咨询旅行社或代理商和办理签证的大使馆。

项目六　登船服务流程

【学习与训练子目标】

1. 能熟练地办理在线登记。
2. 掌握码头登船的流程。

课前阅读

"海洋量子"号的"No check in, check in"

我不打算写有关"海洋量子"号邮轮功能和创新的长篇文章。其他人早已经写过很多了,作为最近评价过这艘船的记者,我想呈献给你们——我的读者一些与众不同的东西。所以,接下来是我对于这艘船的总体印象,没有特定的顺序。

作为一个消费者,过去几年,我多次乘坐过皇家加勒比邮轮公司的邮轮,因此我很清楚他们是如何做事情,也知道我该期待什么。我们都听说过"海洋量子"号最新的智能登记程序,但很少有人亲自经历过。作为皇冠铁锚俱乐部的一名超级钻石会员,我已经习惯于码头的快速登记,但我还是被皇家加勒比邮轮有限公司总裁理查德·费恩宣称的"无登记式登记"所震惊。我离开码头接送巴士,走进纽约自由角新的邮轮码头,并立即走向手持平板电脑的代理商。代理商扫描了我邮轮文件上的条形码,扫描我的护照,询问了我4个健康问题(主要是埃博拉病毒的问题),然后欢迎我来到"海洋量子"号。这总共花费了我90秒的时间,因为在来港口之前进行网上登记时,我已经上传了我的安全照片和信用卡信息。然后我通过安检,来到另一个工作亭,工作人员核实我文件上照片的真实性,接着我就登上自动楼梯,直接登上了邮轮。整个过程大概5分钟左右。我径直走进电梯,来到我的舱房,然后看了下手表。从我下车到现在总共只用去了9分钟。

【知识点与技能点】

邮轮登船大致可以分为两大环节:一是在线登记(Online Check-in/Web Check-in)并打印电子船票等旅行文件;二是码头登船并领取邮轮登船卡。

任务一　在线登记

办理在线登记(Online Check-in/Web Check-in)是为了帮助游客简化在邮轮码头办理登船手续时繁琐的文件填写步骤,节省排队等候的时间。当游客抵达邮轮码头办理登船手续时,只需出示通过此系统完成登记的电子船票文件(Boarding Pass)(需附上游客的签名)、有效身份证明文件及船上消费时使用的信用卡即可快速地完成登船手续的办理。

一、在线登记的时间

邮轮公司一般要求游客在出发日期72小时前必须完成在线Check-in,并完整打印出带有条形码的电子船票(Boarding Pass),否则网站将自动关闭该航线在线Check-in系统,也有的邮轮公司如地中海邮轮要求游客在登船出发48小时前完成在线办理登船手续就可以。

二、在线登记需准备的信息

为保障游客信息的安全，在线登记系统会在 30 分钟内自动关闭，所以游客要事先准备好以下信息，避免登记过程中因收集信息而耽误登记。

① 游客的姓（Last Name）、名（First Name）；

② 乘坐邮轮的名称（Ship Name）、起航时间（Sailing Date）及预订编号（Reservation Number）；

③ 护照或有效身份证明文件，包括护照号（Passport Number）、护照有效期（Expiry Date）、性别（Gender）、年龄（Age）、出生日期（Date of Birth）、国籍（Citizenship）、婚姻状况（Marital Status）等；

④ 家庭住址（Permanent Address）；

⑤ 紧急联系人姓名（Emergency Contact Person）及联系方式（Emergency Contact Number）；

⑥ 邮轮行程前后的旅行计划，包括舱房号（Cabin Number）、用餐梯次（Dining Room Seating）、岸上行程（Shore Excursion）等；

⑦ 船上消费时所使用的信用卡信息，如信用卡的品牌、信用卡号、信用卡有效期、信用卡背面号码等。

三、在线登记的步骤

在线登记可以为游客节省时间，游客无需在码头填写任何表格，抵达码头时，只需出示有游客签名的电子船票、身份证明文件和在线登记时使用的信用卡即可登船。在线登记的操作比较简便，下面是皇家加勒比邮轮在线登记的步骤。

(1) 登录皇家加勒比邮轮官网（www.royalcaribbean.com）。

登录到皇家加勒比邮轮官方网页，点击已预订（Already Booked）中的"在线登记（Online Check-in）"（图6-1）。如果预订的邮轮公司有中文官方网站，则直接在中文官方网站办理即可。

图 6-1　在线登记步骤（1）

(2) 填写登录信息。

在出现的在线登记页面（Online Check-in）的右侧填写完整的登录信息，包括姓氏、预订编号、航行日期、乘坐邮轮的船名，然后点击"提交（SUBMIT）"（图6-2）。

(3) 进入网上登记系统。

登入系统后，进入登录页面以选择进入网上登记或预订系统。首先进入网上登记系统，在该系统中需要填写游客的个人资料、登记船上消费账户以及确认邮轮客票合同（图6-3）。

(4) 填写游客个人资料（图6-4）。

逐个进入游客的个人资料页面，填写游客的个人资料：

① 预订信息，包括游客的姓名、会员号；

② 个人信息，包括游客的出生国家、性别、婚姻状况、出生日期、居住国家和住址以及邮编区号、联系方式等；

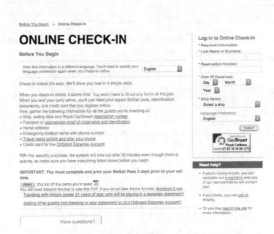

图 6-2 在线登记步骤（2）

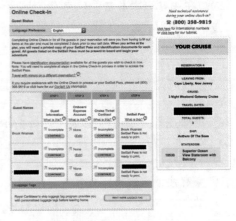

图 6-3 在线登记步骤（3）

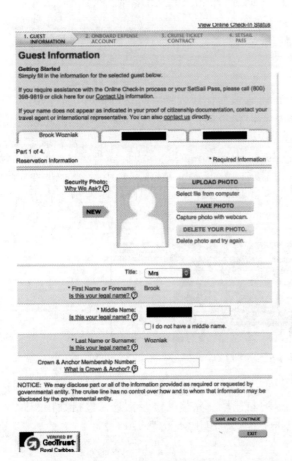

图 6-4 在线登记步骤（4）

图 6-5 在线登记步骤（5）

③ 紧急联系人信息，包括紧急联系人姓名、联系方式；

④ 身份证明信息，包括身份证明的类型、号码和有效期；

⑤ 邮轮旅游历史信息，包括统计乘坐邮轮的次数。

（5）设定船上消费账户（图6-5）。

填写完游客个人资料后，继续进行下一步骤，设定船上消费账户。

① 可选择信用卡作为船上支付方式。若选择信用卡支付，需要填写持卡人姓名、信用卡卡号、信用卡品牌、有效期。

持卡人须为要登船的游客，不能使用其他本次不登船的顾客的信用卡作为船上支付方式。

不同邮轮公司可接受的信用卡的品牌也略有不同，但必须是国际信用卡，因此游客需选择邮轮公司可接受品牌的信用卡作为船上支付方式。皇家加勒比邮轮可接受以下 7 种品牌的信用卡：维萨卡（Visa）、万事达卡（Master）、JCB 卡、运通卡（American Express）、大莱卡（Diner's Club）、发现卡（Discover）和国际万国卡（Carte Blanche）。

该信用卡可以同时被几位游客设定为船上的消费账户。

② 也可选择现金作为船上的支付方式，必须在登船后到前台缴纳一定数量的押金作为消费保证金。

③ 也可以先不设定船上的消费账户，在码头登船时设定，或登船后在前台设定。

（6）确认游客阅读登船须知（图 6-6）。

游客需仔细阅读登船须知（Cruise Ticket Contract），然后选择保存并继续（SAVE AND CONTINUE）进行确认。

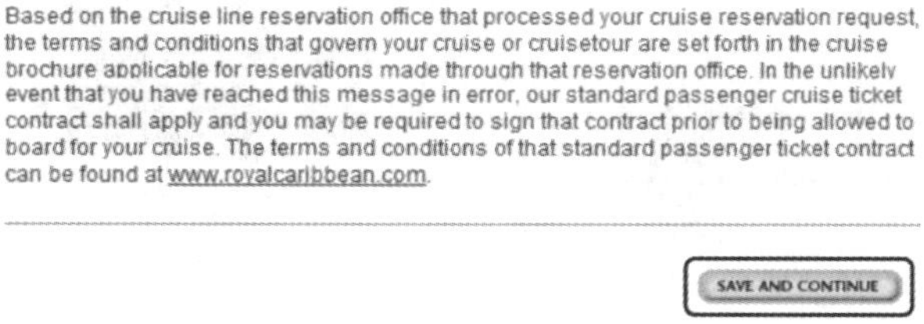

图 6-6　在线登记步骤（6）

（7）打印上船通行证（SetSail Pass）（图 6-7）。

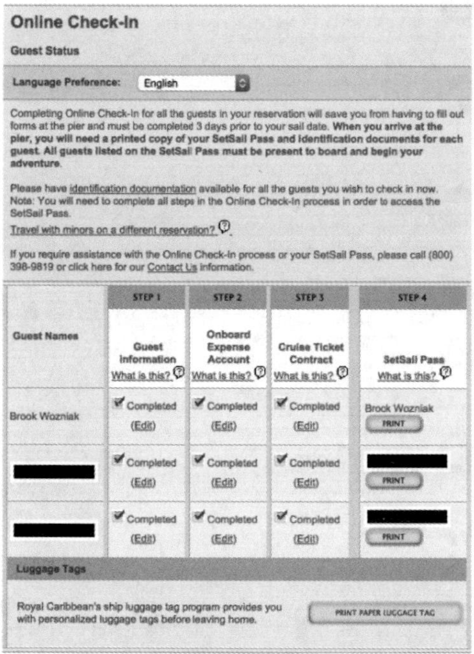

图 6-7　在线登记步骤（7）

所有内容都填写完整后就可以打印出上船通行证（SetSail Pass）（图 6-8、图 6-9）和行李牌（Luggage Tags）。

图 6-8　皇家加勒比邮轮上船通行证（正面）

图 6-9　皇家加勒比邮轮上船通行证（背面）

（8）索取邮轮重要文件（Cruise Documentation）（图 6-10）。

所有游客须仔细阅读客票手册（Guest Ticket Booklet）的内容，特别是其中客票合同（Cruise Ticket Contract）（图 6-11）的内容，它包含了游客的权利及限制。

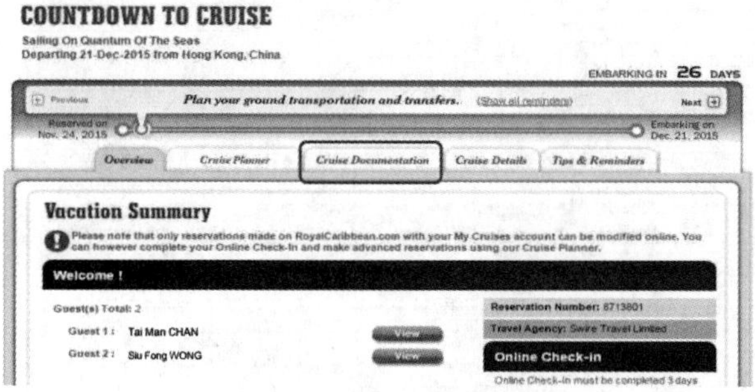

图 6-10　索取邮轮文件（Cruise Documentation）

图 6-11　客票手册（Guest Ticket Booklet）和客票合同（Cruise Ticket Contract）

登船文件是按皇家加勒比国际邮轮公司的合同条款制作并发给游客的。使用此登船文件代表同意皇家加勒比国际邮轮公司的合同条款。游客必须仔细阅读本合同内的所有条款，因它限制了皇家加勒比邮轮公司的责任和游客的起诉权，并需妥善保存以备将来参考之用。

具体操作为：完成网上登记后，可以点击"退出并查看预订（Exit and View Reservation）"，去到"邮轮准备（COUNTDOWN TO CRUISE）"，选择"邮轮文件（Cruise Documentation）"继续下一个界面，在该界面中输入电子邮件地址，索取电子版本的客票手册（Guest Ticket Booklet）。

（9）预订船上设施（Cruise Planner）（图 6-12）。

邮轮上的许多设施和服务需要提前预订，如岸上观光（Shore Excursions）、餐饮（Dining & Beverage）、水疗和健身（SPA & Fitness）、船上娱乐和活动（Entertainment &

图 6-12 预订船上设施（Cruise Planner）

Activities）等。

具体操作为：在"邮轮准备（COUNTDOWN TO CRUISE）"页面，选择"预订船上设施（Cruise Planner）"，在出现的界面中选择要预订的设施或服务，选择游客的数量、日期和时间，点击"放入购物车（ADD TO CART）"，并点击"完成结账（CHECK OUT）"。如果不点击"完成结账"，保留的项目将不被确认。

所有预订的收费项目，船公司将会实时从信用卡中扣除费用。如取消，船公司将不会全额退回。

如在确定后再取消预订，已收取的费用将不会全数退回：如在预订日期 24 小时前取消，每位将扣取 10 美元（＄10）；如在 24 小时内取消，将扣除预订费用的一半。

另外，网上登记系统将于出发前 7 天停止接受登记及预订设施。

任务二 码头登船

码头登船是指登船日（Embarkation Day）游客在码头办理登记手续和出入境相关手续并登船。

一、码头登船的时间

在离船/登船日（Turnaround Day），邮轮要安全、顺利地送走上一批客人，并迅速准备舱房和饮食，然后迎接下一批客人登船。大部分邮轮为游客办理登船手续的时间约为中午 12 点之后，并要求游客至少应于邮轮预订起航时间前 3 个小时到达码头并尽快办理登记手续。为使邮轮可以准时起航，办理登记手续的柜台会在开船前 1 个小时关闭，因此邮轮公司要求起航前 1 个小时全部游客必须登船完毕，所有迟到的游客将无法登船。

二、码头登船需准备的资料

1. 上船通行证（带签名）或电子船票

上船通行证（带签名）或电子船票是办理登船的重要凭证。在游客已在线登记（Online Check-in）并打印出上船通行证或电子船票的情况下，登船部工作人员只需对其登船文件进行核对即可；若游客尚未办理在线登记则需游客填写相应表格，并由登船部工作人员完成登记。

2. 护照等身份证件

游客必须准备好有效护照，无论成人或小孩，都需要提供护照，并确保护照上有足够的空白签证页用于敲盖签证章；同时，确保护照到期日在游程结束日期的 6 个月之后。

3. 签证等相关材料

游客必须在出发旅行前准备好所有必需的签证及相关材料。通常中国公民护照需要每个目的地的签证，如果途经几个国家，便要到这些国家使馆办理签证（如果是欧洲申根签证国家，只签其一即可），在某些情况下可能需要多次的入境签证。如加勒比海航线，要求持有多次的美国入境签证；阿拉斯加航线，要求持有美国、加拿大两国的签证。因此，游客在出发或选择线路前，一定要咨询专业客服人员有关签证的问题。

凡是乘坐邮轮进入日本港口的游客必须填写准确的入境卡（图 6-13）。

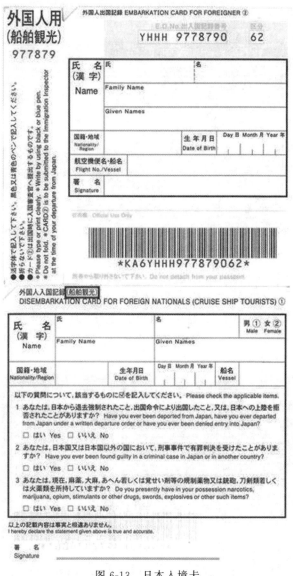

图 6-13 日本入境卡

4. 国际信用卡

如果游客选定船上的支付方式为信用卡结算，则需要出示一张与护照上姓名相同的信用卡，这张信用卡必须是邮轮公司可接受范围内的国际信用卡。一张信用卡可以同时关联多张邮轮船卡。

三、码头登船的手续

码头登船的手续比较简单，尤其是已经完成在线登记的游客，只需向登船部工作人员出示在线登记后打印出来的邮轮登船文件，如电子船票、登船通行证等，工作人员核对之后即可登船。

1. 办理行李托运（Luggage Drop-off）

游客到达码头后，需要先到行李托运处办理行李托运（图6-14）。首先，需要向行李托运处的工作人员索取行李牌（Luggage Tag），完成在线登记的游客可自行打印行李牌；其次，将行李牌填写完整，根据要求准确填写舱房号和姓名信息等；然后将填写完整的行李牌系到行李上，确保每件行李上都系好行李牌；最后，将系好行李牌的行李交给行李员，行李员会将行李送至游客的舱房门口。

图6-14　邮轮行李托运处

2. 柜台登记（Check-in）

行李托运完毕后，游客可到登船柜台（Embarkation Counter）办理登记手续。已经完成在线登记的游客需要向登船部工作人员出示邮轮登船文件，如电子船票或登船通行证、护照等；尚未完成在线登记的游客需要填写相关的表格，由工作人员在邮轮码头登船系统中完成登记手续（图6-15）。

图6-15　护照扫描仪和邮轮码头登船系统

然后凭电子船票或登船通行证换取邮轮船卡，如果游客使用信用卡作为船上的支付方式，也要在此填写一份信用卡付费转账登记表，之后办理信用卡绑定。

3. 安检，办理出入境手续（Security Check，Immigration and Customs Formalities）

根据国际安保单位与邮轮公司的要求，所有游客携带的物品及行李必须进行安全检查。安全检查是口岸检查（包括边防检查、海关检查、卫生检疫、动、植物检疫和安全检查等）的内容之一，是出入境人员必须履行的检查手续，是保障旅客人身安全的重要预防措施。

安全检查的内容主要是检查旅客及其行李物品中是否携带枪支、弹药、易燃、易爆、腐蚀、有毒放射性等危险物品，以确保航空器及游客的人身、财产安全。安全检查必须在游客登船前进行，拒绝检查者不准登船。

邮轮游客出入境要在码头接受联检单位检查，这些单位包括检验检疫、海关、边检。国内旅客出境要提供护照、签证、健康调查表、海关申报表等交由三关检查。

检验检疫（Inspection and Quarantine）单位，全称是中华人民共和国国家出入境检验检疫局，主要对出入境人员、交通工具、运输设备以及可能传播检疫传染病的行李、货物、邮包等物品实施国境卫生检疫和口岸卫生监督，防止传染病由国外传入或者由国内传出，保护人类健康。

海关检查（Customs），是对出入境的货物、邮递物品、行李物品、货币、金银、证券

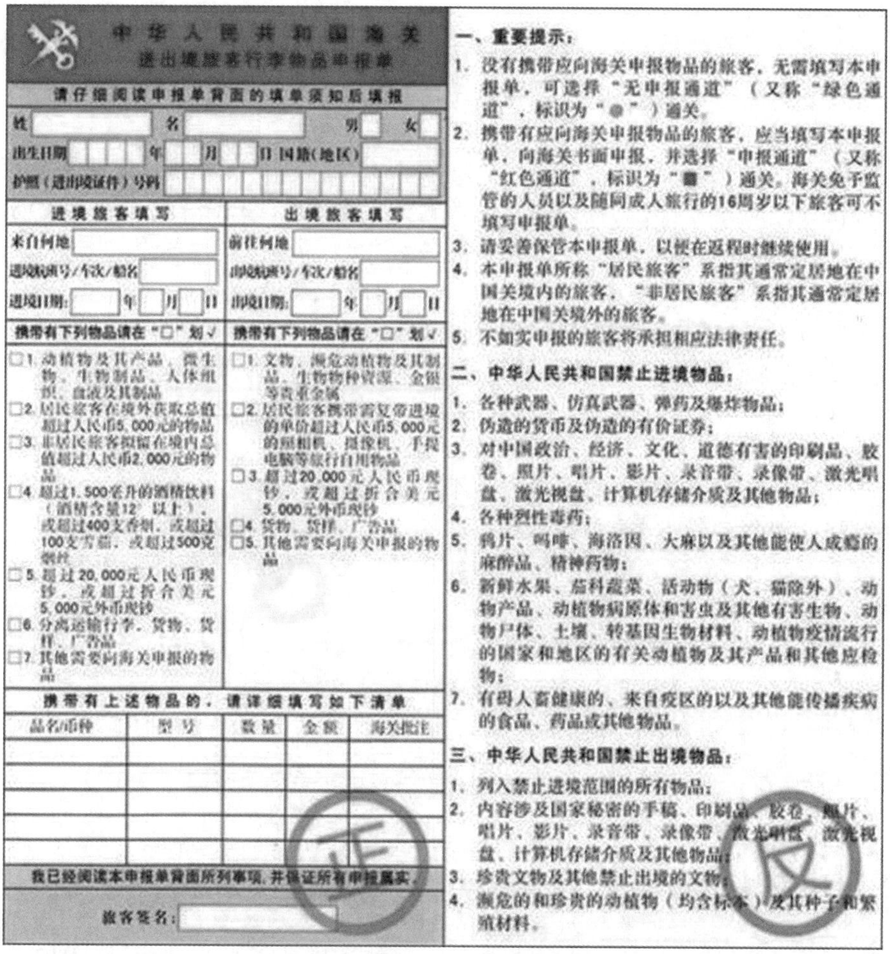

中华人民共和国海关
进出境旅客行李物品申报单

请仔细阅读申报单背面的填单须知后填报

姓　名　男　女
出生日期　年　月　日　国籍（地区）
护照（进出境证件）号码

进境旅客填写	出境旅客填写
来自何地	前往何地
进境航班号/车次/船名	出境航班号/车次/船名
进境日期：年　月　日	出境日期：年　月　日
携带有下列物品请在"□"划√	携带有下列物品请在"□"划√
□1. 动植物及其产品、微生物、生物制品、人体组织、血液及其制品 □2. 居民旅客在境外获取总值超过人民币5,000元的物品 □3. 非居民旅客拟留在境内总值超过人民币2,000元的物品 □4. 超过1,500毫升的酒精饮料（酒精含量12°以上），或超过400支香烟，或超过100支雪茄，或超过500克烟丝 □5. 超过20,000元人民币现钞，或超过折合美元5,000元外币现钞 □6. 分离运输行李、货物、货样、广告品 □7. 其他需要向海关申报的物品	□1. 文物、濒危动植物及其制品、生物物种资源、金银等贵重金属 □2. 居民旅客携带需复带进境的单价超过人民币5,000元的照相机、摄像机、手提电脑等旅行自用物品 □3. 超过20,000元人民币现钞，或超过折合美元5,000元外币现钞 □4. 货物、货样、广告品 □5. 其他需要向海关申报的物品

携带有上述物品的，请详细填写如下清单

品名/币种	型号	数量	金额	海关批注

我已经阅读本申报单背面所列事项，并保证所有申报属实。

旅客签名：

正

一、重要提示：

1. 没有携带应向海关申报物品的旅客，无需填写本申报单，可选择"无申报通道"（又称"绿色通道"，标识为"●"）通关。
2. 携带有应向海关申报物品的旅客，应当填写本申报单，向海关书面申报，并选择"申报通道"（又称"红色通道"，标识为"■"）通关。海关免予监管的人员以及随同成人旅行的16周岁以下旅客可不填写申报单。
3. 请妥善保管本申报单，以便在返程时继续使用。
4. 本申报单所称"居民旅客"系指其通常定居地在中国关境内的旅客，"非居民旅客"系指其通常定居地在中国关境外的旅客。
5. 不如实申报的旅客将承担相应法律责任。

二、中华人民共和国禁止进境物品：

1. 各种武器、仿真武器、弹药及爆炸物品；
2. 伪造的货币及伪造的有价证券；
3. 对中国政治、经济、文化、道德有害的印刷品、胶卷、照片、唱片、影片、录音带、录像带、激光唱盘、激光视盘、计算机存储介质及其他物品；
4. 各种烈性毒药；
5. 鸦片、吗啡、海洛因、大麻以及其他能使人成瘾的麻醉品、精神药物；
6. 新鲜水果、茄科蔬菜、活动物（犬、猫除外）、动物产品、动植物病原体和害虫及其他有害生物、动物尸体、土壤、转基因生物材料、动植物疫情流行的国家和地区的有关动植物及其产品和其他应检物；
7. 有碍人畜健康的、来自疫区的以及其他能传播疾病的食品、药品或其他物品。

三、中华人民共和国禁止出境物品：

1. 列入禁止进境范围的所有物品；
2. 内容涉及国家秘密的手稿、印刷品、胶卷、照片、唱片、影片、录音带、录像带、激光唱盘、激光视盘、计算机存储介质及其他物品；
3. 珍贵文物及其他禁止出境的文物；
4. 濒危的和珍贵的动植物（均含标本）及其种子和繁殖材料。

反

图 6-16　海关《物品申报单》样张

和运输工具等进行监督检查和征收关税的一项国家行政管理活动,是为了维护国家主权和利益。基本任务是出入境监管、征税、打私、统计,对外承担税收征管、通关监管、保税监管、进出口统计、海关稽查、知识产权海关保护、打击走私、口岸管理等主要职责。

海关检查分红色通道和绿色通道两个通道。

红色通道也称"申报"通道,是指须经过海关履行检查和检验手续后,方可放行的通道。选择红色通道的旅客,须向海关出示本人证件和《中华人民共和国海关进出境旅客行李物品申报单》(图6-16,下文简称《物品申报单》)。出境游客在办理登船手续之前,请先确认是否携带有需向海关申报的物品。如有,需填写《物品申报单》并在海关申报柜台办理申报手续。

绿色通道,也称"无申报"通道或"免验"通道,是指旅客携带无须向海关申报的物品或只出示申报单或有关单证后即可放行的通道。

 小资料

海关政策告知

1. 关于申报

进出境旅客携带有《物品申报单》所列的需向海关申报的物品的,应在《物品申报单》相应栏目内如实填报,在通关时选走申报通道,并将有关物品交海关验核,办理有关手续。

2. 关于免税额度

海关总署公告2010年第54号(关于进境旅客所携行李物品验放标准有关事宜)规定,为进一步增强海关执法透明度,方便旅客进出境,明确进境旅客行李物品征免税规定,规范和统一海关验放标准,现就有关事项公告如下。

(1)进境居民旅客携带在境外获取的个人自用进境物品,总值在5000元人民币以内(含5000元)的;非居民旅客携带拟留在中国境内的个人自用进境物品,总值在2000元人民币以内(含2000元)的,海关予以免税放行,单一品种限自用、合理数量,但烟草制品、酒精制品以及国家规定应当征税的20种商品等另按有关规定办理。

(2)进境居民旅客携带超出5000元人民币的个人自用进境物品,经海关审核确属自用的;进境非居民旅客携带拟留在中国境内的个人自用进境物品,超出人民币2000元的,海关仅对超出部分的个人自用进境物品征税,对不可分割的单件物品,全额征税。

(3)有关短期内多次来往旅客行李物品征免税规定、验放标准等事项另行规定。

3. 关于海关征税

海关总署根据国务院关税税则委员会《关于调整进境物品进口税有关问题的通知》(税委会〔2016〕2号)规定,自2016年4月8日起对进境物品进口税税目税率进行调整。

《中华人民共和国进境物品进口税率表》注:税目3所列商品的具体范围与消费税征收范围一致。

4. 关于免税烟酒限量

《海关总署令第58号》规定:香港、澳门地区居民及因私往来香港、澳门地区的内地居民,免税香烟200支,或雪茄50支,或烟丝250克;免税12度以上酒精饮料限1瓶(0.75升以下)。其他旅客,免税香烟400支,或雪茄100支,或烟丝500克;免税12度以上酒精饮料限2瓶(1.5升以下)。对不满16周岁者,不享受上述免税额度。

5. 关于国家规定应当征税的20种商品

《海关总署公告2004年第7号》规定：根据《财政部关于重新明确不予减免税的20种商品税号范围的通知》（财关税〔2004〕6号），对电视机、摄像机、录像机、放像机、音响设备、空调器、电冰箱（电冰柜）、洗衣机、照相机、复印机、程控电话交换机、微型计算机及外设、电话机、无线寻呼系统、传真机、电子计数器、打字机及文字处理机、数码相机、数码复印机、IC卡读入器、闪烁存储器、移动硬盘和网络摄像头、家具、灯具和餐料等20种商品进口时，应严格按照《中华人民共和国进出口税则》税号进行认定，并征收进口关税和进口环节增值税。

6. 关于货币现钞限量

中国公民出入境、外国人入出境每人每次携带的人民币限额为20000元。

出境人员携带不超过等值5000美元（含5000美元）的外币现钞出境的，海关予以放行；携带外币现钞金额在等值5000美元以上至10000美元（含10000美元）的，应向外汇指定银行申领《携带证》，携带超过等值10000美元的外币现钞出境，应向外汇局申领《携带证》。

边检（Immigration Inspection），即边防检查，是指对出入国境人员的护照、证件、签证、出入境登记卡、出入境人员携带的行李物品和财物的检查；交通运输工具及其运载的货物等的检查和监护，以及对出入国境上下交通运输工具的人员的管理和违反规章行为的处理等。

因私出国人员到达出境口岸时，需要将自己的护照、身份证、签证等一并交给边防检查人员，由边防检查人员进行逐项检查；边防检查人员对持照人的证件进行核查（包括护照是否真实有效、签证是否真实有效、护照和身份证内容是否一致等）后在护照上加盖验讫章（该章内包括出境口岸的名称、编号、"出境边防检查"字样和年月日等），并将出境登记卡留存于边防检查站；上述手续完毕后，将护照当面交给持照人。

 小资料

上海邮轮港口支持自助通关

从2016年1月1日起，上海的两个出境邮轮码头（上海吴淞口国际邮轮港、上海港国际客运中心）都已经正式启用了边检自助查验通关系统。

1. 自助通关有什么好处？

过去乘坐邮轮出关，往往需要花上40～60分钟进行排队。而自助通关时，每个人过关耗时只需数秒，可以大大缩短排队等待的时间，让你更早一步登上邮轮。

2. 什么样的护照才支持自助通关？

如果你持有的是中国电子普通护照，且已在办证时留过指纹，就可以自助通关。

3. 如何判别自己的护照是不是电子普通护照？

电子护照（图6-17）的封面会有一个芯片标志，认准这个标志，就知道自己持有的是不是电子护照啦。

4. 自助通关操作麻烦吗？

• 持"▭"标志的中国电子普通护照，且已在办证时留取指纹的旅客，请选择边检自助通道通关。

图6-17 电子护照

自助通关非常简单,全程只需要数秒。具体流程如图6-18～图6-20所示。

图6-18 自助通关通道

- 请将证件正面朝上,平放于阅读设备上。
- 闸门自动打开后,请取回证件进入通道。

图6-19 读取证件信息

- 请将在办证时留取指纹的手指(通常为右手拇指)按压在指纹采集设备上,并注视镜头。
- 闸门自动打开后,请离开通道。

图6-20 读取生物信息

安检完毕后,自助通关的通道会有明显的标识与人工通道区分开。走到自助通关通道面前,你会发现它是这样的,有前后两道闸门,分别是入口和出口。如图6-18所示。

首先,站在入口前,拿出护照,将护照正面朝上、平放到阅读设备上。系统会马上开始识别护照信息,识别成功后,第一道门会打开。如图6-19所示。

然后,离开入口,走到出口前,将办护照时留取指纹的手指(一般为右手大拇指)压在指纹采集设备上,并注视镜头。如图6-20所示。

最后，出口闸门打开，通关结束。

提示，如果戴有眼镜、帽子、围巾、口罩，在识别指纹和人脸的步骤时要将配件摘下，以免遮挡脸部导致系统无法识别。

4. 廊桥登船（Aboard the Ship through the Gangway）

办理完出入境手续后，会有邮轮登船部工作人员指引游客从登船口登船以及索取护照等旅游证件并全程统一代为保管，该旅游证件将于上船前收集（图6-21），并于停靠港时转予入境事务处职员，以配合游客办理团体登岸过关手续；而该旅游证件将于母港离船前于船上发还游客。

图6-21 护照收集

基于各停靠港移民局和船方保安工作的要求，所有登船游客在登船时都需要进行相片采集工作（图6-22）。登船后，登船部工作人员查验每一位游客的邮轮登船卡，并要求全体游客进行登船安检拍照，照片信息将存入邮轮的系统中并与邮轮船卡关联，之后游客上下船都要扫描邮轮船卡进行面部比对。

图6-22 相片采集

项目七　邮轮登船手续

【学习与训练子目标】

1. 掌握个人游客和团队游客的登船程序。
2. 掌握优先登船和停靠港登船的登船流程。
3. 能熟练地为不同类型游客办理登船手续。

课前阅读

歌诗达邮轮上的信用卡自助注册机

歌诗达邮轮上为游客提供信用卡自助注册机，游客可以在 2 层甲板客户服务中心附近找到信用卡登记专用机器。该机器 24 小时运作，游客可在任意时间进行登记。可登记的信用卡包括维萨（VISA）、万事达（MASTER）、美国运通（AMERICAN EXPRESS）及中国银联卡。游客可在上船后 48 小时内登记信用卡。

信用卡登记机器上的登记步骤如下：

① 请按下 Start 键，并选择语言（中文）；
② 请使用自己的歌诗达卡在机器右侧部分划卡；
③ 请使用希望用于登记的信用卡划卡；
④ 请使用配置在机器上的笔在画面上签名。

具体使用方法请咨询前台工作人员。

歌诗达邮轮上的信用卡自助注册机

【知识点与技能点】

登船流程（Boarding Process）大致可以分为以下 7 个步骤：托运行李（Luggage Drop off）；办理登记并关联信用卡（Check-in And Credit Card Association）；安全检查（Secutity

Checek）；一关两检（Quarantine，Customs，Immigration Check）；护照收集（Passport Collection）；出入境和安保要求的相片采集（Photo Taking for Immigration and Security Purpose）；登船（Aboard）。

然而，需要注意的是：邮轮不同、游客类别不同，以上登船流程的次序亦可能有异，比如，有的邮轮是在采集相片之后才收集游客的护照。

任务一　个人游客登船

个人游客（FIT Guest）是指 VIP 除外的普通散客，其登船手续如下。

一、托运行李（Luggage Drop off）

游客携带的大件行李可提供免费托运服务。若游客有大件行李随行，先前往行李托运处办理行李托运，填写好邮轮专用的行李牌并系到行李上，然后将行李交由行李员运至客舱门口。

游客携带的小件行李可自行提上船，无须托运。另外，游客的护照等旅行证件及贵重物品建议自行携带上船，不要托运。

二、办理登记并关联信用卡（Check-in and Credit Card Association）

在登船柜台处（Embarkation Counter）向工作人员出示护照与船票等证件，办理邮轮船卡（图 7-1）。也可在此同时办理信用卡关联。具体步骤为：首先，填写信用卡付费转账登记表，表示同意船方取得信用卡的预授权并与邮轮船卡关联；然后，出示信用卡，工作人员刷取信用卡的预授权，游客输入密码并签字确认，邮轮船卡的消费功能就开通了。

三、安全检查（Secutity Checek）

根据国际安保与邮轮公司的要求，所有游客携带的物品及行李必须进行安全检查。游客需根据安检工作人员的指示进行身体和所携带物品及行李的检查，确保无误后才能办理出入境相关手续。

四、办理"一关两检"（Quarantine，Customs，Immigration Check）

"一关两检"是指检验检疫、海关检查和边防检查。游客需提交健康证明给检验检疫人员，表明身体健康可以出境；然后，海关人员需要对游客所携带的行李物品进行查验，游客需要提交旅客行李物品申报单；最后，由边检工作人员对游客的护照和签证等逐项检查，确认无误后加盖验讫章。

图 7-1　"珊瑚公主"号
（Coral Princess）邮轮船卡

五、护照收集（Passport Collection）

船方会统一保管游客的护照等旅游证件，以方便船方在各停靠港停靠之前办理出入境手续使用。

六、相片采集（Photo Taking）

基于各停靠港移民局和船方保安工作的要求，所有登船游客在登船时都需要进行相片采集工作。登船后，登船部工作人员查验每一位游客的邮轮登船卡，并要求全体游客进行登船安检拍照，照片信息将存入邮轮的系统中并与邮轮船卡关联，之后游客上下船都要扫描邮轮船卡进行面部比对。

七、登船（Aboard）

上述手续完成后，游客可在工作人员的指示下找到自己的舱房并及时将行李拿回房间。稍事休息后可熟悉船上设施并参加船方组织的安全演习。

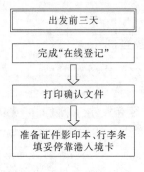
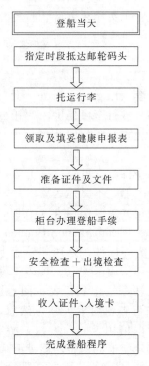

图 7-2　个人游客登船程序图

游客登船过程是整体邮轮度假体验的重要一环，邮轮公司应重视游客相关体验，并与码头和相关政府单位协调各项上船通关事宜，最大限度地缩短游客在码头办理登船及等候时间，积极以国际邮轮服务标准提供一个安全、流畅的游客登船体验。个人游客登船程序可总结为如图 7-2 所示的内容。

案例赏析

歌诗达邮轮登船手续（Embarkation Process）

歌诗达邮轮公司为游客提供以下登船手续指南。

1. 托运行李。
Baggage Check-in.
2. 持有效旅行证件及填写完整的登船表前往登船口。
Embarkation with valid document and completed Costa Boarding Form.
3. 依次通过安检、检疫、海关、边关检查。
Go through Security Quarantine, Customs and Immigration Inspections.
4. 拍摄登船纪念照。
Welcome on board photo.
5. 船方核对、检查旅客证件和登船表。

Ship security check ID and Boarding Form.

6. 旅客证件照片采集（邮轮上）。

Passenger information picture.

任务二　团队游客登船

在包船和切舱的销售模式下，从中国港口出发的邮轮多数是由旅行社组织、以团队的形式统一办理登船手续。由于团队游客（Group Guest）人数多，为了保证团队游客能顺利登船，码头登船大厅分设团队登船柜台和散客登船柜台，将团队登船和散客登船分开办理。团体入住登记程序如下。

一、码头集合

旅行社会在邮轮出发前给游客发放出团通知书，游客需根据出团通知书上的要求准时到达码头指定地点集合，由于邮轮起航前1个小时停止登船，因此游客可提前到达。如果旅行社提供接送大巴服务，则到旅行社指定地点等候大巴，跟随领队一起到达码头。

二、领取船票等登船文件

抵达码头后，到邮轮登船大厅相应的柜台，按照团号寻找自己的领队，领取登船文件（包括护照原件、护照复印件、团号牌、电子船票、行李标签等）并签订《邮轮安全告知书》及《公共健康调查问卷》，然后领队告知具体登船手续及注意事项。

团队游客一般由旅行社完成在线登记并打印出电子船票或上传通行证等登船文件。

三、托运行李

领取相关资料后，游客可自行前往行李托运处办理行李托运，将行李牌完整填写完毕并绑到要托运的行李箱上，交给船方的工作人员统一托运上船。行李牌不够可以向领队或行李托运处工作人员索取。切记，贵重物品和登船文件不要办理托运，以防丢失影响登船。

四、办理登记并关联信用卡

在登船柜台处（Embarkation Counter）向工作人员出示护照与船票等证件，办理邮轮船卡（图7-3）。也可在此同时办理信用卡关联，具体步骤为：首先填写信用卡付费转账登记表，表示同意船方取得信用卡的预授权并与邮轮船卡关联；然后出示信用卡，工作人员刷取信用卡的预授权，游客输入密码并签字确认，邮轮船卡的消费功能就开通了。

五、安全检查

根据国际安保与邮轮公司的要求，所有游客携带的物品及行李必须进行安全检查。游客需根据安检工作人员的指示进行身体和所携带物品及行李的检查，确保无误后才能办理出入境相关手续。

六、办理"一关两检"（QUARANTINE，CUSTOMS，IMMIGRATION CHECK）

根据中国边检部门的要求，从中国内地港口出发，持团体签证的游客必须按照"团队出境名

图7-3　歌诗达"大西洋"号（Costa Atlantica）邮轮船卡

单"依次排队,由领队统一带领出境,要求团进团出。如日本免签证;韩国济州免签证;韩国非济州航线,个人旅游旅客须办理韩国个人签证;旅行社团队旅客须由旅行社申报韩国邮轮旅客登陆许可。

关于个人健康问询表,团签旅客无需填写,由领队统一填写"团队健康问询表";包船航次只需填写一张"团队健康问询表"即可。

小资料

中国游客赴日、韩邮轮免签需准备的材料

旅行社或在线代理商要求赴日、韩参加邮轮旅游的游客准备以下免签材料。

1. 护照原件

因私护照:有效期半年以上(以出发日为准),有2页以上空白页,无破损,护照末页签字(须本人正楷签名,不可用铅笔);持换发护照者请尽量提供老护照。

2. 身份证复印件

身份证正反面复印件。

3. 户口本复印件

整本户口本复印件,从第一页到空白页第一页。

4. 资产证明

(1) 房产持有证明复印件。

(2) 车辆持有证明复印件。

(3) 显示近6个月存、取款记录的存折复印件。

注:以上材料请尽可能多提供,如财产证明上的名字并非自己的(如房产、存款等),提供配偶或者父母的、子女的财产证明也可,但必须用结婚证或户口簿等证明关系。

案例赏析

天津国际邮轮母港的快速通关模式

2016年所有皇家加勒比航次,天津国际邮轮母港东疆边检(以下简称"东疆边检站")均将使用扫条形码验放的快速通关模式。每航次,每本护照必须贴有该航次专用的条形码,否则不可通关。

各旅行社务必在船抵达提前24小时,拨打东疆边检站指挥室电话并发邮件至东疆边检站专用邮箱进行人员信息报备。同时,旅行社报备给边检的名称应该同四联单(中国公民团队旅游出境名单表)上旅行社公章信息相一致。旅行社应先行自查"旅行社出境资质"及"韩国登陆许可"。

领队办理团队旅客船卡的程序如下。

(1) 旅行社在办票之前请先自行核查"出境团队名单"四联单信息同客人护照信息是否相符,如有问题请在到达码头办票之前,及时告知登船部工作人员。旅行社需提前为所有游客打印带有与护照号码一致的条形码用于入境扫码快速通关,并将该条形码贴在所对应护照背面的正下方位置。对于没有贴条形码的客人,东疆边检将不予放行。

(2) 旅行社工作人员需提前申报团队办票并告知护照收集的数量,由领队携带团队客人

护照原件、四联单、分房名单表及未成年人授权书（如有），在早上8点前先行到达码头进行团队办票手续。

（3）办票主管会把各个团队护照分配到员工手中办理登记手续，旅行社工作人员务必提供该团队的分房名单表，便于我们处理重名的客人。为提高办票效率，请各旅行社工作人员配合将护照提前按照分房名单表的顺序排列。

（4）各旅行社总领队到码头后需代表所属旅行社申报负责团队旅客的健康情况，并签署《团队健康问卷》及《未成行客人房卡退还承诺书》。

（5）登记手续完成后，我们会将团队的四联单、护照、房卡清点好还给领队，领队需清点数目并签字确认。办票过程中，我们会暂时保留下以下文件。

① 领队护照（如团队护照中没有领队护照，我们会随机留下一位客人的护照。领队到达码头后需用自己的护照来替换该客人护照及房卡）。

② 不能确定是同法定监护人一同前来乘船的未成年人护照（所以各旅行社团队中如果有不同法定监护人出行的未成年人请将《法定监护人授权书》《随行监护人承诺书》以及出生证明或是可以证明法定监护人与和未成年人亲子关系的户口本复印件夹在孩子的护照内，团队办票时工作人员会收走，务必提醒客人还应自行保留一份，以备船上使用）。

③ 签证或证件不齐的非中国籍护照（例如香港客人自己带着回乡证/卡，工作人员会留下客人护照，客人需持回乡证来主管柜台领取护照房卡）。

（6）东疆边检站实行"团队散放"的检查模式，客人即到即走，团队旅客无需组团办理出境边检手续。请各领队根据当日公布的登船时间，及时发还护照、日本入境卡、护照复印件和房卡等文件给团队旅客，并告知旅客在拿到各自旅行文件和房卡后即可遵循地面客服人员的引导，有序登船。

（7）领队需在确认团队成员均已登船后方可带着四联单及领队证来主管柜台领取本人护照及房卡，同时必须退还未成行（No Show）客人的房卡。

请注意，东疆边检站要求，各旅行社待全部客人登船后，由一名领队将全社四联单统一交至边检办公室。

（8）如果在团队出境名单上的中国籍客人自行携带护照办理登记，必须有领队陪同客人或手持一份四联单复印件来办理，我们确认客人护照信息同四联单匹配，且边检条形码已贴好，符合边检出境条件后，方为其办理登船手续。

七、护照收集（PASSPORT COLLECTION）

邮轮公司会统一保管游客的护照等旅游证件，以方便邮轮公司在各停靠港停靠之前办理出入境手续使用。

八、相片采集（PHOTO TAKING）

基于各停靠港移民局和船方保安的要求，所有登船游客在登船时都需要进行相片采集工作。登船后，登船部工作人员查验每一位游客的邮轮登船卡，并要求全体游客进行登船安检拍照，照片信息将存入邮轮的系统中并与邮轮船卡关联，之后游客上下船都要扫描邮轮船卡进行面部比对。

九、登船（ABOARD）

上述手续完成后，游客可在工作人员的指示下找到自己的舱房并及时将行李拿回房间。稍事休息后可熟悉船上设施并参加船方组织的安全演习。

团队游客登船手续与普通散客登船的手续类似，区别在于团队游客由旅行社进行在线登记并打印电子船票，签证也由旅行社统一办理团体旅游签，另外，办理登船手续时需要统一进行。团体旅客登船程序可总结为如图7-4所示的内容。

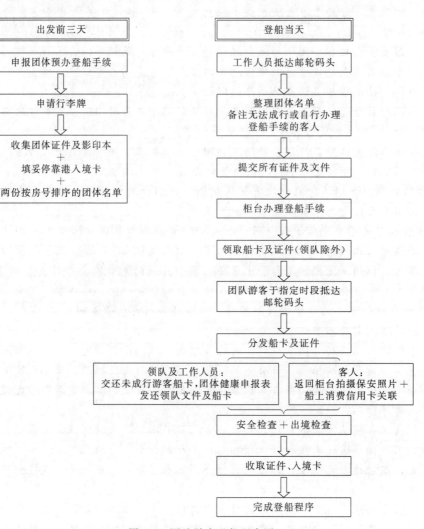

图 7-4 团队游客登船程序图

任务三 优先登船

一、优先登船的对象

邮轮公司会尽量安排套房的游客与其他游客保持距离，比如优先办理登船手续和港口上岸，都有专属的 VIP 通道快速办理，而普通游客一般都是围坐在大剧场里等待叫号后陆续离船。

优先登船（Priority Check-in），是指与普通游客相比，某些符合特定条件的游客享受的单独优先登船的特权。优先登船的对象一般是选择一定等级的套房游客、一定级别的会员游客、随行人员中有 3 岁以下儿童的游客、孕妇、伤残人士或有特殊需要的游客。不同邮轮公司规定优先登船的条件是不一样的。

1. 歌诗达邮轮公司

歌诗达邮轮公司规定：伤残人士、老年人和小婴儿可走绿色通道优先登船，同时可有 1 人陪同。入住迷你套房和豪华套房的 VIP 游客、歌诗达俱乐部（Costa Club）金珠会员同样可以享受优先登船的特权。

另外，为了方便伤残人士行李的托运，歌诗达邮轮会为这些客人的行李牌贴上红色的标签,当客人在码头办理登船手续的时候,码头工作人员会为其优先办理行李的托运服务。另外,入住套房的 VIP 游客、歌诗达俱乐部(Costa Club)金珠会员都可享受到行李优先托运的服务。

2. 皇家加勒比邮轮

皇家加勒比邮轮规定,可走优先通道登船的有三类游客。

第一类游客是持金色船卡(Golden Card)的套房游客。套房房卡分为金色船卡和银色船卡,凡入住豪华套房及以上套房的游客将持有金色船卡,只有持金色船卡的游客才能享受优先登船的特权。

第二类游客是老年人、小婴儿和伤残人士。这些人士可通过优先通道登船,并限 1 人陪同。

图 7-5　皇家加勒比邮轮的爱心通道

第三类游客是皇冠铁锚俱乐部(Crown & Anchor Society)白金及以上会员。只要游客搭乘过一次皇家加勒比游轮之后,便可成为尊贵的皇家游轮俱乐部黄金会员,并获得积分奖励,每航行一晚,就拥有 1 分,白金会员需要积分达到 30 分。白金后面依次是翡翠会员、钻石会员、超级钻石会员和尖峰会员,这些会员均享受优先登船特权以及私人起航候客厅的款待。如图 7-6 所示。

图 7-6　"海洋量子"号的优先登船通道(PRIORITY ACCESS)

3. 丽星邮轮

丽星邮轮为不同级别游客分别设立不同的登船通道(图 7-7),游客抵达登船大厅后,将自己的预订确认书向当值的职员出示,接着前往以下颜色标记的地毯。

黄地毯为上将级套房游客（Admiral Class）；红地毯为露台级套房游客（Balcony Class）；蓝色地毯为世界航游者游客（World Cruiser）。

世界航游者游客不享受有优先登船的权利；露台级套房游客可以与同是露台级套房的家人、亲朋好友一齐享受优先登轮的乐趣（露台级只适用于处女星号及宝瓶星号上）；上将级套房游客，不仅享有优先登船的特权，还有专门的顾客服务协调员（Guest Relations Associates）帮助办理登船手续并护送登船，而行李会被直接送上套房。

另外，乘坐轮椅的游客和丽星云尊会钻金卡也享有优先登船的特权。

虽然邮轮为入住一定等级套房的贵宾和一定级别的会员设有优先登船通道，且提供轮椅及婴儿车外加一名随行家属的爱心通道。但需特别指出，客人在登船办理中国检验检疫、海关和边检通关时，相关国家政策规定只针对外交护照提供优先服务。

图7-7 丽星邮轮优先登船通道

4. 地中海邮轮

地中海邮轮公司规定，所有入住地中海邮轮游艇俱乐部（MSC Yacht Club）贵宾套房〔仅在MSC Preziosa（"地中海珍爱"号）、MSC Divina（"地中海神曲"号）、MSC Splendida（"地中海辉煌"号）及MSC Fantasia（"地中海幻想曲"号）上拥有〕的游客都将通过特别的柜台登记，并有管家团队帮忙携带行李，优先办理登船手续，如果需要，管家可按游客要求帮助整理行李。

二、优先登船的手续

优先登船的游客可在专门的登船柜台办理登记，并通过优先通道登船，其手续与普通游客登船手续类似，具体可参考普通游客登船手续的办理，但是其中许多手续可由专门工作人员帮忙完成，如办理邮轮船卡并关联信用卡、行李优先登船等手续。优先登船的注意事项如下。

1. 舱房预订

有特殊需要、行动不便、视力障碍的游客在预订客舱时可提出自己的要求，邮轮公司会了解游客在紧急状况下对帮助的需求并作出相应的安排。

使用轮椅的游客必须有专人陪同，并必须自行携带轮椅，预订时将轮椅尺寸告知船方，船上备有无障碍舱房；另外，船上备有少量的轮椅设备供游客预订，但仅限于邮轮上使用。

2. 船上准备工作

若享受优先登船的是套房游客，客舱服务员需要为游客提前布置好舱房，准备好欢迎登船礼物如鲜花、水果、香槟、巧克力、小点心等（图7-8），并准备好游客的专属浴袍。

若游客预订了轮椅服务，船上工作人员需在游客上船之前将轮椅准备好，以便游客上船后就能使用。

图 7-8 "蓝宝石公主"号（Sapphire Princess）登船日的鲜花和巧克力草莓

3. 办理登船手续

套房客人由专门的顾客服务协调员负责接待，全程陪同办理登船，并护送客人至舱房（图 7-9）。

未成年人必须跟随法定监护人一起登船，若跟随的成年人不是该未成年人的法定监护人，则需法定监护人出具以下资料：授权声明信、随行监护人承诺、父母护照复印件和未成年人的出生证复印件。

孕妇登船时需出具相关医学证明，证明直到旅程结束孕期未满 24 周，并需证明妊娠正常、母亲和婴儿健康状况良好、适合旅行，且非高风险怀孕，同时需说明预产日期。

70 岁以上老年人需提供适宜出行的健康证明。

图 7-9 嘉年华邮轮 VIP 登记处

任务四 停靠港登船

一、邮轮停靠港概述

邮轮停靠港（Ports of Call）是相对于起始港而言的，在一条邮轮航线（Itinerary）中，出发港和到达港之间停靠的港口就是停靠港，停靠港是开展岸上观光游览的主要港口，港口有基本配套设施，周围有较为完善的消费区域和旅游景点，是游客可以下船进行"岸上观光"的地方。如从中国出发去往日本、韩国的邮轮停靠港有福冈、神户、别府、鹿儿岛、仁川（首尔）、釜山、济州岛等。

二、邮轮停靠港登船手续

（一）停靠港登船时间

停靠港登船时间也就是岸上观光游览结束后的回船时间，回船时间与邮轮起航时间有关，由船方确定，无论游客以何种方式上岸游览，自行下船游览或报名船方组织的岸上观光团队，必须保证至少于船方公布的最晚回船时间前30分钟返回到船上，以免误船。

（二）停靠港登船手续

停靠港登船手续比较简单，持护照复印件办理安检、出境手续、登船手续即可回船。

1. 安检

为了全体旅客的安全，船上安全部门员工将在所有沿途停靠港口对所有登船、离船人员及行李进行安全检查。安全检查通过X光设备及金属探测器进行。需要注意的是新鲜的水果、蔬菜、肉、液体饮料是不允许带上船的。歌诗达邮轮公司规定任何在中途停留港口购买的土特产品均须由船方保管，直至航程结束时还给游客。皇家加勒比邮轮公司规定游客不可携带任何含酒精的饮品上船。如游客在邮轮停靠的港口买了含酒精的饮品，可以将饮品寄存在船上，待旅程最后一天取回。

2. 出境

游客应紧随领队，避免分散活动而影响出海关时间。在当地政府机关处（尤其在移民局过关时），请不要使用照相机拍摄，以免被当地政府扣留。自2007年11月20日起，在日本各口岸需采集游客的食指指纹和面部照片，每人约需25秒。

3. 登船

在登船闸机上刷一下邮轮船卡，证明已经登船。

项目八　登船中常见问题的处理

【学习与训练子目标】

1. 了解和熟悉登船中出现的各种常见问题。
2. 掌握登船中常见问题的处理措施。
3. 能熟练地处理登船中出现的各种常见问题。

课前阅读

邮轮船卡可随意与他人调换吗？

一次，在天津国际邮轮母港办理登船手续时，有六位同来的老年游客，他们在领队的帮助下顺利办理了登记手续，并领取了各自的邮轮船卡，然后过安检，办理出境手续，但在最后扫描船卡过闸机登船时却出现了问题，登船部工作人员发现游客所持船卡信息与游客本人对不上号，由于工作人员是一名外国人，双方语言不通，多次交流失败，耽误了好长时间，以至于后面排队的队伍越来越长。在双方耐性都快用完的时候，后面排队登船的一名年轻游客帮助双方沟通，在年轻游客的帮助下，又经过了多次的身份验证，几位老年游客才顺利的登船。

原来几位老年游客之所以身份验证失败，是因为他们的邮轮船卡放在一起，验证身份时随机拿着其中一张船卡刷卡，导致信息不符，才延误了登船。

邮轮船卡里面储存了游客的基本信息，如姓名、国籍、护照号等，是游客在邮轮上的唯一身份证明，也是房卡和船上的消费卡，必须亲自保管好，是不能随意与其他人调换的。

【知识点与技能点】

登船工作和离船工作是邮轮前厅工作的关键环节，其服务效率的高低和服务质量的好坏直接影响到游客能否对邮轮形成好感。登船部员工要在3～4个小时内完成几千人的登船和离船并保证没有任何失误是一个巨大的挑战，因此，登船部员工要与邮轮码头工作人员、海关人员、邮轮岸上工作人员、旅行社或旅游代理商等协调合作才能保证登船和离船工作的顺利进行。而在实际的登船过程中经常会出现各种各样的问题，如要求携带宠物上船、邮轮船卡丢失等，由于是邮轮服务的第一线，这些问题处理得是否得当直接影响游客第一印象的形成和对邮轮的评价。

一、邮轮船卡丢失

若游客在登船之前不小心遗失了邮轮船卡，应立即与登船柜台工作人员联系，说明情况，然后根据工作人员的要求，提供护照等旅游证件，重新办理邮轮船卡和信用卡关联，并将原船卡注销。

二、升级舱房

在办理登船手续时，游客提出要升级舱房，登船部工作人员需要通过邮轮舱位预订系统查看是否有空舱，若没有空舱则如实告知游客，无法升级舱房，若有空舱则可以办理舱房升级，在系统中更改相关信息，重新制作邮轮船卡，并收取舱房升级的差价。

三、携带宠物登船

大多数邮轮公司规定：严禁将任何类型或体型的动物带上邮轮，但是照顾视力障碍游客的服务性动物（图8-1）除外。需带服务性动物上船时，应在预订时向邮轮公司说明情况，以便船上能作好适当安排。当地法令或海关可能会在某些港口或国家限制动物下船，所以动物需要有相应的护照证件，游客还要备妥所有相关文件或健康证明，并将所有资料提交给船方。

图8-1 服务性动物（Service Dog）

皇家加勒比邮轮公司规定：功能性宠物不仅仅指满足其身体障碍需要的，如导盲，还指能满足游客感情和心理需求的，如情绪障碍。若游客希望携带功能性宠物上船，必须向邮轮公司提出申请，并提供医生证明。

案例赏析

宠物真的不能带上船吗？

1. 什么邮轮允许带宠物？

一般情况下，宠物是不允许带上船的。只有很少的邮轮可以允许宠物上船，甚至只有部分航次允许宠物上船。

目前只有一艘邮轮允许带宠物，那就是跨大西洋航次的"玛丽王后2号"（Mary Queen 2），不管是从纽约还是南安普顿都可以。但是可以带宠物不意味着你一直可以把小猫小狗带在身边，它们会被集中限制在12层甲板宠物集中区，由专门的宠物看护员负责喂养（图8-2）。当然，如果你想和自己宠物一起玩耍，可以在指定的时间来陪伴它们。如果你真的想带宠物参加这个航次，也需要早作预订，因为邮轮上的空间只能容纳12只宠物。冠达邮轮建议至少提前12~18个月预订。当然你也需要付费，费用是每只狗500~1000美元，每只猫1000~1600美元；这也仅仅局限于小猫、小狗。

2. 服务类动物有没有例外？

虽然禁止宠物上邮轮，但是服务类动物可以例外，最常见的是导盲犬。不同的邮轮公司对服务类动物的规定也不一样，所以一定要了解自己所乘坐邮轮的有关政策，并提前告知邮轮公司以方便无障碍部门安排，还需要知道其他住宿以及食物相关的规定。

实际上关于服务类动物上船的规定也存在争议，虽然出发点是为了方便残障人士借助动物来旅行，但是实际上也开了一个可以钻的空子，游客可以撒谎说自己有情绪或者其他方面的疾病，而把自己的宠物作为服务类动物带到船上。

3. 还有其他方式可以带宠物度假吗？

据说也是有一些主题航次专门为无法割舍宠物的人们设计的，如喵喵邮轮，2016年4

图 8-2 "玛丽王后 2 号"（Mary Queen 2）邮轮上的宠物看护员

月提供四晚的西加勒比海航次，参加这个航次虽然不能走得太远，但是船上会有一大群猫陪伴游客。如果你更钟爱狗，喵喵邮轮的组织者正在研究补充一种汪汪邮轮来满足你，但是时间和可能性都还不确定。

四、游客错过登船时间

一般而言，在邮轮开航当天中午 12 点以后即可安排码头报到及登船手续。如果是团队游客，将依据旅行社的安排行程团体登船。若是个人游客，需自行前往码头报到。邮轮起航前 1 小时关闭登船系统，所以游客至少应于船只预订开航时间前 3 小时到达港口。如果游客无法于起航前办妥登船手续，应立刻与所乘坐的邮轮联络，安排前往下一个可办理登船手续的港口登船，但游客需自行负担因此产生的费用，如住宿、交通、机票、签证、饮食等。如游客选择放弃登船，是无法获得任何退费的。另外，由于邮轮的船位无法分段销售，如果游客中途下船，剩下的行程也是无法获得退费的。

 案例赏析

一位美国妈妈错过了邮轮出发时间，而孩子还在船上！

近日，一个未能赶上邮轮的游客视频广为流传。一艘美国邮轮刚驶出码头，一个妇女匆匆赶来，船已经离岸出发，妇女不禁跟着船移动方向走了一会儿，随后丧气地下跪招手，希望能接她上船，因为她的家人正在船上随船离去。

专家表示，这种情况其实比想象中更为常见。这类迟到者还得到一个外号——"码头跑步者"。

面对这样的情况，最好的解决方案是乘坐其他交通工具赶往邮轮下一个目的地，以便顺利上船——如果你觉得这个选择比直接回家更划算的话。所以，乘坐邮轮最好还是尽量算好时间，提前赶到码头，以防意外。

据了解，文章开篇提到的那位女士的丈夫已经和邮轮协商，为这女士在码头多停留了半小时，可是女士仍然没有赶来。所以女士的丈夫选择携带旅行文件等候这位女士，好在船上还有其他亲属照看这对夫妇的 3 个孩子。邮轮公司也为夫妻在纽约安排了住宿，以便孩子回来后团聚。

五、婴儿床服务

邮轮规定：未满 6 个月的婴儿不得登船，对于 15 天或更长时间的巡游，最低年龄限制为 12 个月。有婴儿随船旅游时，船方会提供免费婴儿床，婴儿床的规格一般为长 124 厘米、

宽 65 厘米、高 60 厘米、床腿高 80 厘米。同时为了方便婴儿用餐，餐厅里还提供婴儿椅，但数量有限，如有需要请与餐厅的服务生联系。

六、可以邀请访客上船吗

为了安全起见，所有游客都不可以邀请访客登船，这项规定适用于所有的停靠港口，因此亲友只能在码头送别。

 小资料

银海邮轮（Silversea）有关访客的规定

关于访客，与大多数邮轮的要求不同，银海邮轮如下规定：

如果游客需要安排出发派对或在登船日安排访客，请提前最少 14 天以书面形式与"银海邮轮特别服务部 specialservices@silversea.com"联系。出于安全原因，登船日访客必须提前与银海邮轮登记。对于非登船日的访客，该游客可以在船上安排。银海邮轮将控制访客数量并有权随时更改。

访客费用为 10 美元每人，包含所有饮料，费用将一并计入该游客的邮轮账户中。18 周岁以下的未成年人免费。该游客最多可以邀请 2 位访客在 The Restaurant 主餐厅或 La Terrazza 意式露台餐厅一同用餐。早餐为 30 美元每人，午餐为 60 美元每人包括免费酒饮，晚餐为 100 美元每人包括餐前饮料和免费酒饮。鉴赏家酒单不包括在内。

七、游客可以提前登船吗

提前登船是指在上一批游客尚未离船完毕时下一批游客提前登船。许多邮轮允许游客提前登船，但需要收取一定的费用。

 案例赏析

银海邮轮的提前上船服务

银海邮轮提前上船会向客人收取最低 100 美元/人的附加费，但如果客人需要使用客房，那么每人要收取 150 美元。

参加提前上船项目的客人必须在出发前提前至少 7 天登记（通过收到的文件内的客人信息表）。

只有确认终点没有延时下船和上午 10 点 30 分之前上船的客人，才可以允许提前上船。我们会尽力为客人提供指定的套房。

登船日餐厅会提供午餐。只能在标准的登陆港提前上船并且并不是每条航线都允许提前上船。客人提前上船时不可携带行李，行李只能存放在岸边的安全储藏室内，可能会根据不同港口收取不同的费用。如果特定航线的客人不能提前上船，那么我们会及时通知。提前上船受时间等客观因素的控制和限制。

八、可以携带私人轿车上船，并在岸上旅游时自驾游吗

船方没有提供车辆管理的服务，因此游客的私人轿车是不被允许上船的。在签证允许的情况下（非团签），船方推荐北美一带可以到当地租车选择自驾游，并且游客需在规定的时间内返回到船上。

九、大陆客人到了台湾当地，可否自由行而不跟团

根据国家规定，目前针对大陆客人到台湾地区旅行，都必须办理团队签注以及入台证，

因此游客需要跟团而不能进行自由行。

十、持香港签证身份书和 APEC（全称为"亚太经济合作组织"）商务旅行卡的游客可否登船

香港签证身份书是客人持有的临时护照，该证件不享有香港特别行政区护照的有关外交政策，如"免签"。凡是持有"香港签证身份书"的游客在参加邮轮旅游之前，务必办理相关签证，以避免客人无法登船。

APEC 商务旅行卡，是指持卡人凭有效护照和旅行卡在 3 年内无须办理入境签证，可自由往来于已批准入境的 APEC 各经济体之间，以便利 APEC 范围内各经济体的商务人员往来。此卡仅能供游客商务旅行所用，而不能作为乘坐邮轮的有效证件使用。参加邮轮旅游的客人必须申请常规的旅游签证。持有 APEC 卡的客人将会被拒绝登船。

十一、可以携带脚踏车上船吗

一般情况下是可以的，但应在预订时申请，否则将不允许登船。另外，脚踏车需装于车袋中且仅能停放在游客的舱房中。未装于车袋中的脚踏车，邮轮方将代为集中保管，下船时领回（每航次仅限 20 辆）。

思考与训练

一、问答题

1. 办理登船手续的目的和意义是什么？
2. 登船之前需准备哪些相关物品？
3. 登船手续需要哪些相关证件？
4. 如何完成在线登记？
5. 码头登船流程有哪些？
6. 复述个人游客办理登船的程序。
7. 复述团队游客办理登船的程序。
8. 哪些游客可享受优先登船？
9. 登船中常见问题有哪些？应如何处理？

二、实训项目

项目名称：登船手续。

练习目的：通过训练，使学生能了解在线登记的步骤，并熟练地为个人游客和团队游客办理登船手续。

实训内容：在线登记、个人游客登船手续、团队游客登船手续。

测试考核：根据相关程序要求进行考核。

【课后阅读材料】

A day in the life of a Chief Purser

Today is disembarkation/embarkation day and it is 4 am.

I am the Chief Purser on board a ship with around 700 guests, and before they can leave the ship they need to pay their bills.

During the cruise we collected credit card imprints from all the guests, and ran pre-approvals to make sure that our bills will be paid.

Why did I have to start to work so early this morning? It is because some guests have left their authorization for tips in a box at Reception, and these amounts still need to be charged to their account.

Some cruise lines nowadays add the tips automatically, and the guests can opt out of the automated tips.

图 8-3　全球十大顶级豪华邮轮第二位——地中海"真爱"号（MSC Preziosa）

We do it differently here. The guests fill out little cards and write down the amounts they would like to see awarded to the Restaurant and Housekeeping staff.

After all the amounts have been posted, and all revenues match from the outlets with the revenue posted in the Hotel program, the invoices for all guests/cabins are printed. The Bell Boy then delivers them to the cabins.

I then enter the posted tips onto an excel spreadsheet for the Housekeeping Department, since the tips are not pooled, but paid to the individual steward responsible for their section. A copy of this goes to Housekeeping and the Hotel Controller, who will use this to pay the Stewards who are scheduled to disembark today.

Then I prepare the calculations for the Concessionaires, together with the commission which needs to be paid to them, according to the contracts and the revenue they have generated during the past cruise.

Once all guests have left the ship, which is around 9:30 am, I work with the Night Auditor to close the cruise in the computer and a new cruise starts!

I prepare the final revenue report, the cashbook, the ship's accounts and concessionaire settlements. These reports are handed to the Representatives on board, the Hotel Manager, and sent to the Main Office.

Once I have prepared the Concessionaires settlements and had them approved by the Department Heads, I pay the due amounts to the Department Heads.

Very often on turn-around days I will receive money from Head Office. This money is needed to pay all the salaries on board, the commissions, and to provide change for the guests.

A brinks truck will pull up in front of the ship, then the Ship's Security Officer will accompany the 2 persons delivering the money to my office. I then count the money and confirm the receipt.

By the end of my working day I will have updated the cashbook, done a safe count and emailed these amounts to the Main Office. Besides this e-mail, hard copies need to be posted by mail.

My day ends a little earlier than normal-often shortly after sailing, since I started work so early this morning.

模块三
礼宾服务

星梦邮轮（Dream Cruises）上的私人管家

礼宾服务（Concierge），是邮轮对客服务的重要组成部分，在很大程度上体现邮轮的对客服务质量，同时体现邮轮的档次和服务水准。

【学习与训练总目标】

- 了解邮轮行李托运需准备的物品。
- 掌握登船和离船行李托运的程序和要求。
- 熟悉邮轮行李托运中常见的问题并能给予恰当解决。
- 了解不同邮轮的礼宾计划和礼宾俱乐部。
- 熟悉私人管家服务的项目和内容。

项目九　行李服务

【学习与训练子目标】

1. 掌握邮轮登船行李托运的程序和要求。
2. 掌握邮轮离船行李托运的程序和要求。
3. 熟悉邮轮行李托运中常见的问题及处理措施。

课前阅读

对于歌诗达邮轮行李托运服务的投诉

2014年吴女士与家人一起乘坐"歌诗达大西洋"号邮轮参加航线为"上海—济州岛—釜山—上海"的邮轮旅游。在回到上海下船领回行李的时候,发现有一个行李箱破裂,另一个行李箱的密码锁被损坏,行李箱内的物品(太极参包装罐)被压扁。吴女士立即打歌诗达邮轮公司客户热线电话"4008207888"向歌诗达邮轮公司进行了投诉,对方表示要提供领取行李时其工作人员现场签名确认的行李破损证明,才能接受投诉。吴女士表示邮轮公司的回复不合理,因为当时是自行领回行李,并没有交接行李手续,其工作人员也没有提示游客要检查行李是否破损,按常理将行李从船上搬到岸上不可能破损,而且不可能几件行李都破损,事后发现并提出投诉,不可能溯时间顺序得到当时的证明。在吴女士坚持要给一个说法的要求下,歌诗达邮轮客服人员葛小姐答应向公司反映并在两三天后回复。但事后没有回复。后吴女士又通过上述电话向葛小姐查问结果,葛小姐再次表示没有现场破损证明不接受投诉。多次沟通未果,吴女士向某媒体提出了投诉,希望能得到解决,投诉内容如下。

按法律法规,游客发现自己的利益受到损害,可在90日内提出投诉和追偿。如果歌诗达邮轮公司不接受投诉必须有一个说法,不能完全不作反应。葛小姐再次表示要向公司反映,并在两三天后回复,但仍无音信,再次违反承诺不作回复。歌诗达邮轮公司先是以没有其工作人员证明为由拒绝客户投诉,之后其工作人员又一再违背承诺,没有向客户进行回复,显示了其不合理、不守法行为和傲慢对待游客的处事方式。因此,特对歌诗达邮轮公司提出投诉,望媒体主持公道,给予处理。游客本人对歌诗达邮轮公司提出如下要求:①对损坏的行李箱和物品依法给予赔偿或给予书面道歉(可根据诚意两者同选或两者选一);②对不接受投诉和一再违背承诺行为以及无理傲慢的态度作出书面解释和道歉。

【知识点与技能点】

为了更好地为游客提供服务,同时体现邮轮的档次和服务水准,邮轮中往往设立礼宾部,为游客提供礼宾服务,其英文名称为"Concierge"或"Bell Service"。前厅礼宾部是能提供全方位"一条龙服务"的岗位,为了能让VIP游客和套房游客享受到更高质量的礼宾服务,与一般游客的权益有所区分,邮轮往往在套房甲板上设置礼宾俱乐部(Concierge Lounge或Concierge Club)和礼宾服务柜台,由具有较丰富经验的礼宾员工担任值班工作,设有行李员(Bellman)、礼宾关系专员、礼宾管家(Butler)等岗位。礼宾部主要负责VIP游客和套房游客优先上下船、行李托运、优先预订娱乐、餐饮和特殊服务、私人定制岸上游、岸上游行程规划、私人管家服务及其他一切综合委托代办工作。

任务一 行李托运准备

行李服务是邮轮礼宾服务的一项重要内容,由行李员(Baggage Handler)负责提供。行李员又称为行李生,其英文为"Bellboy""Bellman""Bellhop"和"Porter",其主要职责是为全船游客托运行李上下船。每当登船/离船日(Embarkation/Disembarkation Day),行李员要负责把全船几千游客的行李搬运上船和下船,迅速快捷的行李服务满足了游客需要,方便了游客,同时提升了邮轮服务的档次。

一、行李服务需准备的物品

行李员为游客提供行李服务,在为游客提供行李服务之前需要准备以下相关物品。

(一)行李标签

行李标签(Luggage Tag,Luggage Label)又称为行李牌、行李条,指识别行李的标志和游客领取托运行李的凭证,是用各种材质做的带有编号、字母等有标识的牌子。不同邮轮公司的行李标签略有不同(图9-1),但都是用硬纸设计成长条形状,有的以吊牌形式直接挂到行李上,有的可直接粘贴到行李上。

1. 行李标签上的内容

(1)游客姓名。
(2)邮轮公司名称和LOGO。
(3)游客舱房号。
(4)甲板层数。
(5)船名。
(6)航行日期。
(7)出发港口。
(8)甲板分布图。
(9)会员情况。

一般来说,行李标签上的内容主要由两方面组成:一方面是游客的基本信息,如游客姓名、入住的舱房号码、航行的日期、乘坐的船只等,该方面信息主要是明确行李的所有权;另一方面主要是为了方便行李员搬运行李使用,如舱房号、甲板层数和甲板分布图,尤其是甲板分布图尤为重要,可以明确舱房的大致位置。以"海洋帝王"号为例,船长超过266米,按照船头、船尾、左舷、右舷将船分为四个区域,还有的规模更大的邮轮甚至将船分为6~8个区域,收集行李时,行李员可以根据游客舱房的位置堆放行李,搬运行李上船时也省去了绕路的麻烦。

2. 行李标签的种类

(1)有完整游客信息的行李标签和空白行李标签。个人游客在网上进行在线登记时可打印出带有个人基本信息的行李标签,省略了手签基本信息的麻烦,团队游客可从旅行社或旅游代理商那里索取带有个人基本信息的行李标签(图9-2)。

空白行李标签(图9-3)可从码头行李托运工作人员处索取,主要是为了那些未自行打印行李标签或行李标签数量不够的游客使用,使用空白行李标签时,需用黑色签字笔详细填写个人基本信息,并保证信息准确。

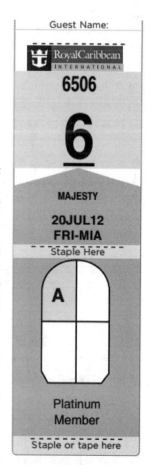

图9-1 皇家加勒比邮轮行李标签

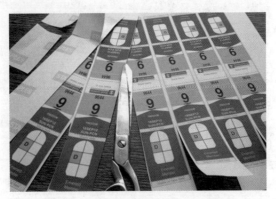

图 9-2　有完整游客信息的行李标签

图 9-3　空白行李标签

（2）上船行李标签和下船行李标签。上船行李标签和下船行李标签有所不同，上船行李标签可自行打印出来，下船行李标签（图 9-4）不可自行打印，需要从船方索取。这是因为上船时有具体舱房可放置行李，而下船时则需集中堆放行李。又因为下船时行李太多，需要分批次下船，因此行李标签的不同颜色代表不同的下船时间和提取行李的时间，有的邮轮还在行李标签上印制不同的数字用以区分下船和行李提取的时间，同时也代表行李堆放的具体地点，游客下船后可根据行李标签上的数字到指定地点提取自己的行李。

图 9-4　皇家加勒比邮轮下船行李标签

3. 行李标签的获得

行李标签可通过在线登记自行打印，也可从旅行社或代理商处获得，也可在码头行李托运工作人员处索取。

（二）行李车

邮轮一般备有行李车（Luggage Cart）（图 9-5），邮轮上的行李车与酒店的行李车有所不同，前者更加方便和实用，行李装上行李车后，经由专门的行李通道搬运上船。

二、对托运行李的要求

① 所有托运行李必须经过 X 光检查，游客不能携带任何违禁品、危险物品，包括任何火药、易燃物品、任何武器或类似物品。如发现枪支、弹药、毒品等危险物品，要及时报告

模块三 礼宾服务

图 9-5 行李车

相关人员并保护现场,防止发生意外。

② 禁止客人自行携带酒类上船,也不能将酒放于托运行李中,会造成行李被扣留或延误。

③ 贵重物品如现金、金银首饰、珠宝、玉器等不能托运,游客可随身携带。

④ 只接受大件行李箱的托运,小件行李可随身携带,不接受背包、婴儿椅等的托运,而且行李必须上锁。

⑤ 提醒游客登船手续的相关证件如护照、电子船票、信用卡等不要放于托运行李内,否则无法顺利办理登船手续。

⑥ 不同邮轮公司对每位游客可携带的行李重量有不同要求,皇家加勒比邮轮要求不超过 90 千克,而歌诗达邮轮公司则要求不超过 30 千克。

⑦ 一般情况下游客不得携带任何酒类登船。游客可于邮轮上的礼品店购买免税酒类,服务员将于航程最后一晚将酒类物品送至游客房间内。任何在岸上购买的酒类物品,须在返回船上后交由服务员保管并于航程最后一晚送至游客房间内。

任务二 登船行李托运

登船行李服务是码头登船手续中非常重要的一个环节,当游客到达码头办理登船手续之前首先要办理行李托运,行李托运服务的质量直接关系到游客对邮轮的第一印象。

一、母港登船行李托运

(一)行李托运的时间

行李托运(Luggage Drop off)安排在办理登船手续之前,其时间可参考码头登船的时间,到达码头后首先找到行李托运处,根据工作人员的要求办理行李托运手续。

(二)行李托运的地点

行李托运处(图 9-6)一般设置于登船大厅的某处,既方便游客寻找又方便行李员搬运,具体位置要看不同邮轮母港的各自安排,可参考各邮轮母港的登船指南。

(三)行李托运的程序

(1)行李过安检。根据国际安保与邮轮公司的要求,所有游客携带的物品及行李必须进行安全检查。在安检程序中,安保人员有权检查游客及其随身行李并且没收任何可能威胁到游客、船员安全的物品。

(2)获取并完整填写行李标签。游客可自行打印行李标签,或从旅行社、代理商或码头行李托运工作人员处领取行李标签。若是空白的行李标签需完整填写姓名和舱房号码,填写的姓名需与游客护照上的英文姓名一致,保证所填写的信息准确无误。

(3)将行李标签挂到或粘贴到行李箱上。检查行李中是否有不能托运的物品,并注意贵重物品、登船证件及个人物品等要随身携带，然后将行李箱锁好，并将填写完整的行李标签挂到或粘贴到行李箱上，并保证行李标签在行李托运过程中不会脱落（图9-7、图9-8）。

图9-6　行李托运处　　　　　　　　　　图9-7　歌诗达邮轮行李条

（4）与行李员办理行李交接手续并领取行李托运凭证。行李打包完毕并挂上行李标签后交给行李员，从行李员手中领取行李托运凭证，以此作为行李托运丢失和破损追究责任的凭证。

（5）将行李放置到行李堆放区。办理完行李托运，游客可放心办理登船手续，行李员将行李暂时放置到行李堆放区，后面陆续将行李搬运上船。

（6）海关检查行李。海关将对游客托运的大件行李进行检查。

（7）装运行李并送至游客舱房门口。装行李车时，要注意将大件、重件、硬件放在下面，小件、软件、轻件装在上面。另外，搬运行李时必须小心，不可用力过大，更不许用脚踢游客的行李。行李员通过专门的行李通道将行李陆续运送到船上（图9-9），并根据游客的舱房号放置到舱房门口，游客到达邮轮后可将行李拿回房间。

图9-8　皇家加勒比邮轮行李条　　　　　　图9-9　行李上船

二、上船行李托运的注意事项

（1）邮轮不接受任何违禁物品、危险物品的托运，如火药、武器、刀具等。在安检程序中，安保人员有权检查游客及其随身行李并且没收任何可能威胁到游客、船员安全的物品，例如武器、刀具、锅炉、熨斗等。

（2）邮轮不接受贵重物品的托运。

（3）为了游客和船员的健康与安全，邮轮严格禁止任何食品或饮料通过手提行李或托运行李携带上船。个人护理用品（如洗发水、防晒油等）、婴儿护理用品，由医生出具证明的液体药品不受此规定限制。

（4）登船所需的文件一定要随身携带，不要放于托运的行李中，以免耽误游客登船。

 **小资料**

哪些物品不可带上邮轮？

基于游客的安全，以下物品不得携带上邮轮：电子变压器、咖啡冲泡机、蜡烛、熨斗、非法药物、易燃液体及爆炸物（如烟花）。为了安全起见，我们也建议您的托运行李内不要放置任何贵重物品（如首饰）。

1. 尖锐物品

所有的刀，不论刀片长度，包括类似刀具物，如折叠刀、手杖、钢笔等。

这些刀具包括：开箱刀；冰锥/冰镐；切肉刀；剃须刀类的刀片，如美工刀、工具刀和无安全包装的剃须刀片；军刀；剑；刀片长度超过4英寸的剪刀。

注意：安全剃须刀允许携带。

2. 体育用品

棒球棒、弓与箭、板球棒、曲棍球棒、滑板。

3. 禁用化学品和其他危险物品

氯、漂白剂、喷漆、催泪瓦斯、互感器、电接线板、溢漏电池、HAM无线电。

注：轮椅电池被允许上船。

4. 小的压缩气筒

灭火器、其他压缩气体钢瓶。

注：空的潜水瓶和医用气体瓶允许携带。

5. 民爆器材

雷管、炸药、烟花、手榴弹、塑胶炸药、炸弹组件、仿真炸药、火药枪。

6. 工具

斧头和锛子、电棍、锤、电钻和钻头、锯、超过7英寸长的工具（扳手、钳子、螺丝刀等）。

7. 枪支武器

所有枪支、弹药、BB枪、压缩空气枪（包括彩弹枪、火炬枪、枪式打火机枪/枪支零部件）、弹丸枪、刺枪、发令枪、仿真枪。

注：包括步枪、猎枪、手枪、左轮手枪。

8. 武术及防身物品

棍棒、指节铜环、铅头短棍、钛合金酷棍、胡椒喷雾、武术武器、警棍、双节棍、电击枪、流星镖（飞镖）、手铐。

9. 易燃物品

蜡烛、熨斗、电热板、香、加热式茶杯、气溶胶（个人化妆品除外）、燃料（包括烹饪燃料和任何易燃液体、汽油）、气焊枪、打火机液、火炬点火器、即擦火柴、信号弹、易燃油漆、松节油和油漆稀释剂、燃烧弹、水烟袋和水烟管。

注：常见的打火机允许携带。

（5）邮轮只接受大件行李的托运，小件行李可托运也可随身携带，旅行背包等不接受托运。

（6）邮轮托运的行李有严格的尺寸及重量限制规定，地中海邮轮公司建议每位登船游客最多携带2件托运行李，行李尺寸不超过90×75×43（厘米），重量在23千克以下，以及2件随身行李，大小不超56×45×25（厘米），重量在23千克以下。若行李过大会被邮轮公司拒绝托运，行李超重要收取一定的费用。游客在参加邮轮旅游时，需要关注不同邮轮公司对托运行李的要求，以免耽误行程。

（7）所有要托运的行李都要挂上行李标签，并确保行李标签填写完整和准确无误。若忘挂行李标签或行李标签中途脱落，行李员无法准确送达到游客房间，游客需及时跟船方联系，领取自己的行李。

案例赏析

值得表扬的邮轮行李服务

水晶邮轮是常规航线里最贵的邮轮。我们乘坐阿联酋航空的空客A380去迪拜转机，然后坐波音777-300从迪拜到罗马，结束了梵蒂冈的行程，坐着大巴一路飞奔，去乘坐传说中的水晶邮轮"尚宁"号。

一进房间发现自己的箱子已经到了！这点尤其要表扬一下水晶邮轮的工作人员，我们属于中途上船，上船的时候太急，行李没有绑行李牌，我在船上登记的时候反复问前台我的行李到哪取，因为上面没有名字嘛，船上前台反复和我确认，我的行李已经到了房间了，我说怎么可能，都没写名字。到后来才知道，原来船上的工作人员是看飞机行李托运的行李条，上面有我们的名字，送到对应的房间。赞一个！

（8）行李一般会先于游客上船，游客上船后要先将行李拿回房间再去用餐和娱乐。若邮轮起航60分钟之后托运的行李还未送至客舱，只有两种可能：一是在行李中发现了违禁品；二是行李牌意外脱落了，行李员不知道应该送到哪间客舱。无论哪种情况，游客都需要及时与前台联系领取行李。

（9）各停靠港口行李登船时，必须经过保安检查，游客不能携带任何玻璃或易碎之器皿、利器、任何食品、饮料登船，或于各行李内储存食品或饮料。

一般情况下游客不得携带任何酒类登船。游客可在邮轮上的礼品店购买免税酒类，服务员将于航程最后一晚将酒类物品送至游客房间内。在岸上游览观光期间和中途停留期间购买的食品或饮料将不允许带上邮轮，所有游客购买的土特产品将会由船方妥善保管并在航行结束时归还客人。

任务三　离船行李托运

一、离船行李托运

（一）行李托运的时间

当邮轮行程结束，准备下船时，游客需要在离船前一天晚上23点之前将行李准备好，贴上行李标签，放在舱房门口。行李员会收走游客的行李集中存放，待船到港时统一将行李送出。

（二）领取行李的时间

离船前一天，服务员会把离船指南和行李标签送到游客的房间里，每张行李标签上都印有号码，这些号码代表下船的先后顺序，游客可以在离船指南或舱内的电视上看到所有的下船信息，对照指南上的离船时刻表，在指定的时间到指定的地点集合统一离船，下船后到指定地点领取行李。

（三）下船行李标签

下船行李标签与上船行李标签略有不同，下船行李标签（图9-10）由船方统一印制，然后由舱房服务员送到游客房间。下船行李标签的作用有两个：一是行李标签上需填写游客的姓名和联系方式等，既是行李所有权的标志，也是游客领取行李的凭证；二是行李标签能代表游客下船的批次和时间，邮轮公司会将行李标签印制成不同颜色，不同颜色代表不同的下船时间，如地中海邮轮（图 9-11）、歌诗达邮轮、公主邮轮、诺唯真邮轮等。

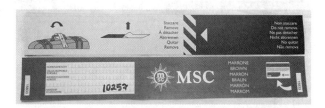

图 9-10　地中海邮轮下船行李标签正、反面

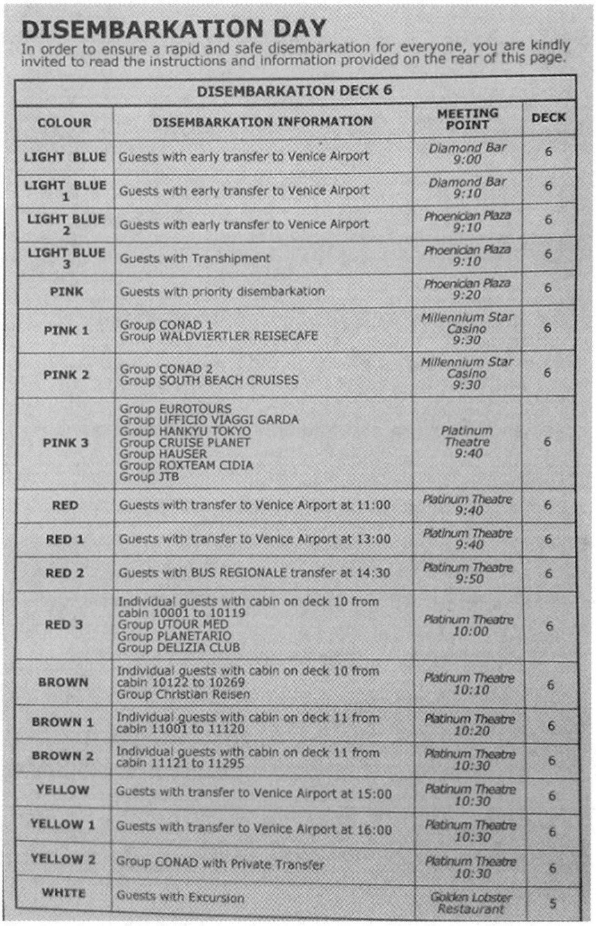

DISEMBARKATION DAY

In order to ensure a rapid and safe disembarkation for everyone, you are kindly invited to read the instructions and information provided on the rear of this page.

DISEMBARKATION DECK 6			
COLOUR	DISEMBARKATION INFORMATION	MEETING POINT	DECK
LIGHT BLUE	Guests with early transfer to Venice Airport	Diamond Bar 9:00	6
LIGHT BLUE 1	Guests with early transfer to Venice Airport	Diamond Bar 9:10	6
LIGHT BLUE 2	Guests with early transfer to Venice Airport	Phoenician Plaza 9:10	6
LIGHT BLUE 3	Guests with Transhipment	Phoenician Plaza 9:10	6
PINK	Guests with priority disembarkation	Phoenician Plaza 9:20	6
PINK 1	Group CONAD 1 Group WALDVIERTLER REISECAFE	Millennium Star Casino 9:30	6
PINK 2	Group CONAD 2 Group SOUTH BEACH CRUISES	Millennium Star Casino 9:30	6
PINK 3	Group EUROTOURS Group UFFICIO VIAGGI GARDA Group HANKYU TOKYO Group CRUISE PLANET Group HAUSER Group ROXTEAM CIDIA Group JTB	Platinum Theatre 9:40	6
RED	Guests with transfer to Venice Airport at 11:00	Platinum Theatre 9:40	6
RED 1	Guests with transfer to Venice Airport at 13:00	Platinum Theatre 9:40	6
RED 2	Guests with BUS REGIONALE transfer at 14:30	Platinum Theatre 9:50	6
RED 3	Individual guests with cabin on deck 10 from cabin 10001 to 10119 Group UTOUR MED Group PLANETARIO Group DELIZIA CLUB	Platinum Theatre 10:00	6
BROWN	Individual guests with cabin on deck 10 from cabin 10122 to 10269 Group Christian Reisen	Platinum Theatre 10:10	6
BROWN 1	Individual guests with cabin on deck 11 from cabin 11001 to 11120	Platinum Theatre 10:20	6
BROWN 2	Individual guests with cabin on deck 11 from cabin 11121 to 11295	Platinum Theatre 10:30	6
YELLOW	Guests with transfer to Venice Airport at 15:00	Platinum Theatre 10:30	6
YELLOW 1	Guests with transfer to Venice Airport at 16:00	Platinum Theatre 10:30	6
YELLOW 2	Group CONAD with Private Transfer	Platinum Theatre 10:30	6
WHITE	Guests with Excursion	Golden Lobster Restaurant	5

图 9-11　地中海邮轮关于不同颜色行李标签下船的时间安排

也有的邮轮公司在行李标签上印制不同数字，用数字代表下船的时间，如皇家加勒比邮轮（图 9-12、图 9-13），游客可根据下船指南上对行李标签的说明弄清自己下船的批次和时间安排，然后根据时间下船并领取自己的行李。

（四）行李托运的程序

（1）召集游客参加离船说明会。

离船前一天船方会召集游客参加离船说明会，邮轮娱乐总监（Cruise Director）会向游客

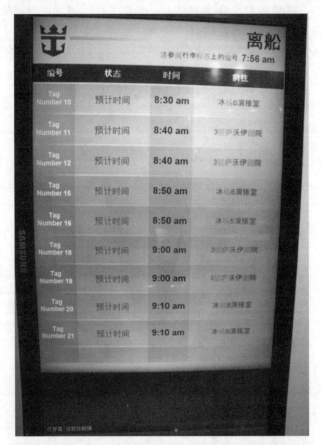

图 9-12　皇家加勒比邮轮关于不同数字行李标签下船的时间安排

图 9-13　皇家加勒比邮轮下船行李标签

介绍下船流程及注意事项，关于消费、结账、行李托运、离船时间安排等细节都会予以介绍。

（2）获取离船行李标签。

离船前一天，服务员会将离船指南和行李标签送到游客的房间里，游客将要托运的行李准备好，注意大件行李或无法手提的行李可办理托运，其他的背包、手提包不能托运，另外注意下船证件、贵重物品、易碎物品或个人物品等不要放在托运的行李中。

在行李标签上填写完整的个人信息，如游客姓名、联系方式等，并将行李标签挂到或贴在行李箱上，若行李标签不够用，可到前台索取，也可找客舱服务员。

（3）将贴上行李标签的行李放到舱房门口。

贴好行李标签后，根据船方的要求在指定时间内放置到舱房门口。一般来说，邮轮要求游客在离船前一天晚上23点之前将要托运的行李放于舱房门口，有时候这一时间会被延迟到离船前一天晚上24点之前，甚至是离船日凌晨1点，具体可参考邮轮的下船指南要求。

（4）行李员收取行李并集中保管。

邮轮旅游结束后，海关和移民官员会前来授权离船。根据海关规定，所有行李必须在游客下船前搬离。离船前一天晚上23点开始，行李员会逐层甲板收取行李，并运往下船行李堆放区集中保管，因此要求游客必须在规定的时间之前将要托运的行李放于舱房门口。

（5）行李员将行李搬运下船，并统一放到码头上的行李认领区。

一般行李要先于游客下船。当邮轮靠岸时，行李员就要在游客下船之前，陆续将行李搬运下船，并统一放到码头上的行李认领区（图9-14、图9-15）。

图9-14　下船行李认领区

图9-15　西班牙巴塞罗那邮轮码头行李认领区

（6）游客下船后取回自己的行李并过海关。

邮轮一般凌晨就会靠岸，但离船程序一般在早上8～9点之间开始，游客分批次陆续离船，这样一方面方便游客有充足的睡眠和用早餐的时间，另一方面也是为了能让行李员有足够的时间将游客的行李搬运下船。

游客下船后，可到码头上的行李认领区取回自己的行李，并按照要求过海关检查。

二、离船行李托运的注意事项

（1）注意离船文件、个人财物、贵重物品等不能放于托运的行李中，以免丢失和耽误离船。

（2）托运的行李中不能放置易碎品，如在邮轮商店、岸上游览或中途停靠时购买的酒水等不能托运，建议游客自行携带下船。

（3）大件行李和不能手提的行李可办理行李托运，背包、手提包等建议随身携带。

（4）托运的行李必须打包好，行李箱要上锁。

（5）游客选择托运行李，离船当日务必提前到达集合点并按照规定时间离船。因行李是按照游客离船时间来运送的，提前或者延迟离船都有可能导致找不到行李。

小资料

诺唯真邮轮的"Freestyle Cruising"

诺唯真邮轮控股有限公司（Norwegian Cruise Line）是全球领先的邮轮运营商，拥有多样化的邮轮航线产品,旗下有诺唯真邮轮、大洋邮轮和丽晶七海邮轮三个品牌,横跨高端及豪华邮轮产品线。目前营运 21 艘邮轮,总载客量约 40 000 人,到访超过 420 个目的地,至 2019 年将会再新增 6 艘船。

诺唯真邮轮作为邮轮行业最富创新力的品牌,在过去 50 年,品牌不断地突破着对于邮轮的传统定义。由其首创的自由闲逸式邮轮度假模式(Freestyle Cruising),为海上的客人提供随心所欲的度假村式旅游体验,完全改变了传统邮轮旅游,再加上无与伦比的娱乐和餐饮体验,能完美地满足中国爱好邮轮旅游人群的需求。

自由闲逸式邮轮度假模式(Freestyle Cruising)体现在离船上,就是游客可自己选择离船的时间,也即自己随意领取想要颜色的行李条,自己贴在行李上,然后按照时间下船。这与大多数邮轮统一决定游客下船的时间不一样。船方会在前台附近放置不同颜色的行李标签和不同颜色对应的下船时间安排(图 9-16),游客可根据自己安排选择下船时间并领取对应的行李标签。

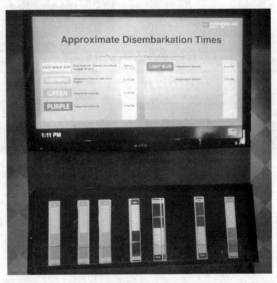

图 9-16　诺唯真邮轮摆放在前台可供游客自由选择的行李标签及对应的下船时间安排

(6)若游客所有的行李都自己携带下船,没有办理行李托运,便可自主下船,也就是可以先于托运行李的游客下船,不需要统一集中,可以在离船过程中的任意时间下船。

(7)提供换舱行李服务时,若游客在舱房内,尽量请游客自己整理细小的东西或按游客的要求帮助整理和搬运,若游客不在舱房内,应事先得到游客的许可并请游客整理好行李,然后与客舱服务员一起搬运行李,若游客的行李仍未整理好,要记住游客的行李件数、种类、摆放位置、行李搬到新的舱房后应按原样放好。另外,报刊、杂志等要全部搬过去,不可任意处理,行李员还应仔细检查衣柜、抽屉、卫生间,查看有无游客遗留的物品。

(8)残疾人士的行李会被贴上红色的行李标签,被优先搬运下船。

任务四　行李服务中常见问题的处理

一、行李标签脱落

行李标签是游客领取行李的重要凭证,因此游客在填写行李标签时一定要认真仔细、完整准确,游客的姓名、舱房号、联系方式等都要认真填写,切忌字迹潦草。

所有行李都要挂上或贴上行李标签,尤其需要托运的行李过多时,一定要认真查看是否有行李忘记贴行李标签。贴行李标签的时候要认真,确保行李标签不会自行脱落。

在行李托运时,有的游客因为粗心导致某件行李忘记贴行李标签或贴的行李标签不牢固,托运的过程中掉落,若发生这种情况,行李员是没有办法准确送达行李的,行李会被单独放置在无行李标签行李放置区,游客若上船或上岸后没有拿到自己的行李,可跟相关工作人员联系到无行李标签行李放置区认领自己的行李。

案例赏析

脱落的行李标签

某位游客回忆自己参加邮轮旅游时的情景:

"离船前一天晚上,我们已经把行李按要求打包好,24:00前放在舱房门口了,原以为没什么事的,但凌晨北京时间4:30,我醒来去舱房门口信箱取船上的消费对账单时,发现有张行李标签落在门口,拿起来一看正是我们的行李条,然后我一下子就紧张了,也睡不着了,连船上的消费对账单也没心思确认了。我马上换好衣服,直冲二楼的服务台。事实证明实在没必要这么担心着急,船方早有安排,服务台工作人员告诉我,这样的情况一直都有发生的,因为没把行李条后的整条黏性纸都粘在一起,容易掉落,特别是像我这样的超重行李,下船后只要在无标签的行李区找就可以了。"

二、行李破损或丢失

托运行李时,行李箱要注意打包好,并注意加锁,以防物品丢失。一旦在行李托运中发生行李破损或丢失的情况,游客需及时向船方反应情况,并提供寄存凭证。邮轮公司首先要确定责任归属,若确定责任是由邮轮公司负责,要对游客的损失进行赔偿,至于赔偿的数额不同邮轮公司的规定不同,而没有凭据证实的一般不予赔偿。

小资料

诺唯真邮轮关于行李丢失的赔偿

诺唯真邮轮规定:游客托运行李时需要将行李打包好,并锁好。行李托运中发生的行李破损或丢失,邮轮公司在确定责任是由自己负责的情况下仅赔偿300美元;没有证据证实的一般不予赔偿;允许登船时申明价值,但最高限额5000美元,且需支付5%的申明价值费用。

三、登船文件放置于行李中并办理行李托运

办理登船手续在行李托运之后,若游客不小心将登船文件放于行李中办理了行李托运,在办理登船时才发现不小心将登船文件托运了,这时应立即与行李托运处工作人员联系,查看行李是否已经托运上船,若未上船可找到行李后取出登船文件,若行李已经上船则需向工作人员提供舱房号等基本信息,由行李员登船找到行李后带下船。

四、行李中的贵重物品丢失

在办理行李托运时,工作人员会提醒游客贵重物品、登船文件等要随身携带,而且要将行李上锁,若游客仍将贵重物品放于行李中并办理托运或行李没有上锁,导致行李中的贵重物品丢失,船方不负任何责任,但会帮助寻找。

五、希望行李提早下船

由于船上的游客是分批次下船的,行李下船的时间跟游客下船的时间相对应,若游客下

船后有急事,比如长线邮轮旅游(Fly Cruise)需要赶航班,希望自己和行李能提早下船,游客需在离船前一天跟船方讲明情况,出示相关凭据,船方会将游客安排在提前批次下船,发给游客代表提前批次下船的行李标签。

若游客不需要托运行李,所有行李游客随身携带,则无需按照下船时间安排办理下船,可在邮轮规定的下船时间范围内选择任何时间点下船。

六、行李是否必须要托运

行李托运是邮轮公司为了方便游客登船或离船提供的一项免费服务,邮轮公司建议游客将大件行李托运,因为大件行李无法随游客上船,若无法确定行李是否可随游客上船,游客需询问相关工作人员。小件行李游客可携带上船或下船,尤其下船时,若无大件行李托运,可自行选择下船的时间。

项目十 贵宾服务

【学习与训练子目标】

1. 明确邮轮贵宾服务的内涵。
2. 熟悉不同邮轮公司的礼宾计划和礼宾俱乐部的服务内容。
3. 掌握私人管家服务的项目和内容。

课前阅读

星梦邮轮首创"船中船"概念，打造全私人管家服务

首个亚洲本土豪华邮轮品牌星梦邮轮"云顶梦"号上设置以高端空间与服务著称的星梦公馆。星梦公馆独特的船中船概念，类似酒店行政楼层的规划，拥有独立私人阳光甲板、泳池、餐厅及健身房等公共区域，此外，入住星梦公馆的游客都配备高度个人化的欧式管家服务，包括为游客优先预订特色餐厅、水疗护理及所有表演、24小时私人管家服务。其他系列的专属礼遇，比如每晚于特色餐厅免费享用定制套餐、随意品尝精选啤酒、葡萄酒等特色饮品、拥有进入专属区域的独家特权，包括云顶俱乐部的各项设施及丰盛美食、每天1小时的免费无线上网服务；客房内免费供应下午茶套餐以及无间断享用茶饮、红酒；对家庭入住的游客还可为儿童准备登船欢迎礼物等。

星梦公馆最大的亮点就是名头响亮的私人管家们（图10-1），下面就来介绍一下星梦邮轮旗下的两位星梦管家。

星梦公馆管家：Marcelo Vieira da Silva先生

星梦邮轮管家 Marcelo Vieira da Silva 先生负责为入住奢华星梦公馆的贵宾提供顶级的欧式管家服务。星梦公馆内设两幢亚洲最大的海上复式别墅，让游客尊享绝无仅有的奢适体验。加入星梦邮轮前，Marcelo曾在水晶邮轮工作8年，期间掌握了多种专业管家技能。Marcelo拥有逾30年国际旅游和游客服务经验，曾经服务过许多业内知名的酒店及邮轮公司，包括万丽酒店及度

图10-1 星梦公馆的管家们

假酒店和万豪酒店及度假酒店等，期间担任过游客关系、餐饮管理及企业培训等不同岗位。Marcelo精通四国语言，包括葡萄牙语、英语、法语及西班牙语。

管家培训经理：Rainer Markt

作为星梦邮轮管家培训经理，Rainer Markt先生专门负责为品牌旗下的欧洲籍及中国籍管家提供专业培训。Rainer的职责是将顶级的欧式管家服务及概念带到邮轮上的星梦公馆（图10-2）。星梦公馆内设两幢亚洲最大的海上复式别墅，让游客尊享绝无仅有的奢适体验。加入星梦邮轮前，Rainer在水晶邮轮工作逾20年，期间一直担任贵宾楼层总管家。Rainer拥有逾30年国际旅游服务业和游客服务经验，其卓越服务多年来备受高度赞誉。Rainer曾

接待多位好莱坞明星及名人，当中包括奥斯卡影帝达斯汀·霍夫曼（Dustin Hoffman）、奥斯卡影后朱莉·安德鲁斯（Julie Andrews）、经典爱情电影《人鬼情未了》男主角帕特里克·斯威兹（Patrick Swayze）、法国夏纳影展及奥斯卡得奖导演雅克伊夫·库斯托（Jacques Cousteau），以及福布斯传媒（Forbes Media）董事长兼总编辑史提夫·福布斯（Steve Forbes）等。

图10-2　星梦邮轮上的星梦公馆

星梦套房均配备智能平板电脑（iPadTM）和胶囊咖啡机（NespressoTM），以及欧洲皇室御用寝具品牌FretteTM的奢华床上用品、意大利高级时装品牌艾绰（EtroTM）专为"星梦公馆"的游客定制的专业护理用品。而星梦管家的实力，就体现在无微不至的细节之处。从游客抵达的那一刻起，无可比拟的欧式管家服务在此呈现，由心出发，细心照顾游客每一个需要。

星梦公馆管家懂得如何透过肢体语言，包括动作、表情、手势等重要的非言语沟通技巧，展现良好第一印象。所以，每个彬彬有礼的管家背后，都有着严格的训练。

星梦公馆管家随时候命，协助游客能够以最亮丽一面示人，管家的专业和全面服务尽显无疑。

贴心的熨烫报纸服务让游客阅读无皱的报纸时不会手上沾墨，可谓细致至极。

中西方餐饮文化和习惯的不同，让身为管家的专家必须清楚了解东西方不同的餐桌布置技巧及最为地道的餐桌礼仪，为客人提供宾至如归的归属感。

【知识点与技能点】

邮轮礼宾服务，主要是为贵宾（VIP）和入住套房的游客提供的高水平、高质量的专门服务，是在邮轮具有高水平设施设备以及完善的操作流程基础上，高层次管理水平和服务水平的成熟体现。

邮轮礼宾服务，也称为贵宾服务，其实就是高级的委托代办服务，由礼宾部的员工完成各种委托代办服务。礼宾部贵宾服务主要由礼宾部主管、礼宾关系专员和私人管家等工作岗位负责提供，其服务内容从上下船陪同、行李托运，到船上设施如餐厅、水疗护理、娱乐等预订，再到岸上游览行程规划、车辆租用等，为游客提供满意加惊喜的服务，直到邮轮行程结束。

任务一　了解邮轮礼宾计划

为了给游客提供更好的邮轮体验，满足贵宾（VIP）和套房游客的个性化需求，所有邮轮都会提供邮轮礼宾计划（Concierge Program），由礼宾主管及礼宾关系专员负责此项工作。

一、邮轮礼宾计划的内容

邮轮礼宾计划的主要内容是在邮轮上设置礼宾俱乐部和礼宾级套房。

（一）礼宾俱乐部

邮轮一般在套房甲板某一区域设置礼宾俱乐部（Concierge Club/Concierge Lounge）（图10-3），也称为贵宾休息室，礼宾俱乐部是贵宾（VIP）和套房游客专享的私密区域，该俱乐部只对贵宾（VIP）和套房游客开放，需持邮轮船卡刷卡进入，普通游客不能进入。

（二）礼宾级套房

一些豪华邮轮还为游客提供礼宾级套房（Concierge Suites），这些舱房设置在每艘邮

图 10-3 "海洋航行者"号上的礼宾俱乐部

轮最令人向往的位置。专为旅行者设计的舱房,让每个小细节都成为豪华享受的重点。还有令人喜出望外的贴心服务,例如鲜花摆饰、个人化文具用品以及免费的擦鞋服务,游客甚至可躺卧在由自己从枕头选项中挑选的枕头上。礼宾级套房重视细节的态度将会令游客感到惊讶。

 **案例赏析**

丽晶七海邮轮"享"的艺术

全球顶级豪华邮轮——丽晶七海(Regent Seven Seas Cruises)始终坚持着打造奢华旅程的梦想,不断扩大礼宾级待遇的定制服务,将"享"的艺术推至巅峰。

一、尽享礼宾待遇

高雅无忧的超五星级服务一直是丽晶七海在奢华旅游市场上被高端旅游人士青睐有加的原因。丽晶七海大胆地将船员与游客的配比接近一致,只为追求一份难得的奢华尊贵体验,保证了每一位客人都能得到高质量的服务。因此,极致的高级私人管家服务便成为了丽晶七海区别于其他邮轮并被誉为六星级顶级豪华邮轮的典型标志之一。

私人管家很乐意为您搬运和安置行李、预订岸上游览和 SPA 服务、餐厅预订或直接将美食送到您的客房中。他们会安排精彩的鸡尾酒会,当然在您离船时也会协助您上岸。他们会提醒您以确保您能准时参加各种活动。他们会为您准备饮料、收拾房间,或在游泳池旁为您递上干净的毛巾。有些事情在您还未开口之前,一切已为您准备好。您的私人管家细致地关怀与照顾,确保没有细节被忽略,只为给您一个完美的海上生活体验。

丽晶七海在原有的基础上扩大了礼宾级服务范围。在七海领航号(Seven Seas Navigator)与七海航海号(Seven Seas Voyager)上,礼宾套房只是初级套房。而今,只要入住礼宾套房或更高等级的套房便能享受宾至如归的私人管家服务和独家至尊特权:

➢ 登邮轮前一晚免费升级版奢华酒店包;
➢ 优先在线预订岸上游览活动;
➢ 优先在线预订邮轮 Prime 7 牛排餐厅和 Signature 法国餐厅;
➢ 15 分钟免费船—陆地通话;
➢ 60 分钟免费网络接入使用;
➢ 购买葡萄酒和白酒享受 25% 的折扣;
➢ 选择丽晶特别定制的徒步行套餐可享 10% 折扣;

- 在邮轮旅程前后，享受10%折扣的酒店住宿优惠和陆地观光优惠；
- 在规定时间内可享受升舱服务；
- 套房内配有望远镜、咖啡机、羊绒毯；
- 丽晶七海准备的特别礼物。

二、尽享奢华体验

奢华的设施更是享受艺术的一部分。宽大舒适的客房空间，坐卧起居悠闲惬意而毫无拘束，站在面对大海的阳台，更令人充分享受到远航的快感。丽晶七海邮轮的船队中，"七海航海家"号和"七海水手"号都是全套房和全阳台设计，"七海领航者"号是全套房设计，并且90%的套房有阳台。客人可享受到邮轮业内最宽大舒适的个人空间，足不出户即可眺望浩瀚海景。基本豪华套房面积约为28平方米，高端豪华套房面积约为33平方米。顶级套房的面积能达到109～186平方米，这保证了自由自在、无与伦比的远航体验。套房设施（礼宾级套房及以上级别）包括：

- 欧洲尺寸的斯林百兰（Slumber）大床；
- 私人吧台，每天都提供各种软饮料、啤酒和瓶装水；
- 步入式衣帽间；
- 大理石浴室；
- 爱马仕（Hermés）品牌的室内沐浴用品；
- 毛绒浴衣和拖鞋；
- 吹风机；
- 互动电视，并配有广泛的媒体库和电影选择；
- 欢迎香槟；
- 24小时套房服务；
- 私人管家服务；
- 礼宾级服务；
- 苹果iPad平板电脑和iPod扩展坞。

二、不同邮轮公司的礼宾计划

除了优先登船的特权，贵宾（VIP）和套房游客还可享受船上优先预订。许多邮轮提供贵宾（VIP）和套房游客独享的礼宾俱乐部，俱乐部全天提供欧陆式早餐和小食，以及报纸、棋盘游戏和电脑等"主食"，甚至提供鸡尾酒。其他还有独家提供的室外空间和舱房优惠。

1. 诺唯真邮轮（Norwegian Cruise Line）

天梦（The Haven）（图10-4）是诺唯真邮轮上的礼宾俱乐部，是船上使用特殊钥匙卡才能进入的区域，拥有最完善的设备、宽敞的住宿空间及提供包含私人礼宾、私人管家在内的个性化服务。主要设施有宽敞的庭院、豪华私人泳池、热水浴池、阳光甲板和健身房。

游客权益：船上24小时私人管家服务。贵宾（VIP）礼遇始于优先登船之前：岸上礼宾接待处会提前安排餐饮、娱乐、岸上游览、SPA和美容等服务。在船上，会有礼宾专员和私人管家满足个性化需求，从枕头需要到求婚安排；另外，还有优先登船和离船。

2. 丽晶七海邮轮（Regent Seven Seas Cruises）

作为超奢华（Ultra-Luxury）六星级邮轮之一，丽晶七海邮轮上为游客提供礼宾级套房（Concierge Suites）（图10-5），而且是数量最多的主力房型。

礼宾级套房既包括细微贴心的服务——像羊毛毯、咖啡机、浴室的望远镜，也包括大的服务如全船免费Wifi。游客还拥有优先在线岸上游览预订和餐饮预订的特权。游客也可通过礼宾专员预订岸上游览行程和餐饮。

图 10-4　诺唯真邮轮上的天梦（The Haven）

图 10-5　丽晶七海邮轮上的礼宾级套房
（Concierge Suites）

3. 迪斯尼邮轮（Disney Cruise Line）

私人日光浴甲板（图 10-6）就是邮轮上的礼宾俱乐部。邮轮起航前 120 天王子和公主般的待遇就开始了，礼宾服务专家会以电话或电子邮件的方式拜访游客。游客通过专门的登记窗口办理登船。游客每天会收到一份个性化行程安排，以及帮助安排港口探险、特色餐饮预订、SPA 预约和医疗帮助。不要担心下岸时的拥挤，游客同样拥有优先下岸的权利。

另外，游客可享受餐前鸡尾酒休息室和 iPad 设备借用以及 100 分钟的免费 Wifi 服务。

4. 地中海邮轮（MSC Cruise）

当游客在地中海游艇俱乐部（图 10-7）航行时就好像在一个不同于船上其他人的航程。24 小时管家会满足游客的每一个奇思妙想，在私人俱乐部酒廊、泳池、酒吧、私人餐厅或 SPA 放松一下。游客的套房中还提供免费的迷你吧。地中海游艇俱乐部为游客供应内部葡萄酒、烈性酒、啤酒和软饮料。

图 10-6　迪斯尼邮轮上的私人日光浴甲板
（Private Concierge Sundeck）

图 10-7　地中海邮轮上的游艇俱乐部
（The Yacht Club）

5. 大洋邮轮（Oceania Cruises）

除去"大洋玛丽娜"号（Oceania Marina）和"蔚蓝海岸"号（Oceania Riviera）提供 Concierge Lounge（礼宾俱乐部），大洋邮轮其他所有船只都提供峡谷农场水疗吧（Canyon Ranch SPA Club）（图 10-8）。

优先登船后，礼宾级客人在前往 Canyon Ranch SPA Club 私人阳台（游客有无限访问权）之前，可享受一瓶免费的欢迎香槟。回到房间，游客会发现一台笔记本电脑和无线网络（9 折优惠），如果想漫步甲板，可以借用一个 iPad。所有游客都可以通过礼宾专员预订岸上游览和晚餐。

6. 精致邮轮（Celebrity Cruises）

在精致邮轮上只要住到"礼宾级舱房"（Concierge Class）以上，就能享受 VIP 服务。服务内容包括：优先登船，房间内欢迎鲜花和香槟，有枕头菜单可供选择，此外还有舒适的羽绒被和"Frette"牌浴袍。此外，精致邮轮的 SPA 也相当有特色，它的"Aqua

SPA"灵感来自异国文化，而且，它还是第一家引入针灸治疗的邮轮公司。如果崇尚健康饮食，做完 SPA，还可以在明亮轻松的"Aqua SPA"咖啡馆享受健康食品。如图 10-9 所示。

图 10-8　大洋邮轮上的峡谷农场水疗吧　　　图 10-9　精致邮轮上的岸上游览
　　　　（Canyon Ranch SPA Club）

7. 冠达邮轮（Cunard Cruise）

在仅对公主套房（Princess Suite）和女皇套房（Queens Suite）游客开放的公主餐厅（Princess Grill）和女皇餐厅（Queens Grill）中，冠达礼宾大大小小的细节服务随处可见。游客想举办私人鸡尾酒会，礼宾服务会帮助全部搞定（图 10-10）。当然，礼宾专员还会处理游客的 SPA 和餐厅预订，也会帮游客打印登船证。游客可以享受敬业、贴心的服务和单独座位的餐厅——如果游客想要更多的私人体验，可以在礼宾俱乐部喝杯茶。

8. 公主邮轮（Princess Cruises）

现在，套房游客有机会进入专用的贵宾休息室。游客可略过前台直接来到这个一站式服务的地方获取想要的一切帮助，包括岸上游览、SPA 预订，并优先预订抢手的服务，如主厨晚宴餐厅。

主厨晚宴餐厅（Chef's Table Lumiere）（图 10-11）是公主邮轮打造全新主厨晚宴餐厅，特别设计的"夜光主厨台餐"，让游客在光帘围绕的私密空间，享受主厨精心制作的美食盛宴。

图 10-10　冠达邮轮上的私人鸡尾酒会　　　图 10-11　公主邮轮上的主厨晚宴餐厅
　　　　（Private Cocktail Party）　　　　　　　　（Chef's Table Lumiere）

9. 皇家加勒比邮轮（Royal Caribbean International）

套房游客和皇冠铁锚俱乐部的超级钻石和尖峰会员可享受礼宾俱乐部（图 10-12）。除了可获得船上所有预订（餐厅、游览、SPA 等）外，还可查看当天菜单和餐前酒单、零食开胃小菜和小点，并租借电影和 CD。

10. 荷美邮轮（Holland America Line）

海王星酒廊（Neptune Lounge）（图 10-13）是荷美邮轮上的高级俱乐部，只对阁楼走廊套房和豪华走廊套房客人开放。除了通常的前台服务和预订服务外，海王星酒廊还给套房游客提供图书馆、Wifi和全天咖啡服务。礼宾专员可帮助游客预订停靠港汽车租赁和餐厅。

图10-12　"海洋量子"号上的礼宾俱乐部　　　　图10-13　荷美邮轮上的海王星酒廊
　　　　　　（Concierge Lounge）　　　　　　　　　　　　（Neptune Lounge）

11. 水晶邮轮（Crystal Cruises）

与其他所有邮轮不同，水晶邮轮将其推出的礼宾计划看做是"船中船"升级版，为所有游客提供礼宾服务。水晶邮轮为游客提供全方位呵护：水晶承诺，其礼宾服务能"满足任何需求"。从处理航班改签到安排私人交通——更不用提船上你能想到的任何需求——游客不用动一根手指；甚至连行李丢失，也由其礼宾服务人员向航空公司追查。如图10-14所示为水晶邮轮上的礼宾台。

图10-14　水晶邮轮上的礼宾台（Concierge Desk）

案例赏析

银海邮轮（Silversea）推出全新礼宾服务

银海邮轮（Silversea）隆重呈献全新"Silver Shore Concierge"礼宾服务，帮助游客轻松设计独一无二的陆上行程。

银海邮轮陆上活动总监Darius Mehta表示：全新Silver Shore Concierge礼宾服务柜台为游客提供独立顾问服务和协助计划陆上行程。银海邮轮资深专业的礼宾服务团队乐意配合游客的要求及喜好设计行程；或为游客安排独一无二的陆上旅程。

Silver Shore Concierge礼宾服务范畴包括代游客计划观光旅程、运动项目、妥善安排精华游，或于尊贵品牌商店、博物馆、大教堂开放时间以外进行参观。其他服务包括：安排香槟野餐；于托斯卡尼乘坐热气球；于威尼斯参观设计师的工作室；乘坐私人游艇畅游朱诺（Juneau）冰川峡湾。

此外，游客可联络Silver Shore Concierge礼宾师，计划航游前后的陆上行程，包括安排入住全球顶级酒店、航班、陆路交通，以及历史名胜和其他景点的观光团。

银海邮轮游客需先付订金或预付全数航行费，以享用此崭新服务。确定陆上行程安排后，游客需于起航前缴付费用（费用已包括服务费）。

银海邮轮将于各艘邮轮上提供 Silver Shore Concierge 礼宾服务。船上的礼宾经理及团队以及对目的地了如指掌的专业员工将为游客提供建议和计划，并弹性配合游客的个别需要。

礼宾服务包括多项全新 Silver Shore 旅途及酒店选择，为游客设计可靠、舒适的个人度假计划。

Silver Shore Privato 私人旅游——让游客按各自的需要安排全日或半日观光旅游，乘坐私家车或小巴轻松畅游目的地。游客可于船上预约私家车或小巴服务。

Silver Shore Expedition 探险之旅——为热爱探险的好动游客安排探险及教育旅程。

Silver Shore Collection 体验之旅——深入探索当地历史及文化的独特旅程。

Silver Shore Excursions 远足之旅——轻松、有益身心的小组旅游。

Silver Shore Land Adventures 陆上冒险之旅——数天的旅程当中，游客将可深入探索内陆地区。游客可选择于航游前后或航游期间参与此陆上旅程。费用已包括住宿、行李运费、交通安排、观光团及餐饮。

Silver Shore Simply Hotel 酒店住宿——于航游前后入住 4.5 星或 5 星级酒店一晚，当中包括多个顶级酒店选择。计划可按游客要求弹性更改，包括安排交通、延长入住或客房升级等。

Silver Shore Grande Hotel 酒店住宿——两晚住宿计划，让游客延长度假享受。游客可选择入住曼谷半岛酒店，或世界各地著名酒店或精品物业。计划已包括早餐、接送往返码头及酒店。

任务二　认识邮轮礼宾俱乐部

一、邮轮礼宾俱乐部的设施和服务

礼宾俱乐部里设置有礼宾服务台（Concierge Desk）（图 10-15）、沙发座椅、茶几、吧台等设施。礼宾俱乐部类似于酒店中的行政楼层酒廊，入住礼宾级套房及以上的游客可直接来到礼宾服务台，礼宾专员会满足游客的个性化需求。

图 10-15　礼宾服务台

作为礼宾俱乐部游客，游客可获得不对其他游客开放的设施与服务，具体内容如下。

（1）私人化的设施：俱乐部每天 8：00～10：00 提供欧式早餐；在旅行第二晚，俱乐部开始在晚餐前后分别提供开胃菜和小点心。

（2）可使用贵宾吧台，免费的自助服务吧为游客提供便利。

（3）特色餐厅预订、岸上观光、赤足沙滩小屋。

（4）预约美容或水疗服务。

（5）协助预订演出门票。

（6）可以向礼宾人员租借影片与 CD。

（7）日常菜单展示与晚餐订餐前提供葡萄酒。

（8）商业服务，协助传真或复印，此项服务为收费服务。

（9）协助安排私人派对。

每天 8：30～11：30 和 17：00～20：30，贵宾俱乐部设有一位礼宾专员，贵宾休息室为禁烟区域。游客在贵宾休息室时应遵守时尚休闲着装要求（禁止穿着泳装，禁止脱鞋）。21 周岁及以下游客必须一直由至少一位家长或监护人陪同。

二、不同邮轮公司的礼宾俱乐部

1. 精致邮轮（Celebrity Cruise）

礼宾俱乐部名称：迈克尔俱乐部（Michael's Club）。

进入礼宾俱乐部的资格：入住礼宾级舱房的游客，以及签名套房（Signature Suite）、皇家套房（Royal Suite）、顶层套房（Penthouse Suite）和印象套房（Reflection Suite）的游客。

礼宾俱乐部设施：每天供应欧陆式早餐，17：00～20：00 供应免费的餐前饮品和小吃。礼宾俱乐部设有大屏幕电视、阅读椅以及放于手边的各种杂志、报纸和书籍。

礼宾服务：帮助安排特色餐厅预订和购买岸上游览门票，甚至可回答有关停靠港的一般性问题。

礼宾俱乐部开放时间：全天 24 小时开放，礼宾服务台的开放时间因行程而异。

2. 荷美邮轮（Holland America Line）

礼宾俱乐部名称：海王星酒廊（Neptune Lounge）。

进入礼宾俱乐部的资格：只有入住豪华阳台房或顶层套房的游客允许进入。

礼宾俱乐部设施：该私人休闲区设有宽屏电视；摆放满杂志、报纸和书籍的阅读区域；并全天供应特色咖啡。欧陆式早餐的茶和咖啡供应到 11：00；零食（饼干、小点心和三明治）供应时间为 11：00～17：00。

礼宾服务：特色餐厅预订、岸上游览预订（套房游客优先）、处理停靠港岸上汽车租赁或餐厅预订和账单结算。

礼宾俱乐部开放时间：7：00～20：30。

3. 地中海邮轮（MSC Cruises）

礼宾俱乐部名称：顶帆酒廊（Top Sail Lounge）。

进入礼宾俱乐部的资格：入住游艇俱乐部舱房（Yacht Club Cabin）和精英套房（Elite Suite）的游客。

礼宾俱乐部设施：休息室布满了舒适的沙发和电视。全天供应免费饮料、糕点和开胃菜。俱乐部还提供美味的便餐包括早餐、午餐和晚餐。俱乐部位于顶层甲板，游客可通过落地窗欣赏海上的美景。游艇俱乐部游客还可去到私人泳池和提供食物的户外酒吧。

礼宾服务：礼宾专员会帮助预订特色餐厅和 SPA 服务，安排私人岸上游览和船上购物。另外，游客的私人管家会 24 小时提供服务，满足游客所有的需求，包括帮游客打包行李、服侍游客下午茶和安排私人派对。

礼宾俱乐部开放时间：全天开放。

4. 公主邮轮（Princess Cruises）

礼宾俱乐部名称：贵宾休息室（The Concierge Lounge）。

进入礼宾俱乐部的资格：套房游客。

礼宾俱乐部设施：只有"皇家公主"号和"帝王公主"号才有该俱乐部，俱乐部提供小吃和饮料，也用于套房游客私人下船休息室。

礼宾服务：礼宾级游客可享受全套的前台服务，另外，礼宾专员可帮助预订岸上游览、特色餐饮和莲花温泉。

礼宾俱乐部开放时间：贵宾休息室全天开放，礼宾专员值班时间为 7：00～10：00、12：00～14：00、17：00～20：00。

5. 皇家加勒比邮轮（Royal Caribbean Cruise Line）

礼宾俱乐部名称：礼宾俱乐部或钻石俱乐部酒廊（Concierge or Diamond Club Lounge）。

进入礼宾俱乐部的资格：皇冠铁锚俱乐部超级钻石会员或预订豪华套房及以上套房的游客。

礼宾俱乐部设施：每天 8：00～10：00 供应欧陆式早餐，晚餐前后供应开胃小菜和小点心。晚上可享受自助免费酒吧。礼宾专员值班时，游客可租借 DVD 和 CD（俱乐部没有电视）。

礼宾服务：礼宾专员会帮 VIP 游客预订特色餐厅、岸上游览和 SPA 预约、安排私人聚会、购买演出门票、提供个性化的购物咨询。礼宾专员还可为游客提供商务服务，如传真或复印，此项服务是收费的。

礼宾俱乐部开放时间：俱乐部 24 小时开放，礼宾专员值班时间为 8：30～11：30、17：00～20：30。

任务三　学习私人管家服务

一、私人管家的素质要求

（一）私人管家与舱房服务员的区别

管家服务（Butler Service）是某些邮轮为豪华套房的游客提供的一项服务（或者，如果是银海邮轮，每间舱房都有私人管家）。管家服务受欢迎程度一直稳步增长——不仅在奢华邮轮中，而且也在大众邮轮和高档邮轮中。主流邮轮如歌诗达邮轮、地中海邮轮、诺唯真邮轮和铁行邮轮在其顶级套房中提供私人管家服务。

是什么让管家服务如此特别？对于这个问题，就要看私人管家和客舱服务员之间有哪些区别。一个训练有素且有责任心的管家可以帮忙完成客舱服务员工作以外的服务，为游客提供客舱服务员没有机会或没有时间提供的特殊服务。管家可以帮忙完成以下事项：

① 协助游客打包和收拾行李；
② 帮助游客预订餐厅；
③ 提供开胃小菜和晚餐；
④ 提供快速洗衣、干洗和熨烫服务；
⑤ 调制鸡尾酒；
⑥ 安排鸡尾酒会或聚餐。

案例赏析

皇家精灵（Royal Genies）

皇家加勒比管家服务，被称为皇家精灵（Royal Genies），将在皇家加勒比的几艘邮轮上昼夜不停地以私人助理和服务员方式为豪华舱客人提供服务。他们会负责餐馆和娱乐项目预订、洗衣服务、室内用餐、岸边休闲导览、呈上手工制作的鸡尾酒，以及各种"随叫随到"的私人服务。

（二）私人管家的素质要求

私人管家要以其先进的服务理念，真诚的服务思想，通过其广泛的社会关系和高超的服务技巧，为游客解决各种各样的问题，创造邮轮服务的奇迹。因此，私人管家必须具备很高的素质。

一些邮轮公司，像丽晶七海和银海聘请的管家是经过专业英语管家协会培训的（该协会培训的管家服务于世界各地的王室家族），而地中海邮轮则使用训练有素的国际管家学院在荷兰的邮轮旅游专业人士。

1. 思想素质
（1）敬业乐业，热爱本职工作，有高度的工作责任心。
（2）有很强的游客意识、服务意识，乐于助人。
（3）忠诚于企业，忠诚于游客，真诚待人，不弄虚作假，有良好的职业操守。
（4）有协作精神和奉献精神。
（5）谦虚、宽容、积极、进取。

2. 能力要求
（1）交际能力：彬彬有礼、善解人意，乐于和善于与人沟通。
（2）语言表达能力：表达清晰、准确。
（3）应变能力：能把握原则，以灵活的方式解决问题。
（4）协调能力：能正确处理好与相关部门的合作关系，有耐心。
（5）身体健康，精力充沛。

3. 业务知识技能
（1）熟练掌握本职工作的操作流程。
（2）通晓多种语言。
（3）掌握中英文打字、电脑文字处理等技能。
（4）掌握所在邮轮的详细信息资料，包括邮轮历史、服务设施、服务价格等。
（5）熟悉停靠港主要旅游景点，包括地点、特色、服务时间、业务范围和联系人。
（6）能帮助游客购买各种交通票据，了解售票处的服务时间、业务范围和联系人。
（7）能帮助游客安排停靠港旅游，掌握其线路、花费时间、价格、联系人。
（8）能帮助游客修补物品，包括手表、眼镜、小电器、行李箱、鞋等。

二、私人管家的服务项目和内容

1. 钉纽扣和修拉链
贴心的服务：当游客的晚礼服或者衬衫掉了纽扣，管家可以用针线来帮游客搞定。Noly Millena 来自菲律宾，是冠达邮轮"玛丽女王 2 号"上顶级复式套房的管家，他一定会笑着说："这事交给我，您绝对可以放心，我绝不会毁掉一件价值 1 万美金的礼服。"

2. 擦皮鞋
客人的皮鞋一直会光亮如新。Millena 说他不一定要等待客人吩咐才去做这件事，他喜欢让客人们感受到意外之喜。

3. 处理特殊的要求
游客可能会经常有些特殊或是古怪的要求。Priyesh Chowdhari 来自印度孟买，在银海邮轮上做银灵管家，他记得有位女士睡觉需要 6 个枕头，还有的客人早上喝的牛奶需要指定的原百利爱尔兰牛奶，而不是邮轮上早餐供应的牛奶。

4. 帮助庆典
Raju Mathew 来自印度班加罗尔，是丽晶七海邮轮上的领班管家。他回忆，有一对夫妇这次邮轮旅游是来结婚周年庆的，当他们岸上游览完回到船上的时候，他在船上为这对夫妇安排了一个私人舞蹈派对。到了晚上，这对夫妇发现自己的床上已经铺满了玫瑰花瓣和一桶冰香槟。管家还给他们的周年庆典活动安排蛋糕和布置气球。

5. 整理清洁

游客送到洗衣房的衣服会由管家挂到衣架上；管家会帮助游客把衣物叠得整整齐齐并放好；下船之前管家会帮助游客打包行李；管家 Chowdhari 说，当他注意到客人的眼镜有污迹时他还会帮忙清理掉。

6. 安排私人鸡尾酒会

"水晶交响乐"号顶级套房的客人可以让管家来安排私人鸡尾酒会，并且可以邀请其他客人参与。管家不仅帮助客人布置奢华的酒会场地，安排酒水和零食，也会穿着燕尾服白手套全程为客人们提供服务。

7. 晚宴服务

管家还可以提供晚宴服务。套房客人会有一个专属餐桌，这时客人的管家肩负了酒保、服务员和调酒师的责任。冠达邮轮上的 Millena 说，管家需要知晓邮轮上的菜单、食物以及酒水知识。

8. 给客人以惊喜

如果客人身处银海邮轮的顶级套房中，在经过一整天的游览从岸上返回时，发现浴缸里已经放好了温度适宜的热水时不用感到惊讶，因为管家总能在客人意想不到时给予惊喜。

9. 情同好友

管家常常是从客舱服务员岗位上提拔上来的长期员工，他们很多已经同经常乘坐邮轮的客人非常熟悉了，Mathew 说很多客人都非常友好，有些人还会邀请他们去家里作客。

10. 聊聊名人趣事

冠达邮轮吸引了一些著名的游客，尤其是邮轮上的顶级套房。管家会和感兴趣的客人分享他知道的一些名人的事情。

案例赏析

"星梦公馆"的私人管家服务

优雅的进餐和作客礼仪、合适的肢体语言、餐饮和品酒学问、个人化的管家和礼宾服务等，都是"星梦公馆"（图 10-16）的管家必须具备的专业技能，并为宾客一一呈献。

图 10-16　星梦公馆

"星梦公馆"管家们每天 24 小时静候左右，为宾客尽心服务。从整装行李、服饰保养到擦鞋服务，管家们都会细心为宾客打点妥当。他们同时负责为宾客提供优先预订各种水疗护理、餐饮以及岸上活动的一站式服务。宾客只需安坐于套房内，精致下午茶、特调鸡尾酒或者是船上任意餐厅美食都将由管家亲自为您奉上。

高度个人化的欧式管家服务将于"云顶梦"号上的"星梦公馆"内随时候命。奢华的"星梦公馆"设有142间尊贵套房,配备贴心的欧式管家服务,让宾客倍享各项专属尊尚礼遇,致力以独特的"船中船"的概念打造绝无仅有的奢适体验。

思考与训练

一、问答题
1. 邮轮行李标签的作用是什么?
2. 下船行李标签和上船行李标签有什么不同?
3. 如何为游客办理登船行李托运?
4. 如何为游客办理离船行李托运?
5. 邮轮行李托运有哪些注意事项?
6. 邮轮行李托运中常见问题有哪些?应如何处理?
7. 什么是邮轮礼宾计划?
8. 哪些游客可进入邮轮礼宾俱乐部?
9. 阐述不同邮轮公司为游客提供的礼宾计划。
10. 阐述私人管家服务的项目和内容。

二、实训项目
项目名称:礼宾服务。
练习目的:通过训练,使学生能按照礼宾服务程序熟练地为游客提供礼宾服务,包括行李托运和贵宾服务。
实训内容:登船行李托运、离船行李托运、私人管家服务。
测试考核:根据相关程序要求进行考核。

【课后阅读材料】

A day in the life of a Group Coordinator

I am a Group Coordinator onboard a cruise ship. It is nice to have you here and I am looking forward to share my day with you.

图 10-17　全球十大顶级豪华邮轮第三位——"海洋量子"号(Quantum of the seas)

As you can imagine, more and more groups are not just traveling to hotels and resorts, but they also go on cruises. And of course groups want to eat together, have meetings, go on shore excursion in the same bus, have a private function including cocktails and dinner or have specific meal requirements.

I am taking care of all that. Today, 4 days before the new cruise starts, we get the lists and papers from our head office——this includes information for all departments, such as special meal requests, past guests, special requirements and the group information. We will have 15 groups onboard, 10 of them are large families and 5 are business groups. I have an excel sheet where I log all the information for a specific group and where I also add additional information from the time while they are onboard. This way, when a group comes back to one of our ships we have additional information and preferences.

I log the contact person, cabin number and first I check on the requirements for meeting rooms.

The families range from groups of 8 to 20 and they only want to have one reunion in a meeting room each. To get them to eat together is more difficult there. I will need to get together with the Maitre D' later on to see how and where we can best place them in the Restaurant.

For the business groups, each one needs a meeting room every day, depending on the schedule of the ship and meal times. So this is my first task, to assign the rooms according to their needs, size of the group and availability of the rooms. I am coordinating this with the Entertainment department, to ensure the rooms are reserved.

Then I prepare my introduction letters, personalized to the group leader. These letters will go into the respective rooms prior to the guests arriving, and I will be here at my desk, close to the reception desk, to meet the group leaders and to discuss their plans and needs.

Of course, I have a beeper and I need to provide the group leaders with that number, in order for them to reach me.

After having arranged for the meeting rooms, I send out a message to all department heads with the schedule and of what is needed in each meeting room and how the set up needs to be. The business groups have a typical business meeting set up with tables and beverages, flip chart and power point presentation set up.

The families have a more cozy set up, in smaller rooms with rather sofas and armchairs than chairs and tables. Also the selection of beverages and food is a bit different. As you can see, I am preparing as much as possible in advance, however the need for flexibility in this position is big. There is always a change, a new idea on what the group likes to do and it is my job to do everything in my power to make this a trip of a live time for family and business groups alike.

I hope you had a good time today and I am sure, you know more about my job now than before. Maybe you are a good organizer, diplomatic and calm in stressful situations and this job, after having gained some shipboard experience in another position, is something for you.

模块四

前台接待服务

歌诗达邮轮前台员工

　　接待服务（Reception）是前台服务的核心内容，前台接待员要为游客提供主动、热情、礼貌和微笑服务；同时，还要增强销售意识，提高工作效率，尽可能地缩短游客办理各项服务的等候时间。

【学习与训练总目标】

- 了解并熟悉前台设施设备和岗位的配备。
- 掌握邮轮前台接待服务的具体项目及服务程序。
- 熟悉邮轮接待中常见问题的解决对策。
- 了解和熟悉问讯服务的相关内容。
- 掌握查询服务的内容及注意事项。
- 能熟练地为游客解答各种咨询。

项目十一　前台接待

【学习与训练子目标】

1. 了解邮轮前台设施设备和岗位的配备及员工的素质要求。
2. 掌握邮轮前台接待服务的具体项目及服务程序。
3. 掌握更换舱房的原因、程序和注意事项。
4. 熟悉邮轮接待中常见问题的解决对策。

课前阅读

舱房更换

2015 年 9 月 13 日，张女士预订了皇家加勒比邮轮"海洋航行者"号（Voyager of the Seas）9 月 26 日至 10 月 1 日从香港去往日本冲绳的航程。由于台风"杜鹃"正面袭击冲绳，邮轮公司更改航线去了越南真美港，行程更改为香港—厦门—越南—香港。

上船后，根据舱房服务员的指引，张女士找到自己的房间，由于当天下午香港狂风暴雨，结果房间进水了，露台的水有十几厘米深，幸好提前发现，不然一开门水就全倒进来了。

张女士随即出门找到舱房服务员说明了情况，服务员建议张女士将问题反馈给5层的前台，会有专人负责处理。于是张女士打电话给前台反映情况，半小时后回房间发现阳台的水已经抽走了，但房间的地毯渗水严重，于是再次打电话到前台反映情况，前台员工了解一下，发现情况实在严重，于是为张女士重新更换了舱房。

【知识点与技能点】

前台（Front Desk/Reception Desk/Guest Relations Desk）是邮轮上直接对客服务的场所，也是各项信息汇集的中心，直接为游客提供对客服务。前台接待服务是前台中最为重要的服务，豪华邮轮必须设立专职的接待机构，24 小时为游客解答各种问题并提供帮助。前台接待服务主要包括：为游客办理换舱、舱房升级、退舱及其他各项相关服务；管理游客的上下船信息、护照；处理游客的投诉和特殊要求；提供留言、咨询、电话和船上广播（Shipboard Announcements）服务；租借和代为转交各项物品；适度的推销等。

邮轮前台为游客提供的接待服务具有面对面接触、规程严谨、内容多且复杂的特点，而且对邮轮客舱销售、服务协调、客史档案的建立、客账的完善等工作产生重要影响，因此，前台接待服务是前厅服务全过程的重要环节。

任务一　认识邮轮前台

邮轮前台(Front Desk/Reception Desk)(图 11-1)，也叫总台或宾客服务台（Guest Relations Desk），主要为游客管理登/离船信息、提供收银相关服务、解决顾客投诉、咨询和接待等服务。与酒店前台一样，邮轮前台也是前厅活动的主要焦点，为了方便游客寻找，一般设在邮轮大堂中醒目的位置。

一、邮轮前台的设施配备

邮轮前台是邮轮上为游客提供对客服务的一线部门，其设施设备应齐全、先进、性能优良

(图 11-2)。邮轮前台的设施设备主要有：配备邮轮前台操作系统的电脑（多数豪华邮轮均采用 Opera 系统，如图 11-3 所示）、电话、打印机、复印机、扫描仪、验钞机、制卡机、POS 机等。

图 11-1 "海洋量子"号邮轮宾客服务台

图 11-2 "海洋航行者"号邮轮前台的设施设备

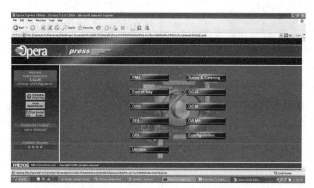
图 11-3 Opera 邮轮前台操作系统

二、邮轮前台岗位的配备

1. 前台经理（Guest Relations Manager/Front Desk Manager）

前台经理主要负责邮轮前台的日常运作。

2. 接待员（Receptionist/Guest Service Associates/Guest Service Agent）

接待员主要负责为游客提供各种接待服务，如咨询解答、升舱换舱、物品租借等各种综合性服务。

3. 国际翻译专员（International Interpreter）

国际翻译专员主要为游客提供几种主要语种的笔译和口译工作。

案例赏析

MSC 邮轮的中文语言接待（Chinese Social Hostess）职位

1. 码头登记（Check-in），下船（Disembarkation）引导

码头登记，给客人办理登船手续；下船引导时，每位国际语言接待都会有一个固定的地点和岗位，主要是维持秩序，引导客人，为客人随时提供下船帮助，解答客人关于下船的问题。

2. 中文说明会

中文说明会，分为以下两种。

（1）登船说明会（Embarkation Talk）：中文讲解邮轮旅游生活和在船注意事项。

(2) 离船说明会（Disembarkation Talk）：讲解下船流程及注意事项，下船前一天开。

3. 中文咨询

解答中国客人遇见的问题难题。

4. 邮轮日报（Daily Program）

邮轮日报：前一天做第二天的报纸，有固定板式和内容，翻译校对即可；配合邮轮报纸编排员的工作；临时纸质翻译，偶尔需要配合餐厅翻译菜单。

5. 关注客人（Socializing）

一般从晚餐时间开始，到中国客人比较集中的地方，看看有没有需要帮忙的中国客人。当然，遇见外国客人需要帮忙的也要帮忙。过程中允许与客人同坐、同吃喝、同跳舞。

6. BB 机呼叫

小语种接待大都配有 BB 机，经常通过 BB 机呼叫中文接待的就是前台接待和邮轮日报编辑员。偶尔自费餐厅和 VIP 餐厅会呼叫。

7. 广播（Announcement）

通常中文接待的广播内容就是上下船说明会广播、商店促销广播以及紧急情况广播。

8. 结账（Accounting）

每个国际接待会轮流进行结账帮助，在前台区域解答客人的简单问题，辅助前台结账流程，减少客人不必要的排队。

9. 邮轮参观（Ship Visit），随团观光（Excursion）

邮轮参观：主要配合宴会经理带领或陪同客人参观邮轮，可与客人同时用餐。

随团观光：没有说明会的港口可提前一天与副总监申请参加岸上观光，路线自选；或旅游部经理因收到的中国散客多而指定让中文接待随团。

10. 船长鸡尾酒之夜（Gala Night）

船长鸡尾酒之夜（Gala Night）：穿着晚礼服，画最美的妆，在指定地点做接待工作，主要工作内容是问候客人、引导客人；有的船长在做演讲的时候需要中文翻译。

答谢鸡尾酒会（Repeater Cocktails）：着晚礼服，工作内容同上。

员工登台答谢（Crew Parade）：在剧院表演的最后，代表国际语言接待登台答谢。

11. 工作报告（report）

每天晚上要写报告，主要记录收到投诉建议情况。

4. 顾客关系专员（International Host/Ambassador）

该岗位主要用于与游客建立良好的顾客关系，并解决游客的各种不满和投诉。

5. 客户服务代表（Guest Service Representative）

与顾客关系专员一起处理游客的疑难问题、投诉和不满，旨在满足游客需求，提升游客满意度。

6. 团队协调员（Group Coordinator）

主要负责船上团队游客的会议、餐饮、岸上观光等相关事宜。

7. 印刷专员（Printer）

主要负责船上每日指南（Daily Newsletter）、各部门宣传单的排版和印刷工作。

三、邮轮前台员工的素质要求

邮轮前台是邮轮上与客人交流接触最为紧密的地方，游客在邮轮上的衣食住行，甚至岸上观光等都是由前台协助解决，因此，前台员工需具备一定的素质要求。

（1）邮轮前台员工需要具备较高的语言水平，最好会使用两种以上的语言，其中英语是邮轮上的通行语言，前台员工必须能使用英语与游客无障碍沟通。欧美国家的邮轮前台员工一般要求会四种以上的语言，中国籍邮轮前台员工一般都要求会英语和粤语，例如，意大利歌诗达邮轮公司要求其在中国航线运营的邮轮上的前台员工必须会讲粤语。

（2）良好的形象气质也是邮轮前台员工的优先考虑因素（图11-4）。欧美邮轮对前台员工的形象要求不是特别高，但亚洲邮轮对前台员工的形象要求则很高，如星梦邮轮（Dreams Cruises）在招聘前台员工时明确要求女士身高至少168厘米，男士身高至少178厘米。

（3）具有五星级酒店或相关行业前台类工作经验，熟悉前台财务和收银的工作流程，了解美元汇率。

图11-4　歌诗达"赛琳娜"号邮轮的前台员工

（4）懂得办公室基本设备操作，如电脑、打印机、复印机、扫描仪、POS机等，能熟练操作邮轮前台管理系统。

（5）能够妥善、有技巧地与游客、上级及船员沟通，能巧妙地解决投诉等。

任务二　掌握邮轮前台接待服务的项目

邮轮前台接待服务涵盖的内容多且复杂，游客在航程中遇到的所有问题都可以通过前台获得解决。

一、舱房更换

基于游客安全及保安因素的考虑，舱房更换事宜必须于开航后由前台负责办理，重新登记和换发新的邮轮登船卡。游客不能自行更换房间，因为邮轮登船卡是游客在船上的身份证明和消费凭证。

二、升舱服务

与航空公司和酒店奖励忠诚客户一样，邮轮公司也会给其忠实会员提供更高价值的服务。越是频繁的乘坐同一家公司的邮轮，越有可能获得免费或付费舱房升级优惠。游客上船后，前台会根据游客以往乘坐情况，给予免费或少量付费升舱服务。若游客自己提出需要升舱服务，前台需要查看是否有空位，只要舱房有空位即可升级，但需要游客支付差价。

三、失物招领

如果游客在船上丢失东西，应及时与前台联系，前台会联系相关部门和员工帮忙寻找。如果游客发现其他游客丢失的物品，应尽快交由前台保管和处理。

案例赏析

丢失的手提包

这是发生在精致"极致"号（Celebrity Solstice）邮轮上的事件。一位女士早上起来后发现自己的手提包不见了，满房间翻箱倒柜，怎么也找不到，只隐约记得昨晚在Tusan Grill餐厅用餐时还在身边，然后去大剧院观看Show，结束后直接回舱房休息，手提包具体丢在哪个环节根本毫无印象，无奈之下只能抱着试探的心态询问餐厅服务员，然后被告知手提包已经送到前台Lost and Found（失物招领处），最后果然在前台拿回了自己的手提包。

四、物品租借

邮轮前台为游客提供有偿或无偿的物品租借服务，如扑克牌、麻将、小冰箱、影片、CD、电源转换器等，尤其电源转换器，邮轮上采用的电压是北美标准110V（伏特）和欧洲标准220/230V的2叉或3叉插座（图11-5），游客若未自带电源转换器，可到前台租借以满足使用。物品租借服务有的需要收取少量的租借费用，有的是免费的但需要收取一定押金，待物品退换后退回押金。

图11-5 "海洋量子"号上的充电装置

五、物品暂存

前台经常会遇到游客要求暂存物品的情况，通常限于非贵重小件物品的短时存放。游客要求暂存物品时，首先，应问清物品是否是贵重物品，贵重物品及重要文件都不接受寄存；其次，要问清游客存放的时间，一般时间较长不予接受；再次，确认游客的身份；确认可以寄存后，请游客填写包裹寄存单；当游客提取物品时，请游客描述寄存物品情况，并请游客写下收条。

六、物品转交

有时前台接待员会遇到游客转交物品给其他游客的要求，此时，接待员应请游客填写一式两份的委托代办单，注明游客的姓名和舱房号，同时查看物品，易腐烂、易燃易爆物品、贵重物品和现金不予转交。接待员应将转交的物品锁好，开具一式两份的通知单，等游客到达时即可转交给游客。这些工作一般由客舱服务员或行李员将物品送入游客的房间。

七、物品邮寄

物品邮寄主要是指前台接待员为游客提供代发平信、明信片、传真、特快专递及包裹等服务。接待员可以根据游客的不同需求，待船靠岸时帮助游客寄发邮件。

八、婴儿床服务

邮轮规定：未满6个月的婴儿不得登船，对于15天或更长时间的巡游，最低年龄限制为12个月。有婴儿随船旅游时，船方会提供免费婴儿床，婴儿床的规格一般为：长124厘米，宽65厘米，高60厘米，床腿高80厘米。同时为了方便婴儿用餐，餐厅里还提供婴儿椅，但数量有限，如有需要请与餐厅的服务生联系。

九、邮轮船卡丢失或消磁

邮轮船卡非常重要。它是游客识别证，是游客唯一的身份识别，也是游客在船上的护照、银行卡及房卡，它将伴随游客船上以及船下的游览全程。游客应小心保管以防丢失，同时注意不要与手机、相机、电视等放在一起，容易消磁。若有遗失或是消磁的情况，可到前台申报遗失重新补办。

十、邮轮日报的印制和发放

每天早上，工作人员会将已排版好的次日邮轮日报送到前台，前台员工负责印刷工作，印刷完毕后交由客舱服务员送至游客的舱房中。

十一、提供部分药品

船上有专门的医疗服务，除此之外，前台还免费为游客提供部分药品，如晕船药、创可贴、碘酒、酒精、纱布和药棉等，若游客有需要可到前台领取。

十二、商务服务

前台还为游客提供一系列商务服务，如收发传真、打印服务、复印服务、扫描服务、拨打电话等。

十三、翻译服务

为了方便船方与游客以及游客与游客之间的沟通，前台还设立专门的翻译岗位（International Interpreter），该岗位主要为游客提供笔译和口译服务。

十四、贵重物品保管

船上每间舱房均设有保险箱，如有贵重物品或现金，为了避免遗失，游客可放入舱房保险箱内保管。搭乘邮轮期间,邮轮的宾客服务柜台也提供保险箱保管游客的贵重物品或金钱(但邮轮公司有权拒绝保管价值超过 5000 美元以上的贵重物品或金钱),如果游客未将贵重物品或金钱寄放在保险箱内而发生遗失,船公司概不负责。

邮轮前台接待服务的内容远不止于此,还包括提供各种问讯、船上广播、解决游客投诉等,同时还要协助登船部员工完成登船工作,负责游客的移民和海关手续,管理游客的证件等。可以说,游客在船上有任何需要或遇到任何问题都可找前台帮忙解决。

任务三 更换舱房

一、更换舱房的原因

(一) 游客要求更换舱房

(1) 游客对舱房有特殊要求,如要求更改舱房的甲板层、房号、大小、类型等,如有游客提出想入住船中部或船头位置。

(2) 舱房内部设施设备出现故障或卫生情况太差,如马桶漏水严重。

(3) 游客想住价格更高或更低的舱房。

(二) 邮轮要求游客更换舱房

(1) 客房发生一时无法修复的故障。

(2) 由于集中使用某一层甲板、某一区域客舱,需要给游客更换舱房。

(3) 由于某舱房内发生了凶杀、失窃、死亡等意外事件,为保护现场必须封锁该房,房内其他游客需作换房处理。

二、更换舱房的程序

(1) 了解更换舱房的原因。

当游客提出要求更换舱房时,首先应了解原因,如果游客有充分的理由,在有空位的情况下应立即为游客更换舱房;如果理由不充分,先做解释工作,如果游客还坚持要更换舱房,在有空位的情况下应尽量满足游客的要求。

(2) 查看客舱状态资料,为游客安排房间。

查看客舱状态,找出符合游客要求的房间。如果因为客满无法满足游客的换房要求,应向游客就无法提供舱房更换表达歉意;若客舱确实很差,应报主管视具体情况给游客一定的折扣或减免。

(3) 为游客提供行李服务。

通知行李员引领游客到新的舱房,并实施换房行李服务。

(4) 发放新的邮轮登船卡并收回原邮轮登船卡。

(5) 前台接待员更改电脑资料,更改房态。

三、更换舱房的注意事项

(1) 如果因为客满无法满足游客的换房要求,应向游客就无法提供舱房更换表达歉意,若客舱确实很差,应报主管视具体情况给游客一定的折扣或减免。

(2) 当不得不在游客不在房内期间给游客换房时,前台接待员应事先与游客联系表达歉意,得到游客许可后,请游客将行李整理好,然后由行李员将行李搬到新的舱房,此时,前台主管、客舱服务员和行李员都应该在场;而且,必须确认游客的所有东西都已搬到另一间舱房。

任务四 解决邮轮前台接待中的常见问题

一、游客可以随意调换舱房吗?

任何邮轮公司都禁止游客随意调换舱房,因为会影响到行李的派送和电脑记账业务。若游客想调换舱房,需与邮轮前台联系办理。在邮轮尚有空位的情况下,可调换至价位较高的房间,但须以现金或旅行支票付全额定价的差额。

二、游客可以私下互相交换房卡吗？

这种行为是绝对禁止的，因为房卡除了为房间钥匙之外，也是游客在船上的消费记账卡和身份证明，以及办理通关手续时领取上岸许可证的凭证。若私下互相交换房卡，可能会导致出现账务纠纷并影响游客上下船。

三、可以中途离船吗？

可以。游客临时改变行程或因私人原因，或其他因素而中途离船、脱队或赶不上船都是允许的，但由此所产生的一切费用需游客自理，邮轮公司概不退款。

四、有没有提供婴儿床、婴儿澡盆及婴儿推车？

邮轮提供专业、安全性更高的婴儿床、婴儿澡盆和婴儿推车，由于数量有限，游客需在预订时提出申请。

小资料

"宝瓶星"号邮轮上的婴儿设施配备

① 备有婴儿床及婴儿澡盆，有需要请于订位时提出需求，两者数量皆有限，采取先到先得原则。每间舱房仅能容纳1张婴儿床（依房型而定）。婴儿床的大小为长100厘米，宽71厘米，高55厘米。

② 提供婴儿推车，需于儿童护幼中心租借但数量有限，先到先得。

五、如果游客的行李遗失或在搬运的过程中被损坏，怎么办？

如果行李被损坏，游客应在前台填写"Personal Property Report"，然后可进行修理；如果行李遗失，应将详细的行李描述告知前台，前台将与相关部门联系，进行后续工作，有任何反馈，前台员工将在第一时间内通知游客。

案例赏析

行李箱轮子脱落

乘坐精致"千禧年"号邮轮时，我的行李箱在托运上船的过程中掉了一个轮子，跟前台员工反映了情况，对方让我将箱子腾空，然后由服务生拿走，帮我修理。但是没多久收到电话中前台员工的留言，说是没有可以匹配的轮子，于是送了我一个美旅的18寸小布箱。装不了太多东西，只好两个箱子一起用。话说两个箱子真心不是很方便，但也能理解，我也想不出更好的解决方法了。

六、邮轮前台可以帮忙办理签证吗？

若游客上船前未办理好某些国家的签证，但又希望船靠岸时能参加岸上观光行程时，可咨询前台该国签证官和海关是否上船办理签证和检查，若该国签证官和海关上船办理签证和检查，则可直接将护照交由前台，由前台帮忙办理。

案例赏析

加勒比岛国的签证

并不是任何国家在中国都可以办理旅游签证，所以很多时候需要通过反签、团体签（5

人以上)、落地签以及第三国签证办理。

　　加勒比岛国全年的平均温度都在25～32℃之间，只有旱季和雨季之分，除了每年的6～9月是飓风期外，其他时间都是旅游的好时间，很多游客都来这里游泳、潜水、购物等。加勒比岛国或者属地的签证如果在国内签是非常困难的，当然并不是不可能，但签证耗费的时间有些长甚至长达数月，而且要提供邀请函之类。比如库拉索是荷属安地列斯的一个小岛，所以需要向荷兰提供相关的资料；巴巴多斯除了需提供邀请函，还需要提供来回机票和酒店的预订单；更有甚者如圣卢西亚、圣基茨和尼维斯、伯利兹、洪都拉斯都是与台湾地区建立所谓"外交"关系的国家，所以在国内很难办理签证，至多是在该国在中国的经济参办处申请，但是手续非常繁琐；也有在第三国申请的。

　　一般乘坐邮轮游览这些岛国是当天7：00～8：00到达，17：00～18：00离开。一般而言，若不想麻烦，可以将护照交给邮轮前台，要求他们帮忙办理签证，因为邮轮每到一个国家，几乎当地签证处和海关的工作人员都会上来检查，邮轮就会帮游客办理签证；但当那个国家不上邮轮检查时，就有可能无法签证。这时可以每到一个国家上岸后寻找签证处（Immigration），一般就在码头办公室里，当然也有在警察局办理的。无论哪种方式，只要说明是邮轮的游客需要签证，就很容易盖章通过，比起在国内申请简单多了。

七、四个成人和一个婴儿可以住一间四人房吗？

　　这是不可以的。因为邮轮是有《国际海上人命安全公约》SOLAS（Safety of Life at Sea，SOLAS）管制的。该公约中规定，每位乘客（包括成人、儿童及婴儿）都必须占一床位，以避免超载。所以四人房无法让五位乘客入住。

项目十二　提供问讯

【学习与训练子目标】

1. 熟悉并能解答游客有关船上服务和设施的问讯。
2. 熟悉并能解答游客有关邮轮航线和岸上观光的问讯。
3. 掌握并能处理游客有关船上游客和员工的查询。

课前阅读

为什么会被投诉？

海上航行日（Sea Day），一位游客来到前台询问其领队赵先生的舱房号，而且很着急的样子。按照邮轮规定，游客的舱房号码是保密的，不能轻易泄露，而且领队的舱房号一般会在上船之前就告知游客，为什么眼前这位游客还要询问领队的舱房号呢？带着几分谨慎和不解，接待员Lisa试探地开口询问事情的经过，游客声称其领队确实对团员们公开了其舱房号码，但是敲门后，却被告知没有其领队赵先生，所以才到前台询问。Lisa在电脑中查询后发现领队赵先生上船后调换过房间，确实如游客所言。但是本着为游客保密的原则，Lisa没有告知游客舱房号码，而是将电话转到领队赵先生的舱房，直接让游客与赵先生通话。

【知识点与技能点】

咨询、信息和问题解答等问讯服务是邮轮前台接待服务的核心内容，邮轮前台24小时为游客提供各种信息问讯服务（图12-1）。前台接待员在掌握大量信息的基础上，应尽量满足游客的各种需求。除了解答问讯之外，还包括查询服务、留言服务、信件服务以及物品转交服务。

要能回答游客的问题并帮助游客，提供优质的服务，前台接待员不仅要熟悉船上服务设施、服务项目和经营特色以及有关政策，还要熟悉邮轮停靠港口所在国家的旅游、风俗和签证等相关情况。

任务一　询问船上服务和设施

游客关于船上服务和设施的问讯涉及用餐、住宿、娱乐活动、博彩游戏、消费购物、美容健身等方方面面，由于是邮轮上的信息咨询中心，游客有任何问题都要咨询前台（图12-2），所以前台接待员要熟悉船只的基本概况、船上的服务安排、船上设施配备等。

一、需要准备的信息资料

① 船只概况，如吨位、航行速度、首航时间、舱房数量、服务人员的数量；
② 本邮轮的组织结构、各部门的职责范围和有关负责人的姓名及电话；
③ 本邮轮服务设施、娱乐设施、健身设施等的配备；
④ 本邮轮的装修风格及经营特色；
⑤ 本邮轮各部门的服务项目、营业时间及收费标准；
⑥ 本邮轮各部门的联系方式；
⑦ 本邮轮每天的活动安排；

⑧ 本邮轮所属集团的近况等。

图12-1　嘉年华邮轮前台问讯

图12-2　歌诗达"赛琳娜"号邮轮前台员工为游客提供咨询服务

二、有关船上服务和设施的询问

① 邮轮上都有哪些舱房类型？区别是什么？
② 送餐服务的时限规定及是否需要收费？
③ 主餐厅用完餐后可否再去自助餐厅用餐？
④ 除了信用卡还可以使用哪些方式结账？
⑤ 舱房内小冰箱中的食物和饮品是免费的吗？
⑥ 邮轮上提供自助洗衣服务吗？
⑦ 素食者可以要求主餐厅提供素食吗？
⑧ 付费餐厅用餐需要提前预订吗？
⑨ 青少年活动中心的开放时间是什么时候？
⑩ 如何开通上网服务？费用如何收取？
⑪ 赌场的开放时间？
⑫ 奢侈品的打折时间安排？
⑬ 海上巡航日的活动安排？
⑭ 邮轮航行时颠簸吗？
⑮ 会遇到海盗吗？
⑯ 游泳池是24小时开放吗？
⑰ 模拟高空跳伞和北极星（"海洋量子"号邮轮上的娱乐设施）可以玩几次？
⑱ 邮轮上提供轮椅吗？

上述问题前台接待员都应熟记，以便给予游客快速、准确的答复。对于游客所提问题，接待员不能给出模棱两可的回答，如使用"大概还在营业吧""每人收费的标准好像是100元"等语言都是不合格的回答。此外，接待员应具备良好的销售意识，把游客的每一个问题看成是推销邮轮产品的机会，积极为游客解答难题的同时为邮轮进行宣传。

 小资料

船上通行指南

1. 船上怎么打电话、上网？

船上用手机打电话都有信号，不过手机国际漫游计划在船上不能用，还要按分钟收费。

船上的卫星电话也很不便宜，每分钟几美元，上网的花费也有点贵。上网可以用船上的网吧，也可以自己使用船上的Wifi，按分钟的0.5美元/分钟，按小时的稍微便宜点。手机的国际数据漫游在船上同样无效，需要按字节收费。

但是现在有些邮轮上已经开始提供免费的Wifi，具体情况可以咨询相关邮轮公司或者邮轮代理商。

2. 船上充电

船舱里美标和欧标的插孔都有，美标电压110V，欧标220V；如需转换插头，可以与前台联系。但由于数量有限，建议客人自行携带转换装置。

3. 船上提供开水吗？

亚洲航线会提供开水；但欧美线一般没有，建议去自助餐厅打热水，也可以和负责收拾房间的舱房服务员说一声，把每天提供的冰块换成热水。

4. 船上什么地方可以吸烟？

船上有专用吸烟区。绝大多数公共场所是禁烟的，至于露天甲板和船舱能不能吸烟则取决于不同邮轮的规定。另外，不要随地丢弃吸剩下的烟头。

5. 船上如何洗衣服？

船上有按件收费的洗衣房，有的船上也有投币的自助洗衣机。

6. 餐饮美食

船上的餐厅很多，开放时间各不相同，一般用餐时间都开放。如果要在主餐厅吃饭，我们建议在客人出发前向邮轮公司提出预订，确定自己的就餐梯次和座位号码。如果要去吃意大利餐和牛扒的主题餐厅，需要在就餐前至少24小时以前在船上预订。然后根据餐厅要求来搭配服饰，一般正式的西餐要求穿着得体、正式；而烧烤、酒吧、自助餐厅可以穿得休闲或者半休闲些。

另外，船上有24小时的免费送餐服务，保证客人在任何时刻都可以享受到需要的饮食。

7. 如何付小费？

一般邮轮会有建议给服务员多少小费，钱可以直接打在账单里，也可以装在船上的专用信封里当面交给服务员；另外，一些公司如丽星邮轮统一规定不收小费，免去了很多中国客人的麻烦；还有一般亚洲的航线，小费都含在票价里面了。

注：邮轮上的小费用于提供服务质量，是整个航程中不可分割的一部分，如有需要付小费的，一定不要节省，应尽可能支付。

8. 在船上要遵守什么规矩？

基本规矩和岸上一样，比如不能在正餐厅里大声喧哗，更不能在图书室里说话。至于餐厅里的规矩，邮轮的等级越高则越严格。邮轮上会举办"礼服之夜""船长晚宴"等，感兴趣的游客须着正装参加。

在其余时间客人可以随意选择服饰，可以穿着轻便的运动服在健身房慢跑，可以穿上休闲服在甲板上散步，尽情享受邮轮上的度假时光。建议客人晚餐时不要穿着过于休闲，比如牛仔裤、圆领背心、沙滩裤、拖鞋等。这是一种氛围，大家穿着正式是对西方文化的一种体验，也是对船上服务人员的一种尊重。

诺唯真邮轮（NCL）对游客没有硬性的着装要求，实在不喜欢西服革履可以考虑这家公司，至于国内出发的航线就更为随意了。

9. 娱乐

新一代的大型邮轮上，各种娱乐健身活动都丰富到了无法尝遍的程度。从盛大的演出、电影院、舞厅、图书室、麻将馆到慢跑场地、网球场、高尔夫练习场、SPA、泳池甚至冲浪、攀岩等场所都免费提供；不过如果是瑜伽、健身操、烹饪等教程就可能要收费了。一些船上还有迷你高尔夫球赛和高尔夫模拟赛，在嘉年华、精致、歌诗达、迪斯尼、公主、皇家加勒比和诺唯真邮轮公司的很多邮轮上还有篮球比赛。

孩子们的娱乐也非常丰富，有专门针对不同年龄段的娱乐活动，在那里小朋友们可以找到很多同龄的玩伴；即使是很小的孩子，也完全不用担心，船上有托儿服务，有免费时段和收费时段。对于最小年龄的要求各公司不一样，一般为2～3岁，然后每两三岁为组分班。除了日常游戏以外，还可以排练节目，最后一天上台表演。

不需要托儿的家长也可以领取儿童节目单，参加制作比萨饼、模拟演习等活动。如果怕小孩用船卡乱买东西，可以在上船后找服务台锁定孩子的船卡。

10. 演出

大型邮轮上每晚会有盛大演出，它是很多人乘船的理由。专业演员的整体演出质量很高，一般是歌舞、魔术、马戏或者冰上表演、木偶表演等。每天晚餐后都有不止一场的演出，地点是最大的大剧场以及次大的演出中心，在酒廊等地也有其他演出。不过每个邮轮公司对演出的重视程度不同，风格也有很大差别。丽星、诺唯真和歌诗达的演出比较热闹，迪斯尼的演出则是专门针对小朋友的。

11. 赌场

一般来说跟拉斯维加斯的赌场差不多。邮轮上的赌场不大，但气氛不错。每次航行还有21点、老虎机和德州扑克的比赛。当然，迪斯尼的船上是没有赌场的。邮轮上的赌场在公海上才会开放，感兴趣的游客可以试试手气。

12. 兑换和购物

刷信用卡最方便，有些邮轮公司（比如皇家加勒比）在上船时会把游客的船卡和信用卡绑定，消费可以直接刷船卡。船上通用的货币一般取决于邮轮公司所属国家，用美元或者欧元，船上有外币兑换业务。另有ATM机可以提取船上通用货币。

13. 晕船怎么办？

对绝大多数人来说晕船不是问题，大邮轮有重心平衡系统（通俗地说就是船两侧的大水箱）和水下平衡翼装置（可伸缩的水平翼），要是风浪实在太严重了，进行一些运动或者泡在游泳池里可以减缓晕船反应。

如果实在厉害的话就找前台要些晕船药吧。不过泊港时有些港口（Tender Port）因为水浅不能直接靠岸，要用小渡船摆渡到岸上，这十几、二十分钟的小船比较有挑战性，易晕船的朋友、带孩子的爸爸妈妈都尽量不要选有接驳船（Tender）的线路。不过总体来说，最重要的还是选择较大的邮轮以及没有风浪的季节和航线。

任务二　咨询航线和岸上观光

游客关于航线和岸上观光的问讯涉及范围广泛、知识繁杂，这就要求前台接待员必须具有较高的素质、较宽的知识面，同时外语流利，熟悉航线停靠港口所在国家的城市风光、旅游资源，懂得交际礼节及各国、各民族风土人情及风俗习惯。如图12-3所示为诺唯真"遁逸"号邮轮的咨询台。

一、需要准备的信息资料

① 本航次停靠的国家、港口和岛屿的概况；
② 岸上游览的观光线路安排；
③ 本航次停靠港口所在国家的旅游资源；
④ 本航次停靠港口所在国家的风土人情、生活习惯及爱好；
⑤ 本航次停靠港口所在国家的特色饮食；
⑥ 本航次停靠港口所在城市的交通情况；
⑦ 世界各主要城市的时差；

图 12-3　诺唯真"遁逸"号邮轮
（Norwegian Escape）咨询台

⑧ 当地使、领馆的地址及电话号码；
⑨ 当天的天气预报；
⑩ 地图的准备；
⑪ 签证办理的相关知识；
⑫ 当地旅行社的地址、线路、价格；
⑬ 当地公共交通情况；
⑭ 当地著名酒店、餐厅的经营特色、地址及电话；
⑮ 当地著名的购物商场及娱乐活动等；
⑯ 当地车辆租赁的地址及电话。

二、有关航线和岸上观光的询问

① 本次航程停靠哪些港口？
② 岸上观光有几条旅游线路？每条线路的特色是什么？
③ 可以更换之前预订好的旅游线路吗？
④ 必须参加岸上观光行程吗？
⑤ 岸上观光可以自由行吗？
⑥ 邮轮可以帮忙预订当地的车辆租赁吗？
⑦ 岸上购买的酒水可以带上邮轮吗？
⑧ 岸上观光时购买的物品有重量和金额的限制吗？
⑨ 去往未与中国建交的国家时应如何办理签证？
⑩ 美国纽约与国内的时差是多少？
⑪ 邮轮停靠港过夜时游客可以在岸上过夜吗？
⑫ 在日本消费时可以使用国内的银联卡吗？
⑬ 东南亚雨季时需要携带什么物品？

前台接待员在对客服务过程中，要热情、主动、有耐心，回答问题应准确、清楚、简明、扼要；对不能回答或超出业务范围不便回答的问题，应向游客表示歉意或查阅有关资料、请示有关部门后回答，切不可想当然地乱回答一通，也不能使用"我想是""可能是""大约是"等模棱两可的字眼，更不能推托、不理睬游客或简单、生硬地回答"不行"或"不知道（I don't know）"等。

任务三　查询船上游客及员工

前台接待员还会遇到查询船上游客及员工尤其是管理人员有关信息的情况，接待员应慎重对待，在不泄露隐私、不造成困扰的情况下予以回答。

一、查询船上游客

前台接待员经常会收到打听船上游客情况的问讯，如游客是否已登船或搭乘该邮轮、入住的舱房号、游客是否在房间、是否有合住及合住游客的姓名、游客外出前是否有留言等。问讯员应根据具体情况区别对待。

（一）游客是否已登船或搭乘该邮轮

当游客人数比较多时，一般会分批次上船，尤其其中有乘坐轮椅和婴儿椅的游客或入住礼宾级套房及以上的游客时一般会优先登船，由于船体较大加之船上通信情况不好，游客上船后会查询其他游客是否已登船，这时前台接待员应如实回答。可通过查阅与登船闸机相连的电脑，确定游客是否已登船。如游客已经登船，则明确告知"该游客已经登船"；如游客尚未登船，则答复"该游客尚未登船"。

有时游客会查询其他游客是否同样搭乘该邮轮，一般应如实回答（游客要求保密除外）。具体回答为：我们确实有一位名叫××的游客搭乘本次邮轮。

（二）游客入住的舱房号

为游客的人身财产及安全着想，前台接待员不可随便将游客的舱房号告诉第三者，如要告诉，则应取得游客的许可或让第三者通过电话与游客预约。

（三）游客是否在舱房

前台接待员应打电话给游客，如游客在舱房内，则应问清访客的姓名，征求游客意见后，再决定是否将电话转进客舱；如游客不在舱房内，则要征询访客意见，是否需要留言；如访客找游客有急事，接待员可通过广播代为寻找，并请游客在大堂等候。

（四）游客是否有留言给访客

有些游客不在舱房时，可能会给访客留言或授权。授权单是游客不在舱房时允许特定访客进入其客舱的证明书。接待员应先核查证件，待确认访客身份后，再按规定程序办理。

（五）打听舱房内的住客情况

当有其他游客查询某舱房内的住客情况，如住客姓名、同住人性别时，接待员应注意为住客保密，不可将舱房内住客基本信息告诉对方，除非是邮轮内部员工由于工作需要的咨询。

二、查询船上员工及管理人员

有时游客也会查询邮轮员工及管理人员的一些情况，接待员应该慎重对待，切不可让游客耽误邮轮员工的正常工作。

思考与训练

一、问答题

1. 邮轮前台一般配备哪些岗位？
2. 邮轮前台员工需要具备哪些素质？
3. 前台接待服务的项目有哪些？
4. 什么是升舱服务？
5. 更换舱房的注意事项有哪些？
6. 如何处理游客邮轮登船卡丢失的情况？
7. 游客私下调换邮轮登船卡有什么影响？
8. 提供问讯服务时前台接待员应掌握哪些知识和信息？
9. 前台接待员应如何处理游客查询其他游客基本情况的问题？

二、实训项目

项目名称：接待服务。

练习目的：通过训练，使学生能按照邮轮前台服务要求熟练地为游客提供各种接待服务，包括升舱、换舱、物品邮寄、咨询等。

实训内容：游客接待、舱房更换、提供问讯等。

测试考核：根据相关程序要求进行考核。

【课后阅读材料】

A day in the life of a Receptionist

My shift often starts at 7 am, and I take over from the Night Auditor. My first task is to read the handover notes from when my shift finished yesterday until now, to update myself on what is going on, what is pending, what actions are required etc. Then I get my cash-float from the safe of the First Purser and take my place at the Reception Desk.

图 12-4　全球十大顶级豪华邮轮第四位——诺唯真"爱彼"号（Norwegian Epic）

And here comes the first guest, asking at what time they can leave the ship. We are in Port today, but first the ship needs to be cleared by local authorities. Therefore I'll inform the guest to listen for an announcement which will advise when guests can go ashore.

The next guests asks for a map of the town where the ship is today. Luckily the local tour operator was already on-board and left a pile of maps here at Reception. At the same time the guests want some local currency, so I charge the amount requested to the guests account in the currency of the ship (US Dollars) and pay out the equivalent amount in local currency to the guest.

Besides answering a great variety of questions to guests, the Receptionist is also the person for guests to lodge their complaints. For the technical matters, such as replacing light bulbs, we log the comment in the technical log book and inform the Electrical Department. Before we send an employee from the Technical Department for other reported cabin malfunctions, such as toilet not flushing, no hot water or safes which cannot be opened, we first get Housekeeping to check to ensure they are not simply "perator error" since guests often do not press the flush button correctly, have not changed the tap from cold to hot, or have simply forgotten the combination they have entered into the safe.

As Receptionist, I am often required to prepare paperwork for clearance or for the next cruise. Some Countries require extensive landing forms from guests, which are prepared, completed and logged by the Reception staff during quiet periods when there are no guest queries, either in person or by phone.

Preparation for the next cruise includes printing the key cards for the new guests in advance.

Often the First Purser needs assistance with guest lists and other paperwork.

This was a rather typical day in my busy life as a Receptionist on-board a cruise ship.

模块五

电话总机服务

电话总机服务（Telephone Operator）在邮轮对客服务中扮演着重要角色。国际豪华邮轮一般会在前台附近设置电话总机房，有的邮轮也叫宾客服务中心（Guest Service Center），配备专职话务员，每一位话务员的声音都代表着邮轮的形象，是邮轮的幕后服务大使。

【学习与训练总目标】

- 熟悉邮轮电话总机房的设施设备。
- 掌握话务员的素质和岗位要求。
- 了解邮轮总机服务的项目。
- 掌握电话转接服务的工作程序。
- 掌握电话留言服务的工作程序。
- 掌握叫醒服务的工作程序。

项目十三 认识电话总机

【学习与训练子目标】

1. 熟悉邮轮总机房设施设备的配备。
2. 掌握总机话务员的岗位和素质要求。
3. 了解电话总机服务的项目。

课前阅读

Lifeboat or Life jacket?

中国台湾地区游客 Jane 跟我们分享了她与好友乘坐海洋航行者号邮轮时发生的一件趣事:

"当时我们好友一行四人参加了'海洋航行者'号由台湾基隆去往日韩两地的邮轮航线,预订了一间四人内舱房,因为是第一次乘坐邮轮,既兴奋又好奇。上船后,我们很快找到了自己的舱房,房间里是上下铺,虽然面积不大,但布置的还是比较温馨的。遗憾的是 Fiona 打开柜子发现只有两件救生衣,我们翻遍了整个房间,最后确定确实只有两件救生衣,可我们明明住了四个人,最后我们商量决定由我跟总机联系,让他们多送两件救生衣来。

拨电话给总机时,对方首先讲了一串英文,没有听清楚。

我直接开口:'Excuse me, We need two lifeboats.'

总机听到后,感觉明显一愣,然后又跟我确定了一番:'Lifeboats? But Madam may I ask you why?'

我还纳闷怎么要两件救生衣还问为什么,明明是你们少放了,所以我理直气壮地回答:'There are four persons in our stateroom, but you just provide us two lifeboats.'

总机停顿一下,又问我:'Lifeboats or life jackets, Madam?'

我只听到总机说了两个跟 Life 相关的词汇,顿时懵了,这有什么区别吗?然后转过头问好友:'救生衣英语是 Lifeboat 吗?'

还没有得到好友的答复,就听到电话里面说:'您是需要两件救生衣是吗?'

我一愣:'呃…我们房间缺两件救生衣,谢谢。'原来总机会讲中文。

后来我才发现原来自己把救生衣讲成救生艇了,怪不得总机的反应特别奇怪。脑中顿时冒出救生艇塞进这房间的画面,我们大乐。"

【知识点与技能点】

邮轮电话总机(Telephone Switchboard)是邮轮内外尤其是内部沟通联络的通信枢纽和喉舌,总机话务员是以电话为媒介,直接为游客提供转接电话、挂拨国际长途、叫醒、查询、广播等各项服务,其工作代表着邮轮的形象,体现着邮轮服务的水准,其工作质量的好坏直接影响游客对邮轮的印象,也直接影响到邮轮的整体运作。

任务一 了解电话总机房的设施设备

一、电话总机房的设施设备

电话总机房,也称为宾客服务中心(Guest Service Center),是邮轮负责为游客及邮轮经营活动提供电话服务的一线部门，是邮轮与游客进行内外联系的枢纽，电话总机服务往往是邮轮服务的无形门面，话务员的服务态度、语言艺术和操作水平直接影响了话务服务的质量。总机服务是邮轮前台服务的有机补充，总机话务员与邮轮前台接待员一起为游客提供各项对客服务。

小资料

从"总机房"到"宾客服务中心"

宾客服务中心（Guest Service Center）是近几年在原先总机房的基础上演化而成的一个服务部门，该部门以电话为媒介帮助游客解决航行期间的一切需求。服务项目包括账单查询服务、失物招领服务、换舱服务、餐饮预订服务、生活用品借用、洗衣服务、收发传真服务、房内送餐服务等。以前这些服务需要游客到不同的部门寻求帮助，现在只需一个电话就可全部解决，极大地方便了游客，但同时也意味着该部门的员工需要有多项服务技能和良好的沟通能力。

电话总机房的设施设备（图13-1）应齐全、先进、性能优良，无人为故障发生。总机房的设施设备主要有话务台（图13-2）、电话自动计费系统、程控交换系统、电话记录系统、电脑自动叫醒设备、电脑操作系统、传真机、自动打印机、电脑等。

图13-1　总机房的设施设备　　　　　　　图13-2　话务台

二、总机房的环境要求

总机房（图13-3）环境的优劣，直接影响着话务员对客服务的效率和质量。通常，总机房的环境应符合下列要求。

（一）便于与前台联系

在对客服务过程中，电话总机与前台有密切的工作联系，因此，总机房位置的设立应尽量靠近前台或者应具有必要的通信联络设备来沟通双方的信息。有些小型邮轮的总机直接安装在前台内，由接待员监管；而大、中型邮轮，因需要更多的外线和内线，就应配置专职的话务员操作电话交换机，并将其安置在临近前台的机房内。

（二）必须安静、保密

为了保证通话的质量，总机房必须有良好的隔音设施，以确保通话的质量。未经许可，无关人员不得进入总机房内。

（三）必须优雅、舒适

一个优雅、舒适的环境能为话务员搞好本职工作创造良好的客观条件。总机房应有空调设备，并保证足够的新鲜空气。话务员的座椅必须舒适，以减少话务员的疲劳感。另外，应

图13-3 位于邮轮前台后面的总机房

注意总机房的室内布置，使周围环境赏心悦目。

任务二 掌握总机服务的基本要求

总机服务在邮轮对客服务中扮演着重要角色。每一位话务员的声音都代表着邮轮的形象，是邮轮的幕后服务大使。话务员必须以热情的态度、礼貌的语言、甜美的嗓音、娴熟的技能，优质、高效地开展对客服务，让游客能够通过电话感受到来自邮轮的微笑、热情、礼貌和修养，甚至感受到邮轮的档次和管理水平。

一、话务员的素质要求

（1）修养良好，责任感强。
（2）口齿清楚，语速适中，音质甜美。
（3）听写迅速，反应敏捷。
（4）专注认真，记忆力强。
（5）有较强的外语听说能力。
（6）熟悉电话业务。
（7）熟悉电脑操作及打字。
（8）有较强的沟通能力和表达能力。
（9）掌握丰富的知识和信息。
（10）严守话务机密。

二、话务员的岗位要求（Telephone Manners）

（1）话务员必须在电话铃响三声之内应答电话。
（2）话务员应答电话时，必须礼貌、友善、愉快，且面带微笑。
（3）接到电话时，首先应熟练、准确地自报家门，并自然、亲切地使用问候语。
（4）话务员与游客通话时，声音必须清晰、亲切、自然、甜美，音调适中，语速正常。
（5）为了能迅速、高效地接转电话，话务员必须熟悉邮轮的组织机构、各部门的职责范围、服务项目及电话号码，掌握最新的、正确的住客资料。

（6）为游客提供电话接转服务时，接转之后，如对方无人接电话，铃响半分钟后，应使用婉转的话语建议游客留言或稍后再打，不可使用命令式的语句。对于游客的口头留言内容，应做好记录工作，不可单凭大脑记忆，复述时，应注意核对数字。

（7）话务员遇到无法解答的问题时，要将电话转交领班、主管处理。

（8）若对方讲话不清，应保持耐心，要用提示法来弄清问题，切不可急躁地追问、嘲笑或模仿等。若接到拨错号或故意烦扰的电话，也应以礼相待。

（9）话务员应能够辨别主要管理人员的声音，接到他们的来电时，话务员须给予恰当的尊称。

（10）结束通话时，应主动向对方致谢，待对方挂断电话后，再切断线路，切忌因自己情绪不佳而影响服务的态度与质量。

 小资料

丽星邮轮电话总机服务要求

During any telephone conversation, you should:

Smile.

When you smile, you automatically improve your vocal quality. You will sound pleasant and interested.

Sit or stand up straight.

By sitting or standing up straight, you will be more alert and pay better attention to what is being said.

Use a low voice pitch.

A lower voice pitch will make you sound mature and authoritative.

Match your speaking rate to the callers.

Let the caller set the tempo of the conversation. For example, he or she may be in a hurry; in that case, you should provide the information quickly.

Avoid extremes in volume.

If you speak too loudly, you may sound rude or pushy. If you speak too softly, you may sound timid or uncertain.

Avoid expressions such as "uh-huh" Or "yeah".

Such expressions make people sound dull and indifferent.

一名优秀的总机话务员在对客服务中，不能千篇一律地追求规范，语言要有艺术性。通过游客的声音、语言、语速去洞察游客的心理需求，并讲究说话的技巧性、用语的灵活性，尽量让游客能通过话务员的声音感受到微笑和热情，进而感受到邮轮前台服务的尽善尽美。

任务三 熟悉邮轮总机服务的项目

一、电话转接服务（Telephone Exchange）

电话转接服务是总机服务中最常见的一项服务，当接到游客来电时，首先认真聆听完游客讲话再转接，并说"请稍等"，若游客需要其他咨询、留言等服务，应对游客说"请稍等，我帮您接通××部门"。在等候接转时按音乐键，播放悦耳的音乐。接转之后，如对方无人听电话，铃响30秒后，应向游客说明："对不起，电话没有人接，您是否需要留言或过会儿再打来？"图13-4为丽星邮轮客舱内的电话。

二、留言服务（Message）

若游客不在舱房内或不方便接听电话，其他游客可选择给游客留言，可以采用语音留言，直接将留言内容以语音的方式储存在游客舱房内的电话中，游客回到房间可以接听留言；也可以采用口头留言，即由话务员根据游客的复述记录下来，以留言单的方式送至游客房间。给邮轮管理人员的留言一律记录下来，并重复确认，并通过寻呼方式或其他有效方式尽快将留言转达给相关的管理者。

三、叫醒服务（Wake-up Call）

叫醒服务是总机为游客提供的又一项重要服务。总机所提供的叫醒服务是全天24小时服务，可细分为人工叫醒和自动叫醒两类。首先受理游客要求叫醒的预订。问清要求叫醒的具体时间和房号。然后填写叫醒记录单，内容包括房号、时间、（话务员）签名等，最后提供叫醒服务。另外，游客可在邮轮舱房内的电话机上自行设定叫醒服务（图13-5）。

四、问讯服务（Information）

话务员经常接到游客打来的问讯电话，游客问讯的范围非常广泛，既包括船上服务和设施、航线和岸上观光等相关情况，也包括船上游客和员工的基本情况，所以话务员必须跟前台接待员一样，掌握丰富的知识和信息，尤其是各种电话号码，要做到对常用电话号码对答如流，准确快速。如遇查询非常用电话号码，话务员应请游客保留线路稍等，以最有效的方式为游客查询号码，确认后及时通知游客；如需较长时间，则请游客留下电话号码，待查清后，再主动与游客电话联系。如遇查询船上游客舱房的电话，话务员注意为游客保密，不能泄露其房号，接通后让游客直接与其通话。

图 13-4　丽星邮轮客舱内的电话

图 13-5　"海洋量子"号客舱内的电话可设定留言服务和叫醒服务

五、挂拨国际长途电话服务（International Direct Dial，IDD）

邮轮上可以通过邮轮卫星连接拨打电话或收发传真。大多数邮轮在每个舱房中都配有独立的卫星电话，除了舱房对拨外，都可以直接拨打国际电话，费用会自动计入游客的房卡账户中。如美国皇家加勒比邮轮的舱房内设有电话机，可免费拨打内线电话。如需拨打长途，每分钟收费 7.95 美元，费用会自动计入房卡账户中。邮轮的卫星电话，可供全天 24 小时与外界联系保持沟通，每次通话最多 10 分钟，话费必须使用信用卡支付。而银海邮轮在航程期间，每艘邮轮都配有可以直接从套房拨打电话的直拨电话系统，电话费会计入游客的消费账户里。当然，并非所有邮轮都可以通过舱房内电话直接拨打国际电话，丽星邮轮和地中海邮轮舱房内的电话只能用于拨打内线电话，若游客需要拨打长途电话，需要通过总机转接。

除了卫星电话，游客可自行在手机上下载 App，通过船载服务器将普通手机的信号转化为卫星信号，由邮轮上提供的卫星通信系统拨打电话。

陆地拨打船上电话或发送传真，主叫方必须在邮轮卫星电话号码前加拨邮轮所在位置长途区号。

案例赏析

邮轮上打了 5 分钟电话，被扣掉 199 元的背后……

张大妈今年 60 出头，自从退休后，爱好旅游的她在短短几年内到过不少国家，日韩、欧美、非洲都去过。最近，她听熟人推荐说，邮轮游不错，就报名参加了由天津出发前往日本的豪华邮轮旅游。

5 天 4 晚的邮轮生活让张大妈很过瘾，船员很热情，还帮她在手机上安装了 APP，可以通过船上的服务器接收和发送信号。

张大妈玩得很开心,在邮轮航行时,她就和家人通话说,邮轮上设施都很棒,还有各国美食品尝。

可让她诧异的事情来了。回国之后,张大妈发现,自己的手机话费在短短5天内被扣掉了199元。"我只打了两个电话,用时不超过5分钟,为何被扣了那么多话费?难道在邮轮上打电话比在日本打国际长途还贵?"

在邮轮上打电话真的那么贵吗?三大通信运营商收费都有相应的标准。

中国移动、中国联通和中国电信三大通信运营商的工作人员称:虽然收费标准并不一样,但收费的确都比普通国际长途要贵得多。

移动用户在公海上拨打和接听国内的电话,在调价前,费用都是39.99元/分钟,张大妈手机所产生的费用就是遵循这一价格标准来的。2015年11月,移动对费用作了一定的调整,现在为18.99元/分钟。理论上来说,在公海上是无法用普通手机打电话的,不过有一些豪华邮轮通过手机APP软件可以将普通手机的信号转化为卫星信号,通过邮轮上的服务器经卫星传输到被呼用户。

联通和电信的收费标准类似,不过和移动相比,要相对复杂一些,"在公海上的卫星信号频道共分成10组代码,每组代码的收费也都是不一样的,其中最贵的是65元/分钟,而最便宜的也要23元/分钟。"据记者了解,联通和电信目前暂未调价。

而在日本拨打和接听国内电话的费用则比在公海上低不少,移动用户拨打国内电话是3.99元/分钟,接听是1.99元/分钟,联通用户相对应的费用是2.86元/分钟和1.86元/分钟,而电信用户的收费稍许复杂一些,通过GSM网络(全球移动通信系统)拨打国内电话费用2.99元/分钟,接听电话费用为1.99元/分钟,而使用CDMA业务(码分多址)相对应费用为4.99元/分钟和1.99元/分钟。

公海上打电话为何收费贵?专家称,因为用到了卫星通信。

在与三大通信运营商的沟通过程中,记者听到了一个高频词——"海事卫星通信"。卫星通信到底是什么?它的用途又有哪些?和普通电话有何区别?

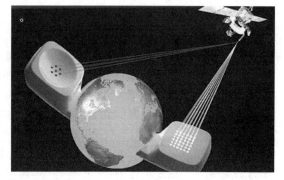

记者咨询了中国移动终端服务基站的工作人员,该工作人员透露了其中的奥秘。

在陆地上打电话,信号都是通过基站来传输,基站与基站之间的距离大多不远,传输成本也比较低,一般建在海岸的陆地基站信号只能覆盖大约15海里(1海里=1.852千米)距离的地区,再远就没有信号了。

没有了基站的信号,如果需要通信,就只能通过卫星传输信号,而卫星通信的原理和基站通信不一样,首先信号就要符合卫星能够接收到的频率,这种频率是普通手机无法发出的,只有卫星电话才有,如果是普通手机,就必须使用APP,通过船载服务器转变为卫星信号才能发出,最后这个信号会被卫星捕捉,再定向发送到被呼电话用户,一个卫星的运行费用都数以亿计,在通信过程当中卫星需要完成不少步骤,成本当然很高。

卫星电话大多用于抗灾和急救,海上救援也时常会用到。卫星电话分为欧星、海事卫星和铱星三种,其中铱星是低轨卫星,其他两种都是高轨卫星,而卫星信号是分为民用通道和警用通道两种,民用通道属于公用,警用通道则是民用无法进入的,一般情况下,海事会通过民用通道来与被救船只沟通,只有遇到紧急情况或重大事情才会选择警用。

虽然现在海事卫星电话的使用还不是非常普遍，但在东海捕鱼期间，还是会有不少渔民使用海事卫星的民用通道进行通信，这造成了一定程度的拥堵，所以游客在乘坐邮轮出游时最好还是不要拨打电话，一方面是费用高昂，另一方面会增加通道的负荷。

小资料

陆地上游客如何联系船上游客？

皇家加勒比国际邮轮卫星电话号码表：

海域号码——

871 欧洲地区

872 阿拉斯加/夏威夷

873 欧洲地区/亚洲地区

874 大西洋西部/南美/加勒比海地区

船名——

"海洋神话"号（Legend of the Seas，LG）

电话：331-137811

电话：761-50075

传真：761-590016

传真：761-590076

"海洋迎风"号（Rhapsody of the Seas，RH）

电话：625-790011

电话：625-790021

传真：325-790012

传真：331-158313

请按下列顺序连续拨号：国际冠码＋海域号码＋邮轮卫星电话。

例如：由中国台湾地区直拨海洋神话号（加勒比海）：002 874 331137811

由中国大陆直拨海洋航行者号（地中海）：00 871 763041842

由美国直拨海洋帝王号（阿拉斯加）：011 872 325790810

信用卡付费直拨：

1-888-724-7447（自美国境内任何城市）或 1-732-335-3285（自其他各国），听一段录音说明后，先输入邮轮名称的代表数字和＃（如 1＃），接着输入您的信用卡（VISA、AMEX、MASTER、JCB、DINERS CLUB、DISCOVER）卡号，待船上总机或语音应答后，请告知受话人船舱号码和英文姓名，以便接通。

海外接通到美国之长途电话费自接通以上号码后即开始计费，卫星电话费参考价格为每分钟 7.95 美元。

六、免电话打扰服务（Do not Disturb，DND）

将所有要求免电话打扰服务的游客姓名、舱房号码、要求 DND 服务的时间记录在电脑系统中，并写明接受游客通知的时间。将电话号码通过话务台锁上，并将此信息准确通知所有其他当班人员。在免打扰期间，如有其他游客要求与游客讲话，话务员应将有关信息礼貌、准确地通知其他游客，并建议其留言或待取消 DND 之后再来电话。游客要求取消 DND 后，话务员应立即通过话务台释放被锁的电话号码。

七、其他对客服务

电话总机房与邮轮前台一样为游客提供各种对客服务，如舱房更换、物品租借、客舱送餐、账单查询、失物招领、加床等，游客不用去到前台，只需一个电话就可等待服务生上门提供服务。

案例赏析

一次免费的舱房升级

我们一行四人乘坐"海洋航行者"号邮轮，从台北基隆出发去往日本，开始了我们的冲绳之旅。

我们订购的是四人内舱房，事前就知道"海洋航行者"号的内舱房只有双人房大小，若住四个人，则是用双人房加床的方式。

历经重重穿梭，好不容易打开舱房号码3262的房门，心中却充满重重疑惑，咦？这是我们的房间吗？两张单人床，要我们睡四个人，这也太困难了吧！而且内舱房，顾名思义是不会有面海的窗户，3262房却看得到海，一切的一切都太不像我们的房间，看了一下彼此的房号，确实四个人都是3262房！

马上打电话给总机反映情况，总机说稍后会帮我们处理。

总机讲完后，我们的心情很复杂，一方面希望能补床给我们最好，但又很怕结果是帮我们换舱房，然后换到没海景的内舱房。

我们将随身行李卸下，并在房内忐忑不安地拍了几张照片，然后开始了我们的Ship Tour，当我们吃完喝完玩完回到舱房后，又以为走错房间了，因为——上铺装好啦！真的是完美结果，不但有四张床可以睡，而且免费升级为海景房（图13-6）！

图13-6　由双人房到四人房

要知道海景房原价17500新台币/人，我们居然用11500新台币/人就可以住到，实在太开心了！

八、紧急情况时充当临时指挥中心

当出现紧急情况时，总机房便成为邮轮酒店部管理人员迅速控制局势、采取有效措施的临时指挥协调中心。话务员应按指令执行任务，注意做到以下几点。

（1）保持冷静，不惊慌。

（2）立即向报告者问清事情发生地点、时间，报告者身份、姓名，并迅速做好记录工作。

（3）即刻使用电话通报有关领导（酒店部总监、前厅经理等）和部门，并根据指令，迅速与陆地相关部门（如医院、安全、公安等）紧急联系，随后，话务员应相互通报、传递所发生情况。

（4）坚守岗位，继续接听电话，并安抚游客，稳定他们的情绪。

（5）详细记录紧急情况发生时的电话处理细节，以备事后检查，并加以归类存档。

总之，电话总机所提供的服务项目视邮轮不同而有所区别，有些邮轮的总机房还负责背景音乐、闭路电视、广播的播放，监视火警报警装置等工作。

项目十四　提供总机服务

【学习与训练子目标】

1. 掌握电话转接服务的工作程序。
2. 熟悉留言服务的基本步骤和注意事项。
3. 掌握叫醒服务的程序和注意事项。
4. 能熟练地为游客提供各项总机服务。

课前阅读

话务员的对客服务

2016年国庆，我带着4岁的女儿和母亲一行三人登上了歌诗达"维多利亚"号邮轮，从上海出发去往济州岛和仁川两地。一个月之前我通过携程网预订了一间经济实惠的三人内舱房，房间面积大约在12平方米左右。

由于登船的时间与女儿米米的午睡冲突，她在和两个意大利船员拍完合影后就睡着了。我和母亲决定先送她去舱房午睡，根据邮轮登船卡上的舱房号我们找到了自己的房间。

舱房空间不大，三张床，其中一个是上下铺。我当即决定，把这个"标间"变成大床房，这样女儿就可以和姥姥、妈妈一起睡宽敞的大床。拨通总机电话，话务员会说简短的中文，英文也很流利，只要把需求讲明就可以，然后总机就会转告负责该区域的服务生来帮忙重新布置房间。

【知识点与技能点】

任务一　电话转接

一、准备工作

话务员在转接电话前要在电脑中储存下列常用电话号码：邮轮上各部门、岗位和负责人的电话号码；岸上部门（Shoreside），如人力资源部、市场营销部、公共关系部等电话号码；岸上各国海关和码头电话号码；停靠港所在城市的旅游景点、旅行社、餐厅酒店、文艺场所、政府机关、交通部门等电话号码。图14-1为皇家加勒比邮轮甲板上的电话。

图14-1　皇家加勒比邮轮甲板上随处可见的电话

二、工作程序标准

（一）及时应答

电话铃响3声或10秒内接听，用礼貌用语向游客问好。明确电话转接顺序：先游客电话，然后是邮轮内部电话。接听电话的标准服务用语（Telephone Phraseology）如下。

（1）问候（Greeting）。展示话务员的礼貌，可根据一天中的时刻确定具体问候语，如早上好。如遇特定节日也可提供节日问候语，如新年好（Happy New Year）或圣诞快乐（Merry Christmas）等。

(2) 表明部门（Location）。游客需要知道自己是否拨对号码。

(3) 表明身份（Identify yourself）。游客需要知道自己在与谁通话，同时也是为了给游客更好地提供个性化服务。

(4) 提供帮助（Offer assistance）。运用开放性问题为游客提供帮助，如："有什么需要帮助的吗？""圣诞快乐，电话总机，我是玛丽，有什么需要帮助的吗？"

案例赏析

丽星邮轮应答电话的步骤

任务	应答电话
	注意：当电话响起时，你必须： Note：When the telephone rings，you must：
步骤一 STEP 1	三声铃响以内接听电话。 Answer it within three rings.
步骤二 STEP 2	语调悦耳、语速声调适中。 Speak in a pleasant tone slowly and audibly.
步骤三 STEP 3	表明部门，如，电话总机。 Identify your location，e. g. "Operator".
步骤四 STEP 4	根据时间问候游客，如，早上好。 Greet the caller according to the time of day/evening，e. g. "Good Morning".
步骤五 STEP 5	表明身份，如，我是泽维尔。 Identify yourself，e. g. "This is Xavier speaking".
步骤六 STEP 6	提供帮助，如：有什么能帮您的？ Offer help，e. g. "How May I help you?"
步骤七 STEP 7	永远以先生或女士称呼对方，若知道姓名也可以姓名称呼对方。 Always reply with sir/madam or by name，if known.

（二）准确转接

首先，认真聆听完游客讲话再转接，并说"好的，请稍等（Please wait a moment）"，若游客需要其他咨询、留言等服务，应对游客说："请稍等，我帮您接通××部门。"在等候转接时，按下音乐键，播放悦耳的音乐。在电话转接过程中会存在以下几种情况。

1. 电话占线

对不起，电话占线，请你不要挂断，稍等好吗？

I'm sorry. The line is busy. Please hold on for a moment.

对不起，电话占线，请您稍后再打好吗？

I'm sorry. The line is busy. Would you like to call back later?

对不起，电话占线，请问您需要留言吗？

I'm sorry. The line is busy. Would you like to leave a message?

2. 电话无人接听

转接之后，如对方无人听电话，铃响30秒后（大约5声）取回电话，向游客说明情况。

对不起，电话没有人接，请您稍后再打好吗？

I'm sorry. Nobody answer. Would you please call back later?

对不起，电话没有人接，请问需要留言吗？

I'm sorry. Nobody answer. Would you like to leave a message?

3. 住客房号保密

经过电脑查询,发现游客要求接转的住客舱房已经设置房号保密,这时,话务员不能立即为游客转接电话,应该打电话给住客,询问住客的意愿,若住客愿意接听再转接电话,若住客不愿意接听电话,则委婉地回绝游客,比如告诉游客不方便接听电话等。

4. 房间免电话打扰

经电脑查询,发现游客设置了电话免打扰服务(DND),话务员应委婉地告诉对方住客不方便接电话。

(三)留言或挂断电话

如果游客需要留言,接通电话后请游客语音留言或按游客要求填写留言单,若游客不需要留言就感谢游客来电并挂断电话。必须注意:结束通话时,待对方挂断电话后,再切断线路,以防他们在最后一刻有问题询问。

任务二 留言服务

当来电话者要找的住客暂时外出或要求房号保密不接电话时,话务员可以建议游客留言。

一、留言服务的种类

(一)语音留言

当电话转入游客房间,如果响过四声后无人接听,电话自动进入语音信箱,这时来电者可以在这里为游客留言。

住客回到房间后发现电话上的留言红灯闪烁,证明电话语音信箱有留言。

(二)口头留言

总机话务员记录以下信息:游客姓名、舱房、日期、时间、来电者姓名、联系电话、留言详细内容,并向来电者重复留言内容,将留言信息输入电脑系统,打印留言内容并装入信封,然后由礼宾员送至游客房间。

二、电话口头留言的步骤

(一)接听留言

(1) 游客要求留言。

(2) 话务员认真核对住客的舱房号、姓名。

(3) 准确记录留言者的姓名、联系电话和留言内容。

(4) 复述留言内容,并得到留言者的认可。

(二)输入电脑

(1) 用电脑查出住客的舱房,通过固定程序输入留言内容。

(2) 核实留言内容无误,在留言内容下方提供留言话务员的姓名。

(三)打印留言单并送至住客房间

(1) 打印一式三联的留言单。

(2) 其中一联交给前台,第二联留在电话总机,第三联交由行李员送往游客舱房,将留言单从房门底下塞入舱房。

三、电话口头留言的注意事项

(一)留言的记录要快而准确

(二)确保把留言者的名字写正确

如果不知道留言者的姓名和电话号码,则要询问,但不是强问。不要问:"您叫什么名字?"而要说:"我可以知道您的姓名吗?"不要问:"您的电话号码是多少?"而要问:"××先生(指留言者要找的住客)知道您的电话号码吗?"对于容易听错或拼写困难的姓名,可使用常用词来拼读。

（三）重复留言内容与留言者核对

为避免可能发生的错误和误解，对来电话者要重复一下留言的要点。

（四）留言完毕后要向游客道再见

（五）留言的传递要迅速

对于留言传递的基本要求是迅速、准确。留言具有一定的时效性，为了确保留言传递的速度，邮轮规定话务员要每隔1小时打电话到舱房通知游客，这样，游客最迟也可以在回到舱房后1小时之内得知留言的内容。还有的邮轮除了要求行李员将留言单从门底下塞入舱房外，还要求客舱服务员要在游客回到舱房后提醒游客有关留言事宜，以确保留言的传递万无一失。

案例赏析

丽星邮轮电话留言服务规范

丽星邮轮规定：接受游客电话留言时，确保获得下列信息。

（1）日期（Date）；
（2）来电时间（Time of the call）；
（3）被叫者姓名（Name of the person being called）；
（4）来电者全名（Caller's full name）；
（5）来电者部门，若为内部来电（Caller's department if the call is internal）；
（6）来电者公司（Caller's company）；
（7）来电者时区，若为海外来电（Caller's time zone if overseas）；
来电者电话号码及地区代码（Caller's telephone number and area code if needed）；
（8）留言内容不能缩写，必须是完整的（Do not abbreviate provide a full message）。

需要记住的是：以礼貌和尊重对待所有的来电者，无论游客还是员工。

任务三 叫醒服务

叫醒服务（Wake-up Call Service）是电话总机为游客提供的又一项重要服务，即由话务员利用电话或人工叫醒的方式在游客要求的时间把游客叫醒。

一、叫醒服务的种类

叫醒服务（Wake-up Call）多数情况下在早上进行，因此叫醒服务也称为叫早服务（Morning Call），但有时也在下午或其他时间进行。

（一）电脑自动叫醒

总机房一般配备电脑自动叫醒机器和系统，话务员根据游客需求设置好叫醒服务，第二天叫醒机器会按照所输叫醒时间自动拨打游客舱房内电话进行叫醒并打印出叫醒报告。电脑自动叫醒只针对普通游客，如遇VIP客人或行政楼层游客则应提供人工叫醒。

（二）人工电话叫醒

人工电话叫醒的方法是由话务员打电话到游客舱房，向游客问好，告诉游客这是叫醒电话，并祝游客心情愉快。

（三）人工敲门叫醒

对于电话自动叫醒和人工电话叫醒无人应答的舱房，总机要立即通知客舱部，由客舱服务员前往客舱进行人工敲门叫醒。

二、叫醒服务的程序

叫醒服务可以由游客向总机提出,也可以由游客向前台、客舱服务员等提出,再由这些员工通知总机话务员。

(一) 接到叫醒预订电话

接到游客叫醒预订电话时,话务员要礼貌地问候游客。以接听电话的标准服务用语应答,如:

"总机,早上好,我是安娜,有什么需要帮助的?"

"Operator, good morning, Anna speaking. How can I help you?"

(二) 详细记录游客的叫醒要求

(1) 记录游客的姓名和舱房号。

"可以告知我您的姓名和舱房号吗?"

"May I have your name and stateroom No.?"

(2) 记录游客要求的叫醒时间和日期。

"您的叫醒日期和时间是什么?"

"What date and time would you like your call?"

(三) 复述并与游客确认细节

记录完游客的叫醒要求后需要重复一遍,确保信息准确,同时询问是否需要第二遍叫醒。

"跟您核对一下叫醒细节,您的叫醒时间是明天早上5:30,舱房号是3516,对吗?"

"May I reconfirm your wake-up details with you? Your wake-up call is at tomorrow morning 5:30, and your stateroom No. is 3516, am I correct?"

(四) 设置叫醒

总机话务员负责在每日凌晨将当日要求叫醒的游客舱房号和有关信息录入电话交换机系统。对当天的日间叫醒服务要求,电话员应随时录入电脑。

(五) 确认叫醒成功

电脑自动叫醒过程中,话务员要注意机器的运行情况,看是否准时叫醒了游客,如有必要,话务员应适时插入叫醒服务用语,叫醒服务用语如下。

1. 首次叫醒服务用语

"早上好,方先生,现在是早上5:30,正在为您提供叫醒服务,祝您心情愉快!"

2. 二次叫醒服务用语

"早上好,方先生,现在是5:35,已经超过叫醒时间5分钟。祝您心情愉快!"

如果电脑出了问题,应采用人工电话叫醒的方法。

已叫醒过并且游客有应答的舱房在叫醒控制表(Morning Call Record)上划掉;无人应答(No Answer)的客房应用人工电话叫醒;如再无人应答,应通知客舱部员工去敲门叫醒;对应答含糊的游客为防止其睡着,可以过3~5分钟再叫醒一次,并就此向游客表示道歉。

三、叫醒服务注意事项

(一) 客房内无人应答(No Answer)

若客房内无人应答,过3~5分钟后再叫一次,若仍无人回话,则应立即通知客舱部员工前往客舱实地察看,查明原因,并进行敲门叫醒。

(二) 电话占线(The line is busy)或打不通(Ringing Block)

电话占线或打不通的情况下,则应立即通知客舱部员工前往客舱进行敲门叫醒。

（三）叫醒次数不宜超过 3 次

叫醒服务一般不超过 3 次，电话自动叫醒、5 分钟后再次叫醒、若无人应答则人工叫醒。这样做是为了确定游客是在睡觉而没有听到叫醒电话，还是游客在叫醒电话前已自行起床外出，或者是游客发生其他突发事情。

话务员须提醒游客若已醒来或者是睡眠中听到电话铃响也要接听电话，以避免话务员发生误会继续叫醒。若游客已醒来且接听电话，则将第二遍叫醒删除，以免打扰游客。

（四）注意时间的区分

游客提出叫醒服务要求时，话务员要仔细核对时间，如游客在晚上 22 点通知第二天 6 点叫醒，我们在确认时要注意问到是上午 6 点还是下午 6 点（即 18 点）等。

另外，游客也可能会记错当天的日期，因此话务员在向游客确认时要加上"今天是×月×日，您是需要在明天也就是×月×日……吗？"之类时间确认的话，以提醒游客。

四、叫醒服务失误

（一）叫醒服务失误的原因

1. 邮轮方面原因

（1）话务员漏叫。

（2）总机话务员进行了记录，但忘了输入电脑。

（3）记录的房号太潦草、笔误或误听，输入电脑时输错舱房号或时间。

（4）电脑出了故障。

2. 顾客方面原因

（1）错报舱房号。

（2）电话听筒没放好，无法振铃。

（3）睡得太沉，电话铃响没听见。

（二）叫醒失误的对策

为了避免叫醒失误或减少失误率，邮轮方面可从以下几方面着手，积极采取措施。

（1）经常检查电脑运行状况，及时通告有关人员排除故障。

（2）游客报舱房号与叫醒时间时，接听人员应重复一遍，得到游客的确认。

（3）遇到电话没有提机，通知舱房服务员敲门叫醒。

思考与训练

一、问答题

1. 邮轮总机房在环境方面有哪些要求？
2. 邮轮总机话务员需要具备哪些素质要求？
3. 话务员接听电话的礼仪是什么？
4. 邮轮总机提供哪些服务项目？
5. 邮轮总机话务员应答电话的标准服务用语是什么？
6. 如何为游客提供电话转接服务？
7. 如何为游客提供留言服务？
8. 提供留言服务的注意事项有哪些？
9. 如何为游客提供叫醒服务？
10. 提供叫醒服务时应注意哪些事项？

二、实训项目

项目名称：总机服务。

练习目的：通过训练，使学生能按照总机服务的程序和规范熟练地为游客提供各种电话服务，包括电话转接、留言、叫醒、问讯、查询等。

实训内容：电话接转、电话留言、叫醒服务。

测试考核：根据相关程序要求进行考核。

【课后阅读材料】

A day in the life of a Printer

Good morning to you. I know, my job title sounds more like a machine than an actual position on board but I can explain to you what being a printer is actually like on board a ship.

图 14-2　全球十大顶级豪华邮轮第五位——"皇家公主"号（Royal Princess）

While we have a lot of copy machines around the ship, in various offices, we also have an actual printing center where I am based. We do traditional off-set printing, with modern machines, in order to print 2000 daily programs every day and a lot of flyers, in the most cost effective way and in the best quality.

Nowadays, the printing is initiated by the computer which is connected to our big printing machine. However, I also need to know how to fix the machine in case it breaks down.

Every morning, we receive the final version of "Daily Program" for the next day, from the Desktop Publisher. The daily program tells our guests about the next port of call, and includes all the opening hours of all the outlets and other important information. We print it on A3 paper, double-sided and with royal blue ink. They are folded in half by our folding machine, or by the Assistant Cabin Steward who will deliver one to each guest cabin in the evening.

Besides the daily programs we also print glossy flyers for special sales and activities in the Gift Shop and the Casino and also there is the port shopping program or SPA promotions. Since these departments are run by concessions, they need to pay us for our services and I need to make sure that we keep a log of how many flyers we print and to get a written order and confirmation from the respective department head.

So as you can see, my job is a combination of roles, a mechanic, a printer and an accountant, plus I need some creativity at times, in order to make promotional flyers look the best and get the attention of our guests.

The most stressful task, is for us to get the raw template of the Daily Program and to get all the copies printed before 4 pm. But other than that, we can manage our time pretty freely, as long as everything is completely when it needs to be.

Of course there are days, when due to unforeseen circumstances, the itinerary of the ship changes at the last minute. This means that I would normally get a call in the middle of the night or very early in the morning and we have to print the daily program from scratch. This is where the "turbo" needs to be switched on, all hands are on deck and we get it done. Luckily this does not happen too often.

模块六

岸上观光服务

"海洋圣歌"号邮轮（Anthem of the Seas）岸上观光预订中心（Shore Excursions）

　　岸上观光（Shore Excursions）是邮轮旅游的重要组成部分，也是邮轮前厅中非常重要的部门。岸上观光部门的工作人员负责邮轮靠港时的岸上活动，包括与岸上代理商或旅行社合作开发岸上观光行程、岸上观光行程的销售及游客岸上观光活动的组织等。

【学习与训练总目标】

- 了解岸上观光部门的人员设置和部门工作职责。
- 掌握岸上观光行程的种类。
- 掌握岸上观光行程设计的原则和步骤。
- 掌握岸上观光预订的渠道和步骤。
- 熟悉岸上观光的组织过程。
- 掌握岸上观光行程变更和取消的原因及解决方法。
- 掌握岸上观光服务中常见问题的处理措施。

项目十五　认识岸上观光服务

【学习与训练子目标】

1. 了解岸上观光部门的人员设置和部门工作职责。
2. 掌握岸上观光行程的类型。
3. 掌握岸上观光行程设计的原则和步骤。

课前阅读

丽晶七海邮轮的旅游顾问专家

为了让不同类型的游客皆能设计出自己心目中理想的冒险行程，丽晶七海邮轮设计了旅游顾问专家服务来为每位游客安排各种不同的岸上活动和行程。您可以要求专家们为您在岸边准备一辆古董跑车，或是为您在意大利托斯卡尼（Tuscany）安排一间私人度假小屋。也可以通过丽晶的个人购物助理带您进香港最高档的会员专属精品店购物。曾想象过搭乘直升机在意大利阿玛菲（Amalfi）海岸上空翱翔吗？快与丽晶旅游专家商量规划专属于您的独特岸上旅程。

与丽晶七海共航，您将会发现一个全新的世界。除了一般旅游行程中少见的特殊美丽景点外，还有丰富的岸上探险。舒适的船舱空间加上无可比拟的豪华享受，丽晶七海邮轮让探险也能够极度奢华。

【知识点与技能点】

豪华邮轮旅游需要搭配适合自己的陆地观光线路（Shore Excursions）才能称为完美的旅行。如果只是乘坐邮轮，不参加任何陆地旅游，游客的旅游感受会大打折扣，特别是参加目的地邮轮行程，例如阿拉斯加行程、加勒比海行程、地中海行程等，如果希望参加有中文领队的邮轮陆地行程，更是需要提前规划安排。

任务一　了解岸上观光部门职责

为了更好地提升游客满意度，豪华邮轮会在航线中的停靠港（Port of Call）安排岸上观光，由岸上观光部门员工负责此项工作。

一、岸上观光部

岸上观光部，也称为陆上观光部，英文是 Shore Excursions Department，Shore Tours Department，Land Programs Department，是邮轮前厅中的一个非常重要的部门，该部门主要为游客设计停靠港的岸上观光游览行程；与当地旅行社、中间商联系确定游览行程的交通、观光、购物、用餐、住宿、导览等；向游客介绍和推荐岸上观光行程安排并接受游客的岸上观光预订；组织游客下船参观游览。

为了更好地解答游客有关岸上观光旅游的相关问题，该部门在邮轮大堂设置岸上观光咨询台（Shore Excursions Desk，Tour Desk，Explorations Desk）（图 15-1、图 15-2），一般与邮轮前台毗邻，配备岸上观光专员为游客提供咨询解答和预订服务。

 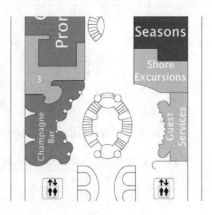

图 15-1　丽星"双子星"邮轮岸上观光咨询柜台　　　图 15-2　"海洋独立"号位于五层甲板的岸上观光咨询柜台

二、岸上观光部门工作职责

(一) 岸上观光部门人员设置

1. 岸上观光经理 (Shore Excursions Manager)

岸上观光经理在邮轮客户服务中发挥着关键性作用,作为船上的主要销售人员,该职位主要销售邮轮提供的岸上观光行程,并为游客提供诸如浮潜、购物或游览等活动,同时负责游客的后勤工作并处理游客投诉。如图 15-3 所示,为歌诗达邮轮陆上旅游咨询台。

2. 岸上观光副经理 (Assistant Shore Excursions Manager)

在岸上观光经理的带领下,为游客提供岸上观光行程介绍、问题解答和行程预订,并与停靠港当地旅行社联系确定游客行程的顺利展开。

3. 岸上观光预订专员 (Shore Excursioneer)

在岸上观光经理的带领下,由岸上观光预订专员 (图 15-4) 为游客提供岸上观光行程咨询解答;行程预订、变更和取消;游客投诉和赔偿等相关事宜。

图 15-3　歌诗达邮轮陆上旅游咨询台　　　　　图 15-4　精致邮轮岸上观光专员

4. 导游 (Tour Guide)

根据行程安排组织游客游览观光和购物消费,提供导游讲解活动,并确保游客安全及准时上下船。

5. 私人行程专家 (Personal Vacation Planner)

许多国际邮轮尤其是六星级豪华邮轮如银海邮轮、丽晶七海邮轮等,为了满足游客的个性化需求,专门设立私人行程专家为游客设计个性化的岸上观光行程,并满足其在陆上的交通、住宿、餐饮、购物和观光游览的需要。

6. 潜水教练（Dive Instructor）

当邮轮停靠其私人岛屿时，岸上观光项目中一项非常重要活动就是浮潜（Snorkeling）。潜水教练（图 15-5）需要向游客发放浮潜设备，陪同游客进行水肺潜水和浮潜游览，也可在邮轮泳池中开设水肺潜水和浮潜课程。

图 15-5　皇家加勒比邮轮的潜水教练

小资料

各大邮轮公司的私人岛屿

1. 荷美邮轮的半月礁（Half Moon Cay）

面积：2400 英亩。

1996 年，荷美邮轮以 600 万美元的价格从诺唯真邮轮手中购得，随即投入 1500 万美元对该岛进行开发（开发面积仅 50 英亩），其他区域依然处于相对原始状态，月牙形的海岸及白色的沙滩让这座小岛别具风情。此外，该岛还是著名的水禽栖息地。

岸上活动：各种水上和沙滩娱乐设施，如浮潜、皮划艇、水上摩托及冲浪等；同时可选择其他岸上游活动，如 SPA、户外探险游及深海垂钓活动；此外，岛上也有售卖当地特色产品的集市；如果游客感到口渴，可以前往位于岛上的酒吧中购买中意的酒水。

消费：所有登岛游客可享用免费自助午餐，其他额外酒水和餐饮消费则需单独收费，旅客可用登船卡先行支付，在行程结束后统一于船上结算。当然，当地集市中的旅游纪念品则需要游客当面支付现金。

2. 诺唯真邮轮的大马镫礁（Great Stirrup Cay）

面积：250 英亩。

大马镫礁是巴拿马 Berry Island 的一个附属小岛，1977 年诺唯真邮轮从某石油公司手中购得，并将其改造为专为邮轮游客使用的私属岛屿，这也使得诺唯真邮轮成为首个拥有私属岛屿的邮轮公司；经过多年的发展和保护，该岛已经成为海洋生物保护区，在该岛的北部为沙滩和浮潜区域，南部有一个直升机机场，其他大部分为荒漠地区并拥有大量的混凝土构件，因为该岛曾经为美国军方的一个基地。

岸上活动：各种水上和沙滩娱乐设施，如浮潜、皮划艇、沙滩排球及水上滑梯等；同时可选择其他岸上游活动，如 SPA、户外探险游及自行车活动；此外岛上也有售卖当地特色产品的集市；如果游客感到口渴，可以前往位于东部的酒吧中购买中意的酒水。

消费：除当地集市外，岛上岸上观光、酒水餐食消费均须单独支付，旅客可用登船卡先行支付，在行程结束后统一于船上结算。

3. 精致邮轮的椰子洲岛（Coco Cay）

面积：140英亩。

隶属国家：巴哈马。

椰子洲岛原名小斯特鲁普岛，距拿骚约55英里，自1990年开始，精致邮轮便开始开发该小岛，时至今日，椰子洲岛的邮轮航线已成为精致游轮经典线路之一。

岸上活动：各种水上娱乐项目，如浮潜、滑翔伞冲浪、帆伞运动、皮划艇等，其中Coco Cay的珊瑚堪称顶级，值得一试；三个专属海滩以及各种酒吧；地方特色产品的集市。

消费：除当地集市外，其他酒水、岸上活动消费均可使用登船卡结算，待离船时统一结账，另所有登岸旅客可免费在岛上享用午餐（BBQ）。

4. 皇家加勒比国际邮轮的拉巴第（Labadee）

经营形式：租赁形式，时长50年。

面积：260英亩。

隶属国家：海地。

拉巴地是海地北部一处海滩名称，从地理意义上讲属于半岛而非岛屿。自2001年开始，皇家加勒比国际邮轮斥资在此建造了包括酒店、码头在内的众多基础设施，但因海地局势动荡，拉巴地地区与其他相连地区被人为隔离并拥有私人武装，所有游客只能在划定的地区内进行游览，禁止前往拉巴地以外地区，从此意义上讲拉巴地地区被称为拉巴地岛。

水上娱乐设施：这是拉巴地的特色项目，主要有浮潜、滑翔伞冲浪、帆伞运动、皮划艇等，同时可前往当地农贸市场购买纪念品和了解当地风俗。

消费：除当地两个农贸市场外，所有的岛上消费均可计入游客船卡，主要的消费项目有水上娱乐设施、SPA、额外餐饮消费等。

5. 保罗·高更邮轮的塔哈岛（Motu Mahana）

经营形式：购买形式。

隶属国家：法属波利尼西亚。

Motu Mahana是法属波利尼西亚群大塔哈岛西北方向的一处私人海滩，沙滩质量堪称顶级。原始、静谧是所有波利尼西亚群岛共有的特点，Motu Mahana也不例外，为使该岛保持这样的风格，保罗·高更邮轮基本保持该岛处于相对原始状态，岛上仅有供游客纳凉休息的简易休息处。

娱乐设施：在Motu Mahana上，所有邮轮乘客可以仅需花费55～120美元/人便可享用沙滩BBQ、浮潜以及皮划艇等娱乐活动。

消费：岛上并无过多消费，游客可自行选择购买珍珠等当地特产，其他消费主要以额外餐饮和服务小费为主。

6. 迪斯尼邮轮的漂流岛（Castaway Cay）

经营形式：租赁形式，时长99年。

面积：1000英亩。

隶属国家：巴哈马。

由简易棚户建筑构成的能够体现荒岛余生风格的建筑，采取迪斯尼乐园的经营管理理念。

水上娱乐设施：Pelican Plunge，一个总面积为2400平方英尺浮动水上平台，平台上拥有水上秋千、水上滑梯以及翻斗水车等娱乐设施，满足各个年龄段的水上娱乐需求；Spring a leak，大型喷泉水上娱乐设施；瞭望塔，岛上最高建筑物，可鸟瞰整个小岛等；三个海滩，根据出行方式分为家庭海滩、亲子海滩以及成人海滩。

消费：岛上拥有数量较多的酒吧或饮料销售点，同时还拥有 SPA、纪念品超市等消费场所，所有报名参加邮轮行程的旅客在岛上均可享受免费午餐，其他个人酒水消费需单独支付，另外，岛上一个特色消费项目为漂流岛的明信片，只有在该岛上才可以买得到；客人消费时，刷房卡即可，行程结束后，统一在船上进行结算。

7. 地中海邮轮的海洋岛（Ocean Cay）

面积：95 公顷。

隶属国家：巴哈马。

海岛南至 20 公里，东至 65 公里，岛屿上有着土生土长的加勒比树木、草地、花朵和灌木；巴哈马风情的村庄；众多供应当地特色食物的餐馆和酒吧；各色商店和一个可容纳 2000 名观众的圆形露天剧场。对于地中海邮轮游艇俱乐部的客人而言，其可以在岛上西北角的私人小屋里享受 SPA 和按摩纤体等 VIP 礼遇。

环绕整个岛屿，还会有步道、跑道、自行车租赁和其他便捷交通选择。亮点还包括亲子餐厅、表演区和其他设施；一个安静的环礁湖；一个穿过岛屿的崎岖小道和一个适合举办婚礼和庆典的亭子。

（二）岸上观光部工作职责

1. 挑选并设计停靠港的岸上观光行程

这需要在巡航之前完成，根据停留时间和成本考虑，选择停靠港最具代表性的景点、标志物、博物馆或购物场所，设计多条不同线路可供游客选择。

2. 与陆上旅行社或中间商合作

挑选停靠港当地的旅行社或中间商并与其合作，由当地旅行社安排导游、交通工具、餐饮住宿等。

3. 负责岸上观光的销售

登船说明会上，由岸上观光专员（图 15-6）负责介绍不同的游览行程，并协助游客选择适当的游览行程。

4. 接受游客岸上观光咨询

在游客登船时，岸上观光宣传册已经为其准备好，游客登船后可到岸上观光咨询柜台询问陆上行程安排、报价等相关问题。

5. 接受岸上观光预订

游客可在预订航线时直接选择岸上观光行程，也可上船后到岸上观光咨询柜台现场预订停靠港的岸上游览行程。

6. 打印岸上观光游览票

游客预订完毕后，打印出所有游客参加的岸上观光游览票，票据上印有游客选择的行程、价钱、集合的时间和地点、乘坐的交通工具等信息。

图 15-6 "海洋领航者"号邮轮岸上观光专员

7. 与相关部门联系通知参加岸上观光的人数

与旅行社、中间商等部门联系，告知对方参与岸上观光游览项目的人数，方便其安排导游、大巴、住宿和餐饮等工作；同时还要通知主厨、餐厅经理、廊桥及酒店经理下船参与岸上观光的人数，方便主厨和餐厅经理确定船上饮食的数量，及根据下船人数确定开放廊桥的数量。

8. 为游客做好后勤工作

负责协调游客与旅行社之间的关系，组织游客按顺序上下船，处理游客的投诉等。

9. 为游客定制个性化岸上观光线路

大多数邮轮为游客提供个性化岸上观光线路，作为个性化旅行的先锋，银海邮轮在提供个人化线路方面做得最好，陆上观光线路设计专家会根据游客的喜好设计个人化线路。

任务二 设计岸上观光行程

一、岸上观光的概念

岸上观光，也叫陆上观光，是邮轮停靠目的地港后，游客可以在限定的时间内参与岸上活动，参观游览当地最著名的旅游景点、地标性建筑、博物馆等，也可到购物场所购买当地特产，一饱眼福和口福。当然，若游客觉得劳顿，也可以待在邮轮上不下船。

游客每到达一个停靠港，通常有4种选择。

（1）通过邮轮公司选择岸上观光线路进行岸上观光。

所有国际邮轮公司都会提前制订好几条岸上观光游览线路供游客选择，游客可在预订邮轮航线时同时选择岸上观光行程，也可登船后在岸上观光咨询柜台预订岸上观光线路。

（2）通过码头或码头附近的旅游商购买岸上观光行程。

停靠港码头附近分布着众多的旅游商和旅行社，游客可通过其购买并参与岸上观光行程，这种方式自由灵活，可方便游客自行选择自己喜欢的景点和行程，但这种方式可能存在潜在风险，诸如游览质量得不到保障、语言不畅影响沟通、时间无法保证、返回不及时、耽误邮轮离港等。

（3）游客自行游览港口及附近的地方。

若游客想自行游览停靠港及附近区域，可到邮轮图书馆借阅各停靠港的相关介绍材料，介绍材料非常详细，每个港口都列出了停靠码头的位置；建议的旅游线路；使用的交通工具；当地旅行社的地点、线路和价格；公共交通；饭店、购物及娱乐活动等。去加勒比海可借阅"Caribbean Cruise Ports of call"，去阿拉斯加就借"Alaska Cruise Ports of call"，去欧洲就借"European Cruise Ports of call"等。诺唯真邮轮还为自由行游客提供一些免费穿梭巴士往返停靠港附近的知名购物区，例如大型超市等，可供游客搭乘。

案例赏析

"邮轮自由行"——携程旅游岸上线路开启新玩法

2016年4月19日，携程邮轮与日本的福冈港湾局、市政府举行"携程邮轮自由行"发布会，由携程旅游首创的"邮轮自由行"出行方式正式进入大众视野，成为邮轮岸上观光的有力补充。从此，国人邮轮出行从船上到岸上都能畅享"自由旅程"。

"船上体验"和"岸上观光"作为邮轮旅游中的两部分，缺一不可。携程邮轮数据显示，随着二次邮轮出行者的占比增加，客人对于邮轮体验更加"挑剔"。吸引客人多次选择"邮轮出行"，不同船型的不同体验是一方面，目的地的观光也正在被越来越多人看重。

在邮轮本身作为目的地的理念深入人心后，岸上观光却反而成为客人满意度受限的最大瓶颈。传统邮轮地面游览行程单一、购物点人满为患，导致客人普遍体验不佳，与邮轮休闲、轻松的整体氛围也不吻合。

敏锐地捕捉到了客人的这一痛点，并在日本当地政府、港口、商业团体、岸上地接社等的大力支持下，携程旅游以日本福冈为试点，首创"邮轮自由行"玩法。

"邮轮自由行"以邮轮靠泊港口城市为核心，为客人提供自由行的解决方案，客人可以获得整段"自由"时间，饱览当地风土人情、轻松愉快购物、观光。

目前"携程邮轮自由行"在福冈、仁川停靠的线路都已经陆续有产品上线，携程安排穿梭巴士由码头送客人至繁华的市中心，贴心提供导游图册、商家联合折扣卡、并备有紧急联络信息等。客人可自由行进行岸上观光，在指定时间、集合点搭乘车辆回船即可。

（4）选在待在邮轮上不下船。

若游客觉得劳顿或想放松一下，也可以选择待在邮轮上，不参加岸上观光行程，船上的活动和食物依然丰富。

二、岸上观光的类型

岸上观光的形式、主题及规模各不相同，主要可分为以下几类。

(一) 根据岸上观光的活动形式划分

1. 观光及游览活动

游客在码头上乘坐大巴到达岸上风景名胜点，游览当地自然景观、历史文化遗迹等，乘坐水上交通工具去海岛上观光；乘坐水上飞机从空中游览；也可以步行游览各城市的市容以及历史保护区等。

2. 体育活动

游客可以参加岸上及岛上高尔夫、网球、帆船、徒手潜水等体育活动。

3. 其他活动

游客还可以参加岸上购物活动、娱乐活动、参观当地著名的博物馆、教堂等。

(二) 根据岸上观光的活动主题划分

1. 探险之旅

为热爱探险的好动游客安排探险旅程，如骑马、山地自行车、帆伞运动、热带雨林徒步旅行和四轮驱动越野等。

2. 海滨和水上活动之旅

游客可选择静静地在海滩上晒太阳，度过轻松闲适的一天，也可参加诸如白水漂流等惊险刺激的活动；同时，可参加玻璃底船游览、浪漫的日落巡航、深海钓鱼、皮划艇等活动。

3. 美食之旅

无论是在西班牙品尝当地小吃，在爱尔兰酒吧痛饮美酒，在阿拉斯加享受鲑鱼烧烤，还是其他的美食之旅，这些旅行都将带给游客一个品尝当地美味的机会。

4. 高尔夫之旅

游客可以探索令人兴奋的高尔夫球场，如墨西哥科咨美乡村俱乐部、百慕大贝尔蒙特山高尔夫俱乐部或圣托马斯桃花心木高尔夫球场。

5. 演出娱乐之旅

漫步于世界闻名的博物馆或坐下来享受片刻。在阿拉斯加观看土著居民舞蹈，在墨西哥享受一场由墨西哥流浪乐队带来的现场的音乐盛宴及其他。

6. 潜水之旅

进入水下世界，学习浮潜的技巧；或者若有潜水证书，可申请高级潜水如深潜；若不会浮潜，也可佩戴潜水系统；或带上一个特殊的潜水头盔，去海上徒步旅行。

7. 空中观光之旅

空中观光将带给游客一个全新的视角。腾飞在奇异的瀑布之上或乘驾直升机翱翔于阿拉斯加的冰原之上，都将给游客带来无限惊奇。

8. 荒野之旅

与海豚、海牛、驼、熊、驯鹿、猴子等亲密接触，游客由此获得在动物栖息地及动物探险中心近距离观察它们的机会。

9. 体验之旅

深入探索当地历史及文化的独特旅程。

10. 远足之旅

轻松、有益身心的小组旅游。

 案例赏析

银海邮轮开启全新独辟蹊径的旅程

作为超级豪华邮轮集团之一的银海邮轮在其60多个延展邮轮旅程上呈献11项全新陆上观光体验，带领宾客探索世上部分最独特的异国风情。有别于只有数小时的岸上游，此等一天或多天的陆上行程将带来更深入、更贴身的体会，与当地人民、历史、野生动物和自然景点近距离接触，全部与邮轮停靠的港口近在咫尺。

银海邮轮欧洲、中东、非洲及亚太区总裁Steve Odell表示：我们一直致力打造别具新鲜感的创新计划，提供一系列地道的陆上活动。这些全新航程途中的历险活动都经过精心设计，为旅客缔造独一无二的体验，让他们深入认识所到的区域，以充裕时间欣赏当地的风光和文化遗产，并参与活动。

从高耸的安第斯山脉到巴塔哥尼亚的晶莹湖泊，从波利尼西亚的海滩到新西兰的冰川，从肯尼亚的草原到印度的古迹，银海邮轮的全新陆上探险带来难能可贵的机会，探索人迹罕至之境和体验。参与者有机会在加拉帕戈斯遇上巨龟、在非洲追踪山地大猩猩，或于波利尼西亚水上平房的阳台上赞叹独特的海洋生态。

以下为全新邮轮旅程陆上探险行程。

一、非洲

1. 东察沃国家公园丛林徒步游猎之旅

（2天/1夜—离船/重新登船：蒙巴萨）

东察沃国家公园拥有大片未被开发的旱区灌木丛及湛蓝翠绿而蜿蜒的加拉纳河。旅客可以徒步方式探索园区的生物多样性，有机会观察狮子、猎豹、薮猫、斑马、大象和巨蜥等。活动亦包括两程越野车游猎体验。

2. 追踪森林大猩猩之旅

（6天/5夜—离船：开普敦/重新登船：罗安达）

大猩猩保护区森林营地（Sanctuary Gorilla Forest Camp）已准备好一趟鼓舞人心的旅程，等待旅客前来体会。该保护区位于乌干达西南部布温迪森林的深处，布温迪森林被联合国教科文组织列为世界自然遗产，是全球半数山地大猩猩的家园。保护区的帐篷营地为理想的基地，让旅客参与由专人带领的游猎之旅，在野外追踪这些奇妙的灵长类动物并与之互动。

二、亚洲

1. 泰姬陵及斋浦尔—印度神奇之旅

（4.5天/4夜—离船：普吉岛/重新登船：科伦坡）

位于阿格拉的泰姬陵是世上少数的地方之一，能为参观者带来如此深刻的影响。阿格拉曾是辉煌的莫卧儿帝国首都，拥有莫卧儿部分最出名的古迹，本身已非常值得游览。此外，"粉红之城"斋浦尔亦独树一帜，客人可在那里停留，踏上印度神奇之旅。

2. 水上屋住宿体验

（1.5天/1夜—离船：莫雷阿/重新登船：帕皮提）

莫雷阿洲际度假酒店的水上平房架设于海洋上，配合茅草屋顶，是热带天堂的标志，带来独一无二的逍遥享受。宾客可从阳台观赏海洋生物，或从小屋的阶梯直接步入太平洋舄湖中进行浮潜。

3. 探索新西兰之旅

（4天/3夜——离船：阿卡罗阿/重新登船：米尔福德峡湾）

新西兰最高的山峰、最长的冰川及多个最美丽的湖泊都可在驱车游览两个著名的国家公园时一一欣赏到。库克山国家公园和峡湾国家公园均位于蒂瓦希普纳默区，该区获联合国教科文组织认可被列入世界自然遗产。令人难忘的焦点包括乘坐滑雪飞机到塔斯曼冰川，在塔斯曼湖游船，以及在Shotover河乘搭喷射快艇。

三、南美洲

1. 安第斯山脉及"恶魔鼻子"火车之旅

（5天/4夜——离船：曼塔/重新登船：卡亚俄）

置身于厄瓜多尔雄伟的安第斯地区，旅客可沉醉于文化和自然多样性，近距离欣赏草地高原、云雾林、高山湖泊、活火山、殖民地城镇和庄园。焦点活动是穿越安第斯山脉的火车旅程，当进入"恶魔鼻子"（Devil's Nose）路段时，乘客将体验到45°角的下降，绝对惊心动魄。

2. 加拉帕戈斯探险之旅

（5天/4夜——离船：曼塔/重新登船：卡亚俄）

加拉帕戈斯群岛的独特性在地球上堪称无出其右，由一座座活火山和巨型板块移动刻画出独有地貌。旅客有机会亲睹巨龟、蓝脚鲣鸟和享受日光浴的海狮。计划包括乘船探索群岛两天，以及下榻位于圣克鲁斯岛高地的Royal Palm Hotel。

3. 巴塔哥尼亚速游之旅

（3天/2夜——离船：蓬塔阿雷纳斯/重新登船：乌斯怀亚）

南美洲的南锥地区一般被称为巴塔哥尼亚，拥有冰雪覆盖的山峰、原始森林、晶莹湖泊和巨大冰川。在旅程上，旅客将到智利的百内国家公园和阿根廷的冰川国家公园观赏此等壮丽风光。

（三）根据岸上观光的活动规模划分

1. 普通大众化岸上观光

游客在邮轮公司提供的岸上观光线路中选择其中一条进行游览，参与这种形式游览的游客较多，因为能省却交通、住宿、餐饮等的麻烦，同时能保证游客及时返回港口。

2. 私人定制化岸上观光（Private Shore Excursions）

让游客按各自的需要安排全日或半日观光旅游，乘坐私家车或小巴轻松畅游目的地。游客可于船上预约私家车或小巴服务。

三、岸上观光行程设计

（一）岸上观光行程设计的考虑因素

1. 差异性原则

差异性原则是指在设计岸上观光行程时要考虑活动的差异性，选取当地最具代表性的活动，避免同质化活动过多，并且要将吃、住、行、游、购和娱等活动有机组合。歌诗达"维多利亚"号邮轮在设计岸上观光行程的时候，重点在于如何让游客在最短的时间内体验更多的岸上内容，同时根据客人的需求反馈，不断调整岸上游行程。行程设置的一个原则是：会选择在最合适的季节游览当地最漂亮的景观。而推出日韩长线邮轮产品的初衷，是希望改变游客此前对于"邮轮陆上观光都是点到为止"的印象，告诉大家邮轮也可以去往更多的地方，带来更多旅行体验。

以11日10晚的日本航线为例，沿途安排的都是非常有吸引力的目的地。第一站金泽，前往极富日本民族风情的文化遗产村落——白川乡，以及有着浓浓日本特色而且很特别的茶屋街；小樽作为北海道的一个港口，可以去富良野看夏季花海，还会安排当地特色餐饮；福冈作为城市风光极佳的地方，同时有着浓郁的传统文化，游客可以前往太宰府，再前往商业区，感受乡村和城市风光的变换，由此会对日本有一个相对全面的印象。

2. 针对性原则

设计岸上观光行程时要充分考虑不同游客的需求，要针对不同的消费人群，实现差别设计。针对VIP和富有人群，可推出价格相对较高的"贵宾套餐"，可以彰显他们的身份和地位，提升旅游的满意度；针对年轻人，应设计一些参与性活动较多的岸上行程，如购物、远足、浮潜、水上活动和温泉体验等活动；针对老年人，应设计一些观光为主的静态性活动；针对家庭，应设计亲子活动较多的行程，如海底世界、游乐园等。针对性原则既能满足不同游客的需要，又能避免游客同游一地造成拥堵。

3. 时间性原则

时间性原则是设计岸上观光行程的重要考虑因素。邮轮停靠港口的时间是一定的，游客必须在邮轮离港之前返回到船上，否则会影响邮轮起航，导致邮轮公司支付大笔的延迟离港费，或者邮轮准时离港，而游客未能及时返回邮轮。

可根据邮轮停靠的时间具体安排行程，若邮轮只停靠一天时间，如一艘邮轮早上7：00靠港，晚上19：00离港，除却游客上船和下船的时间，留给岸上观光行程的时间只有8个小时，所有岸上观光活动的时间不能超过8个小时，才能保证游客及时返回邮轮，邮轮准时开航；若邮轮停靠两天或更多天的时间，则每天都应设计不同的行程安排，同时可安排游客在岸上酒店入住。

案例赏析

天海邮轮岸上观光产品设计要上心

王先生近期一直关注携程旗下天海邮轮的产品，其中有一款"上海—冲绳—鹿儿岛—上海"的航线吸引了王先生的注意。

待仔细查看每天行程具体内容时，王先生发现这条线路的岸上观光产品的设计不太上心，不管是冲绳还是鹿儿岛，都没有明确告诉游客到底游玩哪几个地方，只是说价格里包括了岸上活动，这让王先生感觉天海邮轮在设计岸上观光产品时非常不认真、不负责。以下是该线路的岸上观光行程安排。

第3天　　港口：日本，冲绳

游览地：冲绳

抵港时间：07：00

起航时间：16：00

岸上游览：冲绳＋鹿儿岛岸上观光

岸上餐饮：不含餐饮

亮点推荐：那霸是冲绳县首府和最大的城市，其承载着独特的日本文化。作为区域交通枢纽，那霸连接着来自冲绳县、日本乃至亚洲地区的游客。也正因为此，冲绳人们也变得早已习惯和来自世界各地的人们分享他们的习俗，就和他们的方言一样——琉球语。

第4天　　港口：日本，鹿儿岛

游览地：鹿儿岛

抵港时间：14：00

起航时间：22：00

岸上游览：冲绳＋鹿儿岛岸上观光

岸上餐饮：不含餐饮

亮点推荐：鹿儿岛是日本九州最南端的县，西南以奄美群岛与冲绳相对，拥有以世界遗产屋久岛为首的各种特色岛屿，樱岛等火山，茂密的森林、丰富的温泉等，具有多姿多彩的大自然风景和富有个性的历史文化等得天独厚的观光资源，是日本为数不多的观景县之一，是日本古代文化发源地之一。此外，还是日本国内唯一拥有聚集了现代科学精粹的宇宙火箭发射设施的县，气候温暖，属亚热带气候，年平均气温在18.8℃左右。

以上岸上观光行程安排可能因天气、路况等原因作顺序上的相应调整，敬请谅解。

冲绳是一个比较著名的海岛，一般专门去旅行的话需要3～5天的时间。而邮轮在当地只停靠8个小时，当然是不可能深度游玩，但总不能到了这个度假胜地也让一条船上的游客全以购物为主吧？

为此，王先生特地网上咨询了携程的人工邮轮客服，询问了这个事情，客服说岸上观光内容未定。但是根据《中华人民共和国旅游法》，未定的产品是不可以上线销售的。

事实上，歌诗达"赛琳娜"号相似线路的岸上观光产品的设计就非常人性化了，可以有多种选择，适合不同需求的游客，王先生希望携程天海邮轮的岸上观光产品多学习和借鉴。以下是歌诗达"赛琳娜"号邮轮的岸上观光行程安排。

第3天　港口：日本，冲绳

游览地：冲绳

抵港时间：07：00

起航时间：17：00

岸上游览观光路线如下。

1. 冲绳岸上观光A线：亲子同乐，探秘美丽海洋世界（VIP，适合举家出行游客）

景点安排：冲绳美丽海水族馆

2. 冲绳岸上观光B线：金枪鱼解体秀，品尝日式美食（仅限80人）

景点安排：金枪鱼解体秀＋国际通（LAOX）＋享用午餐＋AEON永旺超市

3. 冲绳岸上观光C线：体验琉球传统文化与历史（适合全部年龄段）

景点安排：首里城＋琉球村＋国际通（LAOX）

4. 冲绳岸上观光D线：国际通＋DFS免税店大血拼（疯狂奢侈品天堂，适合年轻游客）

景点安排：DFS免税店＋国际通（LAOX）

5. 冲绳岸上观光E线：冲绳Ashibinaa奥特莱斯＋AEON永旺百货扫货团（高自由度，尽享扫货乐趣）

景点安排：冲绳Ashibinaa奥特莱斯（LAOX）＋AEON永旺超市

第4天　港口：日本，鹿儿岛

游览地：鹿儿岛

抵港时间：14：00

起航时间：22：00

岸上游览观光路线如下。

1. 鹿儿岛岸上观光A线：樱岛火山温泉体验（VIP，仅限80人）

景点安排：白滨温泉中心（樱岛）＋天文馆大道

2. 鹿儿岛岸上观光 B 线：登樱岛赏火山风光，足汤体验（轻松舒适）

景点安排：溶岩足汤公园（樱岛）＋天文馆大道

3. 鹿儿岛岸上观光 C 线：吃货美食团，登鹿儿岛城山展望台（日式烤肉）

景点安排：仙岩园＋城山展望台＋享用晚餐＋AEON 永旺超市

4. 鹿儿岛岸上观光 D 线：欢乐亲子牧场体验（适合举家出行游客）

景点安排：高千穗牧场＋天文馆大道

5. 鹿儿岛岸上观光 E 线：天文馆大道血拼扫货团（高自由度，尽享扫货乐趣）

景点安排：天文馆大道＋AEON 永旺超市

4. 经济性原则

在设计岸上观光行程时邮轮公司还要从经济性原则入手，实现效益最大化是邮轮公司的最大追求。为了节省靠港的巨额费用，多数邮轮公司都会自己购买海岛，尤其是加勒比海区域，许多邮轮公司都在此拥有自己的私人海岛，而且在岸上观光行程中基本都会安排一天到公司自己的私人海岛上面玩，与热门旅游地拥挤的公共海滩相比，这些海滩因为是邮轮公司买下的，所以多数人迹罕至，自然风光保持的比较完整，是度假休闲的好去处。

案例赏析

地中海邮轮宣布第二个私人岛屿

2016 年 6 月 1 日，地中海邮轮在时隔半年不到的时间，再次宣布公司所属的第 2 个私人岛屿目的地——萨巴尼亚岛（Sir Bani Yas Island），并披露了相关细节。

地中海邮轮方面表示第 2 个私人岛屿将丰富其 2016/2017 年的冬季航程，绵延 1.5 公里长的萨巴尼亚岛是天然岛屿，就在阿布扎比的西南海岸，如今已经变成了地中海邮轮旅客专属的海岛目的地。

去年底，地中海邮轮宣布了旗下第 1 个私人岛屿——位于巴哈马的海洋岛（Ocean Cay）地中海度假区。如今在阿布扎比港务局授权下，地中海邮轮正在完善打造萨巴尼亚岛，这个更小的海岛由木栈道连接至主岛，允许地中海邮轮的游客专门登陆。

小岛包含了上百种棕榈树、小凉亭、2000 多张日光浴床、运动设施、1 个专供家长与孩子嬉戏休息的凉亭（带有家长专属休息区）、带有酒吧和现场音乐的休息区以及出售当地手工艺品的贝都因帐篷。岛上还专为地中海游艇俱乐部的客人提供私人空间、美食和酒水套餐服务。地中海 Aurea SPA 区提供海边凉亭内的放松按摩；SPA 理疗包含海贝按摩、竹子按摩和一系列巴厘岛按摩服务。游客在海岛上拥有众多美食选择：当地和国际美食、海边 BBQ 和由 6 个海滩酒吧提供的异域鸡尾酒。船上的美酒佳肴服务也将延伸至岛上。一系列日光浴场地、步道、4×4 探险体验、山道自行车、海滩排球、足球和众多水上运动包括浮潜、划桨、海上皮划艇等。

岛上坐拥当地最大的一个野生动物保护区——阿拉伯野生动物园（Arabian Wildlife Park）（图 15-7），涵盖了 13 000 多种珍稀及濒临灭绝的动植物。地中海邮轮的客人可以直接进入自然保护区体验一段精心设计的行程：骑马观光、猎奇驾乘以及环岛游船（一种阿拉伯独桅帆船），一路观赏长颈鹿、鬣狗和猎豹等栖息物种。萨巴尼亚岛上正在进行考古挖掘工作——一个公元 6 世纪的早期基督教修道院，想要一探究竟的游客可以直接参加废墟观光，发现这片土地的更多历史和文化。

图 15-7　阿拉伯野生动物园（Arabian Wildlife Park）

（二）岸上观光行程设计步骤

（1）考察邮轮旅游目的地的吸引物和可进入性，确定邮轮航线。

邮轮航线是指由邮轮始发港、海上航程、中途港及停泊点、目的港串联而成的邮轮旅游线路，是邮轮产品的主要构成要素之一。确定邮轮航线的过程也是对邮轮目的地的岸上观光吸引物的考察过程。

（2）根据邮轮航线，具体设置邮轮停靠港所在城市和国家的岸上观光行程。

以精致邮轮东加勒比海 5 天 4 晚的航线为例，邮轮从迈阿密（Miami）出发，途径拿骚（Nassua）、椰子洲岛（Coco Cay）和基韦斯特（Key West）三个停靠港，确定了停靠港后，接下来需要设计每个停靠港的岸上观光行程，一般情况下，每个停靠港设计 3~4 条岸上观光行程以供游客选择。其中拿骚是巴哈马的首都，岸上观光行程以城市观光和水上活动为主；椰子洲岛是精致邮轮的私人海岛，游客可在岛上选择参与各项活动；基韦斯特是美国的"天涯海角"，岛上也有海明威的故居，岸上观光行程以参观游览购物为主。

（3）挑选地面旅游商和旅行社合作，由其安排游客的地面游览行程，负责交通、餐饮和住宿等活动。

为了更好地为游客提供岸上观光行程，同时也为了节省人力成本，邮轮公司一般会与地面旅游商和旅行社合作，由其安排游客在岸上的一切活动，包括导游、餐饮、住宿、交通、购物等。挑选地面旅游商和旅行社时，要充分考虑其在当地的影响力，选择影响力大、实力雄厚、声誉良好的旅游商和旅行社。

项目十六　提供岸上观光服务

【学习与训练子目标】

1. 掌握岸上观光预订的渠道和步骤。
2. 熟悉岸上观光的组织过程。
3. 掌握岸上观光行程取消或变更的原因及解决方法。
4. 掌握岸上观光服务中常见问题的处理。

课前阅读

岸上观光实习生的一天

在我加入皇家加勒比"海洋领航者"号邮轮,成为岸上观光服务咨询台——游客获取停靠港岸上观光产品信息的柜台——的实习生之前,我以为自己可以利用对各港口(科咨美、大开曼岛和牙买加)的了解,回答游客有关去哪玩和看什么景点的问题。事实证明,我只能这样回答:"出于责任原因,我们不允许给游客有关本邮轮提供的行程之外的任何建议。"我的经理马奇诺·卡多佐(Nazino Cardozo)这样跟我说:"对有的人是安全的事情,对另外的人可能并非如此。"因此,当游客问我诸如"哪个海滩是最好的?""在哪里浮潜最好?"等问题时,我不得不紧咬牙关。我从未参加过邮轮提供的岸上观光行程,所以无法提供亲身经验说哪个是最好的,我的大多数同事也不能。我有一个同事在邮轮提供的160条岸上观光行程中只参加了其中4条。

我的工作中最难的事情是什么?是不得不告诉游客他们预订的岸上观光产品取消了。邮轮可能会基于以下几个原因取消其已在线售卖了好几个月的岸上观光行程:售卖太少,没有任何利润(如科咨美海龟浮潜,就是因为最少人数要求六人但只有三人预订而取消);天气原因,意外情况使行程不安全(如大风迫使我们不得不取消滑翔伞项目);或者该行程在上一季游客预订的时候确实存在,但是当游客起航时该行程已经取消了。

我应该如何告诉游客,他们孩子期待数月的旅行已经取消了呢?有一位父亲购买了大开曼群岛的骑行游,他的孩子正心心念念地期待,这位父亲却不得不告诉儿子行程取消了,两位因此而发生争吵,为了满足儿子的要求,这位父亲问我:"哪里可以租到自行车呢?"我不得不回答:"恐怕我们不能向您推荐当地的自行车租赁公司。""但是你们取消了我的骑行游,现在我别无选择,只能自己想办法了。"我战战兢兢、不知如何应对。但是我的老板却不,卡多佐总是能头脑冷静地给对方替换行程并给予10%的优惠轻松解决。邮轮想从岸上观光行程中赚钱的压力很大,每周必须赚取60万~110万美元的船上收入,其中包括旅游销售。但是卡多佐告诉我:"有时不只是钱,还有顾客满意度。"我注意到,游客从岸上游玩归来,几乎所有人都非常满意,除了50名从科咨美回来的游客由于大风晕船之外。

在体力上,作为岸上观光实习生最难的事情就是紧跟我的培训师。在靠港日,卡多佐冲刺在船、码头和旅游观光集合点之间——手里拿着三部手机(一个用于与船舶通信;一个用于指导岸上同事;一个用于与当地旅行社协调)——在其努力下,一小时内将900名游客通过接驳船送达岸上,或者将1600名游客送往正确的50个旅行团中,确保每人都能准时离开。卡多佐匆匆忙忙,以至于每次当我转移视线10秒回答游客问题时,我就会找不到他的身影。确实，这份工作已经让他减掉了35磅，他告诉我："我从未去过健身房。"这只是这份工作的好处之一。其他好处包括可以游览世界，能接触数百个国家的大批人群——从船员到游客到当地导游。就个人而言，关于这份工作我最喜欢的就是：收集这些小建议与你们将来有机会一起工作的人分享。

【知识点与技能点】

邮轮公司鼓励游客预订由邮轮提供的岸上观光服务。岸上游览可在邮轮上直接预订，也可在出发前提前预订，预订信息会随船票一同寄出。邮轮公司拥有因未达到最低参加人数而取消活动项目的权利。游览活动可能因当地的天气情况、航班变更或其他当地不可预见的情况及超出邮轮公司的控制范围的情况而发生变化。

任务一　预订岸上观光行程

一、岸上观光预订的渠道

1. 通过邮轮公司预订

邮轮设计了众多不同类型的岸上游线路，分别为喜爱购物、人文、观光、历史的游客设计。

游客在预订邮轮行程时可同时选择岸上观光行程；也可预订后随时登录邮轮网站，提前了解岸上观光行程并预订；也可在上船后到有关的岸上观光信息服务处预订岸上行程。

2. 通过邮轮代理公司或旅行社预订

游客也可通过其购买邮轮行程的邮轮代理或旅行社咨询并预订船上的岸上游项目。在国内，因为旅行社给邮轮游客申请的签证是团队签证，这意味着团进团出，客人都必须跟随团队出游，所以国内游客大多数通过此种渠道在预订邮轮行程时同时选择并确定好岸上项目。

国外长线旅游（Fly Cruise），比如说地中海、阿拉斯加、加勒比海这些地方，船方安排的岸上游项目会以英语讲解为主，如果英语没有问题，那么游客可以选择在船上预订行程，如果英语不太好，还是尽量在国内安排好岸上游项目，在国外有地接资源的旅行社会尽量安排中文的地接和导游。

 小资料

海航旅业邮轮游艇管理有限公司
海娜号邮轮岸上观光预订单

序号	停靠港口	项目编号	付费人数	领队人数	价格（折合人民币元/人）
		合计			

预订单位：
联系人：　　　　　　　　　　　　　起止日期：　　年　　月至　　年　　月日

海娜号邮轮岸上观光预订条款

一、岸上观光团队预订

申请期限：航程出发前30天或之前递交预订单。

规定人数：提前预订人数必须超过26位成年人，且不得超过42位成年人（成年人标准为年满18周岁的自然人)。

代理费标准：按销售价格14%结算代理费；并可获得一人次的免费额度。

结算方式：公司确认预订后，发出付款通知书；在发出付款通知的两个工作日内，代理根据付款通知书的要求和确定的数额，一次性、全额支付观光费用。代理费将通过甲方发出的付款通知书在应收取的岸上观光费用中扣留给代理。

配套内容：目的地专用巴士；其他详见《岸上观光预订政策/行程/销售价格》。

取消条件：除以下情况外，乙方不得取消原定的岸上观光服务：岸上目的地发生不可抗力事件；或乙方提供邮轮出具的书面证明，显示乘客在乘坐邮轮期间因身体原因无法参加岸上活动。

二、岸上观光散客预订

申请期限：航程出发前递交预订单。

代理费标准：提前预订人数达到15～25位成年人，按销售价格10%结算代理费；提前预订人数低于14位成年人，按照销售价格5%结算代理费。

配套内容：随机安排交通巴士；其他详见《岸上观光预订政策/行程/销售价格》。

结算方式：同上。

取消条件：同上。

代理声明：以上信息我公司均已阅读并确认。

代理名称：_____

（盖章确认）

申请日期：_____年_____月_____日

3. 通过停靠港当地的代理商或旅行社

邮轮码头附近分布着许多当地的旅行社或代理商专门为邮轮游客提供岸上游项目，游客可通过他们购买岸上观光行程，但要注意返回的时间。

案例赏析

墨尔本登陆者旅行为游客提供的邮轮岸上观光服务
普芬比利蒸汽小火车＋丹德农山脉＋墨尔本市区

作为澳大利亚最大的货运和邮轮码头，建立于1877年的墨尔本港将是我们这趟行程的起点。

由于邮轮码头的安保措施，我们的员工将在港口外等候您和您的家人。不用担心，墨尔本港码头虽然历史悠久，但是设计非常便利，您只需沿着唯一的一条通道就能很快到达出口。我们会穿着醒目的制服，高举写有您姓名的手牌，静候您的到来。

1. 早上9点我们的车子准时从墨尔本港出发，一路向东车行50公里，我们将首先来到普芬比利蒸汽小火车的起点站。火车将在10：30准时出发，您可以利用出发前的时间近距离欣赏即将带领您穿越丛林、古老蕨类植物和农场的老式蒸汽火车头。

简单地介绍一下普芬比利蒸汽小火车。这里原是澳大利亚政府早在1900年为了开发比较偏僻经济落后的地区而建立的铁路货运铁路。随着经济的发展和塌方的原因，到了20世纪50年代慢慢地荒废了。从60年代开始，在政府和热心公益的人士努力下，它逐渐成为了广受欢迎的客运线路。时至今日，仍然有几百位志愿者在为其服务，小火车每年的收入大多数也用在了线路和火车的保养上。所以它能够成为现今保存得非常完好的蒸汽火车线路，是和这些志愿者们的付出密不可分的。

轰鸣的蒸汽汽笛将带领您进入原始丛林，车厢是古典维多利亚风格的木质结构。座位的安排也不是咱们现在常见的2排中间夹过道的形式，而是背靠背长条形座椅。当然我们非常推荐您抛开拘束，坐在火车的车窗上，把两条腿搭在车外，惬意地享受着窗外习习的凉风以及从您脚边匆匆掠过的各种植物。往前往后看，您会发现整个火车上人仿佛都把腿伸到了车外，大家一起欢笑歌唱，仿佛回到了自己无拘无束的童年。

火车将在11：30到达 lakeside 站，很可惜因为时间的原因我们不能再继续向前。不过好在这一程您已经看到了最精华的美景。我们的工作人员将在车站外等候您。一起踏上下面的旅程。

2. 下一站我们将前往丹德农山区的一个制高点"墨尔本东部之巅"，俯瞰整个墨尔本。因为邮轮时间安排，您可能无法仔细地去体会墨尔本，但是在这里您将可以好好地、全方位地领略它的美。

3. 大概在下午2点我们将返回到墨尔本市内，我们将开车带领您游览墨尔本市内的著名景点。当然为了确保您的返程时间，景点安排将根据剩余时间决定。

下午4点，我们将准时将您送回到墨尔本港，结束您在墨尔本的一天的岸上观光活动。我们预祝您下一段旅程愉快，也欢迎您再次造访墨尔本！

二、岸上观光预订的时间

1. 邮轮出发前预订

邮轮出发前预订岸上观光服务时，可以选择购买邮轮行程时同时选择岸上游行程，也可在邮轮出发前规定的时间内预订岸上游行程，如银海邮轮提醒游客在邮轮出发前60天内便可预订大多数沿途停靠港提供的岸上游览服务。由于每条岸上游行程都有人数限制，所以，越早预订越能预订到称心如意的岸上游行程。

2. 邮轮上预订

在各大邮轮公司的邮轮上都有组织岸上观光的服务台。在这里游客可以得到整个行程的所有的岸上观光旅游信息，报名的时间一般是到达港口的前一天。

当游客登上邮轮后，服务员每天会把航行日程快报送到游客的房间里。在这份资料中会详细介绍船上的各项活动和沿途陆地游览的项目内容、时间和价格等。

3. 邮轮靠岸后预订

邮轮靠岸后，游客可在码头附近的旅游代理商或旅行社预订岸上观光行程。

三、岸上观光服务的费用

1. 岸上观光费用含在船票中

有时候岸上观光费用会含在船票中。邮轮公司在销售邮轮航程时，会给出一个"套餐费用"，这个套餐费用通常包括船上体验和岸上观光两大部分，尤其是国内旅行社邮轮航线报价时大多数采用套餐费用。游客预订邮轮航线时只要选择岸上观光路线即可，无需另外支付岸上观光费用，但入境国所需的签证费用须由游客承担。

案例赏析

丽晶七海邮轮提供的免费无限岸上短途游

目前，只有丽晶七海（Regent Seven Seas）邮轮提供每个停靠港口免费无限岸上观光。如果时间允许，您也热爱冒险，不妨在一天当中以及整个航程过程中体验无限的行程游览方式。岸上观光是每个目的地的核心内容，在知识渊博的当地导游带领下，乘坐舒适的交通设施，感受当地的历史和文化，享用当地美食。在乔治河口航行，沉浸在阿拉斯加美味的螃蟹盛宴中，漫步在以弗所和耶路撒冷古老的通道，坐在体型庞大的大象身上穿越普吉岛热带丛林。一切尽在我们的免费无限岸上观光行程。

如果您是勇敢的探险者，希望深入探究一个地区的文化与历史，我们在每个目的地提供丽晶精选岸上观光行程。这些备受欢迎的观光行程包含独一无二的内容，需要较高折扣的附加费用来享受这番更加奢华的旅程。精挑细选激动人心的独特游览地，每一个丽晶精选岸上观光行程都是一次丰富的感观体验。从世界著名的地方展开私人幕后之旅到跟随博学多闻的当地导游体验真正的当地文化，行程充满无限可能。专属 Seven Seas Explorer 的旅程是美食探索者之旅，您将有机会在主厨的陪同下品尝当地备受崇敬的酒庄配制的美酒，享用当地餐厅大厨烹饪的佳肴。无论您的选择是什么，免费岸上观光行程、丽晶精选岸上观光行程或美食探索者之旅都将为您掀开精彩一页，以优惠的价格提供周到的体验。

2. 岸上观光单独计费

大多数邮轮的基本费用中不包括岸上观光费用，如果游客想要参加邮轮组织的岸上观光行程，需要预订并额外支付相关的费用。大多数邮轮岸上观光参考费用为每位游客每站50～100美元，依据游览时长和所含内容而定。以东南亚地区为例，一次整天的岸上游，含午餐费用大概是300～400元。

案例赏析

地中海航线"珍爱号"邮轮岸上观光行程报价

第一站：意大利

港口：巴里

行程介绍：在邮轮前台集合，之后跟随领队下船，乘坐专车前往距离巴里1小时左右车程的"阿尔贝罗贝洛小城"，这里的房屋被称为"特鲁利（Trulli）"式建筑，这种石顶圆屋的屋顶由不用黏合剂的石灰石板造就，不仅下雨时滴水不漏，其间的缝隙连薄刀片也插不进去，它是无灰泥建筑技术的典型代表，并被联合国教科文组织列为世界文化遗产。参观结束后返回巴里市区，在巴里古城墙前拍照留影后返回邮轮（包含旅游车、中文服务，上岸游览时间合计约4小时，10：30～14：30）。

费用：RMB 800 元/人

第二站：希腊

港口：卡塔科隆

行程介绍：在邮轮前台集合，之后跟随领队下船，乘坐专车前往"奥林匹亚"，参观宙斯神庙、奥林匹克古竞技场遗址、奥林匹克圣火采集地、古代奥林匹克运动会中运动员的休息场地和神职人员使用的房屋。在这些废墟之间我们今天依然能够感受到古人对于人类身体极限的追求和对于和平的渴望。游览结束后返回卡塔科隆码头（包含旅游车、中文服务、奥林匹克古竞技场遗址门票，上岸游览时间合计约4小时，08：30～12：30）。

费用：RMB 700 元/人

第三站：土耳其

港口：伊兹密尔

行程介绍：在邮轮前台集合，之后跟随领队下船，乘坐专车前往参观以弗所（Ephesus）的考古遗址。以弗所是爱奥尼亚人在公元前1000年左右建立的古城。前往欣赏古代浴室、提庇留·尤利乌斯·亚居拉建造的缅怀其父亲的"塞尔瑟斯图书馆"、拱门超出

门面而且靠两根圆柱支撑的"哈德良寺庙",最后还有大理石街,那里遍布着大量商铺。您将参观能容纳 25 000 人的剧院,它至今仍有着完美的音响潜力,最后游览名列古世界七大奇迹之一的"阿尔特米斯神殿",之后返回邮轮码头(包含旅游车、中文服务、以弗所门票,上岸游览时间合计约 4 小时,09∶00～13∶00)。

费用:RMB 900 元/人

第四站:土耳其

港口:伊斯坦布尔

行程介绍:邮轮停靠在伊斯坦布尔城区靠近亚洲一侧。游客们在邮轮前台集合,之后跟随领队下船,首先将搭乘游船畅游博斯普鲁斯海峡,并跨越欧亚大陆分界线来到欧洲一侧。之后继续前往"托普卡普老皇宫",它是奥斯曼帝国后期建筑的典范;接下来游客将前往游览著名的"蓝色清真寺",其内部墙面是蓝色和白色瓷砖,还将看到古老竞技场的全景,它是拜占庭公众生活的中心,最后前往"圣索菲亚大教堂",欣赏精美的拜占庭镶嵌画。根据时间安排自由活动后返回邮轮(包含旅游车、中文服务、托普卡普老皇宫及圣索菲亚教堂门票、午餐,上岸游览时间合计约 8 小时,08∶00～16∶00)。

费用:RMB 1100 元/人

第五站:克罗地亚

港口:杜布罗夫尼克

行程介绍:在邮轮前台集合,之后跟随领队下船,乘坐专车首先登上山顶,俯瞰深入大海的杜布罗夫尼克旧城全景,美不胜收。之后乘车下山,参观"杜布罗夫尼克"旧城,步入旧城,我们将穿越这里的大街小巷,欣赏到带有 15 世纪浮雕底座的欧诺佛喷泉、斯蓬扎宫、方济各修道院、牧师宫和巴洛克式的"大教堂"。最后我们将登上旧城古老的城墙,步行大约 15 分钟,整个城市的美景尽收眼底(包含旅游车、中文服务、杜布罗夫尼克老城城墙门票,上岸游览时间合计约 4 小时,12∶30～16∶30)。

费用:RMB 700 元/人

境内共计 5 站:报名五站买四送一(送巴里站),总价 RMB 3400/人,12 周岁以下儿童打七折,需于出团前确定是否参加,以便提前安排,谢谢!

邮轮岸上观光温馨提示:

(1)自费项目是推荐性项目,客人应本着"自愿自费"的原则酌情参加;

(2)如果参加人数不足 10 人,价格需要重新调整;

(3)岸上观光行程内所列游览景点的先后次序以实际安排为准,游览当天如受当地假期、闭馆或其他突发事件,如罢工、示威活动等影响而导致收费景点不能参观的,我公司将退还该景点门票费用;

(4)因不可抗拒之客观原因和非我公司原因(如天灾、战争、罢工或严重交通堵塞等)而影响,我公司有权调整自费项目或购物时间,取消或变更行程。

四、船上岸上观光预订的步骤

1. 岸上观光行程宣讲

游客登船后,船方为了帮助游客尽快地适应邮轮生活,一般会安排登船说明会,主要介绍邮轮概况和注意事项,之后由岸上观光工作人员介绍岸上观光行程,方便游客了解并选择合适的岸上游项目。

2. 接受游客岸上观光预订

岸上观光咨询柜台(图 16-1)为游客准备了丰富的岸上观光游览宣传册,并由专人为游客解答岸上观光的相关问题。游客可在柜台索取预订单,填写好所选线路的名称、日期、人数等内容,并交由岸上观光工作人员办理预订。

图 16-1　邮轮岸上观光服务咨询人员

3. 打印岸上观光游览票

一旦岸上观光线路预订成功，工作人员会为游客打印岸上观光游览票，票据上印有游客选择的行程、价钱、集合的时间和地点、乘坐的交通工具等信息。相应消费记录直接记录在游客的船上消费账户内，而非提前收取。同时，需要注意的是大多数邮轮规定游览票一经售出，不予退款，也不可转让。

任务二　组织岸上观光行程

一、岸上观光行程的组织

（一）岸上观光组织过程

岸上观光行程的组织非常考验工作人员的服务水平，工作人员需要与邮轮登船部和餐饮部、港口海关、岸上旅行社等多方面协调沟通，保证游客岸上观光行程的顺利进行。

1. 集合领取交通票

岸上观光通常在早餐后集合出发，集合地点一般选在邮轮的大剧院中，不同路线的观光团队分别贴有不同颜色的标记，具体集合时间和地点需参照当天安排。

出游时豪华大巴是主要的交通工具，所以游客需要领取乘车票，乘车票上有所搭乘车辆的具体信息。在无法停靠大型邮轮的浅水港口（Tender Port），游客需搭乘接驳船（Tender Boat）（图 16-2），所以需要领取接驳船票（Tender Boat Ticket）（图 16-3）。

图 16-2　接驳船（Tender Boat）

图 16-3　摆渡船乘船票（Tender Boat Ticket）

2. 组织游客入境过关

根据各停靠港的入境要求填写入境卡，出示护照和签证办理入境即可。国内游客赴日韩邮轮旅游时，上岸的流程比较简单，只需在护照复印件粘贴上岸许可证即可，返回船上时证交回。

3. 引导并组织游客登车

游客下船后，会有工作人员（图 16-4）引导并组织游客到停车场登车。

图 16-4　嘉年华邮轮岸上观光组织人员

4. 游览完毕及时返回船上

歌诗达邮轮一次混乱的岸上观光组织

王女士及其先生参加了歌诗达邮轮去往韩国的邮轮航线，船上的饮食、娱乐等各项设施和服务无一不令人满意，可是在岸上观光这一项上却出现了大问题，令吴女士郁闷不已，吴女士的抱怨如下：

1. 岸上观光预订人员只有 3 名，2000 多人同时排队购买共 3 次岸上观光行程。另外，由于航程更改，船方要求游客再排队重新购买 1 次，也就是 2000 人购买 4 次岸上观光行程，工作人员只有 3 名。

2. 下船时，工作人员完全没有计划和组织。所有游客听从船方安排在剧场等候，拿车号依次下船上车，现场有 2000 多人，工作人员完全不组织排队。由于天气原因临时缩短岸上观光时间，游客心里都着急，所有人都挤在工作人员身边领取车票，工作人员反而埋怨游客不知道排队。简直匪夷所思。

3. 第三次抵达港口是 8 点，组织游客下船是 11 点，眼睁睁看了一上午的港口景色但不能下船，最让人无语的是下午 4 点就要返回船上。

许多游客也都对下岸旅游等组织工作非常不满，还有不少人找到船方谈话，王女士也向工作人员反映了很多不合理的情况，但结果就是不了了之，没有人出面回应或解释，更不用说就船方的管理不善道歉了。

（二）岸上观光行程的评价

邮轮结束的前一天晚上，客舱服务生会在每间舱房准备一份游客满意度表格，游客需要对邮轮本身、邮轮服务、邮轮设施及岸上观光的满意度打分。岸上观光工作人员可以通过该表格了解游客对岸上观光行程的满意度。

缩水的岸上游行程

2016 年 9 月 22 日，韩国济州岛出现了两个"史上第一次"——济州岛港口一天内有 4

艘邮轮停泊靠岸；岛上的乐天免税店早上7点开门迎客。据了解，这个邮轮码头从来没有在同一天中接待如此多艘邮轮。更让人不可思议的是乐天的"破例"。以前从来没有发生过一家免税店为游客提前开店，至少也要等到10点以后才会营业。

然而，在这样火爆的场景背后，是很多游客的不满。其中一艘邮轮上的多名中国游客反映："我们这艘邮轮是从上海吴淞港口出发到济州岛观光。原计划前一天下午13：30就可以到达济州岛，然后开启7个小时左右的岸上观光和购物。结果，出吴淞港时船长通知大家船出了故障，起航时间向后推迟了10个小时。到达济州岛后，因为没有泊位需要临时协调，才出现了一天停4艘邮轮的情况。"重庆游客刘女士说，调整后的上岸时间直接缩短为3小时，并要求全体游客凌晨5：30集体下船，3个观光点变成了一个免税店，该免税店也是在游客强烈要求下，船方和领队进行沟通才得以提前开放。

二、岸上观光行程的变更或取消

（一）变更或取消的原因

（1）报名人数少于最低成团人数。

基于成本考虑，部分岸上游行程都有最低成团人数要求，船方保留因成团人数不足而取消该团的权利，当报名人数少于最低成团人数，该行程将被取消。如天海邮轮规定，岸上游最低成团人数为25人，少于25人行程就会被取消。

（2）出现不可抗力因素。

与陆地旅游不同，邮轮旅游更容易受到诸如天气、疫情、战争、罢工等不可抗力因素影响，根据国际海洋法、海事规则等，船长有权作出靠港或不靠港的决定，由此造成岸上观光行程的取消，邮轮公司和旅行社无需承担违约责任，不需要因此作出赔偿。

小资料

星梦邮轮的不可抗力免责条款

星梦邮轮（包括其工作人员、职员及分支机构）及旅行社均不需就不可抗力事件而引至游客之损失、伤害、索偿、费用及支出而承担任何责任。不可抗力事件包括但不限于战争或战争威胁、动乱、灾难、天灾（包括但不限于恶劣天气情况、风暴、海啸、地震或台风）、恐怖活动、火灾、交通工具技术故障、港口关闭、罢工及其他工业行动、政府部门之行动或决定及其他不受星梦邮轮及旅行社控制之其他情况。

（3）游客自身原因变更或取消岸上观光行程。

（4）其他不可预料的情况。

（二）变更或取消的解决办法

（1）若报名人数少于最低成团人数导致行程取消，邮轮公司和旅行社免责，游客将被推荐其他已成团岸上游行程，费用多退少补。

（2）若因天气、疫情、战争、罢工等不可抗力导致岸上行程取消，邮轮公司和旅行社免责，岸上观光游费用如数退还给游客。

（3）若游客因为自身原因不能及时参加岸上观光行程，金额恕不退还。

任务三　岸上观光服务中常见问题的处理

一、邮轮岸上观光行程是有领队或导游吗？

邮轮公司会安排丰富多彩的岸上观光游，一般为中文和英文导游。中国母港出发的邮轮航线，沿途提供中文导游，境外航线一般提供英文导游。

二、岸上观光时间有多长？

岸上观光时间多为 4~9 小时，邮轮度假虽以邮轮为主体，岸上观光为辅助，亦提供多种形式岸上观光。

三、岸上观光时错过邮轮怎么办？

邮轮起航不会等人，如果未及时赶回邮轮需要自行预订前往邮轮下一站港口的交通，如果被当地政府视为非法滞留甚至会受到罚款并遣送回国。

四、如果港口不停靠，那么我预订的岸上观光可以退款么？

如果游客通过邮轮预订岸上观光行程，但邮轮取消停靠或者延迟到港，那么游客将获得全额退款。

五、邮轮靠岸后游客可以自由活动吗？

可以上岸自由活动，但从国内出发赴日韩的航线除外，除非游客自备个人签证，否则必须随团一起活动。

六、未预订邮轮提供的岸上游行程的游客可优先下船吗？

不能。多数邮轮公司会首先保证预订其岸上游行程的游客优先下船，然后才是自由行游客。

七、腿脚不便、听力障碍或盲人可以参加岸上观光行程吗？

可以。邮轮公司专门为腿脚不便需要乘坐轮椅的游客、有听力障碍的游客或盲人专门设计岸上观光行程，并提供相关设施。

思考与训练

一、问答题

1. 岸上观光部门的工作职责是什么？
2. 岸上观光的类型有哪些？
3. 设计岸上观光行程时需要考虑哪些因素？
4. 如何设计一条岸上观光行程？
5. 岸上观光行程的预订渠道有哪些？
6. 如何组织岸上观光行程？
7. 岸上观光行程变更或取消原因和解决措施是什么？
8. 岸上观光服务中常见问题有哪些？

二、实训项目

项目名称：岸上观光。

练习目的：通过训练，使学生能熟练地为游客提供岸上观光服务，包括使用推销技巧向游客推销，高效地组织游客集合、下船、乘车等。

实训内容：岸上观光行程推销、岸上观光的组织。

测试考核：根据相关程序要求进行考核。

【课后阅读材料】

A day in the life of a Shore Excursion Manager

As a Shore Excursion Manager, my specialty lays more off the ship than on it. I normally have several assistants as well as a group of volunteers who help me a great deal.

图 16-5　全球十大顶级豪华邮轮第六位——"海洋绿洲"号（Oasis of the Seas）

I am responsible for all aspects of the shore excursions offered during a cruise. This starts with selecting the shore excursions and sometimes selecting the ground operators which have local tour guides, buses and good local connections available.

Foremost I am in charge of selling the shore excursions, giving briefings on the different tours and assisting guests with choosing the right excursion for them.

Today is embarkation day, and one of the most important days for our Department. The new guests have already received information about all the tours available. This information is in a booklet we have prepared as part of their cruise package which they received when they booked and paid for the cruise. This booklet is available in the guest cabins and at the shore excursion desk.

Equally important is to introduce myself and the Shore Excursion Department, explain how booking a trip ashore works, and to do a briefing on all available excursions for the next three Ports we visit.

After the briefing guests can stop by the desk to have more questions answered, and to book the tours they want to join.

Therefore I need to be a good sales person, and I also need to do a little bit of bookkeeping and keep accurate records. Once the deadline for booking the tours has passed, I have to inform the ground operator of the numbers of people attending. With this information they can arrange tour buses and guides accordingly, get the entry tickets to sites and museums and/or, if part of the tour, make reservations in a restaurant.

These numbers also need to be passed on to some of my colleagues on board the ship, such as the Chef, the Restaurant Manager, the Bridge, the Hotel Manager.

All the tour tickets need to be printed and delivered to the respective cabins. Printed on the ticket is the name of the tour they booked, how much the cost is, and where and when they will meet for the tour to leave.

I have many more duties-but I will tell you more about life on board a cruise ship as a Shore Excursion Manager next time.

模块七

未来航程销售和预订

精致"星座"号邮轮（Celebrity Constellation）未来航程销售

未来航程销售（Future Cruise Sales）是针对回头客推出的一项忠诚顾客项目，通过提供一系列优惠措施提升游客的忠诚度。其工作的好坏在一定程度上影响邮轮舱位的销售。

【学习与训练总目标】

- 熟悉邮轮舱房的种类及每种舱房的特点和舱房设施。
- 掌握邮轮旅游价格构成和航线报价。
- 掌握邮轮航线报价的影响因素。
- 了解和熟悉不同邮轮公司的未来航程销售计划。
- 掌握未来航程销售部的销售内容和推销技巧。
- 了解邮轮航程预订的渠道、方式和种类。
- 掌握邮轮航程预订的流程及注意事项。

项目十七　准备工作

【学习与训练子目标】

1. 认识邮轮舱房的不同种类。
2. 了解邮轮的不同房态。
3. 掌握邮轮航线价格的相关知识。

课前阅读

"三代同堂"的最佳选择

2013年王女士和家人乘坐了一次邮轮——"海洋水手"号之后就喜欢上了邮轮旅行，2014年关于"海洋量子"号的广告铺天盖地，各种高科技的宣传让王女士跃跃欲试，正好趁着孩子中考完，王女士打算一家五口再来一次邮轮旅行。

王女士选择从携程旅游上预订，咨询了相关工作人员之后，发现"海洋量子"号阳台房的价格已经赶上"海洋水手"号套房的价格了。王女士纠结了：该怎么选择房型呢？若选择阳台房，五个人需要三间房，还要补齐第六人的费用，价格高昂，超过预算；若只给老人安排阳台房，其他人选择内舱房，还担心与老人离得太远，照顾不到。工作人员知道后，向王女士推荐了"海洋量子"号的家庭连通标准套房（Family Connected Junior Suite）（图17-1），这套房由一间标准套房、一间阳台房以及一间单人内舱房组合而成。三间卧室，三个私人浴室，一个可连通阳台，三种不同的房间由玄关所连通，是目前邮轮中独一无二的设计。

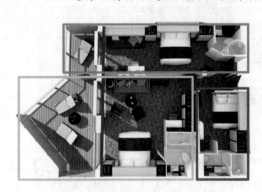

图17-1 "海洋量子"号上的家庭连通标准套房（Family Connected Junior Suite）

听完工作人员的介绍，王女士喜出望外，这简直是为他们量身定制的房间，非常适合一家五口出行。

【知识点与技能点】

未来航程销售（Future Cruise Sales）是邮轮船上推销的重要手段之一，通过有效的、高质量的销售工作，可争取更多的回头客，为邮轮增加经济收益和社会效益。因此，大型邮轮前厅部设立专职的未来航程销售柜台（Future Cruise Sales Desk），配备未来航程销售经理（Future Cruise Sales Manager）和销售人员（Future Cruise Sales Associates），24小时提供服务。未来航程销售人员是销售服务质量高低的关键，他们应分工明确，责任清楚，熟悉邮轮舱房等级、类型、设备、位置、朝向、楼层、优缺点、价格标准，了解航程停靠港岸上观光安排，还应熟练掌握未来航程预订工作程序、预订方法和要求，准确、熟练地掌握电脑输入、存储、输出预订资料和制表等技术。

任务一 认识邮轮的舱房种类

邮轮舱房分类的依据不同，其基本类型也有所不同。有的邮轮公司拥有高达 20 多种舱房种类，但是基本舱房种类只有四种：内舱房（Inside Stateroom）、海景房（Occiea View Stateroom）、阳台房（Occiea View Stateroom with Balcony）和套房（Suite）。

一、基本舱房类型

（一）内舱房（Inside Stateroom）

内舱房（图 17-2、图 17-3）在邮轮内部，房间内没有对外窗户或者阳台，是完全密闭的空间，没有自然采光，关灯后分不清白昼黑夜，因此白天在房间也需要开灯。房间面积在 15～20 平方米左右，一般可入住 1～4 人，是性价比最高的房型。舱房内的配置与酒店的配置基本一样，如吹风机、迷你吧（Minibar）、保险箱、电视、电话等，但是洗漱用具类一次性用品一般不提供。

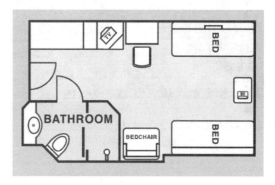

图 17-2 "处女星"号（SuperStar Virgo）内舱房　　图 17-3 "处女星"号（SuperStar Virgo）内舱房平面图

内舱房中有一种类型也有窗户，如皇家加勒比邮轮上的皇家大道景观房，位于邮轮中部，大小与内舱房一样，不同的是由大落地玻璃面向纵贯 5 层甲板、挑高 4 层、长 130 米的皇家大道，便于游客在房间内观看各类娱乐活动。

案例赏析

大屏幕虚拟阳台，让每个房间都能"看到海"

如果要乘坐邮轮，相信大多数游客会希望选择一个有窗户或阳台能看到海景的房间，但是邮轮船体太大，无法让每个房间都能有窗户或阳台，怎么办呢？美国皇家加勒比邮轮有限公司推出了"虚拟阳台客舱"（图 17-4）。

虚拟阳台（Virtual Balcony）客舱，就是在房间安装一面"落地显示器窗"，显示器 80 英寸，从地面延伸至天花板，显示由 5000 台高清摄影机摄制的实时海景，景象与船体同步行进，缓减可能因邮轮快速行进产生的不适，还贴心配有调节音量大小的开关。提出这个创意的麻省理工学院和哈佛大

图 17-4 "海洋量子"号的虚拟阳台（Virtual Balcony）内舱房

学的专家说，他们对船的运动和画面的同步问题进行了多年的研究，因此这样的设计不会让人感觉到不舒服。

除了海景，游客可以根据自己的口味定制"落地显示器窗"的画面，如船头或船尾的画面和声音；如果想关掉，直接拉上窗帘即可。

（二）海景房（Oceean View Stateroom）

海景房（图 17-5～图 17-7）位于船舷两侧，楼层多数靠下，有一扇窗户可以欣赏到海景，但是由于楼层较低，出于安全考虑，窗户是全密闭的，无法打开，窗户的形状或圆或方。

图 17-5 "处女星"号（SuperStar Virgo）海景房（圆窗）　　　　图 17-6 "处女星"号（SuperStar Virgo）海景房（方窗）

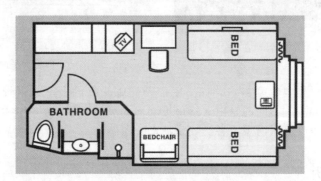

图 17-7 "处女星"号（SuperStar Virgo）海景房平面图

除了能透过窗户看到船外的景色，面积、舱房配置与内舱房几乎一样；价格的话，海景房比同等级的内舱房贵上 50～200 美元/人不等。在海景房当中，还有一种称为被救生艇（Life Boat）遮蔽的海景房，顾名思义，这种房间的窗户被救生艇挡住了，几乎看不到外面的景色。

（三）阳台房（Oceean View Stateroom with Balcony）

阳台房（图 17-8、图 17-9）顾名思义就是带阳台的房间，拥有落地玻璃移门以及 3～5 平方米不等的步入式阳台，房间面积在 20 平方米以上。这类房间通常都设在船只较高的楼层上，阳台上设有桌椅，平时游客可在阳台上休息欣赏海景，比在公共甲板上更具有私密性，而且对于吸烟的游客来说更加方便，绝大多数邮轮公司都只允许游客在有阳台的房间的阳台上吸烟，内舱房和海景房是绝对禁烟的。以 5～7 晚的航线为例，阳台房的价格通常比内舱房贵 200 美元甚至更多。阳台房的位置楼层通常都比较好，一般都在 5 楼、6 楼以上，从阳台房看出去的风景当然也最佳，很多人选择阳台房就是看中它能够带给游客一片属于自己的海景。

图17-8 "处女星"号（SuperStar Virgo）阳台房

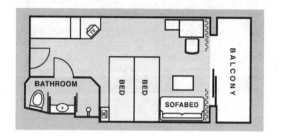

图17-9 "处女星"号（SuperStar Virgo）阳台房平面图

（四）套房

套房就是指房间中有单独的客厅，有时是一间房，分成睡眠区域和活动区域，有时是两间及以上的房间组成，这就视套房的等级和豪华程度而定。根据等级和豪华程度，套房可以进一步分为小套房（Petite Suite）、普通套房（Junior Suite）、豪华套房（Deluxe Suite）、行政套房（Business Suite）、复式套房（Duplex Suite）和总统套房（Presidential Suite）。

1. 小套房（Petite Suite）

小套房是指只有一间房外加卫生间组成，在房间里分出一个小客厅，形成单独的活动区域（图17-10、图17-11）。

图17-10 "蓝宝石公主"号迷你阳台套房（Mini Suite With Balcony）

图17-11 "蓝宝石公主"号迷你阳台套房（Mini Suite With Balcony）平面图

2. 普通套房（Junior Suite）

普通套房又称为双套房，由两个连通的房间组成，一般是客厅和卧室。卧室内通常配备一张特大号双人床（King-Size Bed）或两张单人床，并设有独立卫生间。

3. 豪华套房（Deluxe Suite）

豪华套房（图17-12、图17-13）设施豪华齐全，室内注重装饰布置与温馨气氛的营造。一般房间数及卫生间均在两间以上，也可以分卧室、起居室、餐厅、书房、会议室或酒吧。

4. 复式套房（Duplex Suite）

复式套房由两层构成，通过室内楼梯连接。

5. 总统套房（Presidential Suite）

总统套房一般是船上最豪华、价格最高的房间。总统套房一般由五间以上的房间构成，最多的可达十间，包括男女主人卧室、侍从室、警卫室、起居室、书房、餐厅、厨房、酒吧

 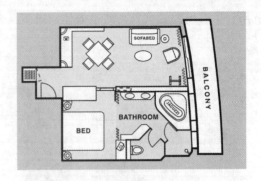

图 17-12 "处女星"号（SuperStar Virgo）　　　　图 17-13 "处女星"号（SuperStar Virgo）
　　　　　　豪华套房　　　　　　　　　　　　　　　　　　　豪华套房平面图

等。总统套房的装饰布置极为考究，设置用品高雅豪华。

套房所在的楼层接近顶楼甲板，比阳台房面积更大，设施更齐全，是所有房型里最豪华的。有些套房还设有私人酒吧和钢琴，功能区的划分也更清晰。套房的价格是所有房型中最贵的，套房游客可以享受贵宾礼遇，不同邮轮公司针对套房客人也有不同的礼遇，如优先上下船、赠送红酒、私人管家等。

案例赏析

七间顶级的邮轮套房

游客肯定好奇，如果住的是最好的套房，一晚需要花费多少钱？最贵的当然是丽晶七海邮轮的"探索者"号的总统套房（Regent Suite），一晚要花 5000 美元，当然了，它限量版的施坦威钢琴最好能用得上，如果只是单纯摆设就有点浪费了。下表为七间顶级邮轮套房的价格。

序号	邮轮套房	邮轮公司	尺寸/平方米	价格起/每人每晚
1	总统套房 Regent Suite	丽晶七海 Regent Seven Seas Cruises	360	$5000
2	水晶阁楼 Crystal Penthouse	水晶邮轮 Crystal Cruises	125	$1762
3	主人套房 Owner's Suite	大洋邮轮 Oceania Cruises	186	$1700
4	皇家复式套房 Royal Loft Suite	皇家加勒比邮轮 Royal Carribbean	160	$1224
5	3卧室花园别墅套房 Haven 3-Bedroom Garden Villas	诺唯真邮轮 Norwegian Cruise Line	621	$1200
6	主人套房 Owner's Suite	银海邮轮 Sliversea Cruises	122	$1200
7	阁楼套房 Penthouse Suite	精致邮轮 Celebrity Cruises	120	$1100

1. 总统套房（Regent Suite）

丽晶七海邮轮"探索者"号的总统套房（Regent Suite）（图 17-14）只有一间，据说它被认为是海上"最奢华"的套房。房间大小为 360 平方米，当然，它的好处可不只在于房间够大。其他各项优势也是显而易见：套房内带有一间私人 SPA 室，包括理疗区、桑拿房和

陶瓷加热用来放松的躺椅,游客可以随时得到放松和治疗。提供有免费的干洗服务。房间位于14层甲板,坐享270°海景。客厅为落地玻璃窗,且摆放着施坦威为庆祝160周年推出的限量版钢琴Arabesque。每个房间内还有限量版的艺术书籍和慕拉诺(Murano)的玻璃碗以及其他手工元素。

2. 水晶阁楼(Crystal Penthouse)

水晶阁楼(Crystal Penthouse)(图17-15)是水晶邮轮"尚宁"号和"交响乐"号上最贵的舱房,也是海上最漂亮的套房之一,大小约为125平方米。其内部的天然木地板、大落地窗、施华洛世奇水晶壁灯以及玻璃马赛克瓷砖等,都尽显皇家气派,奢华无比。主卧有一个大衣帽间和电视室(与起居室分开),打开沙发床,电视室就成为次卧,化妆室配有淋浴设备。套房内还有专门的管家入口。

图 17-14　丽晶七海邮轮"探索者"号的总统套房(Regent Suite)

图 17-15　水晶邮轮的水晶阁楼(Crystal Penthouse)

3. 主人套房(Owner's Suites)

在大洋邮轮"玛丽娜"号和"蔚蓝海岸"号上,分别有三间主人套房(图17-16)。每间大小为186平方米,套房铺有黑色的克什米尔地毯;起居室、餐厅和卧室均为拉尔夫·劳伦家饰;男女衣帽间是分开的,过道有一架小型钢琴,有专门的多媒体室,甚至还配有专业的娱乐系统;洗浴产品是宝格丽(Bvlgari)的。住在套房的客人可以进入私密的行政休息室,免费品尝软饮、咖啡和小吃,外加享受24小时的管家服务。

4. 皇家复式套房(Royal Loft Suite)

尺寸约160平方米(不包括带有按摩池的80平方米露台)的皇家复式套房(图17-17)能容纳6位客人,上下共两层楼,透过大落地玻璃窗可欣赏无敌海景。躺在起居室的沙发(可变成一张双人床)上,慵懒地享用一杯马提尼,有种特工"007"附体的感觉。

图 17-16　大洋邮轮的主人套房(Owner's Suites)

图 17-17　皇家加勒比邮轮的皇家复式套房(Royal Loft Suite)

5. 3卧室花园别墅套房（Haven 3-BedroomGarden Villas）

作为世界上最年轻的船队，诺唯真邮轮提供给客人的不仅是豪华的设施，还有无敌的礼宾和管家服务。3卧室花园别墅套房（Haven 3-BedroomGarden Villas）（图17-18）不管是卧室还是浴室都配有落地玻璃窗，客人可躺在床上以及浴缸内尽情享受180°海景。别墅面积为621平方米，最多可容纳8个人住。房间配备专门的菜单，有管家随时在旁边提供服务。夜晚，从露台上能清晰地看到月光在海浪中跳舞。房间内无限量提供酒水，岸上行程免费、网络免费。

6. 主人套房（Owner's Suite）

走进"银神"号大小为120平方米的主人套房（图17-19），你可能会听到轻柔的音乐响起，这一切得益于客厅安装的B&O音响系统。微风吹拂着窗帘，推开玻璃门则是柚木走廊。贴心的管家服务让客人犹如置身家中，客人可以在房间内用餐，或者看电视，或在大床上美美地睡一觉。和奢华酒店一样，套房内提供九种枕头，适用于那些不容易入眠的客人。大理石浴室带有双梳妆台、独立淋浴设备和全尺寸按摩浴缸及化妆间；双卧带额外独立大理石浴室及全尺寸浴缸。

图17-18 诺唯真邮轮的3卧室花园别墅套房（Haven 3-BedroomGarden Villas）　　图17-19 银海邮轮的主人套房（Owner's Suite）

7. 阁楼套房（Penthouse Suite）

阁楼套房（图17-20）有一个37平方米的露台，甚至比传统的房间还要大。起居室都配有时髦的家具、硬木地板、52英寸的LCD电视、小型的钢琴、单独的餐厅，主卧带有大理石的浴室和按摩浴缸。套房位于甲板中间位置，紧挨图书馆。

图17-20 精致邮轮的阁楼套房（Penthouse Suite）

二、按照舱房内入住人数划分

（一）单人舱

舱房内提供一张全尺寸单人床，规格为（190～200）厘米×（80～90）厘米。有时为了增加游客白天起居活动的面积，单人舱内采用沙发床（Sofa Bed）。舱房面积在9～10平方米左右，包括配有淋浴、吹风机与梳妆区的私人卫生间及电视、收音机、电话、迷你冰箱、迷你保险箱。卫生间内提供毛巾、香皂、沐浴露、洗发露、一次性拖鞋等物品。

单人舱数量较少，极少部分邮轮公司会设置单人舱，目前皇家加勒比、地中海、诺唯真、歌诗达部分邮轮上会有单人舱（图17-21）。也有少量船只特设较多的单人房，如英国老人船公司撒加（Saga）的船。单人舱一般只能住一人，如"海洋量子"号邮轮上的单人虚拟阳台内舱房（图17-22）可入住一位成年人，而其单人阳台房因配备一张不可拆分的标准大床，可入住一位成年人带一个未成年孩子。

图17-21 歌诗达"幸运"号上的单人内舱房　　图17-22 "海洋量子"号邮轮上的单人虚拟内舱房

（二）双人舱

双人舱（图17-23）内提供两张单人床，规格为（190～200）厘米×（80～90）厘米，两张单人床可合并为一张大床。供两位游客同时使用，或只供一位游客使用，但需支付另一张床位的费用。舱房内配备淋浴、吹风机与梳妆区的私人卫生间及电视、电话、迷你冰箱、迷你保险箱。卫生间内提供毛巾、香皂、沐浴露、洗发露、一次性拖鞋等物品。

图17-23 诺唯真"爱彼"号邮轮上的海景双人舱

（三）三至四人舱

三至四人舱房（图17-24～图17-27）内除了提供两张可合并为一张大床的单人床外，还配有一至两张墙壁上下拉壁挂式吊床、沙发床或折叠床作为第三张或第四张床来出售。壁挂式吊床适用于内舱房或海景房，晚上放下，白天可收起；沙发床或折叠床适用于阳台房，晚上打开后即是睡房，白天用做沙发。

图17-24 "处女星"号（SuperStar Virgo）　　图17-25 歌诗达"维多利亚"号
　　　　　海景三人房　　　　　　　　　　　　　　上的内舱四人房

舱房内其他设施配备与双人舱一样。这类客舱最多可容纳2~4位游客，比较适合一家三口或四口的家庭使用。

（四）多人舱（大于4人）

部分邮轮也存在少数可入住多人（大于4人）的舱房，多数为套房，如"海洋量子"号的家庭连通标准套房房最多可入住10人，该房型由1间标准套房、1间阳台房及1间单人内舱房组合而成，3间房共用一个独立入口和门廊。

图17-26 丽星"宝瓶星"号上的沙发床

图17-27 诺唯真邮轮上的四人内舱房
（第四张为儿童加床）

邮轮舱房对于可入住人数有比较严格的规定。比如：双人舱规定入住2人，多于2人则无法预订此类舱房，几人舱代表最多可入住几人，不能超过这个人数；另外，小孩不能和2个大人同住双人舱，即使是再小的孩子也是按照一张床位计算的，这和船上核定上船人数以及救生艇可以容纳的人数有关，2大1小的情况，必须预订三人房。

三、按照房间的规格和等级

（一）标准舱（Standard Stateroom）

标准舱在邮轮所有舱房中所占比例最多，一般位于较低楼层或景观受阻。

（二）高级舱（Superior Stateroom）

高级舱的面积略大于标准舱，房内设施、客房用品与标准间几乎无差别，一般位于高楼层且景观不受限。

（三）豪华舱（Deluxe Stateroom）

豪华舱的面积大于高级间，房内设施、客房用品都比高级间高档，一般位于较高楼层，离餐饮区域和娱乐设施较近，一般多为套房。

四、特殊房型

（一）无障碍舱房（Accessible Stateroom）

无障碍舱房是为行动不方便的游客准备的舱房，房间的设计与装饰充分考虑行动不方便游客的生理特征。舱房一般设在电梯附近，进出方便，地面无障碍。房间的把手、窥视镜、扶手的位置应方便坐轮椅的游客，配备无障碍淋浴间，浴室有扶手、手持喷头、可折叠的淋浴间长凳。无障碍舱房的设立充分体现了邮轮公司以人为本、注重人文关怀的经营理念。

 小资料

皇家加勒比邮轮的无障碍设施舱房

皇家加勒比邮轮（RCCL）耗资数百万美元对船体进行升级和改进，专为残障人士设

计了配备无障碍通道的客房——带轮椅通道的客房比一般客房宽敞：大门与浴室门宽度都达到81~86厘米，并且全部没有门槛（浴室门设有斜坡门槛）。水槽与梳妆台都是专为残障人士设计的合理高度，特别的淋浴设施设计（折叠式板凳、手持花洒等），降低了高度的壁橱、冰箱、保险箱和可以调节的坐便器等，一切都为残障人士贴心设计（图17-28、图17-29）。

图17-28　"红宝石公主"号（Ruby Princess）的无障碍舱房　　　　图17-29　"海洋领航者"号无障碍舱房里的卫生间

（二）连通舱房（Connecting Stateroom）

连通舱房是可以不经走廊在两间舱房之间自由往来的房型（图17-30），舱房由公共门连通，平时可作为一间舱房出租，旺季可以把门锁上，作为两间舱房使用，比较适合家庭游客。

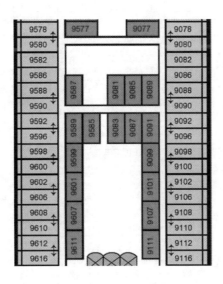

图17-30　丽星"处女星"号邮轮9层甲板分布图上的连通房

（三）相邻舱（Adjoining Stateroom）

相邻舱是指两间靠在一起，有公共墙，互不连通的舱房。还有一种相邻舱是两间离得很近，但没有公共墙，我们称为Adjacent Stateroom。

邮轮舱房一般遵循"等级＋类型＋人数"的原则命名，如标准内舱双人房、高级内舱双人房、标准海景三人房、高级阳台双人房、豪华阳台家庭房等。

案例赏析

丽星"宝瓶星"号客舱简介

客房种类	甲板	面积/平方米	床位配置	入住人数	客舱数量	客房简介
尊荣套房	8	17	1张加大双人床	2	1	➢ 独立客厅、独立卧室及独立麻将室 ➢ 浴室连淋浴设施、按摩浴缸及吹风机 ➢ 液晶电视、DVD放映机、冰箱、保险箱及电话 ➢ 管家及礼宾服务
总统套房	8	13	1张加大双人床	2	1	➢ 独立客厅、独立卧室及独立麻将室 ➢ 浴室连淋浴设施、按摩浴缸及吹风机 ➢ 液晶电视、DVD放映机、冰箱、保险箱及电话 ➢ 管家及礼宾服务
行政套房	11	8.6	1张双人床 1张双人沙发床/ 1张单人上铺床	4	12	➢ 独立客厅、私人露台及独立睡房 ➢ 浴室连淋浴设施、浴缸及吹风机 ➢ 液晶电视、DVD放映机、冰箱、保险箱及电话 ➢ 管家及礼宾服务
豪华套房	8、9、10	9～10.3	1张双人床/ 1张双人沙发床	4	4	➢ 独立客厅及独立睡房 ➢ 方型窗,无露台 ➢ 浴室连淋浴设施、浴缸及吹风机 ➢ 液晶电视、DVD放映机、冰箱、保险箱及电话 ➢ 管家及礼宾服务
海星套房	6	8	1张双人床	2	6	➢ 浴室连淋浴设施、花洒淋浴间及吹风机 ➢ 液晶电视、DVD放映机、冰箱、保险箱及电话 ➢ 方型窗,无露台 ➢ 管家及礼宾服务
露台海景客房	8	4.8～4.9	1张双人床 1张单人沙发床	2～3人	62	➢ 私人露台及落地玻璃 ➢ 浴室连淋浴设施及吹风机 ➢ 液晶电视、小冰箱、保险箱及电话 ➢ 可与部分的露台舱房相连
豪华海景方窗客房	9、10	4.7～8.9	1张双人床,1张单人沙发床/ 2张单人床,1张双人沙发床/ 2张单人床,1张单人沙发床	2～3人	14 10 47	➢ 落地玻璃窗 ➢ 浴室连淋浴设施及吹风机 ➢ 遥控电视机、保险箱、小冰箱及电话
海景方窗客房	6		2张单人床,1张双人沙发床/ 2张单人床,1张单人沙发床	2大2小或3大	11 99	
	7	4.4～6	2张单人床,1张双人沙发床/ 2张单人床,1张单人沙发床	2大2小或3大	4 80	➢ 方型窗 ➢ 浴室连淋浴设施及吹风机 ➢ 遥控电视机、保险箱及电话
	5		2张单人床,1张单人沙发床	2或3人	88	

续表

客房种类	甲板	面积/平方米	床位配置	入住人数	客舱数量	客房简介
海景圆窗客房	5	4.4	2张单人床、1张双人沙发床/	2大2小或3大	12	➢ 双圆窗 ➢ 浴室连淋浴设施及吹风机 ➢ 遥控电视机、保险箱及电话
			2张单人床、1张单人沙发床	2或3人	4	
	4		2张单人床、1张双人沙发床/	2大2小或3大	25	
			2张单人床、1张单人沙发床	2或3人	47	
窗户海景客房（视野受阻,面向救生艇）	8、9、10	4.4～6	2张单人床、1张双人沙发床/	2大2小或3大	10	➢ 方型窗 ➢ 浴室连淋浴设施及吹风机 ➢ 遥控电视机、保险箱及电话
			1张双人床、1张单人沙发床	2或3人	6	
			2张单人床、1张单人沙发床	2或3人	71	
豪华内侧客房	9、10	4～4.4	2张单人床、2张上铺/	4	14	
			2张单人床	2	30	
标准内侧客房（视野受限）	8	3.1～5.9	2张单人床	2	16	➢ 浴室内连淋浴设施及吹风机 ➢ 遥控电视机、保险箱及电话
	6、7		2张单人床、1张单人沙发床/	3	2	
			2张单人床	2	40	
	5		2张单人床、2张上铺/	4	16	
			2张单人床、1张单人沙发床/ 2张单人床	3	4	
				2	8	
	4		2张单人床、1张单人沙发床/	3	1	
			2张单人床	2	22	

* 无障碍房专设客房：
9215、9015、8072、8271、6125、6165、5152、5153、5158、5159、4137

* 床的尺寸：
双人床尺寸:长193厘米×宽156厘米。单人床尺寸:长196厘米×宽84厘米。双人沙发床尺寸:长165厘米×宽137厘米。单人沙发床:长178厘米×宽84厘米

任务二　了解邮轮的不同房态

客房状态（Room Status）又称为客房状况，简称房态，是指对每一间舱房在一定时段上正在占用、清扫、待租或维修等不同情况的标志或描述。准确了解房态的种类和标志对预订员准确无误地为游客办理舱房预订是非常重要的。基本房态有可出租房（Vacant Room）、脏房（Dirty Room）、住客房（Occupied Room）、维修房（Out of Order）等四种。另外，还有诸如自用房（House Use）等特殊房态，不同邮轮操作软件系统里的房态也是不一样的（表17-1）。

表17-1　邮轮房态汇总表

房态	缩写	中文	房态描述
Vacant Clean	VC	可出租房	干净的空房,可随时出租给游客
Vacant Dirty	VD	走客房	客人离开后,尚未来得及打扫

续表

房态	缩写	中文	房 态 描 述
Occupied Clean	OC	已做住客房	住客房已打扫干净
Occupied Dirty	OD	未做住客房	住客房尚未打扫
Out of Order	OOO	维修房	舱房需要维修或改造,暂时不能出租给游客
Out of Service	OOS	维修房	因各种原因,已被暂时停用的房间
House Use	HU	自用房	不能出租给游客
Blocked Room	B	保留房	已预订客舱的游客和团队的留房
Double Locked	DL	双锁房	游客从房内双锁舱房,服务员用普通钥匙无法打开房门
Extra	E	加床	表明舱房里有加床
Do Not Disturb	DND	请勿打扰房	说明该舱房客人不希望被打扰
Make Up Room	MUR	请即打扫房	游客希望舱房尽快得到打扫,客舱部清洁人员优先为这类房间清扫客舱

一、保留房（Blocked Room）

保留房是一种内部掌握的舱房，也叫管制房，提前将某几间舱房管制起来，这些舱房已留给了特定的游客，不再安排别的游客。主要用于对会议、团队或重要客人进行排房，满足他们对某种房型、房号的偏好或特殊要求的安排。

二、双锁房（Double Locked）

双锁房即游客从房间内双锁客房，服务员使用普通钥匙是无法打开房门的，很多时候是游客防止被打扰才从房内双锁客房，对这类房间，服务员要加强观察和定时检查，防止客人出现意外。

三、请勿打扰房（Do Not Disturb）

为免受打扰，客人会亮起房门口的"请勿打扰"灯，或在门把手上挂上"请勿打扰"牌，这时，服务员是不能进入客人房间提供服务的。超过邮轮规定时间，前台或客舱部会打电话与客舱联系，以防止客人发生意外，确保客人安全。

四、请即打扫房（Make Up Room）

如果客人希望客房清洁员能优先打扫房间，可以在门把手上挂上"请即打扫"牌（图17-31～图17-33）这时，客房清洁员应优先安排清洁整理，满足客人的要求。

图17-31 诺唯真"逍遥"号（Norwegian Breakaway）上的请即打扫房和请勿打扰房按钮

图17-32 皇家加勒比邮轮上的请即打扫卡

任务三 掌握邮轮航线的价格

邮轮价格是指游客乘坐一个航次所应支付的费用。它由邮轮航行成本和合理利润组

图 17-33 歌诗达"大西洋"号上的请即打扫房

成,是邮轮商品价值的货币表现形式。作为预订员需要掌握邮轮价格的构成,并能准确报价。

一、邮轮价格构成和航线报价

(一)邮轮价格的构成

1. 船票费用(Ticket Fares)

主要包括游客在邮轮上的住宿费用;24 小时的房间服务;指定餐厅如主餐厅和自助餐厅的用餐选择;指定的邮轮设施和娱乐节目活动如健身房、游泳池、图书馆等。

 案例赏析

丽星邮轮推出"全新自由,由你作主"海上游玩新概念

丽星邮轮推出"全新自由,由你作主"邮轮新概念,让旅客拥有真正自由自在、为自己量身定制专属的丽星体验。新概念将由 2016 年 11 月 13 日起,于旗舰"处女星"号由香港及深圳太子湾新母港出发之周末邮轮假期,以及前往越南胡志明市及芽庄、岘港及下龙湾的航次推出,让旅客按自己的喜好及需求,缔造个人化的海上享乐体验。旅客可以自主安排船上所有餐饮、娱乐、零售、美容、按摩以及岸上观光体验等服务,尽情享受更自主畅快的旅程。

丽星邮轮将"自由闲逸式"邮轮概念进一步升级为"全新自由,由你作主",开启邮轮的 4.0 模式,把指定的包餐都换为船上消费额度(额度为 280 港币/人/晚,2 岁以下小孩 65 港币/人/晚),适用于船上不同服务及设施。旅客可以随意于 14 间餐厅及酒吧品尝中、西、东南亚等国际美食,以及米其林精选名菜;或搭配多元化的休闲娱乐设施、专业按摩美容护理服务、国际大型表演节目以及精彩的岸上观光团等。让旅客拥有更方便和自主的船上消费

方式，享受一个更完整丰富的邮轮体验。

对此，丽星邮轮总裁洪茂林先生表示，丽星邮轮于23年前率先将邮轮旅游引进亚洲，一直留意旅客对旅游要求的转变。"全新自由，由你作主"的全新邮轮旅游概念可令旅客自行设计最适合自己的邮轮假期，令享受全面升级。

2. 港务费和政府税费（Port Charges，Taxes & Fees）

邮轮港务费是船舶进出港口和在港停泊期间，因使用港口的水域、航道和停泊地点，应按规定向港口当局缴付的费用，相当于乘坐飞机需要缴纳机场建设费。此项费用无论游客年龄大小，以人数计算，都须全额支付。

 小资料

港务费（Port Charges）与非佣金费用（Non-commissionable Cruse Fares，NCCF）

当游客收到报价单或购买邮轮航程时，上面的价格一般由以下5部分组成。
(1) 净船票费用（Net Rate）；
(2) 非佣金费用（Non-commissionable Cruse Fares，NCCF）；
(3) 政府税费（Governmental Taxes and Tees）；
(4) 邮轮服务小费（Gratuities）；
(5) 旅游个人保险费用（Travel Insurance）。

其中最令人感到疑惑的部分就是"非佣金费用"。什么是非佣金费用？它们之所以被称为非佣金费用，是因为这些费用没有返给旅行社佣金。几年前，美国联邦贸易委员会要求邮轮公司在其宣传的价格中列出所有"非佣金费用"——也就是说，邮轮公司应该告诉游客邮轮的详细价格（船票费用＋非佣金费用＋政府税费）。美国联邦贸易委员会的目的是确保游客了解其乘坐邮轮的真实成本。

不幸的是，"非佣金费用"对于游客来说并不是一个非常友好的消费者术语，并被邮轮公司用来增加其利润。这些费用通常包括港口费，但也可以包括任何邮轮希望包括的费用，如行政费用，或港口提供的服务的相关费用（驾驶、装卸、垃圾处理、移民费用等）。游客通常不会看到非佣金费用的明细，并且对于邮轮应不应该包括哪些具体费用并没有任何要求或限制，这也就意味着非佣金费用可以是邮轮公司希望的任何费用，唯一的要求就是必须向游客披露并包含在最终价格中。

一些旅行社将非佣金费用只列为港务费，这显然是不正确的。例如，若非佣金费被标记为港务费150美元，但不幸的是一场飓风阻止游客访问任何港口，这时游客是无法拿回150美元的。非佣金费用不是港务费，但可能包括港务费。

在我们国内，并没有听过非佣金费用这一说法，是因为旅行社在出售邮轮船票时很难解释什么是非佣金费用，而非佣金费用又主要用于支付港务费，所以国内就用港务费来代替非佣金费用。

3. 邮轮服务费（Tips）

邮轮服务费也即邮轮服务小费，按照每人每晚收取一定数额，不同邮轮公司服务费的收取标准不同，不同舱房类型服务费也不相同，以皇家加勒比邮轮为例，内舱房、海景房、景观房和阳台房的舱位以每人每晚13.5美元计算，普通套房（Junior Suites）以上舱位以每人每晚16.5美元计算。

 小资料

邮轮小费的全方位解答

1. 小费的由来

小费，也叫小账，服务行业中顾客感谢服务人员的一种报酬形式。起源于18世纪英国伦敦，当时酒店的饭桌中间摆着写有：To Insure Prompt Service（保证服务迅速）的碗。顾客将零钱放入碗中，将会得到招待人员迅速而周到的服务。把上面几个英文单词的头一个字母联起来就成了Tips，译为小费。

2. 支付小费是一种文化习惯

在邮轮上，游客支付小费是一种很自然的文化现象。现在的邮轮业，大多数邮轮公司都推荐给小费，在细节上有所不同。一般都会在游客离船前一天从船上账户上自动扣除小费。小费主要是付给客舱服务生、餐厅领班、餐厅服务生、餐厅服务生助理的。

也有一些高端邮轮如精钻会邮轮、水晶邮轮、世邦邮轮等正在逐步消除邮轮小费或者包含在船票里面，河轮公司也把小费包含到船票费用里面。但是大部分邮轮公司还是收小费的。

3. 部分邮轮公司小费参考

丽星邮轮——

除套房外其他客房一律收取港币¥100/人/晚，套房收取港币¥120/人/晚，2周岁或以下儿童免收邮轮服务费。

歌诗达邮轮——

邮轮服务费在船上缴纳：13周岁以上（含13周岁）游客普通房型13.5美元/人/晚，套房客人16.5美元/人/晚；4～12周岁以下游客为普通房型6.75美元/人/晚，套房房型8.25美元/人/晚，4周岁以下游客免服务费。

皇家加勒比邮轮——

自2016年5月1日起，皇家邮轮上美元小费调整：普通套房及以下每晚13.50美元/人，普通套房以上每晚16.50美元/人。实际收费标准以邮轮上为准，在邮轮上结算。

中国母港航线涉及开始的航程日期如下。

"海洋量子"号　　　自 2016 年 5 月 2 日航次开始；
"海洋水手"号　　　自 2016 年 5 月 6 日航次开始；
"海洋航行者"号　　自 2016 年 5 月 3 日航次开始；
"海洋神话"号　　　自 2016 年 5 月 8 日航次开始；
"海洋赞礼"号　　　自 2016 年 5 月 3 日航次开始（奥德赛行程）。

天海邮轮——

邮轮上的服务费（须自行于船上缴纳）：普通舱房每人每晚 12.95 美元，天海行政套房 S1、天海行政套房 S2 和蓝天行政套房 NS 每人每晚 14.50 美元，总统套房 PS、世纪套房 RS 每人每晚 15.95 美元；2 岁以下婴儿免服务费。

公主邮轮——

全程邮轮服务费（请在邮轮上支付），参考费用：内舱房、海景房、阳台房，12.95 美元/人/晚；迷你套房、套房，13.95 美元/人/晚。

地中海邮轮——

邮轮服务费：每位游客 12 美元每人每晚（以上费用到船上现付，收费标准仅供参考，以船上公布标准为准）。

4. 岸上观光了解当地消费支付习惯

法国——

餐厅：如果在账单上显示"Service Compris"这个词时，表示不需要给小费；不过大部分的当地餐厅都要求加收 10% 的服务费。在法国的酒吧是不需要给小费的。

意大利——

餐厅：小费大约为餐费的 10% 即可。

酒店：门童 5 欧元；客房清理管家 1~2 欧元/晚，如果有其他客房服务则适量多给一点。

西班牙——

餐厅：如果餐厅的服务很好，留下餐费的 7%~13% 现金（注意不要刷卡）作为小费；如果服务不好，大可以直接付了账单就大摇大摆走出餐厅，没有人会抱怨。

酒店：如果礼宾部给你提供了额外的服务，可以给他们 5~10 欧元的小费；如果你希望客房清洁人员打扫得十分干净，可以给他们 5 欧元/天；门童搬运一件行李应给 1 欧元小费。

土耳其——

餐厅：另给账单约 10% 的现金作为小费，或者可以更多一点。

酒店：土耳其酒店的账单一般不包括服务费用；给礼宾部小费的多少一般取决于酒店的星级，五星级酒店礼宾部提供的服务一般应给 10~20 美元的小费。

希腊——

餐厅：按照惯例，通常根据餐费的不同给账单数额 5%~10% 的小费（如果是普通不太贵的给 10% 小费，如果是比较贵的餐点则给 5% 的小费即可）。

酒店：搬运一件行李小费 1 欧元；客房清理管家最多 1 欧元/晚；当礼宾部提供专属服务时适量给小费即可。

英国——

餐厅：通常账单已经包含了服务费；如果菜单显示不包含服务费，则应该给服务员 10%~15% 的小费。有时候仔细看账单的话，会有一项可选择的服务费用，千万不要直接付款，应该衡量一下餐厅的服务是否值得这个费用。在酒吧不需要给小费。

酒店：门童搬运一件行李给 1~2 英镑小费；客房清理人员 1~2 英镑/晚；在五星级酒

店最多给服务人员 5 英镑。

4. 保险费用

邮轮公司建议游客购买的旅游人身意外保险和出境旅游意外保险等，为非强制性消费。

5. 岸上观光费用（Shore Excursion Fares）

岸上观光属于个人消费领域。乘坐邮轮期间，游客可选择参加邮轮公司组织的岸上行程到岸上进行观光游览，费用将依据游览时长和所含内容而定，可在购票时同时选择岸上观光行程并支付费用，也可上船后到岸上观光服务台报名购买。

6. 护照、签证费用

办理护照等证件及准备签证资料过程中所发生的费用，由游客自行承担。

7. 交通费用

游客往返码头的交通费用，如乘坐飞机、火车或汽车的费用。

8. 酒店费用

在长线邮轮旅游（Fly Cruise）中，游客在邮轮起航前或航行结束后因住宿而产生的费用。

案例赏析

"MSC '辉煌'号西地中海环游＋瑞士 12 日"的费用组成

途牛网在其网站上推出了一条 2017 年 1 月 14 日北京往返的西地中海环游外加瑞士传统游的长线邮轮旅游产品，其内舱房的报价是 16 800 元，费用说明如下。

费用包含：

（1）行程中所列航班经济舱团体机票及相关税费；

（2）行程中所注明境外地面交通费；

（3）行程中所列邮轮船票、港务税费及燃油附加费；

（4）"辉煌"号 7 晚住宿、船上用餐、娱乐设施及其他免费项目；

（5）行程中所列包含的酒店住宿费用（双人标准间）；

（6）行程中所列包含的餐食费用（国际段航班以机上餐为准）；

（7）行程中所列包含的景区、景点首道门票费用；

（8）瑞士申根团队旅游签证费用。

费用不包含：

（1）人身意外伤害等保险费用（建议购买）；

（2）邮轮服务费（参考费用：9 欧元/人/晚，全程合计 63 欧元/人，船上支付）；

（3）中文服务岸上观光套餐（自愿购买），其中成人 4999 元/人，18 周岁以下儿童 4299 元/人或自行购买船方的英文岸上观光；

（4）办理护照等证件、及准备签证资料过程中发生的费用；

（5）行程中发生的旅游者个人费用，包括但不限于邮轮及酒店所提供的各项付费服务（如岸上观光、付费酒水咖啡、干洗、卫星电话等）及自由活动期间发生的各项费用等；

（6）邮轮单房差费用、陆地酒店加床费用及邮轮升舱差价；

（7）自由活动期间的餐食费及交通费；

（8）旅游者自愿支付给导游、领队、司机、酒店服务生等服务人员的小费；

(9) 旅游者因违约、自身过错、自由活动期间内行为或自身疾病引起的人身和财产损失，及因交通延误、战争、政变、罢工、自然灾害、飞机故障、航班取消或更改时间等不可抗力原因所致的额外费用；

(10) 旅游费用包含内容以外的所有费用。

＊建议购买旅游人身意外保险、出境旅游意外保险。

(二) 邮轮航线的报价

根据价格中所包含邮轮费用的不同，邮轮航线的报价分为单船票价、套餐票价和全包价三种类型。

(1) 单船票价：费用仅含船票，港务费及政府税费另计，预订好船票后，游客需自行前往邮轮码头登船。

(2) 套餐票价：也叫组合价，即除了船票，费用还包括岸上观光、签证、机票、酒店住宿等部分项目，甚至全程的领队陪同（通常情况下不包含邮轮小费），如船票＋岸上观光或船票＋机票＋签证等。

(3) 全包价：即一价全包，除却游客个人购物消费，其他项目全包含，甚至小费。全包价一般为六星级超豪华邮轮（Ultra-luxry Cruises）所采用，如银海邮轮（Silversea Cruises）、丽晶七海邮轮（Regent Seven Seas Cruises）、水晶邮轮（Crystal Cruises）、世邦邮轮（Seabourn Cruises）、维京邮轮（Viking Ocean Cruises）等。

因此，预订人员在向游客推荐邮轮航线时，需仔细说明航线报价中包含哪些项目，不包含哪些项目，方便游客权衡之后作出选择。

案例赏析

高品质"一价全包"的银海邮轮

海上唯一的六星级超豪华邮轮——银海邮轮（Silversea Cruise），无疑成为奢华邮轮的代表。乘坐银海邮轮已经被视作一种身份和地位的象征，其尊贵客人名单中不乏国家元首和全球500强企业的商业领袖。

银海邮轮载客数仅为200~500人左右，因为吃水浅，对港口要求较低，往往能够更便利地抵达一些风景优美的港口城市及历史文化保存完好的魅力城镇。除此以外，银海邮轮还具备其他邮轮不具备的优势，如：配备独立衣帽间和宽敞卫浴的超大私人空间；1∶1的服务人员和游客比例；为贵宾提供24小时的管家服务；上下船不用等待、排队；船票包括餐饮、酒水和岸上行程等所有费用；餐饮包括由米其林级别的厨师定制的中西佳肴和各色小点等。

并且与其他邮轮相比，银海邮轮是真正意义上的高品质、一价全包邮轮，其费用中包含下列所有项目。

1. 全海景套房设施，85%以上配私人柚木阳台

同等级邮轮中最宽敞的全海景套房，在雅致的氛围中带来无与伦比的奢华享受。

2. 免费的私人管家服务

银海邮轮公司的所有船舰上的全部房型均配有免费的专属私人管家，为游客提供无微不至的服务。

3. 不限时限位提供用餐

不设固定的用餐批次和用餐座位，可以随心所欲地和朋友在餐厅里享用美食。

4. 全天候免费酒水饮料

银海邮轮提供各种免费的优选酒饮，游客可以在泳池边或餐桌上惬意地享受葡萄酒、香槟以及鸡尾酒。

5. 无需支付任何小费

所有服务的小费已经包含在游客的船费中，不需要再支付任何小费。

6. 按照游客喜好每天补充套房中的饮料橱柜

第一次登上邮轮时，除了为游客准备的欢迎香槟和盛着冰块的酒杯外，每间套房里还配备了一个有着各式各样饮料的橱柜，私人管家将按照游客的喜好每天补充。

7. 24小时免费客房点餐服务

24小时提供正餐和点心，同样不需要任何额外的费用和小费。

8. 丰富多彩的娱乐活动

游客可以欣赏精彩的爵士乐表演、古典音乐会、具有当地特色的娱乐节目或在顶层甲板看一场露天电影。银海邮轮的大多数航线均有当地知名历史学者、驻地大使、各国政要、作家及地理学者等的客席演讲，与宾客慷慨分享他们在当地的宝贵经历及真知灼见。Viking烹饪学校的主厨会教宾客如何创造世界顶级的美食。

9. 免费的城市穿梭巴士

银海邮轮在大多数港口为游客安排了穿梭巴士往返码头至城市中心，让游客自由体验不同城市的魅力。

10. 免费的岸上观光行程

11. 提供免费海上Wifi

12. 由专业健身教练带领的瑜伽课、健美操、普拉提等课程

二、邮轮船票价格的种类

邮轮船票价格一般分为正价、特价、其他价格等三种。

（一）正价船票

正价船票即全价船票，是指游客通过邮轮公司或邮轮代理购买的标准价格，没有任何优惠和折扣，通常出现在各大邮轮公司官网上，此类价格是所有价格中最高的一种。

（二）特价船票

特价船票也叫优惠船票，邮轮公司或邮轮代理为了尽快销售而作出的特价优惠，特价船票相比于正价船票要便宜得多，具体可分为以下几种。

1. 早鸟预售价（Early Bird Booking）

邮轮公司会在起航前18～24个月公布航程，为鼓励游客提前制订出行计划，这时的舱房预订价格是最低的，越早预订价格越低，最多可以节省55%的开销。这类价格即称为早鸟预售价。而在起航前90天、60天、30天、7天，价格均有不同程度的涨幅，大约会比提前预订价上浮5%、10%、15%、30%。

2. 最后一分钟特价（Last Minute Booking）

最后一分钟特价也叫尾舱价或甩舱价，是当邮轮临近起航的日期还有船票没有卖出去，邮轮公司或邮轮代理为了尽快将积压的舱房清空，采用极低甚至低于成本的价格销售的邮轮船票。该价格深受游客喜爱，尤其欧美国家的客人，既不用办理签证服务，又可以享受邮轮最后时刻的优惠。

3. 多人优惠价

多人优惠价也叫团队价，是邮轮公司或邮轮代理提供给团队游客的一种价格。由于团队游客数量大、用房多，故团队价通常低于正价船票。团队价可根据邮轮代理等团队的重要性、客源的多少以及淡、旺季等不同情况具体确定。

4. 会员价

会员价是邮轮公司根据游客消费积分情况的不同而给予的优惠价格,各大邮轮公司都有自己的会员俱乐部,俱乐部会员可在下一次旅行时享受预订优惠和船上独家会员礼遇。如歌诗达俱乐部会员在散客预订时可享受5%的常客票价折扣,该折扣也适用于同舱中的所有游客,除此之外,所有歌诗达俱乐部会员均可获得10%~25%的特惠船上折扣。

5. 网络预订价

网络预订价是相对于邮轮代理门市价而言的,一般是邮轮公司或邮轮代理与第三方网络平台合作推出的优惠价格。

(三)其他价格

1. 第三、第四人价

第三、第四人价是指游客入住三人间或四人间时,第三人或第四人需支付的价格。入住三人间或四人间时,第一人和第二人是标准床位,支付的是全价;第三人或第四人没有标准床位,多为壁挂床或沙发床等加床,舒适度较差,船票价格可能会有优惠甚至免费,具体根据邮轮公司和航次不同而定。

第三人或第四人除了船票价格上的优惠,也会有其他一些优惠政策,如地中海邮轮、歌诗达邮轮等一些邮轮公司为了吸引客源,推出儿童作为同舱第三、第四人只需要收取港务费等税费,全额免儿童船票的特惠政策,当然这个要根据不同航次不同邮轮公司的政策而定,不是所有的航次都有这样的优惠。

2. 儿童价

不同邮轮公司对于未成年人的收费标准是不一样的。国内大部分的旅行社或平台都是以均价结算的。有些邮轮会给作为同舱第三、第四人的儿童免船票费用,例如歌诗达邮轮和地中海邮轮公司;一些邮轮公司没有针对儿童的特惠政策,例如皇家加勒比邮轮和公主邮轮公司,但也要适情况而定。

3. 单人船票价

邮轮舱房一般是标准间,即两个床位,如果出游人数为单数时,有可能需要游客补足另外一个床费的费用,缴纳200%的单人船票费用价格,一个人住一间舱房,部分邮轮的部分航线有时只收150%的单人船票费用价格,如银海邮轮。当然也有少量船只特设单人房,如诺唯真邮轮、皇家加勒比邮轮、地中海邮轮等。

三、影响邮轮船票价格的因素

1. 邮轮航区不同价格不同

全球邮轮航区可分为地中海、加勒比海、澳大利亚、新西兰、阿拉斯加、东南亚、北欧、南极、中日韩航区等。其中,最受欢迎的航区是地中海航区和加勒比海航区,每年航行于此的邮轮航线占全球航线的80%左右,这两个航区的船票价格会相对较高。其他航区如中日韩航区因开发时间较晚,市场成熟度不高,船票价格相对较低。

2. 邮轮航线及航线长短不同价格不同

同一邮轮航区中,不同邮轮航线及航线长短不同价格也是不一样的,如在中日韩航区中,从中国天津出发的6天5晚的航线,同一艘邮轮的同一种舱房类型,一条去往济州和福冈,一条去往釜山和福冈,价格是完全不同的,这与航线中停靠港的受欢迎度等有关。另外,邮轮航线时间越长价格越高,邮轮航线时间越短价格越低。

3. 邮轮公司及邮轮船只不同价格不同

船票价格在一定程度上可以反映出邮轮的豪华程度和服务水准及邮轮公司的品牌和等级。水晶邮轮(Crystal Cruises)、丽晶七海邮轮(Regent Seven Sea Cruises)、银海邮轮(Silversea Cruises)、海之梦游艇俱乐部(Sea Dream Yacht Club)和世邦邮轮(Seabourn)

被评为"超豪华六星级邮轮",其价格比其他邮轮要高出几倍;而大洋邮轮(Oceania Cruises)、精致邮轮(Celebrity Cruises)和荷美邮轮(Holland America Line)则属于"五星高级邮轮",其船票价格、船上服务、船员和设施的配备性价比最高;相比之下,价格便宜好几倍的船就属于"四星标准邮轮",如嘉年华邮轮(Carnival Cruise Lines)、歌诗达邮轮(Costa Cruises)、诺唯真邮轮(NCL)、地中海邮轮(MSC)、公主邮轮(Princess Cruises)和皇家加勒比邮轮(Royal Caribbean International)。

4. 舱房类型和位置不同价格不同

邮轮的舱房按等级可分为内舱房、海景房、阳台房和套房四种基本类型,不同舱房类型价格是不同的,通常情况下套房价格最高,内舱房价格最低。同种类型的舱房,价格也有所区别,邮轮公司通常会根据舱房所在楼层、前、中、后的位置、舱房面积甚至阳台大小等因素,将同一类型舱房分为 A、B、C、D 等不同等级,然后以不同价格出售船票。如位于最低楼的内舱房由于离邮轮马达比较近,所以在所有内舱房中,其价格最低。

 小资料

国内游客如何选择舱房类型

国内旅行社包船销售时,通常分为内舱、海景、阳台和套房四种房型。由于市场不景气,旅行社不会把套房的价格标得很高,一般只是普通房间的 1.5~2 倍的价格,远远低于邮轮公司公布的标准价格。但是,选择套房却可以享受到很多 VIP 服务,比如优先上下船、管家服务、参加船长私人酒会、赠送水果和香槟、购买酒水及收费餐厅折扣等;对于有一定经济实力的家庭,选择套房可以省去很多麻烦。

5. 同一航线淡旺季不同价格不同

与传统旅游一样,邮轮旅游也有淡旺季,比如日韩航线,夏天是旺季,冬天是淡季,淡季的时候价格相对会便宜,其他航线也可以依此类推,大多是根据气候来划分(加勒比除外,因为那里一年四季都是夏天)。除了气候影响以外,游客所在国家(地区)的公共假期安排也是淡旺季的影响因素。

6. 预订时间不同价格不同

邮轮公司会提前一年左右公布次年的邮轮航线,并鼓励游客购买,此时的舱房预订价格是最低的,一般来说,预订时间越早,价格越低,当然最后一分钟甩舱价也是非常低的。

7. 预订地区不同价格不同

国外预订要比国内预订相对划算,远离出发港口的城市的价格要比港口城市的价格优惠。

四、邮轮公司的价格策略

价格是邮轮公司市场竞争的有效手段,企业运用价格策略,通过价格的提高、维持或降低,以及对竞争者定价或变价的灵活反应等来与竞争者争夺市场份额。

1. 旅行社切舱

旅行社提前从邮轮公司大量拿舱,就会有一个比较大的折扣,拿的舱越多,折扣越大。这与团体机票要比散客票便宜的道理相同。

2. 地区差价

邮轮公司会对某些地区进行促销来增加销售，比如出港地点为 A 地区，邮轮公司对 A 地区采取正价销售策略，B 地区离 A 地区比较远，但是邮轮公司希望可以鼓励 B 地区的游客参与，会在 B 地区实行优惠销售。

3. 提前销售计划

邮轮公司为了促进销售，会有"早鸟预售"销售策略，预订时间越早，相同舱位价格越便宜。

4. 最后一分钟销售

如果船票销售情况不好，在船开前 3～7 天，船票价格可能会突然跳水来刺激销售，但是最后一分钟船票是无法预测的。

5. 淡旺季销售

中国邮轮旺季通常是"五一"小长假、"十一"黄金周、春节、暑期 7 月、8 月份。旺季时，船票供不应求，价格偏高。旺季之外的时间，通常价格优惠，还会经常有特价推出，时间自由度很高的老年游客建议在淡季出行。

6. 船上支付小费

邮轮公司之前在国内售票时，小费有时含在船票中或与船票一起提前收取，现在则摒弃提前收取，采用船上支付的方式，这会在一定程度上让游客感觉价格便宜了。

项目十八　未来航程销售

【学习与训练子目标】

1. 了解和熟悉不同邮轮公司的未来航程销售计划。
2. 掌握未来航程销售部的销售内容和推销技巧。
3. 能熟练地向游客推销未来航程。

课前阅读

铁行邮轮（P&O Cruises）——船上预订享受最大的优惠

没有什么比提前计划好旅行更让人期待的了！您知道在船上也能预订未来航程，享受一系列优惠，包括专业的指导吗？

我们船上的未来航程销售专家会花时间与您一起，确保找到一个能真正让您过瘾的假期。这些销售专家可以提供有关旅游目的地的个人建议，亲自指点您找到能满足需求的邮轮航程。当然，如果您愿意，也可以仍然交由您的旅行社为您预订。但是，船上预订您可获得最好的出发日期。您只需提供15%的订金，无需支付信用卡手续费用。

在船上预订您也将享受船上消费额度，额度随航行时间增加。

航程2～7晚，每人25欧元；

航程8～14晚，每人50欧元；

航程15～21晚，每人75欧元；

航程22晚及以上，每人100欧元。

除了在船上预订未来航程，我们还可收取未来航程预付款，以便您能获得船上消费额度。每人25欧元的预付款将作为您下次航程的付款——然后您将有一年的时间可以兑换任何未来的预订。

要享受到这些优惠，确保获得最完美的假期，请与我们船上的未来航程销售经理详谈。

【知识点与技能点】

航程销售工作是邮轮公司赖以生存的关键。邮轮旅游产品具有不可储存性，极易过期和消失。为了尽快收回成本并获取较高的经济收益，邮轮公司配有完备的销售体系，岸上（Shoreside）设置邮轮预订呼叫中心（Call Center），主要负责新游客的预订，船上（Shipside）设置未来航程销售中心（Future Cruise Sales），负责忠诚游客的预订（图18-1）。

任务一　认识未来航程销售

一、未来航程销售部

未来航程销售部（Future Cruise Sales），也称为下次航程销售部（Next Cruise Sales），是专门向游客宣传、推销和预订未来航程，培养和回馈忠诚顾客，并通过一系列优惠措施提升游客忠诚度的部门。该部门主要为游客提供全方位的咨询服务，让游客了解丰富多彩的未来航程和目的地；接受游客预订，并回馈一系列预订优惠服务。

为了更好地帮助游客了解丰富多彩的未来航程和目的地，为游客提供最专业的指导意见，并接受游客预订和支付订金，该部门在邮轮大堂设置未来航程销售柜台（Future Cruise Sales Desk，Next Cruise Sales Desk），一般与邮轮前台毗邻（图18-2），配备未来航程销售经理（Future Cruise Sales Manager）、未来航程销售顾问（Future Cruise Sales Consultants）和未来航程销售助理（Future Cruise Sales Associates），为游客提供咨询解答和预订服务（图18-3、图18-4）。

图18-1　邮轮呼叫中心员工

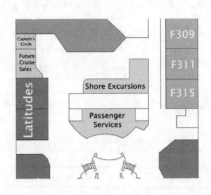

图18-2　"加勒比公主"号（Caribbean Princess）位于6层的未来航程销售柜台

图18-3　精致"星座"号（Celebrity Constellation）上的未来航程销售（Futre Cruise Sales）

图18-4　"海洋绿洲"号（Oasis of the Sea）上的未来航程销售（Next Cruise）

二、未来航程销售部的工作职责

（一）未来航程部的岗位设置

1. 未来航程销售经理（Future Cruise Sales Manager）

带领未来航程销售部所有员工积极进行未来航程的宣传和销售，依据预订系统准确报价和预订，制订销售策略，及时与岸上销售部门联系和反馈，确保与所有部门良好沟通，以实现共同的目标。

2. 未来航程销售顾问（Future Cruise Sales Consultants）

根据游客的需要，向游客提供有关邮轮未来航程和旅游目的地的专业建议，帮助游客选择或制订满足其需要的航程。

3. 未来航程销售助理（Future Cruise Sales Associates）

在未来航程销售经理的带领下，未来航程销售助理（图18-5）负责协助船上的游客规划未来的邮轮假期，包括提供宣传资料、咨询接待、预订接待、定金收取等。

(二)未来航程部的工作职责

(1) 提供各种未来航程宣传资料。

在未来航程销售柜台准备各种未来航程宣传资料（图 18-6、图 18-7），包括宣传册（Brochure）、易拉宝、影像资料、宣传片等，宣传丰富多彩的未来航程。

(2) 熟悉未来航程和停靠港目的地的旅游情况并能为游客提供专业建议。

未来航程销售部门的员工必须能掌握其宣传的未来航程和停靠港目的地的旅游情况，并能根据游客的需要提供专业建议。

图 18-5　皇家加勒比邮轮上的未来航程销售助理

(3) 提供未来航程咨询服务，解答游客有关未来航程的相关问题。

未来航程销售部在大堂设置柜台，游客可到柜台处向未来航程销售助理咨询，未来航程销售助理会根据游客需要介绍游客感兴趣的航程，并详细介绍航程的特色以及能满足游客哪些需要等，还要介绍船上预订可以享受到的各种优惠。

(4) 根据游客需要制订未来航程旅行计划。

未来航程销售部还可以根据游客的需要设计和制订未来航程旅行计划，选择最合适的出行时间，挑选最好的航线，为游客制订最完美的旅行计划。

(5) 熟知未来航程预订计划（Future Cruise Booking Program）。

为了能促进未来航程的销售，邮轮公司针对船上预订的游客会提供各种优惠措施，未来航程销售部的员工必须熟知船上预订奖励计划（Onboard Booking Program）。

(6) 帮助游客填写未来航程预订表并接受预订。

(三)未来航程部员工的素质要求

(1) 具有丰富的知识量，包括邮轮公司、品牌、船只、航线、停靠港目的地等。

(2) 具有良好的沟通能力和表达能力。

(3) 具有高超的推销能力，掌握推销技巧。

(4) 外向的性格，喜欢和善于与人打交道。

详见图 18-8。

三、未来航程预订计划（Future Cruise Booking Program）

(一)未来航程预订计划的内容

未来航程预订计划（Future Cruise Booking Program）也称为船上预订奖励计划（Onboard Booking Program），是邮轮公司针对船上预订的游客推出的忠诚顾客奖励项目，游客通过提前预订并支付少量订金便可获得各种优惠，优惠项目一般包括如下项目：

① 价格折扣优惠；

② 房型优选；

③ 赠送船上消费额度（Onboard Credit）。

(二)各大邮轮公司的未来航程预订计划

1. 精钻会邮轮（Azamara Club Cruises）

计划名称（Name of program）：精钻旅程（Azamara Passages）。

游客在船上预订未来航程时，每间舱房将获得高达 600 美元的折扣优惠。每次船上预订，游客还将获得两份推荐书，以便家人和朋友也能获得同样的福利。

确认类预订（Confirmed Booking）：能确定船只、出发日期和舱房等级的游客，根据所选航程的长短和舱房等级的不同，将获得 50% 的订金优惠和高达 600 美元的票价折扣。

SAIL NOW 25% OFF 2016 CRUISES* **SAIL LATER 30% OFF 2017 CRUISES*** + **UP TO $500 IN INSTANT ONBOARD CREDIT**

九月前半月特惠：小孩免费* **最高获赠500美金船上消费礼金**

海洋夢幻號	月/日	
11-Night Scandinavia & Russia 11 晚晚斯堪的纳维亚俄羅斯	8/11	哥本哈根,丹麦 里加,拉脱维亚共和國 他林,愛桑坦尼亞 聖彼得堡,俄羅斯（過夜） 赫爾辛基,芬蘭 斯德哥摩爾,瑞典 克萊佩达港,立陶宛 格丹斯克,波蘭 哥本哈根,丹麦
16-Night Transatlantic with Iceland 16 晚深度游冰島大西洋遷移	8/22	哥本哈根,丹麦 斯卡恩,丹麦 克里斯蒂安桑,挪威 斯塔万格,挪威 勒威克,蘇格蘭 雷克雅維克（首都）,冰島（過夜） 阿庫雷里,冰島（過夜） 聖約翰,纽芬兰 自由角,紐澤西
13-Night Transatlantic with Iceland 13 晚冰島魁北克大西洋遷移	9/7	自由角,紐澤西 纽波特,罗得岛 波士顿,马萨诸塞州 波特兰,缅因州 洛克兰,缅因州 巴尔港,缅因州 聖約翰,芬迪灣 哈利法克斯,新斯科舍 悉尼,新斯科舍 夏洛特敦,爱德华王子岛 魁北克,加拿大（過夜）
海洋旋律號		
7-Night Scandinavia & Russia 7 晚斯堪的纳维亚&俄羅斯	8/12	哥本哈根,丹麦 斯德哥摩爾,瑞典 他林,愛桑坦尼亞 聖彼得堡,俄羅斯（過夜） 赫爾辛基,芬蘭 哥本哈根,丹麦
7-Night Norwegian Fjords 7 晚深度游挪威峽灣	8/19	哥本哈根,丹麦 斯塔万格,挪威 比爾根,挪威 阿萊宋德,挪威 盖伦格,挪威 哥本哈根,丹麦
15-Night Transatlantic with Iceland 56 晚深度游冰島大西洋遷移	8/26	哥本哈根,丹麦 奥斯陸,挪威 克里斯蒂安桑,挪威 雷克雅维克（首都）,冰島（過夜） 阿库雷里,冰島 哈利法克斯,新斯科舍 波士顿,马萨诸塞州
7-Night Canada & New England 7 晚加拿大&新英國	9/10	波士顿,马萨诸塞州 巴尔港,缅因州 聖約翰,芬迪灣 哈利法克斯,新斯科舍 波士顿,马萨诸塞州
海洋燦爛號		
11-Night Hawaiian Islands Hopper 11 晚深度夏威夷群島	9/8	溫哥華,加拿大 拉海納镇（茂宜島）,夏威夷 （過夜） 希洛,夏威夷 考艾島,夏威夷 火奴鲁鲁,夏威夷
18-Night Transpacific Cruise 18 晚大溪地波拉波拉地穿越太平洋	9/19	火奴鲁鲁,夏威夷 大溪地,波利尼西亞 矛利亞,波利尼西亞 波拉波拉,波利尼西亞 跨越國際日期變更綫 惠靈頓,新西蘭 皮克頓,新西蘭 悉尼,澳大利亞
海洋探險者號		
7-Night Pacific Coastal Cruise 7 晚太平洋沿海航綫	9/29	西雅圖,華盛頓 阿斯托里亚,俄勒冈州 舊金山,加利福尼亚（過夜） 維多利亞,不列顛哥倫比亞 西雅圖,華盛頓
22-Night Transpacific Cruise 22 晚南太平洋斐濟夏威夷遷移	10/6	西雅圖,華盛頓 火奴鲁鲁,夏威夷 拉海納镇（茂宜島）,夏威夷 跨越國際日期變更綫 勞托卡,斐濟 蘇瓦,斐濟 神秘島,瓦努阿圖 利福島,忠誠島 馬雷島,新喀里多尼亚 悉尼,澳大利亞
海洋自由號		
10-Night Western Mediterranean 10 晚意大利西班牙地中海	10/5	巴塞羅那 卡塔赫纳,西班牙 伊比沙岛,西班牙 帕爾馬,西班牙 普羅旺斯,法國 尼斯,法國 比薩,意大利 羅馬,意大利 那不勒斯,意大利 巴塞羅那,西班牙
7-Night Western Mediterranean 7 晚西地中海經典綫	10 15	巴塞羅那,西班牙 普羅旺斯,法國 尼斯,法國 比薩,意大利 羅馬,意大利 那不勒斯,意大利 巴塞羅那,西班牙
14-Night Transatlantic 14 晚西班牙-美國大西洋遷移航綫	10/22	巴塞羅那,西班牙 塞維亞,西班牙 特那利芙島,加那利群島 大加那利島,加那利群島 拉帕尔马,加那利群島 羅德岱堡,佛羅里達
6-Night Western Caribbean 6 晚探索西加勒比	11/5	羅德岱堡,佛羅里達 喬治鎮,大開曼島 科斯塔瑪雅,墨西哥 可蘇梅爾,墨西哥 羅德岱堡,佛羅里達
8-Night Eastern Caribbean 8 晚探索東加勒比	11/11	羅德岱堡,佛羅里達 圣克里斯多福與尼维斯 聖馬丁 聖胡安,波多黎哥 拉巴地,海地 羅德岱堡,佛羅里達
海洋領航者號		
9-Night Northern European Coastal 9 晚北歐六國	10/13	南漢普頓,英國 瑟堡,法國 奥斯陸,挪威（過夜） 阿姆斯特丹,荷蘭 佈魯日,比利時 南漢普頓,英國
5 晚法國西班牙短綫	10/22	南漢普頓,英國 毕尔巴鄂,西班牙 巴黎,法國 南漢普頓,英國
10-Night *Sunshine in the Canaries* 10 晚陽光加那利群島	10/27	南漢普頓,英國 南漢普頓,英國 馬德拉群島,葡萄牙 特那利芙島,加那利群島 大加那利,加那利群島 蘭薩羅特,加那利群島 比戈,西班牙 南漢普頓,英國
13 晚大西洋遷移航綫	11/6	南漢普頓,英國 波士顿,马萨诸塞州 紐約,美國（過夜）奧蘭多,佛羅里達 邁阿密
5 晚探索墨西哥西加勒比	11/19	邁阿密,佛羅里達 科斯塔瑪雅,墨西哥 可蘇梅爾,墨西哥 邁阿密,佛羅里達
9 晚南加勒比島嶼風光	11/24	邁阿密拉巴地,海地 庫拉索島（荷屬） 博內爾島（荷屬） 阿魯巴（荷屬） 邁阿密,佛羅里達

*更多 2017 年秋季遷移航綫資訊請參閱本傳單的反面

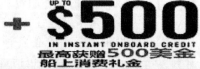

图 18-6 未来航程销售的宣传资料（正面）

不定期预订（Open Booking）：未确定船只和出发日期的游客将获得 50％的订金优惠，该订金不返还，永不过期，以及高达 600 美元的票价折扣。

2. 嘉年华邮轮（Carnival Cruise Lines）

计划名称（Name of program）：嘉年华未来假期（Future Carnival Vacations Program）。

游客船上预订未来航程时可获得高达 200 美元的船上消费额度。

船名/航线	日期	航线详情
海洋旋律号		
12晚波士顿迁移佛罗里达	10/20	波士顿,马萨诺塞州 圣托马斯 圣马丁 圣卢西亚 库拉索岛 阿鲁巴(荷) 僵德黛堡,佛罗里达
7-Night Western Mediterranean / 7晚西加勒比	11/17	僵德黛堡,佛罗里达 基韦斯,美国 疆丹岛,洪都拉斯 科斯塔玛雅,墨西哥 科苏梅尔,墨西哥 僵德黛堡,佛罗里达
10-Night Southern Caribbean / 10晚南加勒比	11/24	僵德黛堡,佛罗里达 圣托马斯 圣克洛伊岛(美属) 多米尼加岛 圣克里斯多福与尼维斯 圣马丁 僵德黛堡,佛罗里达
海洋珠宝号		
9-Night Greek Isles Cruise / 9晚探索希腊群岛	10/16	罗马,意大利 克利特岛,希腊 米科诺斯,希腊 以佛所,土耳其 圣托里尼岛,希腊 雅典,希腊 那不勒斯,意大利 罗马,意大利
12-Night Mediterranean / 12晚巴塞罗那过夜地中海线	10/25	罗马,意大利 尼斯,法国 普罗旺斯,法国 巴塞罗那,西班牙(过夜) 巴伦西亚,西班牙 帕尔玛,西班牙 瓦莱塔,马耳他 西西里,意大利 那不勒斯 罗马,意大利
13晚大西洋迁移航线	11/6	罗马,意大利 巴伦西亚,西班牙 里斯本,葡萄牙 蓬塔德尔加达 亚速尔群岛 圣胡安,波多黎哥
7晚探索南加勒比	11/19	圣胡安,波多黎哥 圣托马斯 圣克里斯多福尼维斯 安蒂瓜 圣露西亚 巴多斯 圣胡安,波多黎哥
7晚加勒比冒险	11/26	圣胡安,波多黎哥 圣克洛伊岛(美) 圣马丁 多米尼加岛 巴多斯 格林纳达 圣胡安,波多黎哥
海洋航行者号		
10晚新加坡迁移珀斯	10/18	新加坡 巴生港,马来西亚 兰卡威,马来西亚 普吉岛,泰国 珀斯,澳大利亚
16-Night Australian / 16晚澳大利亚南部海岸城市游	10/28	珀斯,澳大利亚 阿德莱,澳大利亚 墨尔本,澳大利亚 新西兰三大峡湾巡航 但你丁,新西兰 阿卡佩阿,新西兰 皮克顿,新西兰 惠灵顿,新西兰 悉尼,澳大利亚
8晚喝士兰深度游	11/13	悉尼,澳大利亚 布里斯班,澳大利亚 阿里海滩/大堡礁,澳大利亚 悉尼,澳大利亚
10-Night Exotic South Pacific Cruise / 10晚探索南太平洋群岛	11/21	悉尼,澳大利亚 努美阿,新喀里多尼亚 利福岛,忠诚岛 维拉,瓦努阿图 神秘岛,瓦努阿图 维拉岛,瓦努阿图 神秘岛,瓦努阿图 马雷岛,新喀里多尼亚 悉尼,澳大利亚
海洋独立号		
5晚法国德国短线	10/24	南汉普顿,英国 鹿特丹,荷兰 佛鲁日,比利时 巴黎,法国 南汉普顿,英国
15天英国迁移美国	10/29	南汉普顿,英国 圣马丁 圣克里斯多福与尼维斯 圣托马斯 圣胡安,波多黎各了 海地,拉巴著 僵德黛堡,佛罗里达
海洋光辉号		
12-Night Mediterranean Greek Isles / 12晚希腊群岛与岛峡湾探险	10/28	巴塞罗那,西班牙 戛纳,法国 比萨,意大利 罗马,意大利 雅典,希腊 以佛所,土耳其 圣托里尼岛,希腊 瓦莱塔,马耳他 巴塞罗那,西班牙
14-Night Transatlantic / 14晚	11/9	巴塞罗那,西班牙 卡塔赫纳,西班牙 马拉加,西班牙 马德拉群岛,葡萄牙 圣胡安,波多黎各 坦帕市,佛罗里达
7-Night Western Caribbean	11/23	坦帕市,佛罗里达 基韦斯,美国 疆丹岛,洪都拉斯 科苏梅尔,墨西哥 乔治镇,大开曼岛 坦帕市,佛罗里达
海洋迎风号		
8-Night Adriatic & Italy / 8晚探索意大利&亚得里亚海	10/28	威尼斯,意大利 杜布罗夫尼克旧城,克罗地亚 科托尔,黑山共和国 那不勒斯,意大利 罗马,意大利 比萨,意大利 巴塞罗那,意大利
14-Night Canary Islands & Cococay / 14晚加那利群岛&可可湾	11/5	巴塞罗那,西班牙 摩纳哥港,加那利群岛 大加那利岛,加那利群岛 拉帕尔马,加那利群岛 可可湾,巴哈马 坦帕市,佛罗里达
7晚西加勒比	11/12	坦帕市,佛罗里达 基韦斯,美国 科苏梅尔,墨西哥 伯利兹城,伯利兹 科斯塔玛雅,墨西哥 坦帕市
海洋赞礼号		
9晚香港迁移新加坡	11/14	香港,中国 三亚,中国 蚬港,越南 芽菲,越南 胡志明市,越南(过夜) 新加坡(过夜)
14晚新加坡迁移悉尼	11/23	新加坡 珀斯,澳大利亚 阿德莱,澳大利亚 霍巴特,塔斯马尼亚 悉尼,澳大利亚
10晚深度游新西兰南岛	12/7	悉尼,澳大利亚 巡航新西兰峡湾 包尼了,新西兰 奥塔哥,新西兰 纳皮尔,新西兰 皮克顿,新西兰

图18-7 未来航程销售的宣传资料（反面）

确认类预订（Confirmed Booking）：需要游客确定船只和出发日期。游客还可获得两张优惠券转赠给朋友和家人，优惠券的有效期为60天，必须与游客的预订相同（同一条船、同一出发日期）。

不定期预订：不确定船只和出发日期的游客可获得未来航程抵用卷，每张抵用券价值

图 18-8 "加勒比公主"号邮轮未来航程销售助理与游客交谈

100 美元，可用于支付未来航程的票价费用，该抵用券的有效期是 24 个月，航行日期必须在 36 个月以内。

3. 精致邮轮（Celebrity Cruises）

计划名称（Name of program）：精致旅程（Celebrity Passages）。

游客预订未来航程时，每间舱房最多可获得 300 美元的船上消费额度以及最多 3 个级别的舱房升级（依据邮轮可用舱房数并仅限于确认预订）。

确认类预订（Confirmed Booking）：对于已经确定船只、出发日期和舱房类型的游客，每人收取 100 美元的订金，同样额度的船上消费礼金将增加至游客的消费账户中。

不定期预订（Open Booking）：不要求游客立即确定船只和出发日期，并且永不过期。每人需要收取 100 美元的订金，订金不退还。

4. 冠达邮轮（Cunard Cruise）

计划名称（Name of program）：船上优惠计划（On Board Savings Program）。

预订订金为每人 300 美元，根据未来航程的长短和舱房类型的不同，游客预订未来航程时将获得高达 400 美元的船上消费额度。

5. 迪斯尼邮轮（Disney Cruise）

根据客舱类别的不同，游客预订未来航程时可享受订金减半的优惠。游客还将获得 10% 的票价折扣，另外 6 晚及以下航程每间舱房 100 美元和 6 晚以上航程每间舱房 200 美元的船上消费额度（图 18-9）。

6. 歌诗达邮轮（Costa Cruise）

歌诗达邮轮每条船上都配有邮轮顾问。游客预订未来航程时，若保证类预订，游客将获得 5% 的折扣优惠。同时将获得一个可转赠给家人或朋友的优惠名额。

7. 荷美邮轮（Holland America Line）

游客预订未来航程时，每人收取 100 美元的订金，根据航程长短和舱房类别的不同，每间客舱将获得高达 200 美元的船上消费额度。游客可当时选定航程，也可 4 年内选择航程。

8. 地中海邮轮（MSC Cruises）

计划名称（Name of program）：未来航程顾问项目（Future Cruise Consultant Program）。

船上预订未来航程时，每人需收取 100 美元的订金，根据船只、出发日期和舱房类别的不同，每间舱房将获得高达 200 美元的船上消费额度。

9. 诺唯真邮轮（Norwegian Cruise Line）

计划名称（Name of program）：邮轮奖励（Cruise Rewards）。

游客船上预订时，250 美元的订金可获得每间舱房 100 美元的船上消费额度，订金 4 年有效。

10. 大洋邮轮（Oceania）

大洋邮轮设有未来航程售票处，提供船上预订的促销活动。游客船上预订时，每次可节省 200~9000 美元，还将获得 100 美元的船上消费额度，用于当前航程使用。

11. 公主邮轮（Princess Cruises）

公主邮轮在其每艘邮轮上都配备未来航程销售顾问。游客船上预订时，每人需支付 100

Disney CRUISE LINE

SAVE ON YOUR NEXT DISNEY CRUISE
WITH THIS EXCLUSIVE ONBOARD BOOKING OFFER*

With so much for the whole family to experience, we know you'll want to sail again. So, why wait? As an onboard Guest, you're entitled to not one, but three money-saving benefits when you book a future Disney cruise before the last night of this voyage:

10% off prevailing rates as quoted on disneycruise.com	Up to $200 onboard credit per stateroom	Reduced deposit on 7-night sailings and longer

Visit the Future Cruise Sales Desk Deck 4, Midship for more information. Or, complete the form below and drop it off at the Onboard Sales Desk. Remember to note your Travel Agent. This will allow your Travel Agent to assist you with your cruise plans in the future.

COMPLETE THE INFORMATION BELOW TO OBTAIN A QUOTE

Stateroom: ______ **Your Name:** ______ **Email Address:** ______

Sail Dates Requested: *(Required for Quote)* ______

Would You Like to Add the Following Items?
- ☐ Travel Agent Name: ______
- ☐ Vacation Protection Plan
- ☐ Ground Transfers
- ☐ Airfare from: ______

Which Itinerary Would You Like to Sail?
- ☐ Europe ☐ West Coast
- ☐ Alaska ☐ The Bahamas
- ☐ Hawai'i ☐ Caribbean
- ☐ Other ______

Preferred Stateroom Category:
- ☐ Inside (Categories 10–11)
- ☐ Oceanview (Categories 8–9)
- ☐ Verandah (Categories 4–7)

Dining Preference *(circle)*: Main Second

Which Port Would You Like to Sail From?
- ☐ Port Canaveral ☐ Vancouver ☐ Barcelona
- ☐ Miami ☐ San Diego ☐ Copenhagen
- ☐ San Juan ☐ Galveston ☐ Dover
- ☐ Other ______

Total Number of Guests Traveling:

	Room 1	Room 2
Adults (Age 13+)	______	______
Children (Ages 6–12)	______	______
Children (Ages 3–5)	______	______
Children (Ages 0–2)	______	______

If you would like to book one of the cruises for the price shown below, please CIRCLE the Sail Date, Category and Price, then sign the statement at the bottom.

Sail Date ____ Category ______ Price ______ | Sail Date ____ Category ______ Price ______ | Sail Date ____ Category ______ Price ______

I am ready to book my next cruise. Please charge the deposit for the cruise I have circled above to my credit card on file.

______ SIGNATURE ______ DATE

*Offer valid for Categories 4–11 only. Offer not valid for concierge-level categories, IGT, OGT and VGT categories with restrictions and 2-night cruises. All staterooms must be booked and deposit paid while on board. Deposit policies vary by itinerary; sailings 6 nights or fewer are not eligible for a reduced deposit; 7-night sailings and longer are eligible for a reduced deposit. This offer cannot be combined with any other special offers or discounts. This offer is limited to two staterooms on one future cruise date (per household sailing). Additional staterooms may be booked at the current prevailing rates. This offer is nontransferable; name changes to the reservation may be made so long as one adult on the original booking remains on the reservation. Guests making a booking on board must sail within 24 months after the date the original booking was made on board. Block-out dates for this offer apply; block-out dates receive the onboard credit and reduced deposit benefits, but do not receive the 10% discount off prevailing rates. The following block-out dates are valid as of the date of printing of this offer. Additional block-out dates may be added at any time without notice. 2014 block-out dates: *Disney Fantasy* 12/20, 12/27; *Disney Dream* 12/22, 12/29; *Disney Wonder* 12/21, 12/26, 12/30; *Disney Magic* 12/21, 12/28. 2015 block-out dates: *Disney Fantasy* 3/28, 4/4, 12/19, 12/26; *Disney Dream* 3/30, 4/3, 4/6, 6/26, 7/1, 7/5, 11/23, 11/27, 12/24, 12/28, 12/31; *Disney Wonder* 3/29, 4/3, 5/15, 5/17, 6/29, 10/9, 10/16, 11/20, 12/24, 12/28; *Disney Magic* 3/29, 4/5, 6/29, 7/10, 11/25, 12/23, 12/27, 12/31. 2016 block-out dates: *Disney Fantasy* 3/19, 3/26; *Disney Dream* 3/21, 3/25; *Disney Wonder* 3/20, 3/25; *Disney Magic* 3/20, 3/24. See disneycruise.com for details and applicable Terms and Conditions. Subject to availability and all staterooms must be booked and deposit paid while on board. Other discounts do not apply. Offer is subject to change without notice.

©Disney CS-14-36743

Bring this flyer to the Future Cruise Sales Desk on Deck 4, Midship.

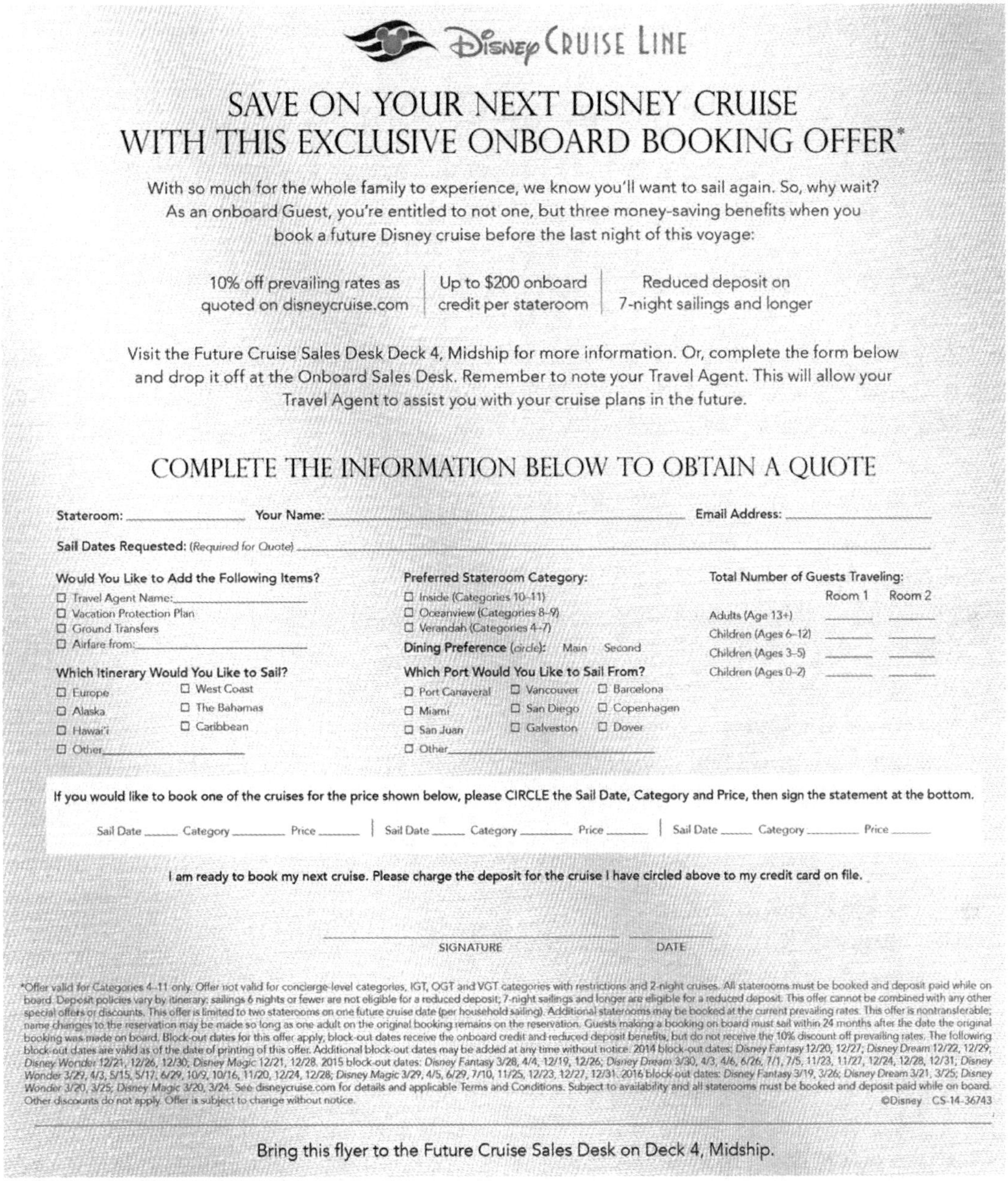

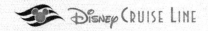

图 18-9　迪斯尼邮轮未来航程预订表

美元订金，同时可获得高达 150 美元的船上消费额度（根据航程长短和舱房类别）。订金有效期为 4 年。

12. 皇家加勒比邮轮（Royal Caribbean International）

计划名称（Name of program）：未来航程计划（Next Cruise）。

船上预订未来航程时，游客可获得高达 200 美元的船上消费额度。

确认类预订（Confirmed Booking）：需要确定具体的船只和出发日期，以及每人 100 美元的订金。根据航程的长短，每间舱房将获得 25～200 美元的船上消费额度。

不定期预订（Open Booking）：无需确定船只或出发日期，每人 100 美元的押金，不予退还。

 小资料

皇家加勒比邮轮推出船上预订优惠服务

皇家加勒比国际邮轮推出的船上预订优惠服务,仅为"皇冠铁锚俱乐部"会员开放。每一位会员都可以在乘坐皇家加勒比国际邮轮度假期间,直接在船上的俱乐部会员专区预订安排自己的下一次邮轮旅行,根据所预订的航程长短可获得每间船舱价值25~200美元的消费额度,直接用于下一次航程途中购物、SPA等各种消费。同时,会员还可以申请"皇冠铁锚俱乐部"会员优惠券,获取指定航线的折扣优惠。而铂金及以上级别的会员在预订阳台房或套房时,更有每间船舱额外减免25~350美元的优惠,如果将船上预订时获得的消费额度与会员专享的"皇冠铁锚优惠券"或者阳台和套房折扣合并使用,将获得前所未有的节省。

13. 世鹏邮轮(Seabourn Cruises)

游客船上预订未来航程时,将获得5%的订金折扣。

14. 银海邮轮(Silversea Cruises)

游客船上预订未来航程时,将获得5%的折扣优惠。

15. 丽晶七海邮轮(Regent Seven Seas Cruises)

游客船上预订未来航程时,根据出发日期和套房类别,将获得50%的订金折扣和高达8000美元的储蓄金。

16. 水晶邮轮(Crystal Cruises)

游客船上预订未来航程时,每人将获得2.5%的折扣优惠。对于选定出发日期和船只的游客,邮轮公司提供7.5%的折扣优惠。

任务二 未来航程销售的技巧

一、未来航程销售的要求

(一)销售的内容

1. 邮轮的设施设备

邮轮的设施设备是邮轮存在的必要条件,也是邮轮接待能力的反映。各项服务设施设备应尽可能让游客感到实用、方便,并要处于良好的水平状态。未来航程销售部员工应了解邮轮所拥有的设施设备并做好相关的销售工作。

(1)邮轮客舱。客舱是邮轮的第一大产品,是邮轮收入的主要来源。在进行客舱推销时,未来航程销售部员工要熟悉邮轮客舱的类型、等级、价格、舱房设施及每种舱房的优、缺点并能针对游客需求有的放矢地进行推销。

(2)餐厅、酒吧等设施。餐饮是邮轮的最大卖点,因此邮轮上的餐厅、酒吧等设施随处可见,也是未来航程销售部员工推销的主要内容。以皇家加勒比"海洋绿洲"号为例,邮轮上设有20个餐厅、37个酒吧,其中奥帕斯主餐厅(Opus Dining Room)和帆船自助餐厅(Windjammer Cafa)是免费餐厅,其他日式亚洲餐厅(Izumi Japanese Cuisine)、意大利餐厅(Givanni's Table)、中央公园150西式餐厅(150 Central Park)等均属付费餐厅。

(3)娱乐活动设施。邮轮上的娱乐活动设施也是游客选择邮轮的考虑因素之一。邮轮上拥有非常丰富的娱乐设施,大多数邮轮都会配备诸如电影院、大剧院、赌场、免税店、舞厅、图书馆、青少年活动中心、健身房、游泳池、SPA中心、真冰溜冰场、

海上攀岩墙、篮球场、高尔夫推杆练习场等设施，以高科技娱乐设施闻名的"海洋量子"号邮轮还独家配备了甲板跳伞、甲板冲浪、北极星等，是喜欢新奇冒险的游客的首选。

2. 邮轮的服务

优质、高效的服务是邮轮所售产品中最为重要的部分。邮轮所提供的服务包括服务人员的仪容仪表、礼貌礼节、职业道德、服务态度、服务技能、服务程序、服务效率、服务效果等。作为与游客接触面最广泛的邮轮服务人员，应努力提高自身的服务意识、技能，给游客留下美好的印象，尤其是当游客提出临时的、合理的特殊服务要求时，应千方百计地满足，突出邮轮的人性化、个性化服务。

3. 邮轮的航线（Itinerary）

邮轮航线是指由邮轮始发港、海上航程、中途港及停泊点、目的地港串联而成的邮轮旅游线路，是邮轮产品的主要构成要素之一。邮轮旅游目的地的选择、停靠港口的设计、海上航行与岸上观光的搭配、岸上观光景点的选取等都是影响游客选择邮轮旅游的影响因素。

4. 邮轮的氛围

邮轮的氛围是游客对邮轮的一种感受，也是邮轮公司为游客创造的氛围，文化氛围浓郁的邮轮给游客一种高品位的感受；古色古香的民族风格的邮轮建筑，配以不同格调的艺术品，再辅以相协调的传统服饰打扮的员工，会对外籍游客有着特殊的吸引力。

5. 邮轮的形象

邮轮良好的形象主要包括邮轮的品牌、信誉、口碑、独特的经营风格、优质的服务等。邮轮形象是吸引客源的重要因素。

案例赏析

针对不同类型的游客，应推荐怎样的船上体验？

船方会安排各种类型的活动，以吸引不同类型的客人。

对单身游客来说，歌诗达邮轮组织"维多利亚先生"、和歌诗达高管一起跳舞等互动性的活动，都是很有意思的，从中可以结交新的朋友，是很好的机会。

情侣、夫妻在船上更有大把事情可做，比如享受双人 SPA、情侣套餐。邮轮还为到邮轮上来度蜜月或庆祝结婚纪念日的情侣提供特别服务、颁发纪念证书，也定制了很多相关的产品，帮助他们留下美好回忆。

对于家庭游客，尤其在暑期，邮轮上会有很多亲子主题活动。如"喜羊羊"主题航次，小朋友每天都能与喜羊羊人偶互动，还可以入住喜羊羊主题客房、观看剧场版喜羊羊表演。常规的儿童亲子活动可以在儿童俱乐部体验，工作人员会带孩子们做手工、做游戏、举办派对，丰富的活动足以吸引小朋友，这就让大人们可以借此机会"解放"一下，享受二人世界。

（二）未来航程销售的要求

1. 掌握邮轮航线和客舱的基本情况

掌握邮轮航线和客舱的基本情况，是做好航程销售工作的先决条件。未来航程销售员工要对邮轮产品作全面的了解，如各类舱房的价格、朝向、功能、特色、所处的楼层、设施设备情况等。除了掌握客舱的基本情况外，还要掌握整个邮轮的基本情况，包括邮轮的装饰和布置的风格、邮轮的等级和类型、邮轮的服务设施与服务项目等。未来航程销售员工只有对这些内容了如指掌，推销起来才能得心应手，才能随时答复游客可能提出的问题，从而有助于推销的成功。

2. 熟悉竞争对手的产品状况

游客面对的是一大批与本邮轮档次、价格、服务相类似的邮轮企业，要想在销售中取胜，就要找出本邮轮区别于其他邮轮的特色和优势，并着重加以宣传，这样更容易引起游客的兴趣和注意。所以未来航程销售员工在深入了解和掌握本邮轮产品情况的基础上，更要熟悉竞争对手的有关情况。

3. 了解不同游客的心理需求

对于未来航程销售部的员工来说，必须要深入了解每一位不同游客最需要的是什么，最感兴趣的是什么。邮轮的每一种产品都有多种附加利益存在，对于一个靠近电梯口的舱房，有的游客会认为不安静，而有的游客则会认为进出很方便。所以要把握好游客的购买目的和购买动机，帮助游客解决好各类问题，满足其物质和心理的需要。这样，在游客受益的同时，邮轮也会得到相应的回报。

4. 表现出良好的职业素质

未来航程销售部的员工必须以热诚的态度、礼貌的语言、优雅的举止、快捷规范的服务接待好每一位游客，这是成功销售的基础。未来航程销售部的员工在推销客房、接待游客时，还必须要注意语言艺术，注意使用创造性的语言。

二、未来航程销售的程序

（一）了解游客

未来航程销售员工在推销时，应把握游客的需求特点，采取人性化、个性化的销售方法，充分了解邮轮目标市场的游客类型及其需求，并有效利用已建立的客史档案资料。例如，度蜜月者喜欢安静、免受干扰且配有大床的双人房；知名人士、高薪阶层则偏爱套房。因此，未来航程销售员工应加强日常观察、注意积累，把握各种类型游客的特点，从而做好针对性的销售工作。

（二）介绍航线和客舱

未来航程销售员工在把握游客不同特点的基础上，应向游客介绍不同航线，并注意察言观色，生动描述舱房的特色。例如，套房强调设施功能多、有气派；内舱房强调清静，给人以惬意的感受等。未来航程销售员工可将事先准备好的航线和客舱宣传册、图片等直观资料展现给游客。必要时，可带领游客实地参观不同类型的客舱，再伴以热情礼貌的介绍，游客大都会作出合理的选择。

（三）说明优惠，促成预订

未来航程销售员工在向游客介绍航线和客舱时，应有技巧地说明各种折扣优惠，通过折扣优惠促成游客尽快预订。

三、未来航程销售的技巧

（一）舱房报价的方式

舱房报价是一门艺术。邮轮客舱档次有高有低，价格有贵有便宜，当面对游客时，未来航程销售部的员工应如何报价呢？客舱报价的方式有以下几种。

1. 冲击式报价

冲击式报价是先报价、后介绍客舱，适合于推销比较便宜的低档客舱。先报价是用低价格吸引游客，后介绍客舱才能让游客接受客舱设施简陋的状况。

2. 鱼尾式报价

鱼尾式报价是先介绍客舱、后报价，适合于推销比较贵的高档客舱。先介绍客舱也就是先让游客知道能享受到哪些服务，再报价才能减少因价格较高给游客带来的冲击，才能觉得价格高是物有所值，是理所当然。

3. 三明治式报价

三明治式报价是先介绍、后报价、再介绍，适合于推销中档客舱或灵活地推销各种客舱。中档客舱既没有低档客舱价格低的优势，也没有高档客舱设施好、服务多的优势，因此推销中档客舱要先介绍客舱里面有哪些设施，能享受到哪些服务，后报价，再补充介绍中档客舱的设施和服务。

在实际工作中，接待员应该根据游客的意愿和消费能力灵活地选用和调整报价方式。

（二）舱房报价的顺序

1. 从高到低报价

从高到低报价就是按照高档客舱、中档客舱、低档客舱的顺序一一报价。这种报价顺序主要是为身份地位较高或不计较价格的游客准备的。这类游客通常在未来航程销售部员工报完高档舱房的价格和服务设施时后就会决定购买。从高到低报价是邮轮最常用的一种顺序，当然在报价的时候不能光报价，而要突出客舱的设施和游客能享受到的服务。

2. 从低到高报价

从低到高报价就是按照低档舱房、中档舱房、高档舱房的顺序一一报价。这种报价顺序主要是为对价格敏感的游客设计的。

3. 交叉排列报价

交叉排列报价法是将邮轮所有现行的客舱价格按一定排列顺序提供给游客，即先报最低房价，再报最高房价，最后报中间档次的房价。这种报价方法可以使游客有选择各种报价的机会。

报价的顺序并不是固定的，主要取决于游客的心理需求，这就要求未来航程销售部员工要善于观察游客，根据游客的需求特点采取不同的报价顺序，总的原则是让游客满意的同时邮轮获得更多的经济利益。

（三）推销技巧

1. 了解每一间客房

掌握每一间舱房的基本情况，是做好推销工作的先决条件，如每间舱房的价格、朝向、功能、特色、所处楼层、设施设备情况等。未来航程销售部的员工只有对这些内容了如指掌，才能随时答复游客提出的各种问题，增加游客的信任感，从而有助于推销的成功。

2. 重点是介绍舱房而不是报价

市场营销中有一项FAB法则，即：一项物品的特点（Feature）会产生哪些优点（Advantage），这些优点能满足游客哪些需求（Benefit）。未来航程销售部的员工在推销的过程中也应该运用FAB法则，即要明确地告诉游客客舱能满足他的哪些需求，他能从中享受哪些服务，而不只是简单地报价。

3. 替顾客下决心

许多游客并不清楚自己想要什么样的航线，在这种情况下，未来航程销售部的员工要认真观察游客的表情，设法理解游客的真实意图、特点和喜好，然后按照顾客的兴趣爱好，有针对性地向游客介绍各条航线的特点。若游客仍未明确表态，接待员可以运用语言和行为来促使游客下决心进行购买。例如，"您可以先预交订金，作不定期预订，等您想出游时再选定航线。"

4. 要注意推销的语言技巧

推销中语言艺术的运用非常关键，往往一句话就决定着游客的购买与否。语言艺术运用得好，既能令游客满意，又能为邮轮争取更多的经济利益。比如，游客准备预订的是一间内舱四人间，这时未来航程销售部员工可以这样说："若您在此基础再加100美元，便可升级为海景四人间，另外每间舱房可以多赠送100美元的船上消费额度。"

项目十九　邮轮航程预订

【学习与训练子目标】

1. 了解邮轮航程预订的渠道、方式和种类。
2. 掌握邮轮航程预订的流程及注意事项。
3. 能熟练地为游客提供航程预订服务。

课前阅读

邮轮超售的秘密：都是邮轮分销惹的祸

近日某邮轮分销商张先生向《北京商报》记者反映，前不久公司遭遇邮轮公司"爽约"，将之前切舱买入的多个舱位收回，仅赔付之前交付的款项。究其背后原因，该业内人士表示主要是分销信息不畅通造成邮轮产品超售，因此只能从其他分销商手中收回部分产品。

他还指出，舱位已经销售出去，如今邮轮公司要强制收回，公司只能对游客致以歉意并赔付相关款项。"我们很多销售人员对此不太满意，但也没有办法。"

遭遇这一窘境的并非只有上述一家分销商，之前不久，国内某大型邮轮分销商刘先生也遇到了此种情况，受到影响的游客只能取消产品预订或者重新购买。

刘先生对《北京商报》记者透露，分销商通过切舱或者包船的模式从邮轮公司获取产品资源，然后再销售出去，然而在分销过程中，会出现分销结果与预计不符合的情况，比如原本每家分销商切舱规模为 200 间，但在实际销售过程中，某些供应商可能会出现超额销售的情况，那么就需要邮轮公司从中协调。此种情况下，由于失误或者核实不准确就容易出现上述言及的邮轮超售。

不过，刘先生说道，超售的情况并非常例，但是一旦出现便会引起游客不满。"虽然合同中对赔偿有详细的规定，但由于责任在于分销商或者邮轮公司，当游客临时接到通知无法进行行程时，规定往往是无法满足游客实际诉求的，因此一般都会全部赔偿，有时则超过游客支付的款项。"根据分销商与邮轮公司的协议，超出的赔偿或由邮轮公司支付。

一、原因：信息不对称是祸源

造成超额销售的源头主要有两个，一是分销商在出售的时候没有做好控舱工作，另外一方面则是邮轮公司本身与分销商沟通不及时。上述分销商均指出，邮轮超售归根到底是分销过程中信息不对称的问题。

其中刘先生对《北京商报》记者反映，邮轮公司肯定不希望出现超售的情况，但不论是邮轮公司与分销商之间还是分销商与分销人员之间，都存在信息难以及时沟通的问题。他指出，一线分销人员超售或者与游客的实际签约时间难以及时传递给公司，也会造成误会甚至纠纷。"比如销售人员与客户达成了约定，但并未正式签约，那么公司可能会从该分销人员手中收回舱位，结果销售人员就达成了签约，若此时这一舱位被其他分销人员销售出去，就会造成超售。"刘先生指出，这样的时间差则反映出难以实时对称的问题。

据了解，邮轮公司有自己的分销系统，尤其在2016年邮轮公司直销比例不断增加的情况下，分销系统显得尤为关键。然而，很多分销商如今还是依靠此前的系统进行，若遇到时间差等问题，通常需要人为干预，但是这一方式的效率显然较低。另外，为了防止出现超售，很多分销商在邮轮产品销售差不多的时候，便对剩余舱位进行更为严格的监控，以免出现超售的问题。

另一方面，国内包船模式则加剧了信息不对称的问题。世界邮轮网CEO董泓表示，包船商与包船商之间是没有沟通的，谁的产品滞销、谁的产品超售也都难以在短时间内协调，而由此也演变出价格跳水等问题。此外，在原有的系统之下，分销商能拿到的邮轮产品类型有限，线路不丰富，这也制约着这一分销市场的发展。

二、解决：分销技术是关键

信息不对称容易造成分销人员、分销商、邮轮公司以及游客之间的误会，在这样的尴尬之中，分销技术越来越成为分销市场的关键，同时，相关分销商也逐渐开始通过技术手段突破技术困境。

董泓表示，邮轮分销领域的技术相当于机票方面的GDS，如今，邮轮领域也需要打造邮轮的GDS，比如OTA涉及的板块如机票、酒店、租车等都会通过技术手段打通信息渠道，但不论是切舱还是包船，目前邮轮分销这一领域的信息打通都是空白的。

"我们一直困惑，为什么邮轮的数据要对接这么长时间，后来我们对接了机票的数据才发现，原来邮轮的分销系统与机票有很大的不同。"董泓说道，基本上每对接一家邮轮公司，大概要6~10个月的时间，而机票数据的对接只用了两个星期。这样的技术难题让分销技术的进步难以在短时间内实现。

对此，刘先生表示面对信息不对称的问题，接下来公司会开发实时扣减库存的系统，及时整合船舱销售情况等信息并呈现给相关人员，从而解决信息不对称的问题，避免超售等情况的出现。而此前，该公司采用的分销系统并不是专门针对邮轮分销的。另外，世界邮轮网也开始从技术着手补足邮轮分销技术的空白之处，搭建邮轮领域的B2B平台，借助这一技术手段不少旅行社可以与世界邮轮网进行对接采购邮轮产品。董泓表示，解决销售渠道不畅通的问题是中国邮轮市场现阶段的关键。

另一方面，随着越来越多的邮轮进入中国市场，内地市场的潜在游客也成为邮轮公司和分销商关注的焦点。对此，星梦邮轮中国区销售部副总裁袁萍在接受《北京商报》记者采访时指出，星梦邮轮不做包船模式，而是联合分销商拓展潜力市场，不仅在北上广深（北京、上海、广州、深圳）等大城市有办事处，在成都等西南区域也有办事处。但这一领域市场的拓展，需要机票和邮轮相结合，因此，打包技术也成为邮轮分销市场中需要突破的。同时不少国外邮轮产品也逐渐进入中国游客的视野，这也需要机票与邮轮产品的信息对称，做好产品打包的工作。

2016年以来，包括嘉年华集团旗下的公主邮轮、皇家加勒比邮轮、MSC地中海邮轮，云顶香港旗下最新邮轮品牌星梦邮轮及嘉年华集团旗下的歌诗达邮轮等均在今明两年持续布局中国市场，投放船只和引入新的邮轮品牌。加之已经在中国布局的船只，2016年以中国为邮轮母港运营的邮轮数量多达18艘。在这一背景下，分销技术的问题越来越紧迫。有观点指出，中国市场的分销环节不成熟，在供应和分销失衡之下，需求方难以及时、有效地传递给供应方，此种局面对中国邮轮市场的发展影响极为不利。

【知识点与技能点】

航程预订即邮轮舱位预订，是指游客为其将来某一指定时间内保留舱位所履行的手续，也称为订票。预订工作对邮轮自身和游客都有重要意义,对邮轮来说,首先,预订工作是邮轮进行航线和舱房推销的重要手段之一,通过高效优质的预订工作,可争取更多的客源,为邮轮增加经济收益和社会效益;其次,预订工作可以使邮轮更好地掌握未来的客源情况,为邮轮做好总体工作安排提供基本依据,有利于邮轮提高管理成效;第三,可以在对客服务上掌握主动权,从而方便游客,增加游客的满意度,使客人能放心前来。

任务一　了解航程预订的渠道、方式和种类

游客可以在各大邮轮公司官方网站上查询相关航线信息并预订,但国内游客一般无法自己预订,因为大多数邮轮公司都是通过其在中国的代理出售其航线产品的,即使有的邮轮公司在国内设有呼叫中心,可以帮游客预留舱位,但最终的结算和协议的签订还是由其代理完成。

一、订票的渠道

(一) 直接渠道

舱房预订的直接渠道是指游客不经过任何中间环节直接向邮轮公司预订舱位。游客通过直接渠道预订舱位,邮轮公司所耗成本相对较低,且能对预订过程进行直接、有效的控制与管理。直接渠道的订票大致有以下几类。

(1) 游客本人或委托他人直接向邮轮公司预订舱位;

(2) 旅游团体或会议的组织者直接向邮轮公司预订所需的舱位;

(3) 有代理资质的旅游中间商如旅游批发商,以切舱或包船的方式直接向邮轮公司预订舱位。

(二) 间接渠道

对于邮轮公司而言,直接将产品和服务销售给消费者可以节省成本。但是,由于人力、资金、时间等的限制,往往无法进行规模化的、有效的销售活动。而在国内,之前由于我国相关法律规定,境外邮轮公司不具备经营出境游资质,故无法直接销售邮轮船票。因而,邮轮公司需要借助中间商与客源市场的联系及其影响力,利用其专业特长、经营规模等方面的优势,通过间接销售渠道,将邮轮产品和服务更广泛、更顺畅、更快速地销售给游客。间接渠道大致有以下几类。

(1) 通过代理旅行社预订舱位。

旅行社是游客与邮轮旅游产品之间的桥梁,也是邮轮舱房间接预订的主要方式。通过旅行社预订舱位既有散客也有团体和会议客人。特点是房价低、订房时间集中、订房取消率高等。邮轮要向旅行社支付佣金。

(2) 通过专门的邮轮代理商预订舱位。

专门的邮轮代理商组织和招揽世界各大邮轮公司加入其预订系统,并为有订房需求的游客或客户办理舱房预订事宜。我国各类旅游网站也推出邮轮舱房预订代理业务。

(3) 通过邮轮包船商预订舱位。

传统旅行社、各类 OTA 或旅游网站会通过包船或切舱的方式向邮轮公司批发舱位出售给游客。

二、订票的方式

游客采用何种方式订票,受其预订的紧急程度和游客预订设备条件的制约。因此,订票的方式多种多样,各有其不同的特点。游客常采用的订票方式主要有下列几种。

(一) 电话订票

游客通过电话订票,这种方式应用最为广泛,特别是提前预订的时间较短时,这种方式最为有效。其优点是直接、迅速、清楚地传递双方信息,可当场回复游客的订票要求。

受理电话订票时应注意以下几点。

(1) 与游客通话时要注意使用礼貌用语，语音、语调运用要婉转，口齿要清晰，语言要简明、扼要。每一位预订员必须明确，电话订票虽然不是与客人面对面进行交流，但预订员是游客接触邮轮的第一个人。要当好这个角色，就必须通过电话声音给客人送上热情的服务。

(2) 准确掌握邮轮预订状况，预订单、航班表等用品和资料要放置于便于取用或查找的地方，以保证预订服务工作的快速和敏捷。

(3) 立即给游客以明确的答复，绝不可让游客久等。若对游客所提预订要求不能及时进行答复时，则应请对方留下电话号码，并确定再次通话的时间。

(4) 通话结束前，应重复游客的订房要求，以免出错。

由于电话的清晰度以及受话人的听力水平等因素的影响，电话预订容易出错，故应事先健全受理电话订票的程序及其相关标准，以确保预订的有效性。

(二) 网络订票

随着现代电子信息技术的迅猛发展，通过国际互联网预订邮轮船票的方式正迅速兴起，它已成为邮轮业在21世纪发展趋势的重要组成部分。

随着互联网的推广使用，越来越多的上网宾客开始采用这种方便、快捷、先进而又廉价的方式进行预订。邮轮公司也越来越注重其网站主页的设计，以增强吸引力。

近年来，原先主要采用电话订票方式的系统都实现了在国际互联网上的在线预订。信息全、选择面宽、成本低、效率高、直面客户、价格一般低于门市价等特点使其越来越受到游客及邮轮公司的青睐。

(三) 面谈订票

面谈订票是游客亲自到旅行社或与预订员面对面地洽谈订票事宜。这种订票方式能使预订员有机会详尽地了解游客的需求，并当面解答游客提出的问题，有利于推销邮轮产品。与游客面谈订票时应注意以下几点。

(1) 仪表端庄、举止大方，讲究礼貌礼节，态度热情，语音、语调适当、婉转。

(2) 把握游客心理，运用销售技巧，灵活地推销邮轮产品。必要时，还可向游客展示舱房及邮轮其他设施与服务，以供游客选择。

(3) 受理此方式时，应注意避免向游客作具体舱房号的承诺。

(四) 传真订房

传真是一种现代通信技术，目前正广泛地得到使用。其特点是操作方便、传递迅速、即发即收、内容详尽，并可传递发送者的真迹，如签名、印鉴等，还可传递图表，因此传真成为邮轮订票最常用的通信手段。

三、订票的种类

(一) 不定期客票预订 (Open Booking)

与航空公司的不定期客票 (Open Tickets) 一样，不确定出行的日期、船只和航线，只是购买了邮轮出行的权利。等游客行程确定后，只需打电话给邮轮公司，可随时安排具体的出发日期、船只和航线。

不定期客票一般是回头客或常客为了获得订金优惠和票价折扣而进行的提前订票行为，对于经常进行邮轮旅游的游客来说，这种方式非常优惠。

(二) 确认类预订 (Confirmed Booking)

确认类订票与不定期客票正好相反，游客已经确定好出行的日期、船只、航线和舱房类型。

(三) 保证类预订 (Guaranteed Booking)

游客在订一些海外离港邮轮的时候，比如公主邮轮、皇家加勒比邮轮，会看到每个舱型分好几个等级，其中有一种舱位称为 Guranteed，意思是保证该舱型（内舱、海景、阳台）的舱房，但具体是哪个等级不确定。即在预订时确定舱房种类但不指定舱号，邮轮舱号和等级将由邮轮公司根据销售情况来分配。保证类订票虽然多了不确定性，但价格最便宜，而且有很大的升舱几率，缺点是只有在办理登船时才能知道舱房号。

（四）临时类预订

临时类订票是指游客通过电话、网络或面谈等方式与代理旅行社或中间商达成购买意向，但尚未付款，代理旅行社或中间商将为游客保留 24 小时，若游客仍未付款预订则自动取消。

（五）候补类预订

若游客所选择的邮轮航线已客满无法提供，可以进行候补，即交付一定数量的押金（银海邮轮的候补押金为 250 美元）等候通知，若有其他游客退订或取消，则候补成功。若无其他游客退订或取消，则候补不成功，游客的押金将被退回。

任务二　掌握航程预订的流程

一、航程预订的流程（Procedure）

航程预订的渠道有两种：线下预订和线上预订。若选择线下预订，游客需要到代理旅行社实地预订邮轮航程，并签订相关旅游合同然后出行；若选择在线预订，游客只需在网上完成所有预订过程，然后出行，出游回来后还可以发表点评意见及各类旅游游记攻略等。

（一）线下预订流程

1. 咨询并选择邮轮产品

游客可电话或到店咨询预订员各种邮轮产品，包括邮轮旅游目的地、邮轮岸上游行程、不同邮轮公司和品牌的经营特色、邮轮上的娱乐安排和活动体验、邮轮舱房类型和等级等内容。然后确定出行日期、出发港口、乘坐的邮轮船只、邮轮旅游目的地、邮轮舱房的类型和数量、岸上观光行程等内容。

2. 提交出游人资料

游客需提交出游人的相关资料，包括身份证、护照等，用于办理出境签证等各种手续使用。

3. 付款

游客可通过现金、转账、刷卡、微信、支付宝等各种方式支付全款。

4. 签订合同

游客与代理旅行社签订邮轮旅游合同，双方各自保留一份。邮轮旅游合同范本如下。

天津市邮轮旅游合同
（JF-2016-078）

甲方（旅游者或旅游团体）：

乙方（旅行社）：

经营许可证编号：

经营范围：

根据《中华人民共和国合同法》《中华人民共和国旅游法》《旅行社条例》《天津市旅游条例》及其他有关法律法规的规定，甲乙双方在平等、自愿、公平、协商一致的基础上，依法签订本合同。

第一条　合同标的

邮轮产品名称：_____。

团号：_____。
组团方式：（二选一）
☐自行组团
☐委托组团（委托社全称及经营许可证编号）
_____。
出发日期：_____，出发地点：_____。
邮轮途中停靠港口：_____。
岸上游览地点：_____。
结束日期：_____，返回地点：_____。

第二条　行程与标准（乙方提供旅游行程单，须含下列要素）
邮轮上舱位类型及标准和住宿天数：_____。
邮轮上用餐次数：_____，标准：_____。
岸上景点名称和游览时间：_____。
岸上往返交通：_____，标准：_____。
岸上游览交通：_____，标准：_____。
岸上旅游者自由活动时间：_____，次数：_____。
岸上住宿安排（名称）及标准和住宿天数：_____。
岸上用餐次数：_____，标准：_____。
岸上地接社名称：_____，地址：_____。
岸上地接社联系人：_____，联系电话：_____。

第三条　旅游者保险
乙方提示甲方购买人身意外伤害保险和邮轮旅游意外保险。经乙方推荐，甲方已经阅读并明确知晓上述保险的保险条款及其保单内容。甲方_____（应填同意或不同意，打勾无效）委托乙方办理个人投保的人身意外伤害保险；甲方_____（应填同意或不同意，打勾无效）委托乙方办理个人投保的邮轮旅游意外保险。
保险公司及产品名称：
_____。
保险费人民币：_____元/人。
相关投保信息和约定以保单及其保险条款为准。

第四条　旅游费用及其支付（以人民币为计算单位）
旅游费用包括：☐邮轮船票费（含邮轮上指定的舱位、餐饮、游览娱乐项目和设施等）；☐船上服务费（小费）；☐港务费；☐签证费；☐签注费；☐乙方统一安排岸上游览景区景点的门票费、☐交通费、☐住宿费、☐餐费、☐其他费用

_____。
甲方应缴纳旅游费用：_____元，大写：_____元。
旅游费用缴纳期限：_____。
旅游费用缴纳方式：☐现金；☐支票；☐信用卡；☐其他_____。

第五条　双方的权利义务
（一）甲方的权利义务
1. 甲方有权知悉其购买的邮轮及岸上旅游产品和服务的真实情况，有权要求乙方按照

约定提供产品和服务；有权拒绝乙方未经协商一致指定具体购物场所、安排另行付费旅游项目的行为；有权拒绝乙方未经事先协商一致将旅游业务委托给其他旅行社。

2. 甲方应自觉遵守旅游文明行为规范，遵守邮轮旅游产品说明中的要求，尊重船上礼仪和岸上旅游目的地的风俗习惯、文化传统和宗教禁忌，爱护旅游资源，保护生态环境；遵守《中国公民出国（境）旅游文明行为指南》等文明行为规范。甲方在旅游活动中应遵守团队纪律，配合乙方完成合同约定的旅游行程。

3. 甲方在签订合同或者填写材料时，应当使用有效身份证件，提供家属或其他紧急联络人的联系方式等，并对填写信息的真实性、有效性负责。限制民事行为能力人单独或由非监护人陪同参加旅游的，须征得监护人的书面同意；监护人或者其他负有监护义务的人，应当保护随行未成年旅游者的安全。

4. 甲方应当遵守邮轮旅游产品说明及旅游活动中的安全警示要求，自觉参加并完成海上紧急救生演习，对有关部门、机构或乙方采取的安全防范和应急处置措施予以配合。

5. 甲方不得随身携带或者在行李中夹带法律、法规规定及邮轮旅游产品说明中禁止带上船的违禁品。甲方应遵守邮轮禁烟规定，除指定的吸烟区域外，其余场所均禁止吸烟。

6. 在邮轮旅游过程中，甲方应妥善保管随身携带的财物。

7. 在邮轮上自行安排活动期间，甲方应认真阅读并按照邮轮方《每日须知》和活动安排，自行选择邮轮上的用餐、游览、娱乐项目等。在自行安排活动期间，甲方应在自己能够控制风险的范围内活动，选择能够控制风险的活动项目，并对自己的安全负责。

8. 甲方参加邮轮旅游以及岸上游览必须遵守集合出发和返回邮轮时间，按时到达集合地点。

9. 行程中发生纠纷，甲方应按本合同第八条、第十一条的约定解决，不得损害乙方和其他旅游者及邮轮方的合法权益，不得以拒绝上、下邮轮（机、车、船）等行为拖延行程或者脱团，不得影响港口、码头的正常秩序，否则应当就扩大的损失承担赔偿责任。

10. 甲方向乙方提交的出入境证件应当符合相关规定。甲方不得在境外非法滞留，随团出游的，不得擅自分团、脱团。

11. 甲方不能成行的，可以让具备参加本次邮轮旅游条件的第三人代为履行合同，并及时通知乙方。因代为履行合同增加或减少的费用，双方应按实结算。

（二）乙方的权利义务

1. 乙方提供的邮轮船票或凭证、邮轮旅游产品说明、登船相关文件、已订购服务清单，应由甲方确认，作为本合同组成部分。

2. 乙方提供旅游行程单，经双方签字或者盖章确认后作为本合同组成部分。

3. 乙方不得以不合理的低价组织旅游活动，诱骗甲方，并通过安排购物或者另行付费旅游项目获取回扣等不正当利益。

4. 乙方应在出团前，以说明会等形式如实告知邮轮旅游服务项目和标准，提醒甲方遵守旅游文明行为规范、遵守邮轮旅游产品说明中的要求，尊重船上礼仪和岸上旅游目的地的风俗习惯、文化传统、宗教禁忌。在合同订立及履行中，乙方应对旅游中可能危及甲方人身、财产安全的情况，作出真实说明和明确警示，并采取防止危害发生的适当措施。

5. 当发生延误或不能靠港等情况时，乙方应当及时向甲方发布信息，告知具体解决方案。

6. 乙方应妥善保管甲方提交的各种证件，依法对甲方信息保密。

7. 因航空、港务费、燃油价格等费用遇政策性调价导致合同总价发生变更的，双方应按实结算。

8. 甲方有下列情形之一的，乙方可以解除合同：
(1) 患有传染病等疾病，可能危害其他旅游者健康和安全的；
(2) 携带危害公共安全的物品且不同意交有关部门处理的；
(3) 从事违法或者违反社会公德的活动的；
(4) 从事严重影响其他旅游者权益的活动，且不听劝阻、不能制止的；
(5) 法律规定的其他情形。

因前款情形解除合同的，乙方应当按本合同第七条扣除必要的费用后，将余款退还甲方；给乙方造成损失的，甲方应当依法承担赔偿责任。

9. 成团人数与不成团的约定（二选一）
□ 最低成团人数_____人；低于此人数不能成团时，乙方应当提前30日通知甲方，本合同解除，向甲方退还已收取的全部费用。
□ 本团成团不受最低人数限制。

第六条　甲方不适合邮轮旅游的情形

因邮轮上没有专科医师及医疗设施，邮轮离岸后无法及时进行急救和治疗，为防止途中发生意外，甲方购买邮轮旅游产品、接受旅游服务时，应当如实告知与邮轮旅游活动相关的个人健康信息，参加适合自身条件的邮轮旅游活动。如隐瞒有关个人健康信息参加邮轮旅游，由甲方承担相应责任。

第七条　甲方解除合同及承担必要费用

因甲方自身原因导致合同解除，乙方按下列标准扣除必要费用后，将余款退还甲方：
（一）甲方在行程前解除合同的，双方约定扣除必要费用的标准为：
1. 行程前_____日至_____日，旅游费用_____%；
2. 行程前_____日至_____日，旅游费用_____%；
3. 行程前_____日至_____日，旅游费用_____%；
4. 行程前_____日至_____日，旅游费用_____%；
5. 行程开始当日，旅游费用_____%。

甲方行程前逾期支付旅游费用超过____日的，或者甲方未按约定时间到达约定集合出发地点，也未能在中途加入旅游的，乙方有权解除合同，乙方可以按本款规定扣除必要的费用后，将余款退还甲方。

（二）甲方因疾病等自身的特殊原因，导致在行程中解除合同的，必要的费用扣除标准为：（二选一）
□1. 双方可以进行约定并从其约定。
旅游费用－（　　　）－（　　　）－（　　　）－（　　　）
□2. 双方未约定的，按照下列标准扣除必要的费用。
旅游费用×行程开始当日扣除比例＋（旅游费用－旅游费用×行程开始当日扣除比例）÷旅游天数×已经出游的天数。

如按上述（一）或（二）约定标准扣除的必要费用低于实际发生的费用，按照实际发生的费用扣除，但最高额不应当超过旅游费用总额。

行程前解除合同的，乙方扣除必要费用后，应当在合同解除之日起_____个工作日内向甲方退还剩余旅游费用。

行程中解除合同的，乙方扣除必要费用后，应当在协助甲方返回出发地或者到达甲方指定的合理地点后_____个工作日内向甲方退还剩余旅游费用。

第八条　责任减免及不可抗力情形的处理

（一）具有下列情形的旅行社免责：

1. 因甲方原因造成自己人身损害、财产损失或造成他人损失的，由甲方承担相应责任，但乙方应协助处理。

2. 因不可抗力造成甲方人身损害、财产损失的，乙方不承担赔偿责任，但应积极采取救助措施，否则依法承担相应责任。

3. 在自行安排活动期间甲方人身、财产权益受到损害的，乙方在事前已尽到必要警示说明义务且事后已尽到必要救助义务的，乙方不承担赔偿责任。

4. 甲方因参加非乙方安排或推荐的活动导致人身损害、财产损失的，乙方不承担赔偿责任。

5. 由于公共交通经营者的原因造成甲方人身损害、财产损失的，由公共交通经营者依法承担赔偿责任，乙方应当协助甲方向公共交通经营者索赔。因公共交通工具延误，导致合同不能按照约定履行的，乙方不承担违约责任，但应向甲方退还未实际发生的费用。

（二）因发生不可抗力情形或者乙方、履行辅助人已尽合理注意义务仍不能避免的事件，可能导致邮轮行程变更或取消部分停靠港口等情况时，乙方不承担赔偿责任。

第九条　违约责任

（一）乙方在行程前30日以内（含第30日，下同）提出解除合同的，向甲方退还全额旅游费用（不得扣除签证/签注等费用），并按下列标准向甲方支付违约金：

1. 行程前____日至____日，支付旅游费用总额____％的违约金；

2. 行程前____日至____日，支付旅游费用总额____％的违约金；

3. 行程前____日至____日，支付旅游费用总额____％的违约金；

4. 行程前____日至____日，支付旅游费用总额____％的违约金；

5. 行程开始当日，支付旅游费用总额____％的违约金。

如上述违约金不足以赔偿甲方的实际损失，乙方应当按实际损失对甲方予以赔偿。

乙方应当在解除书面合同通知到达日起____个工作日内，向甲方全额退还已收旅游费用并支付违约金。

（二）甲方逾期支付旅游费用的，应当每日按照逾期支付部分的旅游费用的____％，向乙方支付违约金。

（三）甲方提供的个人信息及相关材料不真实而造成的损失，由其自行承担；如给乙方造成损失的，甲方还应当承担赔偿责任。

（四）甲方因不听从乙方的劝告、提示而影响旅游行程，给乙方造成损失的，应当承担相应的赔偿责任。

（五）乙方未按合同约定标准提供交通、住宿、餐饮等服务，或者违反本合同约定擅自变更旅游行程，应当承担相应的赔偿责任。

（六）乙方未经甲方同意，擅自将旅游业务委托给其他旅行社的，甲方在行程前（不含当日）得知的，有权解除合同，乙方全额退还已收旅游费用，并按旅游费用的15％支付违约金；甲方在行程开始当日或者行程开始后得知的，乙方应当按旅游费用的25％支付违约金。如违约金不足以赔偿甲方的实际损失，乙方应当按实际损失对甲方予以赔偿。

（七）乙方未经与甲方协商一致或者未经甲方要求，指定具体购物场所或安排另行付费旅游项目的，甲方有权在旅游行程结束后30日内，要求乙方为其办理退货并先行垫付退货货款，或者退还另行付费旅游项目的费用。

（八）乙方具备履行条件，经甲方要求仍拒绝履行合同，造成甲方人身损害、滞留等严重后果的，甲方除要求乙方承担相应的赔偿金，还可以要求乙方支付旅游费用总额_____倍（一倍以上三倍以下）的违约金。

（九）其他违约责任：_____。

第十条　自愿购物和参加另行付费旅游项目约定

1. 甲方可以自主决定是否参加乙方安排的购物活动、另行付费旅游项目。

2. 乙方可以在不以不合理的低价组织旅游活动、不诱骗甲方、不获取回扣等不正当利益，且不影响其他旅游者行程安排的前提下，按照平等自愿、诚实信用的原则，与甲方协商一致达成购物活动、另行付费旅游项目补充协议。

3. 购物活动、另行付费旅游项目安排应不与旅游行程单冲突。

4. 地接社及其从业人员在行程中安排购物活动、另行付费旅游项目的，责任由订立本合同的乙方承担。

5. 购物活动、另行付费旅游项目具体约定见《自愿购物活动协议》（附件1）、《自愿参加另行付费旅游项目协议》（附件2）。

第十一条　争议解决方式

双方发生争议的，可协商解决，也可在旅游合同结束之日90天内向旅游质监机构申请调解，或提请天津仲裁委员会仲裁（选择其他仲裁机构或向法院提起诉讼，在其他条款中约定）。

第十二条　其他条款

_____

_____

第十三条　附则

本合同自双方签字或盖章之日起生效，本合同附有的旅游行程单、邮轮旅游产品说明和补充条款、补充协议等均为合同不可分割的组成部分，与本合同具有同等法律效力。

本合同连附件共_____页，一式_____份。

甲方签字（盖章）：_____　　乙方签字（盖章）：

住　　所：_____　　　　　　营业场所：

甲方代表：_____　　　　　　乙方代表（经办人）：

联系电话：_____　　　　　　联系电话：

邮　　编：_____　　　　　　邮　　编：

日　　期：_____　　　　　　日　　期：

附件1：

<h2 style="text-align:center">自愿购物活动协议</h2>

1. 甲方可以自主决定是否参加乙方安排的购物活动；

2. 乙方可以在不以不合理的低价组织旅游活动、不诱骗甲方、不获取回扣等不正当利益，且不影响其他旅游者行程安排的前提下，按照平等自愿、诚实信用的原则，与甲方协商一致达成购物活动的约定；

3. 购物活动安排应不与《行程单》冲突；

4. 具体购物场所应当同时面向其他社会公众开放；

5. 地接社及其从业人员在行程中安排购物活动，责任由订立本合同的乙方承担；

6. 购物活动具体约定如下。

具体时间	地点	购物场所名称	主要商品信息	最长停留时间/分钟	其他说明
年 月 日 时					
年 月 日 时					
年 月 日 时					
年 月 日 时					
年 月 日 时					
年 月 日 时					
年 月 日 时					

甲方签名： 乙方（经办人）签名：
　　年　月　日　　　　　　　　　　年　月　日

附件2：

自愿参加另行付费旅游项目协议

1. 甲方可以自主决定是否参加乙方安排的另行付费旅游项目。

2. 乙方可以在不以不合理的低价组织旅游活动、不诱骗甲方、不获取回扣等不正当利益，且不影响其他旅游者行程安排的前提下，按照平等自愿、诚实信用的原则，与甲方协商一致达成另行付费旅游项目的约定。

3. 另行付费旅游项目安排应不与《行程单》冲突。

4. 另行付费旅游项目经营场所应当同时面向其他社会公众开放。

5. 地接社及其从业人员在行程中安排另行付费旅游项目的，责任由订立本合同的乙方承担。

6. 另行付费旅游项目具体约定如下。

具体时间	地点	旅游项目名称	主要商品信息	最长停留时间/分钟	其他说明
年 月 日 时					
年 月 日 时					
年 月 日 时					
年 月 日 时					
年 月 日 时					
年 月 日 时					
年 月 日 时					

甲方签名： 乙方（经办人）签名：
　　年　月　日　　　　　　　　　　年　月　日

5. 发布出团通知书等材料

签订合同后，预订员应将预订确认书、出团通知书、未成年人授权单、电子船票等材料发送给游客。告知游客有关航线、码头、交通、登船流程、建议准备物品、船卡信息以及各种海关、出入境注意事项等信息。

6. 出行准备工作

在游客等待出游的过程中，预订员应经常与游客联系，沟通出游所需准备的相关物品，告知邮轮旅游的注意事项，分享其他游客的邮轮体验，尽力让游客对出游充满期待，为其美好的邮轮旅游体验而努力。

在此过程中还应随时注意游客变更预订或取消预订的情况，并根据游客需要和邮轮公司及旅行社的规定变更或取消预订。

（二）在线预订流程

1. 选择产品

游客可自行登录OTA或各大邮轮公司官网查询邮轮航线，确定出行的日期、出发的港口、乘坐的邮轮船只以及邮轮旅游的目的地。确定好以上信息之后就进入正式预订流程了。

首先，要选择舱房的类型、等级和数量，分别填写出游人中成人和儿童的人数，有的邮轮公司还要求注明老年人的年龄。在各大邮轮公司官网上选择舱房时，有时还可以自己选择舱房号。

其次，选择其他附件产品，包括岸上观光、各类保险、邮轮母港交通费等。

2. 填写用户信息

用户信息分为联系人信息和出游人信息两部分。

联系人信息包括联系人的姓名、手机号码、电子邮箱、证件号码等内容，联系人信息主要方便预订员与游客联系，并通过短信或Email方式将预订信息和相关资料发送给游客。

出游人信息包括出游人的姓名及姓名的汉语拼音、出生日期、性别、手机号码、电子邮箱等内容，需要注意的是姓名及姓名的汉语拼音、出生日期等内容须与护照一致。

3. 确认并提交订单

订单内容包括费用信息、行程信息、出游人信息、联系人信息以及注意事项等，游客需认真核对并确认订单中各项信息，仔细阅读注意事项，了解其中的退票政策、航线更改政策、价格说明（费用包含项目和不包含项目）、预订须知（未成年人、孕妇和婴儿登船注意事项），若无异议即可提交订单。

4. 在线支付订单

游客可通过支付宝、微信、网上银行等在线支付方式付款。

5. 签订合同

签订合同可选择线上和线下两种方式。线上电子签约方式比较便捷，网站会发送邮件签约通知和合同附件给游客，游客只需回复同意即可签约成功。游客也可采取门店签约或纸质合同邮寄签约等线下签约方式。

 小资料

如何签订邮轮旅游合同？

1. 书面签署

门店：游客可到OTA指定报名网点签署合同。

传真：OTA将盖章后的合同传真或扫描件发Email给游客，在合同发送后24小时内或OTA要求时间内，游客签字回传后合同即时生效。

邮寄：OTA将盖章后的合同邮寄给游客，游客在收到合同后签字，并在OTA规定的时间内将合同寄回公司即可。

2. 网上签署

游客在付费前可阅读合同条款、补充条款等内容，然后选择"阅读并接受以上合同条款、补充条款、保险条款和其他所有内容"并付费后，视为双方默认合同实际履行。

3. 其他方式

若游客在合同发送后24小时或OTA要求时间内，无法与OTA书面往来确认合同，OTA提供电话、短信或电子邮件等方式进行确认；游客付费后，视为双方默认合同实际履行。

6. 发布出团通知书等材料

签约成功后，预订员应将预订确认书、出团通知书、未成年人授权单、电子船票等材料发送给游客。同时需要游客提供出境所需的相关材料如身份证、护照、健康证明及办理签证所需的证明材料等。

7. 出行准备工作

在游客等待出游的过程中，预订员应经常与游客联系，沟通出游所需准备的相关物品，告知邮轮旅游的注意事项，分享其他游客的邮轮体验，尽力让游客对出游充满期待，为其美好的邮轮旅游体验而努力。

在此过程中还应随时注意游客变更预订或取消预订的情况，并根据游客需要和邮轮公司及旅行社的规定变更或取消预订。

二、OTA预订流程演示（以同程旅游为例）

（一）选择产品

1. 选择邮轮航线

进入"邮轮"预订页面，选择邮轮航线、确认出发港口后，点击"搜索"按钮，系统将显示符合搜索条件的邮轮旅游信息（图19-1）。

图19-1　同程旅游——选择邮轮航线

2. 选择邮轮航次

同一航线，提供多种不同类型的邮轮产品（皇家邮轮、公主邮轮、歌诗达邮轮等），不同邮轮游玩天数、出游时间、价格都不同，游客可根据自身需要选择合适的产品（图19-2）。

图19-2　同程旅游——选择邮轮航次

3. 确定合适行程与产品

仔细查看线路的价格、出发日期、邮轮公司、途径港口、优惠活动、具体行程、费用说明、签证信息、重要提醒等内容。确认选择预订房型，点击"立即预订"进入预订页面（图19-3）。

选购流程：确定线路行程和出发日期——选择需要的房型——确定人数和房间——确认提交订单（图19-4~图19-6）。

模块七　未来航程销售和预订

图 19-3　同程旅游——确定合适行程与产品

图 19-4　查看线路行程 & 选择出发日期

图 19-5　选择需要的房型

图 19-6　确定人数、房间数

（二）填写用户信息

1. 填写联系人信息

详细填写联系人的姓名、手机号码、身份证件和电子邮箱等内容，其中带 * 的为必填内容（图19-7）。

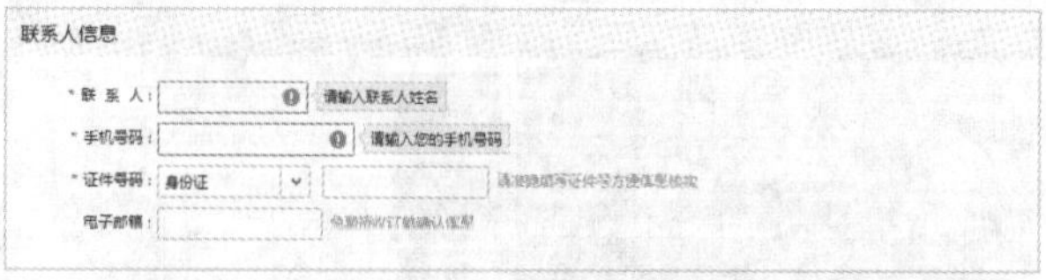

图19-7 联系人信息

2. 填写出游人信息

详细填写所有出游人的相关信息，包括出游人的姓名、手机号等内容，方便后期发送出团通知书等材料（图19-8）。

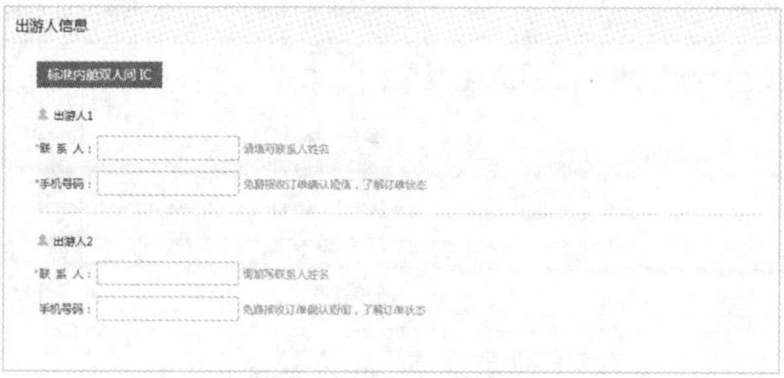

图19-8 出游人信息

（三）提交订单

再次确认邮轮航线、出游人数、出游时间、舱房信息以及费用总额，认真阅读预订须知，确定合同条款，若无异议即可提交订单，完成订单预订步骤。确认合同、完成订单提交操作（图19-9）。

图19-9 预订成功

（四）在线支付订单

登录到同程账户，进入订单中心——邮轮订单进行支付（图19-10）。

（五）签订合同

支付成功，即自动默认合同签订。若需要纸质合同可邮寄、传真或到店签订，也可发送电子合同（图19-11）。随后等候出团通知，可随时登录订单中心查看订单最新状态。同时根据需要提交出游人身份证件等相关资料。

三、预订注意事项

（一）航程变更

航程变更包括航线变更、舱房变更、出游人变更三种。

图 19-10　支付订单

图 19-11　签订合同

1. 航线变更

航线变更是指游客想选择同一邮轮公司下的其他邮轮船只的邮轮航线。邮轮公司一般允许游客在开航前 45 天之前更改航线，更改后航线的票价以实时报价为准；进入开航前 45 天之内，游客更改航线将视为退票后重新预订，会根据退票政策收取相应的取消费用。

案例赏析

邮轮因台风更改航线怎么办？

遇上过此事的梁小姐说："原本是去日本长崎和福冈，但不巧遇上台风，邮轮公司通知改成越南芽庄和胡志明航线。当时邮轮的处理方式就是每个房间补贴 500 美元的费用供船上消费使用，电视里船长一遍遍分析更改航线原因，以此来稳定大家的情绪。但原来去日本上岸后的接送和导游费用是由旅行社出的，因为改了航线，导致旅行社临时无法安排越南当地的导游和交通，所以最后在越南的岸上游变成了自由活动时间。"

对此，相关律师表示，邮轮因台风等不可抗力因素可以更改航线，这样的做法确实符合国际惯例（根据国际海洋法、海事规则等，船长有权作出靠港或不靠港的决定，邮轮公司、旅行社并不因此承担违约责任，不需要因此作出赔偿），不过必须要有依据，比如气象部门是否发布台风预警等。其次，消费者一般是跟旅行社或第三方代理机构签订旅游合同，发生纠纷时还是应该以合同约定为主。据悉，如果更改路线行为发生在境外，应该依据国际惯例，如果还在中国境内，游客可以要求解除合同，但也要根据实际情况来解决问题。

2. 舱房变更

舱房变更是指游客想更改舱房的类型和等级。一般情况下，邮轮舱房一经售卖，邮轮公

司不接受游客降舱,即不可由高级舱房降低为更低等级的舱房;若游客有意由低等级舱房升级高等级舱房,邮轮公司有权按照售卖实际情况进行调整,若可以安排升舱者,只需补齐差价即可。

3. 出游人变更

出游人变更是指出游人由于主观或客观原因无法成行,因而提出更换出游人。邮轮公司一般规定:

开船前60天(不含60天)以外,客人可更改房间入住游客名单1次;

开船前45~60天内更改房间入住游客名单,收取500元/人手续费;

开船前21~44天内更改房间入住游客名单,收取1000元/人手续费;

开船前21天(含第21天)以内,客人不可更改房间内入住游客名单。

(二)航程取消

1. 游客原因导致航程取消

游客由于签证问题或者其他不可抗拒的问题,导致需要退订,通常会产生一定的罚金。具体算法是,一般邮轮公司的船票在起航前60天内开始产生罚金,不管客人因为何种原因取消行程,邮轮公司都会根据不同时间收取船票的10%~100%作为罚金,这是国际上绝大多数邮轮公司的规定,而且是严格执行。不过一般旅行社都会有专业的销售人员提前通知游客,按时准备并提交材料。

2. 特殊情况导致航程取消

因旅游行程涉及的国家地区发生社会动荡、恐怖活动、重大污染性疫情、自然灾害等可能严重危及旅游者人身安全的情况,且双方未能协商变更合同的,均可在行前通知对方解约,旅游费用在扣除实际发生的费用后返还旅游者。

案例赏析

邮轮船票取消原则

一、嘉年华邮轮公司

嘉年华邮轮公司船票取消规定,依航程不同而细分如下。

1. 航程为4天3夜、5天4夜或6天5夜

出发前61天以上取消者,取消金为订位手续费1000元新台币。

出发前30~60天取消者,取消金为订金没收。

出发前8~29天取消者,取消金为50%的全额费用。

出发前7天内取消者,取消金为100%的全额费用。

2. 航程为7天6夜、8天7夜或9天8夜

出发前76天以上取消者,取消金为订位手续费1000元新台币。

出发前30~75天取消者,取消金为订金没收。

出发前8~29天取消者,取消金为50%的全额费用。

出发前7天内取消者,取消金为100%的全额费用。

3. 航程为10天以上或阿拉斯加航线任何行程

出发前76天以上取消者,取消金为订位手续费1000元新台币。

出发前46~75天取消者,取消金为订金没收。

出发前15~45天取消者,取消金为50%的全额费用。

出发前14天内取消者,取消金为100%的全额费用。

4. 航程为欧洲航线任何行程

出发前91天以上取消者，取消金为订位手续费1000元新台币。

出发前56～90天取消者，取消金为订金没收。

出发前15～55天取消者，取消金为50%的全额费用。

出发前14天内取消者，取消金为100%的全额费用。

二、皇家加勒比邮轮公司

如果您或同行的任何人想取消订位时，要立即出示书面通知书给旅行社，使其尽快联络本公司。本公司于收到旅行社传来的书面通知日期起才正式取消订位。您届时需付以下所列的取消费用。取消订位时保险费及修改费概不退还。

1. 3及4晚

出发前45或45天以上取消者，免收费。

出发前30～44天取消者，取消金为订金没收。

出发前5～29天取消者，取消金为50%的全额费用。

出发前4或4天以下取消者，不退费。

2. 6及7晚

出发前60或60天以上取消者，免收费。

出发前30～59天取消者，取消金为订金没收。

出发前15～29天取消者，取消金为50%的全额费用。

出发前14或14天以下取消者，不退费。

3. 8及8晚以上

出发前60或60天以上取消者，免收费。

出发前30～59天取消者，取消金为订金没收。

出发前15～29天取消者，取消金为50%的全额费用。

出发前14或14天以下取消者，不退费。

4. 3及4晚假期航次

出发前90或90天以上取消者，免收费。

出发前30～89天取消者，取消金为订金没收。

出发前8～29天取消者，取消金为50%的全额费用。

出发前7或7天以下取消者，不退费。

5. 7及7晚以上假期航次

出发前90或90天以上取消者，免收费。

出发前30～89天取消者，取消金为订金没收。

出发前15～29天取消者，取消金为50%的全额费用。

出发前14或14天以下取消者，不退费。

三、精致邮轮公司

请注意，这里的取消是指单船票取消政策，跟团游将按《旅行合同》里的约定执行。请留意您购买的是单船票还是跟团游。精致邮轮取消政策以精致官网为准，以下仅供参考。

1. 1～5天航次

航行日前60天以上，无取消费。

航行日前43～59天，取消费为定金。

航行日前29～42天，取消费为房费以及港务费全额的50%。

航行日前15～28天，取消费为房费以及港务费全额的75%。

航行日前 14 天以内，取消费为全额房费以及港务费。

2. 6 天或以上航次

航行日前 57~74 天，取消费为定金。

航行日前 29~56 天，取消费为房费以及港务费全额的 50%。

航行日前 15~28 天，取消费为房费以及港务费全额的 75%。

航行日前 14 天以内，取消费为全额房费以及港务费。

3. 1~5 天节假日航次

航行日前 90 天以上，无取消费。

航行日前 64~89 天，取消费为定金。

航行日前 43~63 天，取消费为房费以及港务费全额的 25%。

航行日前 15~42 天，取消费为房费以及港务费全额的 50%。

航行日前 14 天以内，取消费为全额房费以及港务费。

4. 6 天或以上节假日航次

航行日前 90 天以上，无取消费。

航行日前 64~89 天，取消费为定金。

航行日前 43~63 天，取消费为房费以及港务费全额的 50%。

航行日前 22~42 天，取消费为房费以及港务费全额的 75%。

航行日前 21 天以内，取消费为全额房费以及港务费。

四、天海邮轮公司

游客在行程前解除合同的，双方约定扣除必要费用的标准为：

行程前 90~999 天，扣除旅游费用总额 5%；

行程前 60~89 天，扣除旅游费用总额 20%；

行程前 45~59 天，扣除旅游费用总额 40%；

行程前 30~44 天，扣除旅游费用总额 60%；

行程前 8~29 天，扣除旅游费用总额 80%；

行程前 0~7 天，扣除旅游费用总额 100%。

天海邮轮在行程前 30 日以内（含第 30 日）提出解除合同的，向游客退还全额旅游费用（不得扣除签证/签注等费用），并按下列标准向游客支付违约金：

行程前 15~30 天，支付旅游费用总额 2%的违约金；

行程前 7~14 天，支付旅游费用总额 5%的违约金；

行程前 4~6 天，支付旅游费用总额 10%的违约金；

行程前 1~3 天，支付旅游费用总额 15%的违约金；

行程开始当日，支付旅游费用总额 20%的违约金。

（三）费用说明

费用说明里会详细列明费用包含项目和不包含项目。

1. 费用包含项目

费用一般包含：邮轮船票（含住宿、指定餐厅用餐、指定的船上设施、船上娱乐节目及活动）、邮轮港务税费、免费赠送的保险等。

2. 费用不包含项目

费用一般不包含：邮轮服务费、签证费用、岸上观光费用、交通费用、领队费用等。

（四）出游人提示

1. 婴儿出游注意事项

邮轮公司不接受不满 6 个月的婴儿出游，乘坐邮轮旅行的婴儿必须在邮轮起航第一天时至少满6个月，其中穿越大洋或者其他一些邮轮公司认为会对婴儿有危险的旅程，邮轮公司规定了必须12个月的最低年龄要求。

2. 未成年人出游注意事项

邮轮公司规定未满18周岁的游客必须由家属陪同出游，不接待18周岁以下游客单独报名出游。皇家加勒比邮轮规定，邮轮起航当天18周岁以下的游客为未成年人，必须确保每个船舱中，至少有1位游客的年龄在18周岁以上；被监护人尽可能与监护人入住同一船舱，否则船方将视实际情况保留限制未成年人登船的权利。若未成年人不随其父母一起登船出行，必须要提供以下资料。

（1）其父母及随行监护人必须填写"授权声明信"及"随行监护人承诺函"，请打印该附件并签字携带。

（2）未成年人的出生证复印件或有父母和孩子信息页面的户口簿复印件。

（3）如果陪同出行的成年人非未成年人的父母，而是其法定监护人，则必须出示相关的"法定监护证明"。

（4）以下的船上设施须由未成年人的父母或监护人（需持有以上已经签署的规定文件）陪同前往，并在现场监护：攀岩墙、Studio B（真冰滑冰场：客人需要穿着长裤和袜子方可参加滑冰活动）、高空滑索、模拟冲浪、水上乐园、直排轮滑道等。以上所有文件请未成年游客随身携带，办理登船手续时必须出示，否则船方可能拒绝该未成年游客登船。

案例赏析

各大邮轮公司对于游客年龄的具体要求

1. 嘉年华邮轮（Carnival Cruise Lines）

婴儿必须年满6个月才能登船，除了穿越大西洋旅程（Transatlantic）、夏威夷和南美的邮轮，以上三个行程需要12个月最低年龄的要求。游客如果未满21岁需要有父母或者年满25岁的监护人在同一个舱房里陪同。唯一的例外是结了婚的未成年夫妻或者有证明的未成年同性伴侣（同性恋夫妇）。

2. 歌诗达邮轮（Costa Cruise Line）

婴儿必须年满6个月才能登船，其中穿越大洋、世界环游（World Cruises）、邮轮行程大于或等于15天或者其他一些歌诗达认为会对婴儿有危险的旅程，歌诗达规定必须12个月的最低年龄要求。所有未满21岁的游客必须有父母或者监护人在同一个船舱陪同。一些旅程中，即使21~24岁的乘客也必须有25岁或以上人士陪同。

3. 荷美邮轮（Holland America Line）

婴儿必须年满6个月才能登船，其中穿越大洋或者其他一些荷美邮轮认为会对婴儿有危险的旅程，荷美规定必须12个月的最低年龄要求。所有低于21岁的游客必须有父母、监护人或者大于25岁的伴侣陪同。一位25岁或以上的成人可以陪同最多五位未满21岁的游客。未满18周岁的人士如果要乘坐邮轮去某些国家的话必须有父母双方陪同，或者父母一方不能陪同者必须出示经过认可公证的同意函。

4. 挪威邮轮（Norwegian Cruise Line）

婴儿必须年满6个月才能登船。未满21岁的人士必须有年满21岁（包括21岁）者明确同意负责其（未满21岁者）在整个航程的行为并且必须和未满21岁者同住一个舱房。未满21岁并且领有结婚证明的夫妻可以不受这个条件限制。未满18岁的人士必须有父母双方陪同或者不能陪同者必须出具监护证明，并且证明上必须允许在紧急情况下可以对未满18

岁的人士进行紧急救护。

  5. 公主邮轮（Princess Cruises）

  婴儿必须年满 6 个月才能登船去往阿拉斯加、加拿大/新英格兰、加勒比海、欧洲、墨西哥、穿越运河、澳大利亚/新西兰的行程。其他行程必须年满 12 个月才能登船。所有未满 21 岁的游客必须有年满 21 岁的人士愿意为他们在整个行程中负责陪同才能登船。

  6. 皇家加勒比和精致邮轮（Rccl and Celebrity Cruises）

  婴儿必须年满 6 个月才能登船，除了穿越大西洋旅程（Transatlantic）、穿越太平洋旅程（Transpacific）、夏威夷和南美的邮轮旅程必须年满 12 个月才能登船。所有未满 21 岁的游客必须有 21 岁或以上的人士同船同舱陪同。当他们的父母或者法定监护人在邻舱时，该年龄要求可以豁免，同时未满 21 岁持有结婚证明的夫妻也可以不受这个年龄限制。

  3. 老年人出游注意事项

  邮轮公司一般不接受 100 周岁（含 100 周岁）以上的旅游者报名出游，70 周岁以上（含 70 周岁）需提供健康申明担保书，75 周岁以上（含 75 周岁）还需提供近 3 个月的体检报告，70 周岁以上的游客需同时有 70 周岁以下成年人陪同出游。

  4. 孕妇出游注意事项

  邮轮公司一般不接受在航程开始时或航程进行中孕期进入第 24 周的客人报名，未超过 24 周的孕妇需要提供医生开具的允许登船的证明。

  5. 疾病患者出游注意事项

  邮轮公司一般建议游客在出行前做一次必要的身体检查，如存在下列情况，不接受预订：

  （1）传染性疾病患者，如传染性肝炎、活动期肺结核、伤寒等传染病人；

  （2）心血管疾病患者，如严重高血压、心功能不全、心肌缺氧、心肌梗塞等病人；

  （3）脑血管疾病患者，如脑栓塞、脑出血、脑肿瘤等病人；

  （4）呼吸系统疾病患者，如肺气肿、肺心病等病人；

  （5）精神病患者，如癫痫及各种精神病人；

  （6）严重贫血病患者，如血红蛋白量水平在 50 克/升以下的病人；

  （7）大中型手术的恢复期病患者。

（五）其他注意事项

  （1）出游人的护照需要 6 个月以上有效期，且至少有两页空白页。

  （2）是否给予签证、是否准予出、入境，是有关机关的行政权力。若因游客自身原因或因提供材料存在问题不能及时办理签证而影响行程的，以及被有关机关拒发签证或不准出入境的，相关责任和费用由游客自行承担。若游客已自备签证，请务必提供有效护照及签证复印件，用于核对姓名和签证有效期。若因自备签证问题造成行程受阻，相应损失需自行承担。

  （3）因不可抗拒的客观原因（如天灾、战争、罢工、政府行为等）或航空公司航班延误或取消、使领馆签证延误、报名人数不足等特殊情况，旅行社有权取消或变更行程，一切超出费用（如在外延期签证费、住、食或交通费、国家航空运价调整等）旅行社有权追加差价。

  （4）在下列情况下，船长有权自行对航行范围作出修改、变更停靠港口的顺序和/或省略其中某个或某些停靠港口。

  ① 因不可抗力或其他超过船长或船主的控制范围的情形；

  ② 为了游客和邮轮的安全性而有必要的；

③ 为了使邮轮上的任何人获得岸上医疗或手术治疗；

④ 任何其他可能发生的紧急情况，包括因特殊情况引起的燃料问题，船长的决定是最终决定。

（5）在出发前或航程期间，邮轮公司有权根据天气、战争、罢工等不可抗力因素调整或改变行程，旅行社对此将不承担任何赔偿责任。若因不可抗力导致航线取消，旅行社将根据邮轮公司指示退还票款，但不承担赔偿责任。

（6）当游客不适合开始或继续航行，或可能对船上的健康、安全、纪律造成危险的，船长有权利在任何时候，视情况作出任何以下决定：

① 拒绝该游客登船；

② 在任意港口让该游客下船；

③ 拒绝该游客在任何特定港口下船；

④ 限制该游客在邮轮的特定区域或拒绝该游客参与船上的某些活动。

四、预订中常见问题处理

（1）儿童票有优惠吗？

儿童的优惠政策根据每家邮轮公司的政策不同而不同。如歌诗达邮轮和地中海邮轮，18岁以下儿童与2位成人同住一间舱房的情况下船票免费。其他优惠根据每个航线的具体政策会有变化。另外，小孩不能和2个大人挤一张床，即使是婴儿也是按照一张床位计算的，这和船上核定上船人数以及救生艇可以容纳的人数有关；2人间不可以住3个人，几人间代表最多可入住几人，但是不能超过这个人数。

案例赏析

一个独一无二的家庭假日

作为家族企业，没有谁比地中海邮轮（MSC Cruises）更理解家庭的重要性了。不论在船上还是在岸上，帮助您和您的亲人共同或分别充分享受每一刻，没人比我们做得更好。

敬请欣赏！

1. 孩子可免费乘坐地中海邮轮旅行！每个与家长共用舱房的18周岁以下的孩子都可以免费旅行。这样您全家都可以无忧无虑地享受这个航程，并从海上探索地球上最美丽的地方。直到2015/2016年冬季，与家长共用舱房的18周岁以下的孩子都可以免费旅行（仅需缴纳必要的税收、港口费、机票和中转费用）。

2. 所有船上的豪华度假休闲设施都被免费包括在您的航程中了，有水上公园、游泳池和滑水，还有顶级游戏机（PS3，Xbox和Wii），这仅仅是我们俱乐部设施的一部分。这样您的孩子就可以无忧无虑地去做其喜欢做的事。即使是诸如虚拟世界和4D影院的船上高科技游戏设施，也仅收取很少的费用。

3. 地中海邮轮总会让您的孩子觉得与众不同，在港口码头的儿童角，孩子们就会受到专门的欢迎。您登船时就会得到一根安全腕带，而传呼机或数字无绳电话（DECT Phones）也可被低价租用，让您一直能够保持联系。

4. 我们分别为四个年龄段的小朋友们在专属俱乐部量身订制了众多有专人监督的亲子、娱乐和社交活动。而这些也都是免费的！诸如趣味晚餐、开心晚餐和儿童全天候的创意活动，则可以让每个家庭成员按各自的方式行事，包括用餐时间、午夜和岸上观光期间。所以，您的孩子可以自由探索自己的社交生活，在安全的环境中结交来自世界各地的新朋友，沉浸在他们永远都不会忘记的假期之中。而大人们也得到了同样多的放松时光，可以无忧无虑地享受，因为他们知道孩子会得到很好的照顾。

＊从2016年夏季和2016/2017年冬季开始：

与家长共用舱房的13周岁以下的孩子都可以免费乘坐邮轮旅行，仅需缴纳税收、港口费、机票和中转费用（如适用）。价格待定，视与季节相应的供应情况而定，并必须在预订时确认。

＊从2017年夏季和2017/2018年冬季开始：

与家长共用舱房的12周岁以下的孩子都可以免费乘坐邮轮旅行，仅需缴纳税收、港口费、机票和中转费用（如适用）。价格待定，视与季节相应的供应情况而定，并必须在预订时确认。

（2）单人入住双人舱时如何收费？

单人入住双人舱时需要补齐单房差，即支付两张舱位的费用。有的邮轮公司针对单独旅行的游客会有优惠，如冠达邮轮普通舱只需支付175％的船价即可入住双人舱。

（3）网站页面显示的价格是单人的价格还是一间房间的价格？

网页上呈现的价格均为单人的价格，除部分邮轮有单人间外，每间房间双人起订（有的邮轮行程不接收单人预订）。

（4）是否可以指定舱房的位置和舱号？

大多数邮轮规定游客可以选择舱房的类型，但是不能指定相关位置和舱号，邮轮公司将根据其他游客预订的情况，由邮轮公司统一分派。也有少部分邮轮公司提供自选舱房位置和舱号服务，如皇家加勒比邮轮，有的邮轮航线游客可根据甲板分布图选择自己喜欢的舱房位置和舱号。

（5）是否可获得连通舱房？

大多数邮轮上都配备有连通舱房，预订时需视具体情况而定。若较早时间预订，获得的机会较大。

思考与训练

一、问答题

1. 邮轮有哪些舱房类型？
2. 邮轮旅游的价格由哪些费用构成？
3. 邮轮船票价格有哪几种类型？
4. 邮轮公司的价格策略是什么？
5. 未来航程销售部的工作职责是什么？
6. 未来航程销售的内容是什么？
7. 订票的渠道有哪些？
8. 在线订票的步骤有哪些？
9. 如何通过邮轮公司官网预订邮轮船票？
10. 如何处理游客变更航程的要求？

二、实训项目

项目名称：未来航程销售和预订。

练习目的：通过训练，使学生掌握未来航程销售的要求和程序及预订流程，并能熟练地为游客提供未来航程销售和预订服务。

实训内容：未来航程销售、在线订票程序、线下订票程序。

测试考核：根据相关程序要求进行考核。

【课后阅读材料】

A day in the life of a Future Cruise Consultant

Hi everyone, I am the Future Cruise Consultant onboard this large Ship that has a total of 4000 guests. Myself and the roughly 2000 colleagues of mine, do our best to make our guests time onboard an unforgettable vacation, filled with some great memories.

As my position title states, I am here to sell future cruises to the guests. Like with every business, marketing and sales is a big part of a companies financial success. While a huge team ashore works on getting new and past guests onboard our ships, we onboard speak to the guests directly. What better advertisement can there be

图 19-12　全球十大顶级豪华邮轮第七位——"伊丽莎白女王"号

for a company, then to show guests that they can have a wonderful vacation – and while they are doing so, they can book their next trip.

Of course, first of you need to be a born sales person, to be successful in this position. Having an outgoing personality and not being afraid to speak to a crowd, fluently and convincingly is also necessary. And most importantly an applicant for this position must have a very good knowledge about the company, the different ships, layouts and ports of call.

My first contract when I first started onboard was as a host at the Captain's Club, which is for repeat guests. This was a great way to get to know the ship and ports of calls, and already is in constant contact with the guests.

I have a little desk, in one of the public areas where guests can look at brochures of all the ships and voyages and I am there at fixed times throughout the day. At other times, I can be reached via the Reception Desk, in case a guest has any questions or wants to know more about what we have to offer.

During functions, I mingle with the guests like a social hostess, make small talk, introduce myself and explain my position. I also have functions on my own, normally on a sea day, where I tell guests about our program and what the advantages are to book the next trip, while they are onboard.

Each cruise line has different incentives. Here we offer a bottle of wine, a cabin upgrade free of charge and some other goodies, for the future cruise, if the guests book onboard.

Some cruise lines also pay a commission to the future cruise consultant for each sold cruise, others pay a fixed salary for this position.

So in general I do a lot of public relations and marketing onboard, always with the goal of selling a future cruise.

I hope to meet you one day and share some more information on working onboard a cruise ship.

模块八

邮轮收银服务

精致"千禧"号(Celebrity Millennium)上正在排队等候结账的游客

收银服务(Cashier Service)是邮轮前台服务的核心内容,收银员在为游客办理结账离船时,还应征求游客对邮轮的意见,良好、快速的服务和临别问候将会给游客留下美好的最后印象。

【学习与训练总目标】

- 掌握一次结账方式和邮轮上的无现金交易房卡签账系统。
- 掌握船上付款方式的种类及注意事项。
- 掌握货币现钞真伪鉴别的方法及外币兑换的流程。
- 掌握收取押金的方式和步骤。
- 掌握结账服务流程和离船手续。
- 熟悉结账过程中常见问题的处理方法。

项目二十　收银基础知识

【学习与训练子目标】

1. 了解邮轮上不同的结账方式。
2. 掌握邮轮无现金交易房卡签账系统。
3. 熟悉船上付款方式的种类及注意事项。

课前阅读

出境邮轮九成以上航次受理银联卡

随着中国游客出境游方式日趋丰富，银联国际正加快完善国际邮轮的银联卡受理环境，提升不同出行旅客的支付体验。目前，中国出境邮轮九成以上航次都可受理银联卡（卡号以62开头），包括皇家加勒比、嘉年华、丽星等众多游客喜爱的国际邮轮品牌。

近年来，邮轮旅游正成为越来越多中国人的旅行新选择，尤其受到中老年人和亲子游群体的青睐。邮轮上有餐厅、电影院、购物中心、运动场等各类设施，是一种偏娱乐享受的旅行方式。公开数据显示，2015年中国邮轮出游人数突破200万人。在此背景下，银联国际正加快完善邮轮的银联卡受理环境，为游客提供更加便利、安全的支付体验。

游客可以在这些邮轮上使用银联卡对船卡充值，或在船上的免税店、餐厅等POS终端直接刷银联卡消费，也可在皇家加勒比旗下"海洋量子"号、"海洋水手"号等邮轮上的ATM机提取美元现金，省去了大量携带现金登船的不便。

信用卡绑定支付也是邮轮消费的主要支付方式之一。在皇家加勒比大部分邮轮上，游客可将银联信用卡与船卡绑定，或用银联卡向船卡内预付押金，旅途期间刷船卡即可轻松完成邮轮上的所有消费支付，下船前统一结账。无论游客选择哪种消费方式，所产生的金额都将自动转换为人民币计入银联卡账户，不收货币转换费用。

皇家加勒比邮轮旗下最新最先进的"海洋量子"号还为银联卡持卡人提供三大专属优惠：一是用银联信用卡绑定船卡或用银联借记卡支付预付押金，或在船上指定场所刷银联卡消费，即可每房获赠船上饮料券一张（价值最高达10美元，含船上服务费）；二是刷船卡在免税店购买指定美容护肤品，在限定促销时间段单次消费满200美元及以上，即享9折优惠；三是刷船卡定制镶配施华洛世奇水晶首饰，可获得额外5%优惠。

【知识点与技能点】

收银服务（Cashier）由邮轮前台部提供，是邮轮前台服务的核心内容。为了方便游客消费和快速办理结账，邮轮前台部设有收银员（Purser）（图20-1）和夜审员（Night Auditor）等岗位，主要负责为登船游客办理信用卡登记和押金收取以开通邮轮船卡的消费功能，为离船游客办理结账手续，提供外币兑换以及其他收银服务，编制各种收银报表，及时反映邮轮营业情况。

任务一　了解邮轮结账方式

一、结账方式

(一) 一次性结账

1. 一次性结账方式

所谓一次性结账就是邮轮根据信用政策及游客资信情况的不同,给予游客相应的短期限额的签单授权,游客的一切消费记入总账,待游客离船时一次性付清所欠账款的一种结账方式。

由于邮轮上前台、餐厅、娱乐、商店、SPA 等收银点的电脑系统联网,游客可以凭邮轮房卡(Boarding Card)在规定的船上消费额度(Onboard Credit,简写为 OBD)下在各收银点内以刷卡签单挂前台客账的方式结账。签单授权方便了游客,实现了"多点消费,统一结账"的管理模式。邮轮采用一次性结账方式一方面为游客在邮轮上消费提供了方便,另一方面在一定程度上促使游客消费,增加了邮轮的营业收入。

2. 无现金交易房卡签账系统

一般国际邮轮都采用无现金交易的房卡签账系统(Cruise Cashless Payment/Transaction System)(图 20-2),消费时只需出示房卡(游客在登船时领取到的登船卡)刷卡即可,个别要求使用现金的场所除外,如外币兑换、娱乐场博彩等,全程邮轮假期消费都会通过刷房卡的形式记录在游客的船上消费账户中(Onboard Account),在航程的最后一晚,客舱服务员会将消费账单送至游客舱房以供核对,并请游客到前台结清消费账单。

要想开通房卡的消费功能,获得船上消费额度(Onboard Credit,简写为 OBD),游客必须提供一张信用卡,如美国运通卡、万事达卡、维萨卡等,当然也可以在船上支付现金来开通房卡,邮轮将根据航线长短和舱房等级收取一定数额的现金作为押金开通房卡的消费功能,当卡内余额不足时,可到邮轮前台续存。

图 20-1　水晶邮轮(Crystal Cruises)上的前台收银员

图 20-2　无现金交易房卡签账系统

案例赏析

铁行邮轮(P&O Cruise)的无现金航游(Cashless Cruising)

一、将您的银行卡留在家里

所有船上消费都将记入您的邮轮房卡中,您只需签账即可。邮轮房卡也是您的客舱钥匙,以及您在停靠港上下船的安全通行证。需要注意的是,船上使用的货币是澳大利亚元。

二、可快速结账

您在邮轮码头办理登船手续时,可以注册您的信用卡(维萨卡、万事达卡或美国运通卡)或借记卡(维萨卡或万事达卡)。通过选择使用您的信用卡或借记卡,您会自动注册快速结账,这意味着您无需到前台办理结账手续。

三、消费安全

游客的船上消费账户使用信用卡或借记卡的"预授权"系统,该系统每天从游客的信用卡或借记卡中扣留已消费的金额,可以保证游客不超支使用其可用的额度。邮轮结束航行,航程期间的消费总额将一次性从您的卡中扣除,预授权取消。

四、我们在背后支持您

若您的房卡不小心遗失或被盗并非世界末日。立即与前台联系,我们会注销您的旧卡,并发给您一张新卡。需要注意的是,在您报告信用卡丢失或被盗之前,您必须对信用卡上的任何交易负责。

(二) 即时消费结账

即时消费结账是指现买现付的一种结账方式。邮轮上采用无现金交易签账系统之外的其他消费均采用即时消费结账,如外币兑换、娱乐场所博彩(图20-3)等,均要求游客采用现金的方式付款。

(三) 快速结账(Express Check out)

邮轮一般规定游客在航程结束登岸的前一夜,离船前至少3小时之前结清账单,在此之前通常结账游客比较集中,为了避免游客排队

图20-3 邮轮博彩场所内的收银

等候,或缩短游客的结账时间,邮轮可以提供快速结账服务。

邮轮上的快速结账服务主要指信用卡快速结账。信用卡快速结账顾名思义是针对使用信用卡结账的游客提供的一项快速结账服务。游客提前到前台提供信用卡资料,即可享受快速结账服务,邮轮将游客的信用卡与房卡关联,取得信用卡的预授权,同时开通房卡的消费功能。离船时游客可通过与邮轮前台电脑系统联网的电视或邮轮 App 查阅账单情况,若对消费账单无异议,即可离船,无需到前台办理结账手续,离船之前会收到消费账单,未清账款会通过信用卡扣除。

案例赏析

嘉年华邮轮的自助收银机(Sail & Sign Kiosk)

与其他国际邮轮一样,嘉年华邮轮也有自己的船上无现金交易信用计划(Cashless Onboard Credit Program),船上所有的交易都必须使用嘉年华船卡(Sail & Sign Card)刷卡消费,不接受现金付款,航程中所有的消费和服务费都会通过刷卡记入游客的个人账户中。

为了方便游客随时查看其消费情况和账户余额,所有嘉年华邮轮均提供自助收银机(Sail & Sign Kiosk)。所谓的自助收银机(图20-4),其实就是一个能使游客便捷访问和管理其消费账户的自助服务终端。

自助服务机通过使用触摸屏上的应用导航进行访问，整个屏幕上有各种导航选项可供使用，自助服务机上的功能包括：

① 检查账户余额；
② 查看或打印消费账目；
③ 查看或限制账户使用人；
④ 设置消费限制；
⑤ 将某游客设置为"不允许刷卡消费者"；
⑥ 设置新账户；
⑦ 使用现金或信用卡付款；

图 20-4　自助收银机（Sail & Sign Kiosk）

⑧ 取回现金（5 美元或以上），船卡账户中少于 5 美元的余额，游客将会在航程结束时收到美国银行的常规支票；

⑨ 换取零钱（自助收银机提供 20 美元、10 美元和 5 美元的钞票）。

二、客账控制流程

（一）建账（Creation of Account）

邮轮公司要求游客上船后 24 小时内开通房卡的消费功能，房卡消费功能的开通意味着游客船上消费账户（Onboard Account）的建立。账户建立是记账、入账的第一步，它记录游客在邮轮上的消费账目。账户所包含的一般信息有游客姓名、舱房号、消费场所、消费时间、消费摘要、消费金额等。

（二）入账（Posting）

入账也叫抛账、过账和记账，指根据凭单上的消费内容、金额切实记入该舱房号客账的相应栏目中。建立游客的账户后，邮轮就应当及时准确地将游客在各营业点的消费情况分门别类地记录到游客账户中。在电脑化管理下，各联网收银点的挂账均由电脑自动记入前台总账。

（三）夜审（Night Audit）

夜审（Night Audit）又称为夜间稽核，是在一个营业日结束后，对所有发生的交易进行审核、调整、对账、计算，统计汇总，编制夜审报表，备份数据，结转营业日期的一个过程。除了上述任务以外，夜审工作还包括：解除差异房态、变更房间状态、每日指标及营业报表等。夜审的工作内容与步骤如下。

1. 检查邮轮各营业点的收银工作

夜审人员上班后首先要接管收银员的工作，做好工作交接和钱物清点工作；然后对全天收银工作进行检查。

（1）检查收银台上是否有各部门送来的尚未输入游客账户的单据，如有进行单据输入，并进行分类归档。

（2）检查各营业点收银员是否全部交来收银报表和账单。

（3）检查每一张账单，看游客的消费是否全部入账。

（4）将各类账单的金额与收款报告中的有关项目进行核对，检查是否相符。

2. 编制当天邮轮收益终结表

收益终结表也称结账表，此表是当天全部收益活动的最后集中反映。此表一经编制出来，当天的收益活动便告结束，全部账项即告关闭。如果在打印终结表后再输入账据，只能输入到下一个工作日里。

 **小资料**

夜审（Night Audit）的由来

夜审（Night Audit）是一个酒店行业特有的职业，特有在工作时间是在夜间。

夜审的工作目标是对于酒店各项营业收入和各个收银点上交的单据、报表，根据酒店制定的各项政策，进行细致查对、纠正错弊、追查落实责任，以保证当天收益的真实、正确、合理和合法。

由于酒店业务的不间断性，夜间是保证这项工作顺利进行的最佳时间。这项工作在夜间完成以后，又能使第二天一早上班的各级管理人员能够在第一时间了解过去一天的收益情况。鉴于以上两个原因，酒店的这项收益稽核工作一直在夜间进行，也是这项工作名称的来历。

（四）结账（Settlement）

游客离船前，都需到邮轮前台办理结账手续（使用快速结账者除外），无论采取何种方式结账，收银员主要围绕以下三方面进行工作。

第一，了解游客最新消费情况；

第二，结算账户余额；

第三，根据不同方式结清账款。

（五）缴款制表

1. 清点现金

前台收银员班次结束前，应清点各种现金，包括备用金、剩下的现金、信用卡签购单、支票和其他可转换款项（如现金预支凭单）等，并放入缴款袋。

2. 整理单据

将离船结账的账单按照"现金结算""支票结算""信用卡结算"等类别分别汇总整理；检查各类凭单、电脑账单是否齐全。

3. 编制收银报告

前台收银员班次结束前，应根据本班所有收入填制前台收银报表。前台收银报表主要是前台收银员收入明细表和收银员收入日报表。收银员收入日报表一联与钱款经旁证复核，装入缴款袋；另一联与前台收银员收入明细表及结账账单留存联、预付款单财务联交夜间稽核，并在旁证的陪同下，把缴款袋投入指定的保险箱。

任务二 掌握船上付款方式

船上付款的方式（Onboard Payments）多种多样，虽然不同邮轮公司可接受游客的船上付款方式略有差别，但大致相同，主要有现金（Cash）、信用卡（Credit Card）、旅行支票（Traveler's Check）和借记卡（Debit/Prepaid Cards）等，有的邮轮公司也接受个人支票（Check）。另外不同邮轮公司在不同国家可接受的船上付款方式也不相同。

一、现金（Pay in Cash）

现金支付是最普遍的付款方式之一。采用现金支付的游客必须使用船上通用货币（Onboard Currency）进行结算，若游客没有船上通用货币，应请游客先办理外币兑换（Foreign Currency Exchange），再付款结算。

（一）船上通用货币

不同邮轮公司的船上通用货币略有不同，目前大多数邮轮最常采用的船上通用货币为美元和欧元，同时会根据航行区域不同调整船上通用货币。

(1) 船上通用货币以邮轮公司所属国家的货币为主。主要以美国的邮轮公司为主，如美国皇家加勒比邮轮，船上消费全部以美元结算。

(2) 船上通用货币以邮轮航行区域划分为美元区和欧元区。主要以欧洲邮轮为主，如歌诗达邮轮、地中海邮轮，地中海邮轮的地中海及北欧行程，船上的适用货币是欧元，而美洲、加勒比海及南非行程，船上适用货币是美元。另外少部分美国邮轮也根据航行区域不同分别适用美元和欧元。

(3) 船上通用货币以邮轮所驻航国家的货币而定。有的邮轮公司会根据邮轮所驻航的国家不同随时调整船上通用货币，如丽星邮轮，从新加坡出发的航程使用新加坡元，从香港出发的航程使用港币，但从内地港口出发的航程均使用港币。

目前，大多数从中国内地港口出发的邮轮公司（除丽星邮轮外）均以美元作为船上通用货币。

（二）现金支付的注意事项

采用现金支付时，收银员应注意以下几点。

(1) 掌握货币真假鉴别的方法，注意检查大面额现钞，以防有假。

(2) 注意防范不法分子以找零钱为借口，谋取非法利益。

二、信用卡（Pay by Credit Card）

信用卡是持卡人赊购商品和服务、记账付款的一种信用工具，具有安全、方便、快捷等特点。信用卡支付是目前最常见的一种付款方式，也是最受邮轮公司欢迎的一种付款方式。

（一）国际五大信用卡品牌

国际上有五大信用卡品牌，维萨国际组织（VISA International）及万事达卡国际组织（MasterCard International）两大组织及美国运通国际股份有限公司（America Express）、大莱信用卡有限公司（Diner's Club）、JCB日本国际信用卡公司（JCB）五家专业信用卡公司。在各地区还有一些地区性的信用卡组织，如欧洲的EUROPAY、我国的银联、我国台湾地区的联合信用卡中心等。

1. 维萨卡（Visa Card）

Visa（图20-5）是全球最负盛名的支付品牌之一，是世界上覆盖面最广、功能最强和最先进的消费支付处理系统。目前，全世界有超过2000万个特约商户接受Visa卡，还有超过84万个ATM遍布世界各地。

2. 万事达卡（Master Card）

万事达国际组织于20世纪50年代末至60年代初期创立了一种国际通行的信用卡体系，旋即风行世界。1966年，组成了一个银行卡协会的组织，1969年银行卡协会购下了MasterCharge的专利权，统一了各发卡行的信用卡名称和式样设计。随后10年，将MasterCharge原名改名MasterCard（图20-6）。

图 20-5　维萨卡标志

图 20-6　万事达卡标志

3. 美国运通卡（American Express Card）

自 1958 年发行第一张运通卡(图 20-7) 以来，迄今为止运通已在 68 个国家和地区以 49 种货币发行了运通卡，构建了全球最大的自成体系的特约商户网络，并拥有超过 6000 万名的优质持卡人群体。

4. 大莱卡（Diner's Club Card）

1950 年春天，麦克纳马拉与他的合伙人施奈德合伙投资，在纽约注册成立了第一家信用卡公司——"大莱俱乐部"，后改为大莱信用卡公司。大莱俱乐部实行会员制，向会员提供一种能够证明身份和支付能力的卡片。最初他们与纽约市的 14 家餐馆签订了受理协议，并向一批特定的人群发放了"大莱卡"（图 20-8）。会员凭卡可以在餐馆实行记账消费，再由大莱公司做支付中介，延时为消费双方之间进行账务清算。

5. JCB 卡（JCB Card）

JCB 卡（图 20-9）和大莱卡是日本信用卡产业发展史上发行最早的两个信用卡品牌。当时美国的大莱信用卡公司于 1960 年在日本成立了日本大莱信用卡公司，主要向当地的高端客户发行大莱卡，发卡量微乎其微。JCB 成立之后，决定选择与大莱发行的高端用户卡不同的道路，把卡片定位于大众化的 JCB 卡。

图 20-7　美国运通卡标志　　　图 20-8　大莱卡标志　　　图 20-9　JCB 卡标志

（二）信用卡支付的注意事项

随着信用卡用户的增多，为了保证邮轮利益，前台收银员在接受游客信用卡支付时要特别注意以下几个方面。

（1）核对游客持有的信用卡是否是本邮轮可接受的信用卡。

（2）检查信用卡的有效日期和外观是否完整。

（3）注意信用卡公司所允许的信用卡支付最高限额。

当出现不符合上述要求的信用卡时，收银员应请游客更换另一种信用卡或使用现金支付，不能盲目交易。

案例赏析

不同邮轮公司可接受信用卡（Acceptable Cards）的种类

1. 公主邮轮

维萨卡（Visa）、万事达卡（Mastercard）、运通卡（American Express）、大莱卡 (Diner's Club)、发现卡（Discover）、运显卡（Optima）、国际万国卡（Carte Blanche）。

2. 嘉年华邮轮

维萨卡（Visa）、万事达卡（Mastercard）、运通卡（American Express）、大莱卡

(Diner's Club)、发现卡（Discover）、JCB 卡。

3. 皇家加勒比邮轮

维萨卡（Visa）、万事达卡（Mastercard）、运通卡（American Express）、大莱卡（Diner's Club）、发现卡（Discover）、JCB 卡、国际万国卡（Carte Blanche）。

4. 歌诗达邮轮

维萨卡（Visa）、万事达卡（Mastercard）、运通卡（American Express）。

5. 地中海邮轮

维萨卡（Visa）、万事达卡（Mastercard）、运通卡（American Express）、大莱卡（Diner's Club）、发现卡（Discover）、JCB 卡。

6. 铁行邮轮

维萨卡（Visa）、万事达卡（Mastercard）、运通卡（American Express）。

7. 银海邮轮

维萨卡（Visa）、万事达卡（Mastercard）、运通卡（American Express）、大莱卡（Diner's Club）、发现卡（Discover）、JCB 卡。

三、旅行支票（Pay with Traveler's Check）

旅行支票（图 20-10）是一种有价证券、定额支票，亦称汇款凭证，通常由银行（或旅行社）为便利国内外旅游者而发行。旅游者在国外可按规定手续，向发行银行（或旅行社）的国内外分支机构、代理行或规定的兑换点，兑取现金或支付费用。

国外游客经常使用旅行支票，而我国游客则很少，这主要跟支付习惯有关，西方国家的支付习惯是一步步进化的：从现金，到支票，再到信用卡。而我国则从现金直接过渡到信用卡，所以社会接受旅行支票还有漫长的路程要走。

图 20-10 旅行支票

（一）旅行支票的特点

（1）旅行支票很像现金，具有良好的流动性、永久有效且无使用时间限制，如果用不完，可以留着下次再用，或支付一定费用换回现钞。

（2）旅行支票即使丢失和被盗也不用担心，只要凭护照和购买合约去指定机构办理挂失手续，即可得到新的旅行支票；如果遇到意外，还可申请旅行支票发行机构提供的医疗紧急援助服务。

（3）旅行支票的购买和使用，手续费低廉，仅需支付 0.75% 的手续费；在美国甚至是免费的。

（4）旅行支票的使用不像信用卡受到通信状况制约。

（5）旅行支票具有多币种选择，避免了兑换产生的汇率损失。

（二）全球通行的旅行支票的品种

（1）有运通、VISA 以及通济隆等，而印有中国银行（下文简称"中行"）字样的上述旅行支票能够在世界各地800余家旅行支票代兑行兑换，或在各国的大商铺和宾馆酒店直接使用。

（2）除最为常用的美元旅行支票外，客户还可根据需要在中行上海市分行买到欧元、英镑、日元、澳元等币种的旅行支票，避免了兑换当地货币所带来的不必要的汇率损失。

（三）旅行支票支付注意事项

（1）旅行支票属可转让票据，可被邮轮视为现金。使用时应注意检查旅行支票的真伪。

（2）除了要检查旅行支票的真伪，还应认真核对旅行支票的复签与初签是否一致。

四、借记卡（Pay by Debit/Prepaid Card）

借记卡（Debit Card）也叫预付卡（Prepaid Card），是指先存款后消费（或取现）没有透支功能的银行卡。借记卡是一种具有转账结算、存取现金、购物消费等功能的信用工具，但不能透支。

借记卡正日渐普遍，能够很方便地取代现金和支票进行消费和交易，近年来逐渐成为最受欢迎的支付卡。

国际通行的借记卡外表与信用卡一样，并于右下角印有国际支付卡机构的标志。它通行于所有接受信用卡的销售点。唯一的区别是：当使用借记卡时，金额会自动从银行账户扣除，而不是算入信用额度内。

（一）借记卡的功能

（1）存取现金。借记卡大多具备本外币、定期、活期等储蓄功能，借记卡可在发卡银行网点、自助银行存取款，也可在全国乃至全球的ATM机（取款机）上取款。

（2）转账汇款。持卡人可通过银行网点、网上银行、自助银行等渠道将款项转账或汇款给其他账户。

（3）刷卡消费。持卡人可在商户用借记卡刷卡消费。

（二）借记卡的特征

（1）易用与普及。由于借记卡具有易用性和广泛的普及性，借记卡也是电子交易最普遍使用的支付工具之一。全球超过2000万的销售网点接受一些国际名牌的签名式借记卡。

（2）安全可靠。借记卡具有和信用卡一样的安全保障。

（三）借记卡支付的注意事项

（1）核对游客持有的借记卡是否是本邮轮可接受的借记卡。

（2）查看借记卡背面持卡人签字是否完整，使用时认真核对游客签字与持卡人签字是否一致。

 案例赏析

如何在邮轮上使用银联卡消费？

如果没有国际信用卡，并不代表无法在邮轮上消费。目前国内出发的邮轮已经基本支持银联卡预付款，预付款项将充值至房卡中，若未使用完毕，最后一天结账日将返还相应金额。

1. 邮轮上如何使用银联卡完成支付？

方法一：在船上ATM机用银联卡提取美元现金。

方法二：在船上的消费场所直接刷银联卡买单，过程等同于在境外刷卡消费。

方法三：用银联借记卡预付押金。

方法四：将银联信用卡与船卡绑定，此时，船卡等同于游客在船上的银联信用卡副卡。

2. 所有的邮轮都支持银联卡的四种支付方式吗?

中国国际邮轮市场的品牌,如皇家加勒比邮轮、歌诗达邮轮、公主邮轮、丽星邮轮、地中海邮轮、天海邮轮等,全部支持上述银联卡支付方法的前三种,而中国市场占比最大的皇家加勒比邮轮及我国邮轮品牌天海邮轮,也支持方法四,即银联信用卡与船卡绑定消费。

3. 上邮轮,该带哪张银联卡?

如果还不确定想用哪种方式来完成船上的支付,带一张银联信用卡、一张银联借记卡是最保险的。

不要带纯芯片卡,可能在部分邮轮上无法成功绑卡或预付押金。

卡号以 62 开头的银联卡,肯定能保证游客在邮轮顺利支付,并享受优惠。

五、支票(Pay with Check)

一些公司和企业多数会采用支票与邮轮进行消费结账。处理这种支付方式时,收银员应当具备有关支票的专业知识,熟悉操作规程和细则,辨别真伪,避免因业务不熟而使邮轮遭受损失。目前,邮轮可以通过电脑网络来验证支票,有效提高了支票检验的准确性和工作效率。在办理游客支票支付时要注意以下几个方面。

(1) 邮轮公司一般不接受个人支票。

(2) 检查支票内容是否齐全、完整。

(3) 拒绝接受字迹不清、过有效期的支票。

(4) 检查支票是否是挂失或失窃的支票。

项目二十一　兑　换　外　币

【学习与训练子目标】

1. 了解邮轮上可兑换外币现钞的种类。
2. 掌握货币现钞真伪鉴别的方法。
3. 掌握外币现钞和旅行支票的兑换程序。

课前阅读

4 名中国游客涉假币案被扣迪拜

《北京青年报》记者了解到，4 名湖北游客于 2016 年 12 月 22 日通过公司组织的福利游从武汉到达迪拜，12 月 28 日凌晨他们即将离境时被机场免税店店员发现所持美元为假钞，随后被迪拜警方拘留。在驻迪拜领事馆工作人员的帮助下，4 名游客被关押 27 小时后获得保释，但护照却被警方扣留，无奈滞留迪拜。

据 4 名游客介绍，他们带到迪拜的美元均是出发前在国内银行兑换的，除此之外，他们从未到任何机构兑换过美元，因此不清楚为何会有假钞。据了解，被警方关押当日，他们被验出持有 28 张百元假美元，均为旧版美元。

据中国驻迪拜领事馆工作人员介绍，当地警方已于昨日通知他们，经过三周的鉴定已确认 4 名游客所持旧版美元确系假钞，警方已对此正式立案并移交给检察院，该案已进入司法程序。

据了解，根据当地法律，进入司法程序的案子未完结前，涉案人员不允许离境，而据当地律师事务所工作人员介绍，4 名游客所涉案件审理时间快则 2 个月慢则半年或更久，如被判有罪，恐将面临 3 个月到 1 年的有期徒刑。

【知识点与技能点】

外币（Foreign Currency），通常是指本国货币以外的其他国家或地区发行的货币，而邮轮上的外币是指邮轮通用货币以外的货币。从广义上讲，外币包括现钞、票据、证券、存款等。而狭义上的外币仅指现钞，主要表现为纸币和铸币两种形式。邮轮为了方便不同国家游客消费，在前台收银处设立外币兑换点（Foreign Currency Exchange），为游客提供 24 小时外币兑换服务。

任务一　学会鉴别货币真假

一、货币的种类

（一）邮轮上可兑换外币现钞的种类

邮轮由于受人员、设备、客源等条件制约，通常仅接受几种主要外币现钞兑换业务，这几种主要外币就是邮轮客源国的外币。不同邮轮公司可兑换外币现钞的种类也不尽相同，目前大多数邮轮公司可兑换的外币种类有：英镑、美元、欧元、港币、加拿大元、澳门元、俄罗斯卢布、泰铢、日元、韩元（图 21-1～图 21-10）等。

图 21-1　英镑（Great British Pound，GBP）

图 21-2　美元（United States Dollar，USD）

图 21-3　欧元（European Dollar，Euro）

图 21-4 港币（Hong Kong Dollar，HKD）

图 21-5 加拿大元（Canadian Dollar，CAD）

图 21-6 澳门元（Macao Pataca，MOP）

图 21-7　俄罗斯卢布（Russian Ruble，SUR）

图 21-8　泰铢（Thai Baht，THP）

图 21-9　日元（Japanese Yen，JPY）

图 21-10　韩元（Korea Won，KOW）

（二）邮轮上可兑换外币的名称和符号

邮轮前台收银员要经常与各种外币打交道，必须了解各种外币的货币名称和符号。详见表 21-1 中所列。

表 21-1　各国货币名称及符号

国家（地区）	货币名称		符号
	中文	英文	
中国	人民币	Chinese Yuan	CNY
中国香港	港币	HongKong Dollars	HKD
中国澳门	澳门元	Macao Pataca	MOP
中国台湾	新台币	New Taiwan Dollar	NTD
日本	日元	Japanese Yen	JPY
越南	越南盾	Vietnamese Dong	VND
泰国	泰铢	Thai Baht	THP
菲律宾	菲律宾比索	Philippine Peso	PHP
马来西亚	马来西亚林吉特	Ringgit Malaysian	MYR
新加坡	新加坡元	Ssingapore Dollar	SGD
印度尼西亚	印度尼西亚盾	Indonesian Rupiah	IDR
斯里兰卡	斯里兰卡卢比	Sri Lanka Rupee	LKR
马尔代夫	马尔代夫拉菲亚	Maldives Rufiya	MVR
土耳其	新土耳其里拉	New Turkish Lyria	TRL
塞浦路斯	塞浦路斯镑	Cyprus Pound	CYP
澳大利亚	澳大利亚元	Australian Dollar	AUD
新西兰	新西兰元	New Zealand Dollar	NZD
丹麦	丹麦克朗	Danish Krona	DKK
挪威	挪威克朗	Norwegian Krone	NOK
俄罗斯	卢布	Russian Ruble	SUR
德国	欧元	Euro	EUR
瑞士	瑞士法郎	Swiss Franc	CHF
荷兰	欧元	Euro	EUR
英国	英镑	Pound，Sterling	GBP
法国	欧元	Euro	EUR
西班牙	欧元	Euro	EUR
意大利	欧元	Euro	EUR
希腊	欧元	Euro	EUR
加拿大	加拿大元	Canadian Dollar	CAD
美国	美元	U. S. Dollar	USD
墨西哥	墨西哥比索	Mexican Peso	MXP

二、货币真伪的鉴定
（一）人民币
人民币真伪的鉴别方法，除专家鉴别外，一般采用的鉴别方法是直观对比（眼看、手摸、耳听）和仪器检测相结合的方法，即通常所说的"一看、二摸、三听、四测"。

（1）看。用眼睛仔细观察票面的颜色、图案、花纹、水印、安全线等外观情况。人民币图案颜色协调，图案、人像层次丰富，富有立体感，人物形象表情传神，色调柔和亮；票面中的水印立体感强，层次分明，灰度清晰；安全线牢固地与纸张粘合在一起，并有特殊的防伪标记；对印图案完整、准确；各种线条粗细均匀，直线、斜线、波纹线清晰、光洁。对有粘贴折痕的钞票要特别留意是否为变造币。

（2）摸。依靠手指触摸钞票的感觉来分辨人民币真伪。人民币是采用特种原料，由专用抄造设备抄制的印钞专用纸张印制，手感光洁、厚薄均匀，坚挺有韧性，且票面上的手感线、行名、盲文、国徽和主景图案一般采用凹版印刷工艺，用手轻轻触摸有凹凸感。

（3）听。通过抖动使钞票发出声响，根据声音来判断人民币的真伪。人民币专用特制纸张具有挺括、耐折、不易撕裂等特点。钞票较新时，手持钞票用力抖动、手指轻弹或两手一张一弛对称拉动钞票，均能发出清脆响亮的声音。

（4）测。检测是借助一些基本工具和专用仪器进行钞票真伪鉴别的方法。如借助放大镜观察票面线条的清晰度，凹版印刷的浮雕效果，胶、凹印缩微文字等。用紫外光照射钞票，观察有色和无色荧光油墨印刷图案，纸张中不规则分布的黄、蓝两色荧光纤维等。

（二）美元
（1）看。首先看票面的颜色。真钞正面主色调为深黑色，背面为墨绿色（1963年版以后版），冠字号码和库印为翠绿色，并都带有柔润光泽。假钞颜色相对不够纯正，色泽也较暗淡。其次，是看票面图案、线条的印刷效果。真钞票面图案均是由点、线组成，线条清晰、光洁（有些线条有轻微的滋墨现象，属正常），图案层次及人物表情丰富，人物目光有神。假钞线条发虚，发花，有丢点、线的情况，图案缺乏层次，人物表情呆滞，眼睛无神。再次，看光变面额数字，1996年版10美元以上真钞均采用光变面额数字，变换观察角度，可看到由绿变黑。假钞或者没有变色效果，或者变色效果不够明显，颜色较真钞也有差异。最后，透光看纸张、水印和安全线。美元纸张有正方形的网纹，纹路清晰，纸中有不规则分布的彩色纤维。

（2）摸。一是摸纸张。真钞纸张挺刮、光滑度适宜，有较好的韧性；而假钞纸相对绵软，挺度较差，有的偏薄、有的偏厚，光滑度或者较高，或者较低。二是摸凹印手感。真钞正背面主景图案及边框等均采用凹凸版印刷，手摸有明显的凹凸感。假钞或者采用平板胶印，根本无凹印手感。或者即使采用凹版印刷，其版纹比真钞要浅，凹印手感与真钞相比仍有一定差距。

（3）听。用手抖动或者手指弹动纸张，真钞会发出清脆的声响，假钞的声响则较为沉闷。

（4）测。一是用放大镜观察凹印缩微文字。从1990年版起，5美元以上面额纸币加印了凹印缩微文字，在放大镜下观察，文字清晰可辨。假钞的缩微文字则较为模糊。二是用磁性检测仪检测磁性。真钞的黑色凹印油墨含有磁性材料，用磁性检测仪可检测出磁性。假钞或者没有磁性，或者磁性强度与真钞有别。三是用紫外光照射票面。真钞纸张无荧光反应，假钞有明显的荧光反应；1996年版美元安全线会有明亮的荧光反应，假钞安全线有的无荧光反应，有的即使有荧光反应，但亮度较暗，颜色也不正。

（三）欧元
（1）看。一是迎光透视，主要观察水印、安全线和对印图案。二是晃动观察，主要观察全息标识，5欧元、10欧元、20欧元背面珠光油墨印刷条状标记和50欧元、100欧元、200

欧元、500欧元背面右下角的光变油墨面额数字。

（2）摸。一是摸纸张，欧元纸币纸张薄、挺度好，摸起来不滑、密实，在水印部位可以感到有厚薄变化。二是摸凹印图案，欧元纸币正面的面额数字、门窗图案、欧洲中央银行缩写及200欧元、500欧元的盲文标记均是采用雕刻凹版印刷的，摸起来有明显的凹凸感。

（3）测。用紫外光和放大镜等仪器检测欧元纸币的专业防伪特征。在紫外光下，欧元纸张无荧光反应，同时可以看到纸张中有红、蓝、绿三色荧光纤维；欧盟旗帜和欧洲中央银行行长签名的蓝色油墨变为绿色；12颗星由黄色变为橙色；背面的地图和桥梁则全变为黄色。欧元纸币正背面均印有缩微文字，在放大镜下观察，真币上的缩微文字线条饱满且清晰。

（四）日元

（1）看。真钞纸张为淡黄色，水印是黑白水印，层次清楚；盲人标记类似水印，迎光透视清晰，手感明显。假钞没有盲人标记或很不清楚，也没有凸感。真钞1993年版正背面均增加了缩微印刷文字，在放大镜下清晰可见。

（2）摸。真钞正面凹印的人像套印在浅色底纹线上，人像清楚自然。假钞人像是平版印刷，底纹线条不清楚，油墨浓淡也不均匀，手摸光滑。真钞大写面额数字笔画系细砂纹构成，手感凸起。

（3）测。真钞正背面凹印部位的油墨带有磁性。印刷油墨是防复印油墨。1993年版正面"总裁之印"印章改以荧光油墨印刷，在紫外灯下印章发亮。

任务二　掌握外币兑换的程序

一、汇率

汇率，亦称"外汇牌价""外汇行市"或"汇价"等。英文是"Exchange Rate"，缩写为EXRATE。汇率是一种货币兑换另一种货币的比率，是以一种货币表示另一种货币的价格。由于世界各国（各地区）货币的名称不同，币值不一，所以一种货币对其他国家（或地区）的货币要规定一个兑换率，即汇率。

邮轮上的汇率是指其他货币兑换船上通用货币的比率，若船上通用货币是美元，船上汇率即指其他货币兑换美元的比率。船上是按照邮轮所属国籍当日交易汇率进行货币兑换，一般来说，会略微高于我国对外公布的外币汇率，同时需要收取一定的手续费。如图21-11所示，为丽星邮轮汇率显示器。

二、外币现钞兑换

（一）外币现钞的兑换程序

（1）主动问候，了解游客要求，问清游客兑换币种，看是否属于邮轮的兑换范围。

（2）礼貌告诉游客船上当天的外币兑换率和兑换手续费。

图21-11　丽星邮轮汇率显示器

（3）清点外币，通过外币验钞机或人工检验外币真伪。

（4）请游客出示护照和房卡，确认其身份。

(5) 填写兑换水单(表 21-2),将外币名称、金额、兑换率、应兑金额及游客舱房号填写在相应栏目内。

表 21-2 外币兑换水单

			No.
Foreign Exchange Voucher 外币兑换水单			
Guest Name 游客姓名	Gender 性别	Nationality 国籍	
Passport Number 护照号码	Stateroom No. 舱房号	Date 日期	
Currency Type 外币种类	Amount 金额	Exchange Rate 汇率	USD 美元

Guest Signature
游客签名

Total
合计

Cashier Signature
经手人签名

(6) 请游客在水单上签名;检查游客与证件上照片是否一致,并通过电脑核对舱房号。
(7) 检查复核,确保金额准确。
(8) 清点现金数量,连同护照、一联水单交给游客,请游客清点并道别。

(二) 外币现钞兑换的注意事项

(1) 收进外币后,应先辨明是否是可兑换货币,若无法兑换,应礼貌说明。
(2) 注意清点数量并鉴别外币的真伪,尤其要注意核对某些版本是否已停止流通兑换。
(3) 兑换时,应注意唱收。即收到游客多少外币及兑付给游客多少美元时都需要当着游客的面大声报出来。
(4) 提醒游客妥善保管好兑换水单。

案例赏析

诺唯真"精神"号(Norwegian Spirit)上的外币兑换政策

我们乘坐诺唯真"精神"号巡游地中海时,发现邮轮前台可以兑换欧元和英镑(图 21-12)。但是,对于其航行区域的土耳其(伊斯坦布尔和库萨达斯)和克罗地亚(杜布罗夫尼克和斯普利特),却不提供土耳其里拉或克罗地亚库纳兑换服务。其外币兑换政策如下。

(1) 每次兑换,不论金额多少,都需收取 10 美元的手续费。
(2) 由欧元或英镑兑换回美元时也要收取 10 美元手续费。需要注意的是,两次兑换的汇率会有不同。
(3) 兑换欧元旅行支票时也需收取 10 美元的手续费,兑换 500 及以上金额的旅行支票时需要收取 2% 的手续费。
(4) 由于船上小面额欧元的数量有限,前台不提供大面额欧元兑换小面额欧元的服务。
(5) 不接受欧元硬币兑换。

三、旅行支票兑换

（一）旅行支票的兑换程序

（1）热情接待游客，询问游客需要何种服务。

（2）检查游客所持旅行支票的真伪及支付范围。

（3）请游客在旅行支票指定的复签位置上当面复签，并核对支票的初签与复签是否相符，如有可疑之处应进一步检查，比如要求持票人背书。

（4）请游客出示证件，经收银员进行核对，如相片是否相符、支票上的签名与证件上是否一致，而后将支票号码、持票人的号码及国籍抄到水单上。

（5）填写兑换水单，一式两联，并计出贴息及实付金额。让游客在水单的指定位置上写上姓名、舱房号，将尾签撕下给游客，将水单及支票送交复核员。

（6）经收银员认真复核水单上的金额及出纳所配好的现金，将应兑换给游客的金额唱付给游客。

图 21-12　诺唯真 "精神" 号（Norwegian Spirit）外币兑换服务

（二）旅行支票兑换的注意事项

（1）收进旅行支票后，应先确定其支付范围，是否可用于船上消费使用。

（2）检查游客所持旅行支票的真伪。

（3）兑换时，应认真核对支票的初签与复签是否相符。

（4）兑换时，应注意唱收。将应兑换给游客的金额唱付给游客。

（5）提醒游客妥善保管好兑换水单。

项目二十二　收取押金

【学习与训练子目标】

1. 掌握信用卡登记的流程。
2. 掌握预存现金的步骤。
3. 能熟练地为游客关联信用卡和收取押金。

课前阅读

非常好用的免费船上消费额（Free Onboard Credit）

第一次坐邮轮的朋友可能没有听过免费船上消费额（Free Onboard Credit）（图 22-1），这可是搭乘过邮轮的人士非常喜欢的赠品，免费船上消费额到底是什么？又要怎么获得呢？

每一位邮轮游客在办理登船时，工作人员都会帮其建立一个船上消费账户，之后所有的船上开销，在下船前都会记到这个账户里，等到下船前才会作一次性的结账。所谓免费船上消费额（Free Onboard Credit）就是这个账户里可以免费使用的金额，相当于船上的现金，可用于支付包括饮料、岸上观光游、自费餐厅、SPA、赌场等，有的邮轮公司甚至可用于支付小费。

图 22-1　诺唯真"逍遥号"（Norwegian Breakaway）上的船上消费额柜台

既然免费船上消费额（Free Onboard Credit）这么好用，那怎样可以获得呢？以下是最常见的几个方式。

1. 预订行程时，含在邮轮公司赠送的折扣里

赠送船上消费额是邮轮公司常见的促销方式，一般会因预订的船舱等级的不同赠送不同的船上消费额。可能有人会问，为什么邮轮公司不直接降价呢？第一，邮轮公司不想降价破坏船票价格；第二，船上消费额只能在船上消费使用，可以间接促进游客在船上的消费。

2. 通过代理旅行社订购航程

平常买东西的时候，人们潜意识里觉得从官网买比较可靠，事实是从代理旅行社处可以享受更多的优惠，为什么从旅行社买船票比直接从邮轮公司买好呢？不知道大家有没有在国外买过各种门票的经验？比如在英国想看场音乐剧，直接到剧院售票口买是最贵的，有经验的人都知道要到半价亭这类专卖折扣票的店购买，因为剧场与卖票的商店有契约，这些折扣店拿到的价格是远低于正常售卖价的，因此他们可以在有盈利的情况下，用比较便宜的价格卖票给游客。

在国外买邮轮的船票类似，因为邮轮公司把大部分的售票业务都签约出去了，所以代理旅行社可以在它能够盈利的情况下提供给游客更多折扣（赠送船上消费额）。

可能有人要问，为什么代理旅行社不直接降价呢？为什么同一时间，大家卖的票价都差不多？这是跟邮轮公司的营运政策有关，现在大部分的邮轮公司都有统一的售票系统，所以同一时间、同一艘船的同一个船舱，船票价格是一样的（游客订票是直接跟邮轮公司刷卡，所以金额都是固定的），因此代理旅行社几乎没有空间（或机会）更改票价，甚至有些邮轮公司还推出低价保证，提供检举专线，如果游客发现另一家旅行社"同时"提供比自己卖的价格更便宜的票，是可以检举然后退差额的。所以旅行社想要刺激游客购买，赠送船上消费额就是非常普遍的方式。

3. 在船上预订下次的航程

各家邮轮公司都有推出这种预订下次航程的优惠。不过，提醒大家要注意它的使用期限，是不是可以转让、可不可以和其他优惠方式合并使用（通常只适用早鸟预订价或正常价格的船票，最后一分钟特价的船票几乎是不能用的），有些公司推出的预订方案其实不是很优惠（比如说，订金很高，送的船上消费额却很少），这些都是要留意的。地中海邮轮的未来航程预订，订金10欧元，可以兑换至少150美元的船上消费额。

4. 加入会员的红利反馈

几乎所有邮轮公司都有自己的一套会员积分方案（有点类似搭乘飞机的里程累积），针对多次搭乘的游客提供红利反馈或折扣，如果很满意自己搭乘的邮轮公司，不妨加入并成为其会员（通常都是只要到柜台填资料就可以免费加入），这样就可以把自己的航行天数慢慢累积起来，船上消费额就是常常被用来反馈的小礼物。

5. 好友推荐礼

如果推荐第一次搭邮轮的朋友订购行程，有些邮轮公司，比如公主邮轮（Princess Cruise）有提供大约25美元左右的船上消费额当做推荐礼，在下一次的航程可以使用。

6. 船票的降价补偿

购买过邮轮行程的朋友，相信不少人有买完票之后不久就遇到船公司降价促销的经验。如果差异不大（比如700美元降到680美元），大概自认倒霉就算了；但是如果差个几百美元（比如3000美元降到1800美元），可是会让人非常不爽的。这个时候，一家好的代理旅行社的重要性就出现了，通常一家代理旅行社的服务是否专业可以在这里看出来。一般来说，一家专业的代理旅行社可以帮游客争取船票降价的补偿（尤其是在买票后3个月内大幅降价的，争取到的机会很大），不过要游客自己先反映，旅行社工作人员才会帮忙联络邮轮公司（如果更专业的旅行社，工作人员甚至会帮忙注意船价，如果降价会主动帮忙争取补偿，但是这样的旅行社很少，因为较低的船价也表示旅行社能拿到的利润也按比例下降了）。一般来说，可能拿不到全部减价金额的补偿（降价补偿一般是用船上消费额的方式，而不是退现金）。

7. 信用卡红利积点兑换

这点是专属于住在美国的朋友才可以使用。很多邮轮公司都有跟银行一起出联名卡，可以用平常的消费积点兑换船上的消费额，目前，荷美邮轮（Holland America Cruise Line）

的红利积点还是很划算的,其他如皇家加勒比邮轮(Royal Caribbean Cruise)的红利返点则很少,不过有兴趣大家可以参考看看,如果用邮轮公司的信用卡刷船票费用,然后再用产生的红利积点换船上消费额,是不是等于船票又便宜一点呢?

8. 投诉之后的补偿

虽然并非获得船上消费额的最好方式,但是如果搭乘邮轮期间出现问题,比如船舶滞留、跳港、船舶出现重大故障或者客人对服务感觉不满意,补偿客人的方式之一就是通过船上消费额。具体额度将根据情况变化。

【知识点和技能点】

基于邮轮公司财务管理和游客消费结账的方便考虑,船上均采用非现金交易。游客登船后会被邮轮公司强制要求在24~48小时内缴纳一定数额的押金,用于支付小费和船上消费,然后开通房卡的消费功能,游客消费时只需刷房卡签账即可。押金可采用信用卡预授和预存现金两种方式。

任务一 登记信用卡

由于信用卡使用起来方便、快捷,大多数邮轮公司建议游客采用刷信用卡作"预授权(Pre-authorization/Authorization Hold)"的方式缴纳押金。

一、信用卡登记

(一)信用卡登记的定义

信用卡登记(Credit Card Registration)也叫信用卡注册或信用卡关联,是指邮轮公司获取游客所持信用卡的预授权,并将信用卡与游客的船卡绑定,消费时只需刷船卡即可,每次消费时游客将收到一张收据,而费用则直接记账在登记的信用卡,所有的船上消费将自动从注册的信用卡扣除。

(二)预授权的定义

预授权类业务指特约商户向发卡机构取得持卡人30天内在不超过预授权金额一定比例范围的付款承诺,并在持卡人获取商品或接受服务后向发卡机构进行承兑的业务。通俗讲就是先冻结银行卡内部分资金用作"押金",后按实际消费金额结算的业务。具体是指持卡人在商户消费时,商户收银员根据持卡人需求,按预先估计的消费金额向发卡机构申请授权,发卡机构根据客户账户情况给出应答,对批准的申请将暂时冻结持卡人银行卡内的信用额度作为押金,一般而言,冻结金额不能超过预授权交易金额的115%。待持卡人消费正式完成后,商户按实际消费金额向发卡机构请求正式进行清算。

预授权业务普遍运用于酒店、邮轮刷卡消费,其优点如下。

第一,信用卡预授权业务由于采用POS机受理,由发卡系统自动进行验证和授权,因此具有方便、安全、高效等特点。

第二,可以尽量避免跑单现象的出现。如果持卡人做完预授权后没有买单就离开商户,商户可以向银行提出预授权完成的申请并提供持卡人消费单据和预授权单据。这样银行就可以将这笔资金划入商户账户中。

 小资料

信用卡的预授权撤销

预授权,可以简单理解为"押金"的概念。预授权只占用额度,在未作预授权完成确认

交易时，商户是无法向银行请款的。比如游客登船时，邮轮通过预授权把押金从信用卡里冻结，待离船确认消费金额后，邮轮就会进行信用卡预授权完成，从卡里把实际消费金额扣除，此时，邮轮才真正收到这部分款项。

预授权撤销是指预授权操作失误或者其他原因需要撤销原预授权的交易。预授权撤销完成后，原预授权金额解冻。预授权撤销交易可在预授权交易完成的当天进行，也可在若干天后进行，但超过规定的期限（30天）后，发卡行应自动对预授权交易的冻结资金进行解冻。

二、信用卡关联的方法

邮轮公司鼓励游客使用信用卡作为船上支付方式，为了方便游客使用，邮轮公司提供关联信用卡的4种方法。

（一）网上登记（Online Check-in）时关联信用卡

游客网上登记时，可以设定船上消费账户，选择其中的信用卡作为船上支付方式，根据要求，填写持卡人姓名、信用卡卡号、信用卡品牌、有效期等信息进行关联。

（二）码头办理登船时关联信用卡

游客网上登记时，也可以先不设定船上消费账户，在码头登船时设定。办理柜台登记时，登船部工作人员会询问游客是否要关联信用卡，若游客同意使用信用卡作为船上的支付方式，工作人员会请游客填写一份信用卡预授权申请单，并出示信用卡刷取预授权。

（三）登船后到前台关联信用卡

若游客在登船之前未关联信用卡，也不用担心消费功能受限。第一天登船后携带需要关联的房卡和信用卡前往邮轮前台（Guest Services Desk）办理，前台工作人员会帮助游客关联信用卡。

（四）利用信用卡登记专用机器自助登记信用卡

邮轮提供信用卡登记专用机器（图22-2），一般安放在前台附近，该机器24小时运作，游客可在任意时间进行自助登记。

三、信用卡关联的步骤

（一）前台登记信用卡的步骤

① 请游客出示信用卡，在POS机上刷过；

② 选择"预授权"，输入预授权金额，点击"确认"；

③ 请游客输入密码；

④ 请游客在信用卡预授权单上签字确认，其中一联交由游客留存。

（二）自助登记信用卡的步骤（以歌诗达邮轮为例）

① 请按下Start键，并选择语言（中文或英文）；

② 请使用自己的歌诗达卡在机器右侧部分划卡；

③ 请使用希望用于登记的信用卡划卡；

④ 请使用配置在机器上的笔在画面上签名。

图22-2　歌诗达邮轮上的信用卡登记专用机器

四、注意事项

邮轮服务费一般从游客的船上账户中扣

除,因此,每位游客即使是儿童也需开通其船上消费账户。为了游客消费方便和邮轮服务费的扣除,邮轮公司一般要求游客在上船后24~48小时内必须开通其船上消费账户。

(1) 若采用信用卡作为船上支付方式,则一定要在邮轮公司规定的时间内及时到前台或信用卡登记专用机器办理信用卡登记。

(2) 注意邮轮公司可接受信用卡的品牌和类型,主要的国际信用卡和国内的双币卡,都可以在邮轮上使用。

(3) 持卡人必须是出游人,不能使用其他本次不登船的顾客的信用卡作为船上支付方式。

(4) 一张信用卡可以同时关联多位游客的船上消费账户作为其他游客的船上支付方式使用。

(5) 若游客希望冻结儿童房卡的购买记账功能,可到邮轮前台申请儿童信用限制,这样就可限制儿童胡乱刷卡消费。

案例赏析

地中海邮轮的儿童消费卡

1. 自由使用自己的消费卡

给您的孩子们在船上任何地方消费的能力和愉悦,他们随心消费,但您来决定额度。给他们一个青少年消费卡作为礼物。

为7~17岁的孩子们准备的个性化预付借记卡

2. 各种支付选项:

——30欧元,带有额外的奖励礼金5欧元!

——50欧元,带有额外的奖励礼金10欧元!

当您登船时,您会收到包括预订表格和优惠介绍的宣传单。填写预订表格,然后交给前台,儿童消费卡就会在稍后送至游客舱房。

任务二 预存现金

若游客没有信用卡或信用卡不属于邮轮公司可接受卡的范围,那游客可采用预存现金的方式缴纳押金。

一、预存现金的种类

预存现金是指按照邮轮公司的要求缴纳一定数额的现金作为押金,开通船上消费账户和船卡的签账消费功能。这里预存的现金包括以下几种类型。

(1) 船上通用货币(Onboard Currency)。游客必须使用船上通用货币缴纳现金押金,若持有船上通用货币以外的货币,必须先兑换才能缴纳押金。

(2) 旅行支票(Traveler's Check)。旅行支票与现金的功能相同,可被当做现金使用,这里旅行支票的币种必须是船上通用货币,否则需先兑换成船上通用货币现金,才能缴纳押金。

(3) 借记卡/预付卡(Debit Card/Prepaid Card)。部分借记卡/预付卡也可作为预存现金押金的支付方式。第一,可直接使用借记卡/预付卡扣除押金,这种功能对借记卡/预付卡的种类有限制,一般要求能像信用卡一样可以刷取预授权;第二,游客可花费少量手续费,通过邮轮提供的ATM提取现金缴纳押金。需要注意的是,使用借记卡/预付卡时,不管是直接从卡中扣款还是从ATM取款(图22-3),扣除和提取的都是船上通用货币,按当时船上的汇率自动计算货币数量。

案例赏析

嘉年华邮轮上的 ATM

为方便游客使用，嘉年华邮轮在其前台附近放置自助取款机(图 22-4)。
(1) 每次取款需收取 6 美元的服务费。
(2) 每日取款限额为 500 美元。
(3) 有关取款的问题或疑问，游客需直接与其金融机构联系。

注意：邮轮航程即将结束之际，货币供应可能会不足，建议游客合理安排现金使用。

图 22-3 "海洋航行者"号邮轮上放在电话亭里的 ATM

图 22-4 嘉年华邮轮上的 ATM

二、预存现金押金的步骤

(一) 预存现金押金的时间

与关联信用卡不同，缴纳现金押金不能提前办理，只能登船后在船方规定的时间内，一般为 24 小时内，否则会影响船卡和船上消费账户的使用，前往指定地点办理押金预存。

(二) 预存现金押金的地点

为方便游客及时预存押金，船方会在登船第一天设置专门用于游客预存押金的地点，游客可根据船方指示及船方通知到指定地点办理现金预存。之后，游客可到邮轮前台办理该项业务。

(三) 预存现金押金的数量

现金押金的数量，不同邮轮公司有不同的规定和要求，与航程天数、航行距离长短及所选舱房的等级有关，一般航程天数越长、航行距离越长、舱房等级越高，需要缴纳的现金押金数量越高，其数量至少要能支付游客的服务费。地中海邮轮规定押金数量最少为 250 欧元；歌诗达邮轮预存押金金额最低为 150 欧元或 150 美元/人，视邮轮上使用的货币而定；公主邮轮和皇家加勒比邮轮要求每人押金数量至少为 300 美元，皇家加勒比还设置游客的每日现金消费额度，规定 7 晚及以上行程的每日现金消费额度为 500 美元，7 晚以下行程的游客，其每日现金消费额度则是 300 美元，一旦游客消费达到每日现金消费额度，船方会立即通知游客。若游客在船上的消费超过预存金额，船方会要求游客继续预存，航程结束时计算全部费用，多退少补。

(四) 预存现金押金的步骤

① 主动问候游客，询问游客需要什么帮助；

② 请游客出示其邮轮房卡；
③ 根据邮轮规定，告知游客需缴纳的货币种类和现金数量；
④ 点清现金数量，注意检查货币的真假；
⑤ 开具收款单据，请游客签名确认；
⑥ 开通游客的船上消费账户和房卡的刷卡签账功能。

三、注意事项

由于航程可能涉及较大金额消费，基于安全因素考虑，船方并不建议游客在船上使用现金支付的方式进行预存押金或结账。

（1）使用现金预存押金时，必须使用船上通用货币，比如船上通用货币是美元，则必须使用美元预存押金，若游客持其他币种，则必须先兑换成美元才能预存押金。

（2）关于预存现金的数量，不同邮轮公司的要求不一样，但其额度至少要能满足支付游客的邮轮服务费。

（3）当游客的实际消费已经接近或超过其预存的押金数量时，船方会及时通知游客续存押金。航程结束时计算全部费用，多退少补。

项目二十三　结　账　离　船

【学习与训练子目标】

1. 掌握现金结账流程。
2. 掌握游客离船步骤。

课前阅读

那些被遗留在邮轮上的各种奇葩物品

游客经常会遗留下一些东西在船上，有些东西还特别奇葩。

在船上捡到眼镜、衣服都是常事了，有些员工还在船上捡到过某些游客的传家宝甚至是成捆的现金。

冠达邮轮发言人透露，该公司的员工曾捡到过一个有150年历史、18克拉的金戒指，上面还刻着失主曾曾祖父名字的首字母。这枚戒指现在的主人在下船的时候不慎把传家宝丢在了船上。冠达的发言人补充道："这枚戒指被一个善良的游客捡到，当时她找不到工作人员帮忙，所以她把戒指带回家然后寄回了我们公司。"

"当时我们的客服团队已经接到了失主的失物咨询，所以我们一下就认出这枚戒指应该就是我们正在找的那枚。戒指的主人被通知戒指找到后都泪崩了。这枚戒指价值1500镑，但戒指蕴涵的纪念是无价的。"他补充道。

该公司的员工还在船上找到过一个纯金的劳力士手表。

该发言人说："客人联系我们，表示他可能把手表落在船上了，所幸他最后找到了这枚手表。我们的船刚到南开普敦，失主就驾车从艾克塞克赶来取回手表，毕竟这枚手表价值不菲。失主夫妇收到手表后感到非常激动，他们还专门买了一束花送给我们的工作人员。"

而另一家邮轮公司的员工则表示，自己在船上找到过装在信封里的500美元现金。

有一个网友因为丢了眼镜结果跑去前台询问，结果前台服务员直接拿出20多副各式的眼镜问他："这里面有你丢的吗？"

该站的小编Adam Coulter说："总的来说，游客比较经常丢手机、相机或内衣裤。一般的航线都会帮忙乘客寻找丢失的物品，但不能保证一定会找到。所以我们建议游客最好在下船前预留点整理行李的时间，临走前再检查一遍房间的各角落，比如床底、抽屉，这样可以减少此类事件的发生。"

而根据规定，遗失物需要在规定时间内取回，否则会被处理掉，例如，冠达邮轮就规定遗失物超过30天没被认领将被处理。同时，如果你要取回自己的遗失物还需要支付一定的费用，一般来说是寄送的运费。另外，不是所有物品都可以被取回，比如电子香烟等被认为存有危险的产品，食物、饮料等已接触过人体的物品或免税店购买的产品都被规定不能取回。

【知识点和技能点】

任务一　结　账

离船日凌晨1点为邮轮结算截止时间，船方会将每张船卡的消费账单投递至游客舱

图 23-1 嘉年华"荣耀"号（Carnival Glory）客舱外面的邮箱（Mailbox）

房门口的邮箱（图 23-1）中。游客也可从舱房内电视的指定频道查看，或通过邮轮 App 在手机上查看，也可在船上的自助收银机上查看。游客必须核对账单是否正确无误，如果有问题，应立即前往邮轮前台咨询处理；如果没问题，信用卡用户第二日直接离船即可，现金用户应携带账单及足够现金前往邮轮前台进行结账。

一、结账流程

（一）信用卡用户

（1）离船日凌晨，前台收银员需要将每位游客的消费账单打印出来，由客舱服务员送至游客舱房门口的邮箱中，以供游客核对确认。

（2）若游客对消费账单无异议，则无需理会（有些邮轮公司要求游客账单签名确认后交回前台，也有些邮轮公司规定，只要确认账务没问题即可，无需额外签名），直接离船即可；若游客对消费账单有异议，可携带账单到邮轮前台咨询收银员并解决。

（3）收银员根据游客实际消费作预授权完成，收取实际消费金额，并将剩余金额作解冻处理退回到游客的信用卡账户中。

（二）现金用户

与信用卡用户不同，现金用户需在邮轮规定的时间内到前台办理结账手续才能离船。结账时间一般为离船当天的早上 10 点之前，当然提早结账也是可以的。

（1）主动问候游客，询问游客需要什么服务。

（2）若需要办理结账，则请游客出示其房卡，通过电脑核对游客姓名、舱房号等内容确定其身份。

（3）委婉地询问游客是否有小酒吧（Mini-bar）内物品消费。若有则应将消费计入游客的消费账户中。

（4）打印游客的消费账单（图 23-2）。

（5）双手呈送账单给游客核对，请其签名确认。如有疑问，可向游客出示保存在账单盒内已经核对的原始凭单。

（6）根据游客的实际消费办理结账，多退少补。

（7）对游客表示感谢，并祝其旅途安全、愉快。

（8）整理账单、款项等，方便审核人员审核。

（三）注意事项

（1）提醒游客若消费账单金额有误，要立即前往邮轮前台咨询修改，邮轮一般不接受任

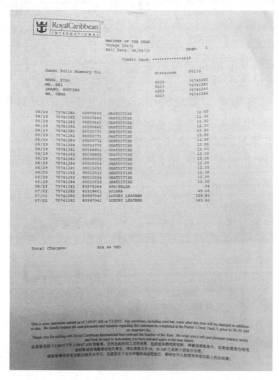

图 23-2 皇家加勒比邮轮的游客消费账单

何离船后发现金额有误的退款要求。

（2）必须使用选定的支付方式结账，不能更换。

（3）使用现金结账的游客必须在离船前到前台办理刷卡销账，否则无法刷卡下船。

（4）离船日办理现金结账的游客较多，建议游客提前做好安排，避免等候时间过长。

（5）登记信用卡的游客，直至下船前，船卡仍可代替信用卡用于船上消费；预存现金的游客，航程结束当日约凌晨 3 点起将停止使用船卡消费，之后只接受现金消费。

二、结账中常见问题处理

（1）如何查看自己的消费账单？

游客可通过多种途径查看自己的消费账单。第一，前往邮轮前台询问收银员；第二，通过舱房内的电视系统查看；第三，通过手机 App 查看。若发现任何问题，应及时到前台核对。

（2）船方是否提供消费清单？

船方通常会在离船前一晚为游客提供消费清单，游客所有船上消费以及邮轮服务费均会在消费清单上列明。如果该清单有任何错误，一定要在下船前与前台联系解决。提醒游客保留好所有消费的签单底联，游客离船后船方不接受消费账单的异议。

（3）为何信用卡刷了两笔相同费用？

请游客先向信用卡发卡行联系确认两笔费用的消费类型，如果其中一笔类型是预授权，另外一笔类型为消费，那么信用卡发卡行只会扣取"消费"类型的费用。通常游客船卡与信用卡关联后，船上会根据游客的消费情况冻结相应的预授权金额，信用卡预授权会在离船后 21 个工作日左右自动解除，具体日期不同银行可能会有所不同。在此期间，预授权可能会占用游客信用卡的额度。由于船上信号原因，游客在离船后可能仍会收到船上消费的信用卡消费短信提醒,短信可能会出现滞后现象,若下船后收到银行发来的重复扣款短信,其中一笔可能为预授权。

(4) 结账时可以更换之前的支付方式吗?

邮轮一般不允许在结账时更换之前的结账方式。

(5) 游客对账单有异议怎么办?

收银员要过目检查游客账单,发现差错,及时更正;有时账单上的实际费用会高出游客的预算,当游客表示怀疑时,收银员应作耐心解释。一些额外的费用(如服务费、其他消费等),游客往往容易忽略,特别是加急服务更要说清楚,让游客明白所支出的费用是合理的;若是账单上的费用有错漏,游客提出时,我们应表示歉意,并及时查核更正。

(6) 游客消费接近或超过信用限额怎么办?

邮轮前台收银员每天定时检查游客消费账户,当发现游客账户消费接近或超过其信用限额(Onboard Credit Limit)时,应立即通知游客续存押金或增加预授权。

(7) 可以提前结账吗?

可以。结账后船卡的刷卡消费功能关闭,之后只接受现金消费。

任务二 离 船

邮轮到港后,邮轮公司会分批次安排游客下船。邮轮一般是在早上 7 点左右靠岸,离船手续会在当地海关清关后不久开始,通常为邮轮抵达后 2 小时,所需时间大约 5~6 个小时,一般中午 12 点前所有游客离船完毕。

一、离船步骤(Disembarkation Procedure)

(一) 离船前准备工作

1. 离船说明会

为了维持秩序与加快游客下船的速度,邮轮公司一般会在航程结束前一天举办离船说明会(Disembarkation Talk)(图 23-3),向游客详细介绍离船手续,包括行李托运、结账、离船等注意事项。游客也可从舱房收到的每日活动指南获取相关信息,客舱服务员会将每日活动指南、行李牌、离船集合时间表(图 23-4)、小费信封、调查问卷等材料放在游客房间。不同邮轮公司的离船流程多少会有一些不同,不过重点信息不外乎下面几项。

图 23-3 歌诗达邮轮的离船说明会

DISEMBARKATION DAY

In order to ensure a rapid and safe disembarkation for everyone, you are kindly invited to read the instructions and information provided on the rear of this page.

COLOUR	DISEMBARKATION INFORMATION	MEETING POINT	DECK
	**DISEMBARKATION DECK 6**		
LIGHT BLUE	Guests with early transfer to Venice Airport	Diamond Bar 9:00	6
LIGHT BLUE 1	Guests with early transfer to Venice Airport	Diamond Bar 9:10	6
LIGHT BLUE 2	Guests with early transfer to Venice Airport	Phoenician Plaza 9:10	6
LIGHT BLUE 3	Guests with Transhipment	Phoenician Plaza 9:10	6
PINK	Guests with priority disembarkation	Phoenician Plaza 9:20	6
PINK 1	Group CONAD 1 Group WALDVIERTLER REISECAFE	Millennium Star Casino 9:30	6
PINK 2	Group CONAD 2 Group SOUTH BEACH CRUISES	Millennium Star Casino 9:30	6
PINK 3	Group EUROTOURS Group UFFICIO VIAGGI GARDA Group HANKYU TOKYO Group CRUISE PLANET Group HAUSER Group ROXTEAM CIDIA Group JTB	Platinum Theatre 9:40	6
RED	Guests with transfer to Venice Airport at 11:00	Platinum Theatre 9:40	6
RED 1	Guests with transfer to Venice Airport at 13:00	Platinum Theatre 9:40	6
RED 2	Guests with BUS REGIONALE transfer at 14:30	Platinum Theatre 9:50	6
RED 3	Individual guests with cabin on deck 10 from cabin 10001 to 10119 Group UTOUR MED Group PLANETARIO Group DELIZIA CLUB	Platinum Theatre 10:00	6
BROWN	Individual guests with cabin on deck 10 from cabin 10122 to 10269 Group Christian Reisen	Platinum Theatre 10:10	6
BROWN 1	Individual guests with cabin on deck 11 from cabin 11001 to 11120	Platinum Theatre 10:20	6
BROWN 2	Individual guests with cabin on deck 11 from cabin 11121 to 11295	Platinum Theatre 10:30	6
YELLOW	Guests with transfer to Venice Airport at 15:00	Platinum Theatre 10:30	6
YELLOW 1	Guests with transfer to Venice Airport at 16:00	Platinum Theatre 10:30	6
YELLOW 2	Group CONAD with Private Transfer	Platinum Theatre 10:30	6
WHITE	Guests with Excursion	Golden Lobster Restaurant	5

图 23-4　离船集合时间表

（1）托运行李的时间、地点和注意事项；
（2）账单确认方式和现金结账的时间要求；
（3）最后能消费的时间（比如舱房小冰箱里的饮料等）；
（4）护照由邮轮公司保管的游客，何时何地领回护照；
（5）离船当天最晚离开舱房的时间（方便客舱服务员及时打扫，以迎接下一批游客）；
（6）游客下船的批次和顺序，集合离船的时间和地点；
（7）何时何地领取船上免税店购买的酒水，以及之前登船时被查到保管的违禁品。

2. 领取护照

游客可根据船上广播通知或护照领取通知纸上的要求，按指定时间及地点依序领取护照。领取护照时，应携带房卡和登船时发放的护照暂存收条。游客也可替家人或朋友领取护照，但必须收集所有房卡和护照暂存收条。如有领队陪同，护照由领队统一领取。当然，也有的邮轮公司是由客舱服务员在指定时间内将护照送回游客房间，若游客错过时间未收到，需自行前往邮轮前台领取。

3. 托运行李

离船前一天，游客会收到不同颜色不同标记的行李牌。行李牌上一定要填写完整的姓名、舱房号和联系方式，并且贴在每一件需要托运的行李上。如需额外的行李牌，可以向舱房服务员索取。

在离船前一天晚上23点之前，把需要托运的行李放在舱房外面的通道里，邮轮工作人员会收取行李并集中存放，待船到港时提前将行李运送至码头。

若游客选择托运行李，离船当日务必提前到达集合点并按照规定时间离船。因为行李是按照游客的离船时间运送的，提前或者延迟离船，都有可能导致出现找不到行李的情况。

游客也可以不办理托运，自行携带行李下船。

（二）办理结账

若房卡已经和信用卡绑定，游客无需去前台结账。在船上的消费会自动从信用卡上扣除。并且信用卡账户在离船当日早上仍然可以消费，待游客离船后其账户将会自动被结清。

若选择用现金结账，游客要在离船日早10点之前去前台结账并关闭账户。

为了方便游客核对船上的消费，消费账单会在离船当天早上放置在舱房门口的邮箱中，游客要认真核对账单，上面有游客所有消费明细，若有任何问题，一定要立即去前台咨询。

如果有儿童随行，一定要确保儿童的账户也已经结清。

（三）刷卡下船

为了舱房服务员能尽快打扫好房间，方便迎接下一批游客的到来，邮轮公司一般要求游客最晚8：30之前离开舱房。游客离开舱房前要检查是否有遗漏的物品，清空保险箱，带好个人物品。

1. 离船集合

离船集合时间表上注明了行李牌的颜色和标记对应的离船集合的时间和地点。游客要根据离船集合时间表和船上广播指引，按照规定时间分批次下船。为了保证离船工作顺利进行，游客一定要协助船方工作，保持离船通道大厅、楼梯畅通。

2. 刷卡下船

依照船上广播通知和船上工作人员统一调配，前往离船通道并依次刷房卡离船。离船广播只在离船等候区播放，一定要留意广播的通知和叫号进度，这样能够保证在下船后不必再花费大量的时间等待托运行李。离船时一定要手持房卡。

正常情况下是按团分批下船，若有特殊要求，也可和领队提前协商好，自行排队离船。

（四）办理入境

该流程与游客登船时办理出境的流程一样。游客需携带好护照原件及海关单，依次排队至边检处办理入境手续。随身携带的所有物品和行李箱进行安全检查，通过安检与海关入境检查后即可入关。

（五）领取行李

下船后，依据行李标签的颜色和标记前往指定地点领取自己的行李。

二、离船注意事项

（1）若游客需要提前离船，可以选择自行携带行李，即可于邮轮抵港后第一批离船。一般情况下，在邮轮抵港2小时之后会开始游客离船程序；若是选择托运行李，离船当天务必提前抵达集合地点并按照规定时间离船。因为行李是按照游客的离船时间运送的，提前或者延迟离船都有可能导致游客找不到行李的状况发生。

（2）托运行李时，认真填写行李牌并悬挂于每件行李上，注意将松脱的旧行李吊牌、旧标签等除去。易碎与贵重物品随身携带为宜。

（3）注意不要遗漏物品。下船当天离开船舱以前，检查抽屉、衣柜、浴室及保险箱是否遗漏个人物品。

（4）清空保险箱内所有物品，保险箱请勿再上锁。

（5）填写航程调查问卷。

（6）离开舱房时要随身携带房卡，下船时需要再次刷卡以确认离船。

三、离船中常见问题处理

（1）可以优先下船吗？

一般套房游客在离船时享有优先权，其他游客的离船顺序会根据换乘交通出发时间和团队而定。若游客有任何个人要求，可提前联系前台。

（2）可以延迟下船吗？

这与邮轮公司安排和各国海关规定有关。所有延迟下船必须通过邮轮前台安排，需要收取一定的费用，并且必须在下船前至少24小时安排好。所有游客和行李必须在离岸日邮轮抵达港口时清关。

参加延迟下船的游客可以重新回到船上，但不能携带行李，行李只能存放在岸边的安全储藏室内，可能会根据不同港口收取不同的费用。

参加延迟下船的游客，可以在船上逗留到下午17点（具体根据邮轮时间而定）。

（3）可以在非指定港口下船吗？

国际沿海航行的相关法规禁止游客在除了一些指定的登陆港口之外的任何港口下船。若游客选择在非指定港口下船，邮轮公司将向游客收取额外的附加费作为罚金和其他任何附加成本。

（4）可以不托运行李吗？

游客可不办理行李托运服务，选择将所有行李自己带下船。

（5）行动不便的游客应如何下船？

所有行动不便及需要特别协助的游客可联系前台接待处，接待处会提供轮椅服务并派工作人员协助游客下船。轮椅服务需要按照先到先得的顺序来进行。

（6）下船后，船卡是否需要交回？

船方不会收回游客的船卡，游客可留此卡作为本次邮轮旅行的纪念。在最后离船时，需提前准备好船卡，下船时需刷卡核对信息。

（7）物品遗失在邮轮上怎么办？

为了避免遗失物品带来的麻烦和损失，游客在离船前务必仔细检查随身贵重物品是否带好，保险箱、卫生间、衣橱、床头柜以及放置在小冰箱内的个人物品比较容易被忽视，一定要特别注意。

若不慎遗失物品，请参照以下两种情况及时告知相关方核实处理。

第一，离船日当天发现遗失物品。在离船日当天，如发现有物品遗失在邮轮上，请立即联系领队告知情况，领队会及时帮助游客联系船方，寻找遗失的物品。找到物品的话，领队会尽快联系该游客归还物品。若当时下个航次游客已上船，则需要耐心等待下个航次返航，到时船方工作人员会将物品带下船邮寄给游客。

第二，离船日之后发现遗失物品。在离船日之后发现遗失物品，为了尽快核实物品遗失情况，游客应及时致电邮轮公司客服，由邮轮公司帮助处理解决。

思考与训练

一、问答题

1. 为何无现金交易房卡签账系统不适用于邮轮赌场和外币兑换？
2. 船上可使用的付款方式有哪些？
3. 国际上有哪些著名的信用卡品牌？
4. 如何鉴别美元和欧元的真假？
5. 邮轮上外币兑换需注意什么？
6. 什么是信用卡预授权？
7. 关联信用卡的方法有哪些？
8. 收取现金押金时应注意什么？
9. 如何使用现金结账？
10. 结账中常见问题应如何解决？
11. 复述离船的流程和注意事项。
12. 离船中常见问题应如何解决？

二、实训项目

项目名称：结账离船。

练习目的：通过训练，使学生能掌握收银服务的相关知识，熟悉结账离船的流程，并能熟练地为游客办理结账离船手续。

实训内容：收取押金、结账、离船。

测试考核：根据相关程序要求进行考核。

【课后阅读材料】

A day in the life of a Night Auditor

As Night Auditor onboard a cruise ship I am in charge of the Reception Desk during the night, and so needed to have had the position of Receptionist, prior to taking this position.

I need to be able to answer questions from guests and crew, as well as being able to deal with any situation which might arise on my shift. I am the first person of contact for any problems, medical issues, arguments or fights between guests which arise.

My shift usually starts between 10pm and 11pm, and ends around 8am. Of course schedules may be adjusted according to what is needed operationally onboard the ship.

I take over from the Receptionist who has the late shift, and they brief me on the days events and on which items are still outstanding, and of what extra tasks might need to be completed that night.

My tasks include completing all the daily revenue reconciliation for the end of cruise revenue report. Each outlet onboard the ship where items are sold has a POS, where all purchases are posted. Once the venues are closed, the POS in their locations are closed. This is done by printing the daily reports of each server, and a total report of sales for this day at this specific location. The reports and all tickets signed by the guests are handed to me, or left for me at a designated location at Reception.

图 23-5　全球十大顶级豪华邮轮
第八位——"玛丽女王 2 号"

I will then compare the total amount of signed tickets with the total of the Revenue Report from the POS, for each server. If there are tickets missing, I must go through all postings to identify what is missing, and the server will be responsible for either handing in the ticket or paying the outstanding difference.

Then I compare the total revenue from the revenue report of the POS with the total revenue posted for this venue in the hotel program. If there are differences then I need to find them, and make the appropriate corrective postings.

Once all revenues have been compared and are matching, and the last outlet on the ship has closed, I run the "end of day" program for all POS and revenue centers. This enables the computer systems to change to the next date of revenue.

The reports created by me will go to the Hotel Controller, together with any special tickets (such as special cocktails not on the ship's menu. This is for the Hotel Controller to manually adjust the used beverages for this cocktail, to make sure the inventory system is up to date).

The revenue reports are kept for the Hotel Controller in order for them to keep track of the revenue of each server, and therefore for their respective salary. Another copy of my reports go to the First Purser or Chief Purser.

I am also responsible for sorting all tickets signed by guest and crew for their purchases, into the corresponding files as back up for any guest questions and supporting documentation for the ship's accounts.

模块九

顾客关系管理

公主邮轮的船长经常在巡航期间与游客互动

邮轮前厅部通常通过设立前台（Guest Relations Desk）、礼宾（Concierge）、未来航程销售（Future Cruise Sales）等部门来建立、发展和改善与顾客的关系，努力使每一位不满意的顾客转变为满意的顾客，使顾客对邮轮留下良好的印象。

【学习与训练总目标】

- 掌握与顾客沟通的技巧。
- 了解不同邮轮公司的忠诚顾客计划。
- 了解顾客投诉的原因和类型。
- 正确理解顾客投诉的积极性和作用。
- 掌握处理顾客投诉的步骤和方法。

项目二十四　邮轮忠诚顾客计划

【学习与训练子目标】

1. 掌握与顾客沟通的技巧。
2. 了解不同邮轮公司的忠诚顾客计划。

课前阅读

皇家加勒比邮轮的"金锚服务"

皇家加勒比国际邮轮是皇家加勒比游轮有限公司的旗舰品牌，历史悠久并屡获国际殊荣，45年来不断改革创新，建立许多"业界首创"的海上度假体验。皇家加勒比国际邮轮为游客提供广泛的独家海上活动及设施、令人目不暇接的百老汇精彩演出及广受业界赞赏的家庭与历险节目。曾连续13年被Travel Weekly Readers Choice Awards选为"总体表现最佳邮轮"（Best Cruise Line Overall），"海洋灿烂"号（Radiance of the Seas）更在由权威邮轮网站Cruise Critic举办、由邮轮旅客评分选出的2015 Cruisers' Choice Awards中，获选为"最受欢迎邮轮公司"大奖。

图 24-1　等待为游客提供金锚服务的员工

皇家加勒比国际邮轮获此殊荣离不开每位工作人员和船员的辛勤努力，员工是皇家加勒比邮轮脱颖而出的真正原因。伟大的邮轮需要伟大的船员。正是船员让宾客在皇家加勒比一次又一次地体验超越想象的旅程。我们无法用言语来形容宾客第一次登上我们邮轮时的惊奇感受，也无法形容随后的旅程给他们带来的快乐，同样无法形容每天皇家加勒比的员工在工作中投入的热情与激情，他们热爱自己的工作。

皇家加勒比国际员工提供的服务被称为"金锚服务"（Gold Anchor Service），它是我们"锚定卓越"理念的最好体现（图24-1）。"金锚服务"完全超越了传统服务模式，让我们的所有游客都能经历一次令人难忘的旅程。或许是调酒师记得多加一枚橄榄，又或是私人管家提醒您的晚餐预订时间，更或者是服务生记得您女儿玩具熊的名字。无论您在哪里——游泳池、餐厅、SPA或舱房——准备好接受惊喜吧！我们24小时提供服务。这就是我们的服务之道，我们对此引以为豪。

【知识点与技能点】

前厅部作为联系邮轮与顾客的桥梁和纽带,在顾客关系管理(Guest Relation Management)中起着非常重要的作用。所谓顾客关系是指邮轮与乘客的关系。邮轮应通过设立特定的体系来建立和发展与顾客的关系,努力使每一位不满意的顾客转变为满意的顾客(Turn Dissatisfaction to Satisfaction),从而对邮轮留下良好的印象。建立良好的顾客关系对提高邮轮的服务质量、扩大和增强邮轮品牌的美誉度、提高邮轮的营收都有重大而深远的影响,主要有以下两个目的。

第一,扩大销售,增加顾客的回头率,以期得到更多利润;

第二,通过良好的口碑,提高品牌的知名度。

前厅部要与顾客建立良好的顾客关系,就要树立"顾客至上"的服务意识,正确看待顾客,了解顾客对邮轮服务的需求,提供优质高效的服务,掌握与顾客沟通的技巧等。

任务一　建立良好的宾客关系

前厅部是邮轮的门面,是直接对客服务的部门,是顾客产生第一印象和最后印象的地方;前厅部也是整个邮轮业务活动的中心,是为顾客提供各种接待服务的综合性部门。前厅部在对客服务过程中,如何代表邮轮与顾客沟通,处理对客关系,提供优质服务,直接影响着顾客对邮轮的评价,直至邮轮良好的经济效益和社会效益的实现。

一、前厅顾客关系机构的设置

图 24-2　前台部员工

邮轮前厅部也叫宾客服务部(Guest Service Department),整个部门都是用于与顾客建立良好的顾客关系,代表邮轮接待每一位需要帮助的顾客,解决顾客的疑难问题,处理顾客投诉,与顾客建立一种良好的客我关系(图 24-2)。

为进一步增进与顾客的双向沟通,加强与顾客的联系,维护与顾客的关系,前台(Guest Relations Desk)、礼宾(Concierge)、未来航程销售(Future Cruise Sales)等部门的员工们要主动征询顾客的意见,随时了解顾客需求,改善邮轮与顾客的关系。

二、正确认识客人

要与顾客建立良好的顾客关系,就要对顾客有个正确的认识,正确理解邮轮员工与顾客的关系。

(一)顾客是什么

1. 顾客是"人",而非"物"

这就要求我们要真正把顾客当做"人"来尊重,而不能当做"物"来摆布。人际沟通中的黄金法则,即你希望别人怎样对待你,你就应该怎样对待别人,说的就是这个道理。服务人员要时时提醒自己,一定要把顾客当做人来尊重,否则,一不注意就会引起顾客的反感。例如,一位心情烦躁的服务员觉得顾客妨碍了自己的工作,于是就很不耐烦地对顾客说:"起来,让开点!"像这样去对待顾客,就会使顾客觉得服务人员好像不是把他当做一个人,而是把他当做一件物品来随意摆布。

2. 顾客是服务的对象

在邮轮的客我交往中,双方扮演着不同的社会角色,服务人员是"服务的提供者",而顾客则是"服务的接受者",是服务的对象。前厅部员工在工作中始终都不能忘记这一点,不能把顾客从"服务的对象"变成别的什么对象。所有与"提供服务"不相容的事情都是不应该做的。特别是无论如何也不能去"气"自己的顾客。道理很简单：顾客来到邮轮，是来"花钱买享受"，而不是来"花钱买气受"的。

3. 顾客是具有情绪化的自由人

这就要求我们要充分理解、尊重和满足顾客作为人的需求。并且对顾客的"不妥之处"要多加宽容、谅解。

一位顾客在餐厅喝多了，跟跟跄跄地走在廊道里，一位男服务生走上前问候并想搀扶他，这位顾客恼羞成怒，大声训斥服务员说看不起他。明明喝多了，但顾客非说没喝多，明明是摔倒了，但那位顾客还大声嚷嚷"没事儿，没事儿!"事后还是服务员搀扶他走回了房间，并帮他脱掉鞋和外衣，盖好被子，关好房门才离开。在顾客的行为不超越法律的范畴内，服务人员要学会宽容顾客，设身处地地为顾客着想，用换位思考的方式来处理这些问题，才能使服务工作做到位。

4. 顾客是绅士和淑女

谈及曾否遇到过特别粗鲁的顾客时，丽兹·卡尔顿（Ritz Carlton）酒店的一位经理曾对酒店的培训生讲道："如果你善待他们，他们自然也会善待你。切记，你们要以绅士和淑女的态度为绅士和淑女们提供优质服务。"说着，他停下脚步，弯腰捡起地上的一些杂物，放入自己的口袋中，然后接着说："我们要尽力帮助客房服务生，正如他们帮助我们从楼厅内清理餐车一样。"这位经理以自己的言行完美地诠释了员工与顾客及同事的沟通。

（二）顾客不是什么

1. 顾客不是评头论足的对象

任何时候，都不要对顾客评头论足，这是极不礼貌的行为。

2. 顾客不是比高低、争输赢的对象

服务人员在顾客面前不要争强好胜，不要为一些小事与顾客比高低、争输赢。例如，有的服务员一听到顾客说了一句"外行话"，就迫不及待地去"纠正"，与顾客争起来。这是很不明智的，因为即使你赢了，却得罪了顾客，使顾客对你和你的邮轮不满意，实际上你还是输了。

3. 顾客不是"说理"的对象

在与顾客的交往中，服务人员应该做的只有一件事，那就是为顾客提供服务，而不是跟顾客说理。所以，除非"说理"已经成为服务的一个必要的组成部分，作为服务人员，是不应该去对顾客"说理"的。尤其是当顾客不满意时，不要为自己或邮轮辩解，而是立即向顾客道歉，并尽快帮顾客解决问题。如果把服务停下来，把本该用来为顾客服务的时间用来对顾客"说理"，肯定会引起顾客的反感和不满。所以服务人员一定要懂得，顾客是服务的对象，不是"说理"的对象，更不是争辩的对象。不管你觉得自己多么有道理，也不应该去和他争辩，争辩就是"没理"，因为"顾客总是对的"。

4. 顾客不是"教训"和"改造"的对象

邮轮的顾客中，"什么样的人都有"，思想境界低、虚荣心强、举止不文雅的人大有人在。但服务人员的职责是为顾客提供服务，而不是"教训"或"改造"顾客，不要忘了自己与顾客之间的社会角色关系。对那些言行不文明的顾客，也要用"为顾客提供服务"的特殊方式进行教育。

三、掌握与顾客沟通的技巧

（一）顾客对酒店产品的需求心理

顾客在邮轮上的这段时间，实际上是在过一种"日常生活之外的生活"，是从"第一现实"走进"第二现实"，不管他们是否清楚地意识到，实际上都必然存在"求补偿"和"求解脱"心理。"求补偿"就是要在日常生活之外的生活中求得他们在日常生活中未能得到的满足，即更多的新鲜感、更多的亲切感和更多的自豪感。"求解脱"就是要从日常生活的精神紧张中解脱出来。

要使顾客"解脱"，体验更多的新鲜感、亲切感和自豪感，作为前厅部服务人员不仅要为顾客提供各种方便，帮助他们解决各种实际问题，而且要注意服务的方式，做到热情、周到、礼貌、谦恭，使其感受到几乎从未有过的轻松、愉快、亲切、自豪。

（二）对客沟通技巧

主动、规范的沟通语言，是提高邮轮前厅接待质量及邮轮服务质量的重要途径，也是建立良好顾客关系的重要环节。

1. 重视对顾客的"心理服务"

邮轮为顾客提供"双重服务"，即"功能服务"和"心理服务"。功能服务满足消费者的实际需要，而"心理服务"就是除了满足消费者的实际需要以外，还要能使消费者得到一种"经历"。从某种意义上讲，顾客就是花钱"买经历"的消费者。顾客在邮轮上的经历，其中一个重要的组成部分就是他们在这里所经历的人际交往，特别是他们与邮轮服务人员之间的交往。这种交往常常对顾客能否产生轻松愉快的心情、能否带走美好的回忆起着决定性的作用。所以，作为前厅服务员，只要能让顾客经历轻松愉快的人际交往过程，就是为顾客提供了优质的"心理服务"，就是生产了优质的"经历产品"。

总而言之，邮轮员工如果只会对顾客微笑，而不能为顾客解决实际问题当然不行，但如果只能为顾客解决实际问题，而不懂得要有人情味儿，也不可能赢得顾客的满意。

2. 对顾客不仅要斯文和彬彬有礼，而且要做到"谦恭""殷勤"

斯文和彬彬有礼，只能防止和避免顾客"不满意"，而只有"谦恭"和"殷勤"才能真正赢得顾客的"满意"。所谓"殷勤"，就是对待顾客要热情周到，笑脸相迎，嘘寒问暖；而要做到"谦恭"，就不仅意味着不能去和顾客"比高低、争输赢"，而且要有意识地把"出风头的机会"全都让给顾客。如果说邮轮是一座"舞台"，服务员就应自觉地去让顾客"唱主角"，而自己则"唱配角"。

3. 对待顾客，要"善解人意"

要给顾客以亲切感，除了要做"感情上的富有者"以外，还必须"善解人意"，即能够通过察言观色，正确判断顾客的处境和心情，并能根据顾客的处境和心情对顾客作出适当的语言和行为反应。

4. "反"话"正"说，不得对顾客说"不"

将反话正说，就是要讲究语言艺术，特别是掌握说"不"的艺术，要尽可能用"肯定"的语气去表示"否定"的意思。比如，可以用"您可以到那边去吸烟"代替"您不能在这里吸烟"；"请稍等，您的房间马上就收拾好"代替"对不起，您的房间还没有收拾好"。在必须说"不"时，也要多向顾客解释，避免用钢铁般生硬、冰冷的"不"字一口回绝顾客。

5. 否定自己，而不要否定顾客

在与顾客的沟通中出现障碍时，要善于首先否定自己，而不要去否定顾客。比如，应该说："如果我有什么地方没有说清楚，我可以再说一遍。"而不应该说："如果您有什么地方没有听清楚，我可以再说一遍。"

6. 投其所好，避其所忌

顾客有什么愿意表现出来的长处，要帮他表现出来；反之，如果顾客有什么不愿意让别人知道的短处，则要帮他遮盖或隐藏起来。比如，当顾客在邮轮"出洋相"时，要尽量帮顾客遮盖或淡化，绝不能嘲笑顾客。

7. 不能因为与顾客熟，而使用过分随意的语言做邮轮工作久了，就会有许多顾客成为自己的朋友了。于是见面的问候不再是"您好"而是"哇！是你呀！"彼此之间的服务也由"格式"化变成"朋友"化了。这会导致沟通失误，甚至造成严重后果。

任务二　邮轮忠诚顾客计划

一、邮轮忠诚顾客计划的内容

（一）邮轮忠诚顾客计划

邮轮忠诚顾客计划（Cruise Loyalty Programs）也称为忠实会员计划或常客奖励计划，与航空公司常旅客奖励计划相同，即重复乘坐邮轮会获取额外的特权和奖励。通常采用积分制，积分由航行天数或累计航行次数决定。该计划能为游客节省大笔花费，甚至可免费乘坐邮轮。通常情况下免费注册成为会员，优惠包括预订折扣、会员活动、免费上网和特色餐厅免费用餐等。

邮轮忠诚顾客计划是一种增加回头客的途径，该计划对于吸引新顾客影响力不大，但是只要参加过一次邮轮旅游，游客会自动注册成为该计划的会员，该计划主要用于吸引回头客和常客。

（二）邮轮忠诚顾客计划的内容

1. 预订折扣和免费升舱

多数邮轮采用预订折扣和免费升舱奖励自己公司的忠诚顾客（嘉年华邮轮），有些甚至提供免费邮轮航次（银海邮轮）；游客可享受特色餐厅（地中海邮轮）、葡萄酒、岸上观光（世鹏邮轮）、第三/四位乘客（荷美邮轮）的优惠。邮轮忠诚顾客计划的折扣优惠会增加游客出游的计划。乘坐嘉年华邮轮25次，享受25%的票价优惠；乘坐50次，享受50%的票价优惠；乘坐75次，享受75%的票价优惠；乘坐100次，就可以免费乘坐，这就是忠诚顾客的最终奖励。

2. 更快速地上下船

邮轮公司不会让其珍贵的客人等候。许多邮轮公司，如公主邮轮和嘉年华邮轮，都为其贵宾提供优先登船和离船特权，允许特定游客在他人之前登船进入客舱，避免登船时排队等候。

3. 会员专用区域

许多邮轮公司允许其会员使用会员专用区域，如皇家加勒比邮轮的钻石酒廊和精致邮轮的船长俱乐部，邀请游客参加独家活动。专用区域的设施和服务包括免费早餐、开胃菜和酒水，甚至能被船长认识。

4. 免费的服务和设施

忠诚顾客可享受一系列免费的产品和服务，如歌诗达邮轮的免费照片和赌场优惠券、世鹏邮轮和公主邮轮的免费上网服务、嘉年华邮轮和诺唯真邮轮的免费洗衣服务以及荷美邮轮的免费香槟早餐。

5. 小礼品和纪念品

邮轮公司经常通过免费赠送独家纪念品对其游客表示感谢。如，荷美邮轮以其特别的纪念瓷砖闻名，丽晶七海则颁发少量带有邮轮标志的衣物，诺唯真邮轮提供纪念别针。

二、不同邮轮公司的忠诚顾客计划

（一）嘉年华邮轮

（1）计划名称：VIFP俱乐部（Very Important FunPerson Club）（图24-3）。

（2）注册条件：必须注册，每航行一天获得一个积分。

（3）会员等级/优惠：

图 24-3　VIFP 俱乐部标志

蓝级（0 积分），优惠信息订阅；

红级（1~24 积分），上述所有，并可享有一瓶 1 升的矿泉水（送至客舱）；

黄金级（25~74 积分），上述所有，并可以参加 5 天以上航次所举行的鸡尾酒会；

铂金级（75~199 积分），上述所有，优先上下船并且包括参加岸上观光时的登陆和登船，水疗、餐厅的预约优先，免费洗衣和熨烫（3~6 天航次限两包，6 天以上航次限 3 包），赠送巧克力和其他小礼品；

钻石级（200 积分以上），上述所有，可选择并固定餐桌和服务生，将享受船长的特别邀请，舱房升级或者同舱内第三、第四人免费，行李专属标签，专用的免费电话号码，不限数量的衣物洗熨。

（二）地中海邮轮

（1）计划名称：地中海航海家俱乐部（MSC Voyagers Club）（图 24-4）。

（2）注册条件：乘坐地中海邮轮时自动成为俱乐部会员，每航行一晚获得 1 个积分。

（3）会员等级/优惠：

欢迎卡（成功预订）；

普通卡（1~2199 积分），邮轮船票 5％折扣、优先办理入住、欢迎酒会、专属会员区、20％的迷你酒吧消费和洗衣费用折扣、SPA 和邮轮服饰店 5％折扣；

银卡（2200~4299 积分），上述所有，邮轮船票 8％折扣、SPA 和邮轮服饰店 10％折扣、购买照片 5％折扣、10 美元赌场筹码、上网费用和特色收费餐厅 10％优惠；

图 24-4　地中海航海家俱乐部标志

金卡（4300~9900 积分），上述所有，邮轮船票 10％折扣、洗衣费用 30％优惠、SPA 和邮轮服饰店 15％折扣、购买照片 8％折扣、上网费用 20％优惠、特色收费餐厅 25％优惠；

黑卡（10000 积分及以上），上述所有，邮轮船票 20％折扣、SPA 和邮轮服饰店 20％折扣、上网费用 30％优惠、特色收费餐厅 25％优惠、舱房等级升级（如果有空余）、20 美元赌场筹码、赠送 1 次双人特色餐厅用餐、所有餐厅饮品均有 25％优惠、优先上下船、岸上观光登陆、赠送香槟和草莓、房间准备浴袍和拖鞋、与船长共进晚餐。

（三）精致邮轮

（1）计划名称：船长俱乐部（Captain's Club）（图 24-5）。

（2）注册条件：第一次巡游之前注册。每参加一个多于 12 晚的航程积累 1 个积分，预订 Concierge Class、AquaClass 或者套房也可以积累 1 个积分。

（3）会员等级/优惠：

试用会员（Preview Member）（0 积分），优惠信息订阅、免费进入船长俱乐部忠诚顾客计划服务中心。

经典会员（Classic Member）（2~149 积分），上述所有，船上庆祝活动（例如生日），开航前预约餐厅，舱房升级和其他优惠。

精选会员（Select Member）（150~299 积分），上述所有，任何单一上网套餐 25% 折扣，优先上下船并且包括参加岸上观光时的登陆和登船、水疗、餐厅的预约优先，受邀参加葡萄酒鉴赏会、鸡尾酒会。

精英会员（Elite Member）（300~749 积分），上述所有，每个航程 1 包免费洗衣和 1 件免费干洗，可被允许进入船长酒廊（提供早餐和鸡尾酒），离船期间可以进入专属休息区享用早餐。

图 24-5　船长俱乐部标志

超级精英会员（Elite Plus Member）（750~2999 积分），上述所有，饮料套餐 10% 折扣、特色餐厅 15% 优惠、免费特色咖啡、200 分钟免费上网、2 袋免费洗衣、1 件免费干洗。

巅峰会员（Zenith Member）（3000 积分及以上），上述所有，25% 特色餐厅优惠、使用迈克尔俱乐部酒廊（Michael's Club Lounge）、酒水套餐、洗衣、1600 分钟上网服务、剧院座位有限预订、延迟离船、到终点目的地的行李托运服务、7 晚加勒比或百慕大的邮轮旅游 1 次、6000 点积分享受 7 晚水疗级舱房加勒比或百慕大的邮轮旅游 1 次。

（四）皇家加勒比邮轮

(1) 计划名称：皇冠铁锚俱乐部（Crown and Anchor Society）（图 24-6）。

(2) 注册条件：乘坐皇一次家加勒比邮轮即可自动加入。每航行一晚可获得 1 个积分，预订套房可以额外获得 1 个积分。

(3) 会员等级/优惠：

黄金级（3~29 积分），优惠信息订阅、船上预订优惠、欢迎归来晚会、优先登船、私人离船休息区、礼品赠送；

图 24-6　皇冠铁锚俱乐部标志

白金级（30~54 积分），上述所有，预订阳台房和套房有特别折扣，可以同步精致（Celebrity Cruise）邮轮和精钻会（Azamara Club Cruise）邮轮的会员等级；

翡翠级（55~79 积分），上述所有，赠送 1 套礼物，包括可选择的饮品；

钻石级（80~174 积分），上述所有，在预订岸上观光、餐厅、SPA 等优先处理，可进入钻石俱乐部，每日特殊早餐，优先离船；

超级钻石级（175~699 积分），上述所有，个性化礼物、邮轮参观、通过在线形式提早预订航次可获得额外礼品、专属贵宾休息室，在餐厅、剧场可预留更好的座位、升级舱房、洗浴用品、专属行李标签、专享的呼叫中心；

尖峰俱乐部（700 积分及以上），上述所有，船卡将永久变更为金卡，积分达到 700 分和 1050 分时，可免费获赠一次阳台房 7 晚的航行机会，积分达到 1400 时，可免费获赠一次标准套房 7 晚的航行机会，从 1400 分开始每多积累 350 分，均可获赠一次免费航行机会。

(五)公主邮轮

(1) 计划名称:船长俱乐部(Captain's Circle)(图24-7)。

图24-7 公主邮轮船长俱乐部标志

(2) 注册条件:乘坐一次公主邮轮即可自动加入。除了完成一次航行,预订套房、单人入住双人房也可以获得额外的一次航行记录。

(3) 会员等级/优惠:

黄金级(完成一次航行),提早预订航次有船票半价优惠,并且有100美元船上消费券,具有收藏价值邮票的公主护照,优惠信息订阅;

红宝石级(第4次和第5次航行,或者共航行了31~50天),上述所有,咨询台的电话专线、邮轮上DVD租用享受10%折扣;

白金级(第6~15次航行,或者共航行了51~150天),上述所有,邮轮地图、优先办理入住、免费上网时间(根据航程时长而定);

精英级(完成16次航行及以上,或者共航行151天及以上),上述所有,优先离船、岸上观光优先登岸、免费擦鞋和洗衣等清洁服务、舱房内迷你吧中的饮食免费、下午茶和晚餐可以送至在舱房内、升级洗浴用品、商店有10%折扣。

(六)歌诗达邮轮

(1) 计划名称:歌诗达俱乐部(Costa Club)(图24-8)。

(2) 注册条件:乘坐一次歌诗达邮轮即可自动加入。每航行一天获得100积分,在船上每消费60美元获得40积分。会员入住高级舱、套房及Samsara房,即可得到双倍积分。

(3) 会员等级/优惠:

水珠俱乐部(Aquamarine Club)(2000积分及以下),优惠信息订阅、果篮、生日和纪念日蛋糕、节日时赠送房内巧克力、船长鸡尾酒会;

图24-8 歌诗达邮轮俱乐部标志

珊瑚俱乐部(Coral Club)(2001~5000积分),上述所有,登船优先、获赠葡萄酒和礼品;

珍珠俱乐部(Pearl Club)(5001~13000积分),上述所有,离船礼品、10美元筹码、离船优先、行李优先交付、餐厅预约优先、付费餐厅免费享用晚餐、晚餐送至舱房服务;

金珠俱乐部(Gold Pearl Club)(13001积分以上并且3年内有过至少3次航行),上述所有,洗浴用品升级、精心准备浴袍和拖鞋、30美元赌场筹码、15美元照片廊优惠券、健康中心的30美元优惠券、岸上观光登陆优先。

(七)诺唯真邮轮

(1) 计划名称:忠诚顾客俱乐部(Latitudes Rewards)(图24-9)。

(2) 注册条件:乘坐一次诺唯真邮轮即可自动加入。每航行一晚获得1个积分,预订套房或者桃园(Haven)房间获得1个额外积分,提前9个月或者更早预订航线的可以获得1个额外积分。

(3) 会员等级/优惠:

青铜级(1~19积分),优惠信息订阅、优先登船、船上预订折扣、会员酒会、免费船徽;

图 24-9　诺唯真邮轮忠诚顾客俱乐部标志

　　银级（20~47 积分），上述所有，SPA 和购买照片可以有 15% 优惠，睡前巧克力；

　　黄金级（48~75 积分），上述所有，SPA 和购买照片可以有 20% 优惠、优先上下船包括优先岸上观光登陆、登船欢迎礼品、洗衣服务有 25% 优惠；

　　白金级（76 积分及以上），上述所有，SPA 和购买照片享受 25% 优惠、巧克力草莓蛋糕和葡萄酒赠送、礼宾服务、两次法国小酒馆免费用餐（含 1 瓶葡萄酒）、邮轮参观。

（八）水晶邮轮

（1）计划名称：水晶俱乐部（Crystal Society）（图 24-10）。

（2）注册条件：乘坐一次为期 5 天或更长时间的水晶邮轮即可自动加入。乘坐为期 5~15 天的邮轮一次可得 1 分，乘坐 16 天及以上的邮轮一次可得 2 分。

（3）会员等级/优惠：免费参加每次航程举办的鸡尾酒会、提前预览行程和票价公告、船上消费额赠送、舱房升级、水晶俱乐部免费服务、提供特殊邮件服务、首次宣传册邮寄。

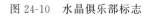

图 24-10　水晶俱乐部标志

（九）丽星邮轮

（1）计划名称：云尊会（Genting Rewards）（图 24-11）。

（2）注册条件：乘坐一次丽星邮轮可自动加入成为云尊会初级卡会员——丽星卡，其他需通过邀请。

（3）会员等级/优惠：

丽星卡（入门级），特惠客房价格、生日月份客房半价优惠、一般餐饮 15% 折扣（只限于餐饮店内以云尊积分全额付款）、水疗及发廊 5% 折扣（只限于水疗及发廊服务店内以云尊积分全额付款）、音乐会门票折扣优惠、指定商户折扣优惠、马尼拉云顶世界指定零售店消费折扣优惠、通过会员推荐计划赚取积分、会员订房专线、会员独家刊物、通过电邮及短信获取最新会员资讯及优惠、登陆会员网站；

图 24-11　丽星邮轮云尊会标志

　　红卡（通过邀请加入），上述所有；

　　银卡（通过邀请加入），上述所有，乘客港务费及燃油附加费折扣优惠；

　　金卡（通过邀请加入），上述所有，会员活动邀请、优先预订活动及表演；

　　钻金卡（通过邀请加入），上述所有，优先登记及退房服务、优先处理登岸手续、优先预订船长晚宴、享用特定餐厅优先通道。

（十）迪斯尼邮轮

（1）计划名称：漂流者俱乐部（Castaway Club）（图 24-12）。

（2）注册条件：乘坐一次迪斯尼邮轮即可自动加入。

（3）会员等级/优惠：

图 24-12　迪斯尼邮轮漂流者俱乐部标志

银级（1~4 次航程），会员专属报纸、预订咨询电话专线、90 天提前预订船上活动和岸上观光、优先登船、船上预订奖励、礼物；

黄金级（5~9 次航程），上述所有，105 天提前预订船上活动和岸上观光、新航线提前预订、船上接待、船上购物优惠；

铂金级（10 次航程及以上），上述所有，120 天提前预订船上活动和岸上观光、优先登船、船上专享折扣。

（十一）荷美邮轮

（1）计划名称：水手协会（Mariner Society）（图 24-13）。

（2）注册条件：乘坐一次荷美邮轮即可自动加入。每航行一天获得 1 个积分，在邮轮上消费和预订套房都可以获得额外积分。

（3）会员等级/优惠：

1 星水手（1~29 积分），优惠信息订阅、登船午餐和香槟早午餐、礼品、航行折扣、第三/四人 50% 的舱房票价优惠（限航次）；

2 星水手（30~74 积分），上述所有，赠送邮轮照片、邮轮服饰店 10% 折扣、预订荷美邮轮享受 15% 折扣；

3 星水手（75~199 积分），上述所有，特色收费餐厅享受 25% 折扣、免费葡萄酒套餐、探索者酒吧免费酒水、小酒吧免费酒水、SPA 享有折扣、推送最新的航次；

图 24-13　荷美邮轮水手协会标志

4 星水手（200~499 积分），上述所有，免费洗衣和熨烫、优先上下船、岸上观光优先预订和登陆、行李优先交付、特色收费餐厅享受 50% 折扣、邮轮服饰店 15% 折扣、同舱内第三/四人免费（限航次）；

5 星水手（500 积分及以上），上述所有，100 分钟上网套餐享受 50% 折扣，赠送两次巅峰烧烤餐厅的用餐，一整天 SPA 免费使用权，一堂免费名厨烹饪课。

（十二）丽晶七海邮轮

（1）计划名称：丽晶七海俱乐部（Seven Seas Society）（图 24-14）。

（2）注册条件：乘坐一次丽晶七海邮轮即可自动加入。每航行一晚获得一个积分。

（3）会员等级/优惠：

青铜级（4~20 晚），特定航次的价格优惠、在线个人档案、鸡尾酒会接待；

银级（21~74 晚），上述所有，免费上网、7 晚以上航次可享受 2 件晚礼服的熨烫服务、1 小时免费电话、船上用餐和岸上观光优先预订；

黄金级（75~199 晚），上述所有，4 件衣物熨烫、3 小时免费电话、优先离船、报纸服务及独家活动；

白金级（200~399 晚），上述所有，无限衣物熨烫和洗衣服务、9 小时电话服务；

钛金级（400 晚及以上），上述所有，免费干洗。

图 24-14　丽晶七海俱乐部标志

（十三）世鹏邮轮

（1）计划名称：世鹏俱乐部（Seabourn Club）（图24-15）。

（2）注册条件：乘坐一次世鹏邮轮即可自动加入。每航行1天获得1个积分。

（3）会员等级/优惠：

会员（1～19积分），船上特别活动和招待会、船上预订5%优惠、提前预览新航程和特别优惠、特定航次优惠、定制化个人档案；

银级（20～69积分），上述所有，行李标签，下列任选其一：10%的岸上观光优惠、10%的葡萄酒和白酒优惠、2小时上网套餐、20分钟电话、按摩、SPA，或免费洗衣1袋；

图24-15　世鹏俱乐部标志

黄金级（70～139积分），上述所有，10%的行李托运优惠，下列任选其二：10%的岸上观光优惠、15%的葡萄酒和白酒优惠、3小时上网套餐、30分钟电话、按摩、SPA，或免费洗衣1袋；

白金级（140～249积分），上述所有，可选择一次7天航程（250积分可选择一次14天航程）、专用礼宾服务、15%的行李托运优惠，下列任选其三：15%的岸上观光优惠、20%的葡萄酒和白酒优惠、4小时上网套餐、40分钟电话、按摩、SPA，或免费洗衣1袋；

钻石级（250积分及以上），上述所有，20%的行李托运优惠，15%的岸上观光优惠、25%的葡萄酒和白酒优惠、无限上网套餐、40分钟电话、按摩、SPA、免费洗衣1袋、每日报纸。

（十四）大洋邮轮

（1）计划名称：大洋俱乐部（Oceania Club）（图24-16）。

（2）注册条件：乘坐一次大洋邮轮即可自动加入。累计航行24天可得1个积分，25～34天可得2分，35～44天可得3分，45～54天可得4分，55天及以上可得5分。

（3）会员等级/优惠：

蓝卡（2～4积分），会员徽章、鸡尾酒会、新航程提前通知、品牌商品10%优惠；

青铜卡（5～9积分），上述所有，200美元的船上消费额、20%的上网优惠；

银卡（10～14积分），上述所有，400美元的船上消费额、预付消费、岸上观光10%优惠、饮料套餐10%优惠；

金卡（15～19积分），上述所有，500美元的船上消费额、2次SPA理疗；

图24-16　大洋俱乐部标志

白金卡（20～39积分），上述所有，累计免费乘坐邮轮14天、600美元船上销售额、30%的上网优惠；

钻石卡（40～59积分），上述所有，1000美元船上销售额、50%的上网优惠、岸上观光20%优惠；

（十五）精钻会邮轮

（1）计划名称：航海俱乐部（Le Club Voyage）（图 24-17）。

（2）注册条件：第一次航行之后即可网上注册或通过电话注册。累计航行 11 晚可得 1 个积分，预订套房可额外得 1 个积分。

（3）会员等级/优惠：

冒险家级（1~4 积分），船上聚会、会员招待、欢迎礼物、85 分钟免费上网、SPA 服务 10%优惠；

探险家级（5~9 积分），上述所有，1 瓶香槟、鸡尾酒会、每周 1 袋免费洗衣服务、150 分钟免费上网、SPA 服务 15%优惠；

发现家级（10 积分及以上），上述所有，香槟早午餐、235 分钟免费上网、购买珠宝 1000 美元及以上 5%优惠和 2000 美元及以上 10%优惠、SPA 服务 20%优惠。

图 24-17　精钻会邮轮航海俱乐部标志

（十六）冠达邮轮

（1）计划名称：世界俱乐部（World Club）（图 24-18）。

图 24-18　冠达邮轮世界俱乐部标志

（2）注册条件：乘坐一次冠达邮轮即可自动加入。

（3）会员等级/优惠：

银级（1 次航程），5%的早订优惠、优惠信息订阅；

黄金级（2 次航程或累计航行 20 天），上述所有，2 小时上网服务、鸡尾酒会、特色餐厅的首选预订；

白金级（7 次航程或累计航行 70 天），上述所有，洗衣服务 20%优惠、优先上下船、免费品酒、鸡尾酒会、4 小时上网服务、行李托运 10%优惠、离船休息厅；

钻石级（15 次航程或累计航行 150 天），上述所有，纪念别针、优先行李托运、8 小时上网服务、船上销售优先预订、特色餐厅午餐、优先离船。

（十七）银海邮轮

（1）计划名称：威尼斯俱乐部（Venetian Society）（图 24-19）。

（2）注册条件：乘坐一次银海邮轮即可自动加入。每航行 1 天得 1 分。

（3）会员等级/优惠：

累计航行 100 天，票价 5%优惠、洗衣服务；

累计航行 250 天，上述所有，票价 10%优惠；

累计航行 350 天，上述所有，一次 7 天航程；

累计航行 500 天，上述所有，一次 14 天航程；

累计航行 500 天后，每累计航行 150 天，上述所有，一次 7 天航程。

图 24-19　银海邮轮威尼斯俱乐部标志

项目二十五　顾　客　投　诉

【学习与训练子目标】

1. 了解顾客投诉的原因和类型。
2. 熟悉顾客投诉的心理和性格分析。
3. 正确认识顾客投诉并掌握顾客投诉处理的程序。

课前阅读

世界最大邮轮处女航遭游客抱怨

据英国《每日邮报》报道，目前世界上最大的邮轮"海洋和悦"号2016年5月22日在进行处女航时仍未完成内部施工，游客们表示若不能获得赔偿将拒绝离船登岸。报道译文如下。

最近，全世界最大邮轮获得了"全球最大移动工地"的称号，游客们表示在这艘豪华邮轮上不但未获得旅行享受，而且感觉人身安全受到了威胁。

据了解，这艘价值8亿英镑（约合77亿元人民币）的"海洋和悦"号（Harmony of the Seas）豪华邮轮隶属于皇家加勒比国际邮轮公司，其处女航是从英国南安普顿到荷兰鹿特丹最后到达法国西北部的瑟堡，愤怒的邮轮旅行爱好者们在离船后抱怨一些工人仍然在船上施工。

据游客们说，地板和墙上到处是钻好的孔洞，卫生间里没有热水，而且晚上根本无法入睡，因为夜里也能听到钻机打孔的声音。船体的最高层到处是安全隐患——松动的绳索、四处丢弃的油漆桶以及焊接喷枪，梯子被丢弃在地上，桌子就在船侧的护栏旁，儿童很容易就可以爬上桌子，翻过去就会坠入大海。据目击者说，在整个航行过程中，数百位游客一直在船上的客户服务中心（Guest Service Desk）表达自己的愤怒。部分获得赔偿金的游客说，皇家加勒比国际邮轮公司的人曾要求他们不要与船上其他游客谈论获得赔偿的事情。

邮轮公司方面表示，这次北欧之旅其实并非正式航行，只是一次"早期航行"（Pre-inaugural Sailing），但游客们认为自己支付了大笔费用，理应得到相应服务，而不应被安排在一艘还未完工的邮轮上。

40岁的乔治娜·戴维（Georgina Davie）戏谑地称这艘邮轮是"海洋不和悦"号（Disharmony of the Seas），她说："这艘船简直就是个大工地，游客们在船上毫无安全感。有时候一些建设工程会有所拖延，皇家加勒比应该对此负责，应该退回游客们的船费或者给予折扣，而且应该在人们登船前告知有关情况，而不是让人们漂在大海上面对这一切"。乔治娜·戴维女士携10位家人一起登船开启了这次"不和悦"的旅行，每人付了389英镑（约合3735元人民币）船费，她的两个孩子几乎无事可做，因为可供儿童使用的Xbox游戏机、滑水梯、戏水池和飞索设施都未启用，即使是在已经启用的旱冰场，溜冰鞋的数量也远远不够。

这位来自英国南安普顿的戴维女士说自己曾经乘过5次海上邮轮，当初她预订船票的时候，销售人员告诉她"这将是一次精彩到终生难忘的旅行"。可是在她登船之后，她按铃要求客房服务时，服务员从未到过，餐厅里连基本的椅子都数量不足，而且船上提供的餐饮质量很差。

"邮轮公司从未说过儿童游乐设施不能使用，也没说过船上还在施工。这次旅行赶上一个大晴天，人们穿着比基尼泳装想在甲板上晒晒太阳，可那些工人就站在那里盯着你看"，戴维女士说。

当戴维女士投诉后，她获得了1000英镑（约合8886元人民币）的船上购物抵用券，可以购买船上商品和服务，"那毫无意义"，戴维女士说，"我们的船费是包括食宿的，我们对船上卖的那些名牌手包和SPA按摩毫无兴趣"。

在一再要求之下，旅行临近结束时，游客们获知可以拿到现金赔偿，但直到离船上岸，他们还未见到一分钱。现在他们要求邮轮公司退还全额船费。

29岁的乔尼·哈迪来自拉夫伯勒，他也是携一家人一同登船，他说这次旅行简直可以说是他一生中的"灾难性事件"。哈迪先生住在这艘邮轮的第15层，他说护栏处并未安装玻璃，小孩子很容易就会落入海中。他的岳父为了这次旅行买了条新裤子，却沾上了还未干的油漆。"而且厕所竟然下水不畅，污物已经流出来了"，哈迪先生认为皇家加勒比公司在诱导人们相信这是一次处女航。

菲利帕·匹克福特（Philippa Pickford）女士和女儿一起登上了这艘船，票价499英镑（约合4790元人民币），她在推特上写道："我房间的厕所坏了3次！！！请快点修好吧！" 24小时之后，厕所终于修好了。船上的工作人员解释，"这艘船只是在进行最后的装饰工作。"匹克福特女士愤怒地说："最后的装饰工作应该是到处摆上鲜花，而不是到处钻孔打洞，对不对？"

很多游客诉诸社交媒体表达自己内心的怨气。大卫说："这艘船太糟糕了，到处是未完成的工作，甚至有纸板箱堆了一地。"

皇家加勒比公司承认此次航行是一次早期航行（An Early Sailing）而非试航（Shakedown Cruise），船上的系统和设施正在调试。在一份声明中，该公司表示，此前他们曾进行过此类早期航行，一般是在交船过早时才进行。

这份声明还提到："由于邮轮状况已经适于航行，很多服务设施已经被数千游客使用。就和任何一个新的项目一样，我们仍然在完善一些细节，对此我们非常感谢游客们的耐心配合；一直以来，皇家加勒比国际邮轮公司的最高原则是确保所有游客的安全，所有船上维护管理工作都是根据最严格的标准进行的。"

该公司的发言人说船上只有水瓶座剧场（The Aqua Theatre）一处设施尚未启用，他否认公司曾试图对某些游客采取"封口"措施。

【知识点与技能点】

顾客投诉（Complaint）管理，是邮轮顾客关系管理的一项非常重要的内容。对于邮轮来讲，其工作目标是使每一位顾客满意。但事实上，由于邮轮是一个复杂的整体运作系统，而且顾客的个性千差万别，对服务的需求也是多种多样的，因此，无论多么豪华、多高档次的邮轮，无论邮轮经营多么出色，都不可能百分之百地让顾客满意。顾客投诉也是不可能完全避免的。邮轮投诉管理的目的和宗旨在于如何减少顾客的投诉，以及如何使因顾客投诉而造成的危害减少到最低限度，最终使顾客对投诉的处理结果感到满意。

前台作为邮轮和顾客之间的纽带，当顾客对邮轮产生不满时常常来前台投诉。前台员工需要掌握正确的投诉处理方法，妥善地处理顾客的投诉，将投诉造成的损失降至最低程度，并努力使每一位不满意的顾客转变为满意的顾客。

任务一　正确理解顾客投诉

一、认识顾客投诉的原因

投诉是指顾客对邮轮的设备、服务等产生不满时，以书面或口头方式向邮轮提出的意见或建议。邮轮顾客投诉的原因涉及方方面面，既有邮轮方面的原因，也有顾客方面的原因。分析顾客投诉的原因，往往集中体现在以下几个方面。

（一）邮轮方面的原因引起的投诉

1. 有关邮轮硬件设施设备的投诉

此类投诉是指由于邮轮的设施设备不能正常运行而给顾客带来不便，甚至伤害，引起顾客投诉。它包括顾客对空调、照明、供暖、供水、供电、家具、门锁、钥匙、管道、电器、电梯等设备、设施的投诉。此类投诉一般占有很大比例。即使邮轮采取了全方位的预防性维修与保养，也很难杜绝所有运转中的设备、设施可能出现的故障。因此，前台工作人员在受理此类投诉时，最好是协同有关部门的工作人员去实地观察，然后根据实际情况，配合有关部门一起采取措施解决。

2. 有关邮轮软件服务的投诉

此类投诉是指服务人员在服务态度、服务礼节礼貌、服务技能、服务效率、服务纪律等方面达不到邮轮服务标准或顾客的要求与期望，引起顾客的投诉，例如，服务人员对客服务中服务态度不佳，冷冰冰的面孔、无礼粗鲁的语言、嘲笑戏弄的行为、过分热情或不负责任的答复、出现差错等。据调查，此类投诉一般要占总投诉的一半以上。

3. 有关邮轮食品及饮料的投诉

此类投诉是指由于邮轮食品及饮料出现的卫生及质量问题，如不清洁、过期变质、口味不佳等引起顾客的投诉。邮轮的食品及饮料是除客舱及其他娱乐设施、设备外另一重要的有形产品，此类质量问题直接影响邮轮的声誉。

4. 有关邮轮安全状况的投诉

此类投诉是指顾客在邮轮上因人身安全、财产安全或心理安全受到侵犯而投诉，例如，顾客的隐私不被尊重顾客的财物丢失等。

5. 有关邮轮相应规章制度的投诉

此类投诉是指顾客由于对邮轮的有关政策规定及制度产生不满而引起的投诉。

我再也不会选择诺唯真邮轮了

我和儿子两人乘坐诺唯真邮轮去往夏威夷群岛旅游。我们购买了有两个独立房间的阳台舱，可最后却被安排进了一个沙发阳台舱，里面有一张大床及旁边一张平拉式的沙发。平拉式的沙发明显从我们住进去的第一天就有臭虫，因为我儿子第二天全身都是咬痕。淋浴坏掉了直到第三天才修好。我们的投诉无人理会，既没换到有两个独立房间的舱房，也没有人处理臭虫。我们不得不在邮轮停靠第一个港口时自己购买臭虫喷雾并杀虫。

然后，当我在船上主餐厅用餐时，我点了龙虾浓汤。吃的时候却发现汤里没有龙虾而且尝起来像南瓜汤。我告诉餐厅服务生说汤里没有龙虾，他笑了，说这就是南瓜汤，龙虾浓汤已经没了。我非常不开心，我付的是龙虾浓汤的钱，结果却收到南瓜汤而且无人告诉我龙虾浓汤已经没了。他们以为收我龙虾浓汤的钱却给我南瓜汤我不会发现，这简直太糟糕了。我不会再乘坐诺唯真任何一条邮轮了,我也不推荐你们乘坐。

(二)顾客方面的原因引起的投诉

(1)顾客对邮轮的希望要求太高,感到邮轮相关的服务及设施、项目没有达到应有的水准,不符合其心中的理想,未能体现出物有所值。一旦发现与期望值相差太远时,会产生失望感。

(2)顾客的需求及价值观念不同,对事物的看法及衡量的标准不一致,对邮轮宣传内容的理解与邮轮有分歧,导致其不同的看法及感受,从而产生某种误解。

(3)少数顾客的邮轮经验及投诉经验非常丰富,熟知邮轮的缺点及相关的法律规定,利用邮轮管理与服务中存在的不足和通常害怕把事情闹大的顾忌,力图通过投诉迫使邮轮给予他们较大的折扣及答应他们比较苛刻的条件。

(4)因顾客本身心情不佳,或其他非邮轮原因产生的不满在邮轮内宣泄,或借题发挥,或故意挑衅寻事,导致对服务的投诉。

除此之外,一些意外事件,如交通、天气、地震、台风等也会引发顾客的投诉,对此邮轮应做好安抚工作,稳定顾客的情绪,适当给予顾客补偿。

案例赏析

七种常见的邮轮投诉

1. 排队

不幸的是邮轮到处排队:登船排队、下船排队、乘坐摆渡船排队、用餐排队,有时观看演出也要排队。在离船登船日,成千上万的游客同时通过几个门口时,更容易拥挤。

2. 食物

食物可能是最为常见的邮轮投诉之一,但也是最难以衡量的,因为人们对食物的看法是非常主观的。一位游客认为非常棒的,另一位游客可能认为不好。若你从未参加过邮轮旅游,担心有不喜欢或害怕的食物,没有关系,现今邮轮上有太多选择,不要担心找不到喜欢的食物。而且记住你无需亲自动手烹饪,更无需餐后清理。

3. 港口取消

游客最讨厌港口取消,并且是正当取消。花费了几周甚至几个月的时间计划出游地或预订行程——却只等到邮轮取消对港口的访问。失望的心情是可以理解的,但尽量不要抱怨。几乎所有邮轮公司取消港口访问的理由都归结为安全问题。如果一个邮轮港口取消,港口税会退还给您。

4. 船上到处都是派对

邮轮又被誉为"派对船",如果以前从未参加过邮轮旅游,您可能会想到跳进悬挂于阳台上充满香槟的游泳池的人们。但请相信我,事实并不完全是这样的。如果您需要的是派对,邮轮上会有舞厅、钢琴酒吧或深夜甲板聚会可以参加。但同时在船上也很容易能找到安静平和的区域。邮轮的设计可满足不同年龄游客的需要,所以无论您是想参加聚会还是仅仅想放松,总能找到适合区域。

5. 着装代码

"正装晚宴"已经成为游客们的一个颇有争议的话题。这意味着在主餐厅用餐时游客必须精心打扮高雅用餐。然而,正装晚宴的"着装代码"很少强制执行。我见过一个穿着拖地晚礼服的女人坐在一群穿着蓝色牛仔裤和棒球帽的男人中间。许多人认为他们在度假,不应该太注重打扮,也不应该被强迫穿正式服装来享受包括在他们邮轮费用以内的餐饮。但是不强制执行"着装代码"意味着邮轮倾向于完全取消"正装晚宴"吗？随着邮轮上越来越多特色餐厅的出现，主餐厅也倾向于更加休闲的用餐体验。

6. 占位

有些人把毛巾或背包放到甲板的躺椅上占位。大多数邮轮会在45分钟后收起这些占位人的东西，保留到这些人回来领取为止，这样其他人就可以使用这些椅子。这很公平。但是当你走过一整排的躺椅（正好有一大片阳光）却发现都是空的但却被"占用"了时是如此令人沮丧。如果你注意到一张有其他人东西的躺椅已经空置了很长时间，若你想使用，只需礼貌地通知附近的船员即可。

7. 隐性花费

邮轮的"隐形"花费会让很多游客锱铢必较——但这些费用真的隐形吗？通过旅行社预订邮轮时，预订人员可能会告知您那些没有包含在邮轮费用中的消费，包括港口税费、小费、酒水、饮料、特色餐厅、SPA、医疗、岸上观光、旅游保险等。这些都不包括在游客的基础票价里，因此若不确定票价里包括什么不包括什么一定要提前研究。这样才会避免"惊喜"。

二、顾客投诉的类型

（一）典型性投诉

一位正在结账的顾客为等了20分钟仍不见账单而大发雷霆，要求邮轮给一个说法，这类问题便是由于邮轮的服务与管理不到位而引发的典型性投诉。

（二）非典型性投诉

付费餐厅的顾客用餐后对餐厅服务员讲"Judy，今天的食物太美味了，你的服务也很周到，非常感谢你们，就是餐厅温度低了些，我甚至感觉有些受凉。"这位顾客的上述讲话不大像是告状，但我们仍然应该把它视为投诉。因为顾客毕竟向我们传达了一种批评的信息。尽管他可能是随口而说，且并无怒气。次日，当她又一次来到餐厅时，经理走上前来对她说："女士，我们已把您对温度的意见转达给了工程部，他们及时处理过了，您觉得今天的温度怎么样？"尽管顾客只是说了声"谢谢，很好"，但她对邮轮的信心已大为提高。

（三）控告性投诉

此类投诉的特点是：当顾客的人身或财产受到伤害或损失时，顾客往往采取较为激烈的控告性投诉，并要求邮轮给出某种承诺或选择。

（四）批评性投诉

此类顾客通常很在意自己的心理感受，在自己受到冷遇、心怀不满时，情绪相对平静，但只是把这种不满告诉邮轮，向邮轮提出批评，以此希望引起邮轮的重视，不一定要对方作出什么承诺。

（五）建设性投诉

此类顾客通常非常理智，而且对邮轮的产品和服务非常熟悉，根据自身在邮轮的消费经历来评判邮轮的服务质量和服务水平，提出相关的意见和建议，而并不要求邮轮给予自己何种物质或精神上的补偿。

当然，投诉的性质不是一成不变的，不被理睬的建设性投诉会进一步变成批评性投诉，进而发展成为控告性投诉，或是顾客愤然离船，并至少在短期内不再乘坐。无论哪一种局面出现，对邮轮来说，都是一种损失。

如果我们对某些邮轮所接到的投诉进行统计分析，就会发现一条规律，凡控告性投诉所占比重较大的邮轮，肯定从服务质量到内部管理都存在着很多问题，过多的控告性投诉会使邮轮疲于奔命，仿佛一部消防车，四处救火，始终处于被动状态。其员工队伍也必定是缺乏凝聚力和集体荣誉感。而建设性投诉所占比重较大的邮轮，则应该是管理正规，秩序井然。

邮轮不断从顾客的建设性意见中汲取养分，以改善自己的工作，员工的士气也势必高涨，从而形成企业内部的良性循环。

案例赏析

有趣搞笑的邮轮投诉

英国一家旅行社最近发布了一些有趣、搞笑的邮轮投诉。请欣赏。

（1）一位丈夫利用为期两周的假期前往地中海的邮轮上庆祝蜜月。他抱怨邮轮工作人员没有将客舱装饰成白色，每天早上撒上玫瑰花瓣，没有私人管家提供香槟和草莓。邮轮工作人员声称并未收到该游客需要这些额外服务的任何要求。该游客希望邮轮员工能自己"知道"。

（2）一对乘坐地中海邮轮的夫妇抱怨船长非常粗鲁，没有遵守他们的要求让邮轮等候他们。这对夫妇在离船参观停靠港时，给船长留下了一张纸条，说明他们将在邮轮预订起航时间两小时后返船。他们的理由是"在港口需要做的事情太多啦"。当然了，当船长按照原定起航时间出发后，这对夫妇不得不赶上另一艘船才能在新港口追上他们的邮轮，然后他们要求邮轮公司赔偿。

（3）约克郡的一对夫妇抱怨他们邮轮上工作人员的友好。由于邮轮工作人员的服务太棒以至于他们不得不花费比原计划更多的小费。然后他们要求邮轮公司为他们多给出的小费赔偿。

（4）一位参加精致邮轮（Celebrity Cruise）的游客要求全额退款。据他声称，该公司应为其"虚假广告"而感到惭愧，因为其船上根本就没有名人。

（5）"我们预订了去水上公园的岸上行程，但是邮轮公司没人告诉我们必须携带游泳衣和浴巾。"

（6）"在邮轮上，我被一只蚊子咬了，邮轮公司没人告诉我蚊子会咬人。"

（7）"我们发现沙子跟你们邮轮公司宣传册上的不一样，你们宣传册上的沙子是黄色的，而实际的沙子是白色的。"

（8）一位女游客声称她被邮轮员工一直锁着并威胁要报警。而事实是，她将门后悬挂的"请勿打扰"牌误认为是必须待在房间的警示。

（9）"我和我的未婚夫预订了一间双床舱，但是上船后却被安排进了大床舱。我们觉得你们邮轮公司应该为此负责——我怀孕了。若我们入住的是之前预订的双床舱，这一切不会发生。"

（10）一位男游客抱怨：他非常不高兴，因为床"太舒服"，他的意思是"本来打算早起享受邮轮"，却因为床太舒服赖床导致其未能好好享受假期。

（11）一对夫妇对于他们所乘坐的邮轮看起来不像"泰坦尼克"号表达了他们的不满，他们说邮轮公司应明确注明该船与"泰坦尼克"号是不同的。

（12）一位乘坐从南安普顿出发的邮轮的女游客投诉，她不得不重新安排整个假期，因为她不知道乘坐邮轮需要携带护照。她显然认为只有乘坐飞机时才需要护照，并为此指责邮轮公司起航前一天没有短信通知她携带护照。

（13）一位参加阿拉斯加邮轮旅游的男游客抱怨天气比他预期的要冷得多。他想要能每天使用游泳池，皮肤晒成棕褐色。他说："所有的邮轮都应该是热的。"因此他要求赔偿由于"以为天气炎热只打包了少量衣物"而不得不买保暖衣物的花费。

三、顾客投诉的心理分析

当顾客在邮轮的消费过程中,遇到不满、抱怨、遗憾时,会有不同的反应,可能投诉,也可能不投诉,这与顾客的心理因素有关。

(一) 不愿意投诉的顾客心理

(1) 不习惯。有些顾客由于对高档服务环境规范不够了解而不投诉,而有些顾客则由于不习惯表达自己的意见而不提出投诉。

(2) 不愿意。有些顾客由于宽宏大量、善于理解他人而不提出投诉,生活方式为粗线条型的顾客通常也不愿意为小事投诉。

(3) 不相信。部分顾客会自认倒霉,认为投诉解决不了什么问题而不愿投诉。

(4) 怕麻烦。有一部分顾客会因时间紧迫不想多事而不愿投诉。

(二) 采取投诉的顾客心理

(1) 热心提出建议:生活严谨、认真的顾客。

(2) 想表现自己见多识广:表现欲强且有一定知识的顾客。

(3) 想挽回损失、保全面子:自我保护意识强的顾客及了解服务规范的顾客。

(4) 借题发挥:自控性不强或遇事个性太强的顾客。

(5) 无理取闹、无端生事:情绪不稳定、素质较低的顾客。

(6) 有意敲诈:存心不良、另有企图的顾客。

四、顾客投诉的性格分析

(一) 理智型

理智型顾客如果受到一种冷遇服务,或遭遇到一种较为粗鲁的言行,或是一种不礼貌的服务以后,往往会产生一种不满和生气的情绪。但他们不会动情,更不会因此而发怒,他们那时的情绪显得比较压抑,他们力求以理智的态度、平和的语气和准确清晰的表达向受理投诉者陈述事情的经过以及自己的看法和要求。理智型顾客很容易打交道,出现问题,只要对他们表示同情,并能立即采取必要的改进措施,他们会发出感谢之言。因为,这类顾客多数受过良好的教育,既通情达理又会在发生问题时表现出冷静和理智,所以他们提出的投诉较好处理。为此,邮轮应该注意向理智型顾客提供最佳服务,争取他们再次光临邮轮,他们是邮轮的主要顾客。

(二) 失望型

失望型顾客在遇到他们事先预订的服务项目,如餐厅预订因邮轮某些部门的粗心服务而被忘却、爽约,或当顾客所付出的费用与得到的服务产品质量不成比例,未能体现出"物有所值"时,都会引起顾客的失望、不满或发火。失望型顾客的情绪起伏较大,时而愤怒,时而遗憾,时而厉声质问,时而摇头叹息,对邮轮或事件深深失望,对自己遭受的损失痛心不已,是这类顾客的显著特征。处理这类顾客的有效办法便是让他们消气、息怒,即刻采取必要的补救措施。

(三) 发怒型

发怒型顾客很容易识别,在他们受到不热情、不周到服务时,或受到冷遇服务或碰到个别服务员粗鲁言行的场面,发怒型顾客很难抑制自己的情绪,往往在产生不满的那一刻就会发出较高的骂声,言谈不加修饰,不留余地。他们急于向邮轮人员讲清道理,获得理解,对敷衍塞责、拖拉应付的工作作风深恶痛绝,希望邮轮人员能干脆利落地解决问题,并要邮轮承认过失。对这类顾客的投诉,首先要使他们息怒、消气,然后耐心听取他们的批评意见。

五、正确理解顾客投诉

投诉是邮轮管理者与顾客沟通的桥梁,对顾客的投诉应有一个正确的认识。投诉是坏事也是好事，它可能使被投诉者感到不快，甚至受罚，接待投诉顾客也是一件令人不愉快的事，对很多人来说是一次挑战；但投诉又是一个信号，告诉我们邮轮服务和管理中存在的问题。形象地说，投诉的顾客就像一位医生，在免费为邮轮提供诊断，以使邮轮管理者能够对症下药，改进服务和设施，吸引更多的顾客前来乘坐。因此，邮轮对顾客的投诉应给予足够的重视。

（一）顾客投诉的必然性和合理性

邮轮向顾客提供的是服务产品，作为一种公开销售的服务产品，顾客有权对服务项目、服务设施和设备、服务态度、服务感情、服务程序、服务效率以及服务效果等产品质量进行评论。顾客投诉不仅仅意味着顾客的某些需求未能得到满足，同时也说明邮轮的工作有漏洞，实际上，投诉也正是顾客对邮轮服务质量和管理质量的一种评价。真正投诉的顾客并不多，虽然投诉并不令人愉快，任何邮轮、任何员工都不希望有顾客投诉自己的工作，这是人之常情。然而，即使是世界上最负盛名的邮轮也会遇到顾客的投诉。

（1）对邮轮来说，无论服务的软件和硬件多么完善，都不可能达到完美的程度，所以顾客的投诉是难于避免的。

（2）顾客的要求具有多样性和特殊性，可谓是众口难调。

（3）邮轮服务工作在运行中，难免有不尽如人意的地方。

（4）现在的顾客自我保护意识越来越强，他们清楚自己付出的较高费用应该享受的服务程度。

（二）顾客投诉的积极性和消极性

1. 投诉的积极因素

顾客来自四面八方，其中不乏有一些见多识广、阅历丰富的人。顾客从自身的角度对邮轮服务工作提出宝贵的批评意见，有利于邮轮不断改进和完善服务工作。所以，顾客的投诉是邮轮完善服务工作的一种信息来源，尤其一些善意的投诉正是邮轮所希望的。同时，通过对投诉的处理，邮轮加强了同顾客之间的沟通，进一步了解市场需求，提高竞争力，有利于争取更多的客源。因此，对顾客的投诉，邮轮应将其看做是发现自身服务及营运管理的漏洞、改进和提高邮轮服务质量的重要途径。

2. 投诉的消极因素

顾客在服务环境或公众面前投诉，会影响邮轮的声誉和形象，这是对邮轮最不利的消极因素。对于邮轮来说，争取和维持顾客是一件很不容易的事，如果对顾客投诉处理方式不当，顾客因不满而离去，真正受损失的还是邮轮；同时，有些顾客并不轻易投诉，而把不满留在心里，拒绝下次乘坐，或向其亲友、同事宣泄对邮轮的不满，这也影响了邮轮对外的形象和声誉。

事实上，投诉产生后，引起顾客投诉的原因并不重要，关键是邮轮怎样看待顾客的投诉，使用怎样的态度去面对，采取怎样的方法来解决顾客的投诉。成功的邮轮善于把投诉的消极面转化为积极面，通过处理投诉来促进自己不断提高工作质量，防止投诉的再次发生。

 **小资料**

顾客满意度调查

美国一家网站通过对顾客满意度的调查发现这样一些现象。

（1）多数公司对 96% 的顾客不满情况一无所知。

(2) 在提出投诉的顾客中，有 54%～70% 的人在问题获得解决的情况下就会再次光顾，如果问题解决得好，这个比例会攀升至 95%。

(3) 当一位顾客不满时，他平均会告诉 9～10 人，更有 13% 人会把这件事告诉 20 人以上。

(4) 平均每位提出投诉而获得圆满解决的顾客，会把其受到的待遇告诉 5～8 人。

(5) 问题没有得到圆满解决的顾客，会把他们的负面经验告诉 8～16 人。

(6) 大约 50% 的顾客，在遇到问题时选择沉默忍受，他们懒得投诉，只是默默地选择离开而转向竞争对手。

由此可见，正确地看待投诉和合理地处理投诉对邮轮发展顾客关系具有至关重要的作用。

(三) 顾客投诉对的作用

(1) 可以帮助邮轮管理者发现服务与管理中的问题和不足。

邮轮中的问题是客观存在的，但管理者不一定能发现。原因一是"不识庐山真面目，只缘身在此山中"，管理者在一家邮轮一工作就是几年，甚至几十年，长期在一个环境工作，对本邮轮的问题可能会视而不见、麻木不仁；而顾客不同，他们付了钱，期望得到与他们所付的钱相称的服务，某家邮轮存在的问题，在他们眼里可能一目了然。原因二是尽管邮轮要求员工"管理者在与不在一个样"，但事实上，很多员工并没有做到这一点，管理者在与不在完全两样，因此，管理者很难发现问题。顾客则不同，他们是邮轮产品的直接消费者，对邮轮服务中存在的问题有切身的体会和感受，因此，他们最容易发现问题，找到不足。

(2) 为邮轮方面提供了一个改善顾客关系、挽回自身声誉的机会。

研究表明：使一个顾客满意，可以招揽 8 位顾客上门，而惹恼一个顾客则会导致 25 位顾客从此不再光临。因此顾客有投诉，说明顾客不满意，如果这位顾客不投诉或投诉了没有得到满意的解决，顾客将不再光临该邮轮，同时意味着失去了 25 位潜在的顾客，无疑，这对邮轮是一个巨大的损失。顾客投诉给邮轮提供了一个使顾客由"不满意"到"满意"的机会，加强了彼此的沟通，消除了对邮轮的不良印象。

案例赏析

迪斯尼邮轮的游客满意度最高

虽然邮轮游客整体满意度很高，但是根据 J. D. Power 发布的 2013 年邮轮公司满意度调查报告，几乎每五个游客中就有一个在邮轮上遇到问题。该报告根据以下七个关键因素（按重要性排序）测量游客满意度：服务、舱房、餐饮、上下船、娱乐、消费和岸上观光。

主要结论如下。

(1) 迪斯尼邮轮（871 分）在所有邮轮品牌中整体满意度排名最高，其次是皇家加勒比（838 分）。

(2) 价格（53%）和以往出游的邮轮品牌经验（39%）是游客选择邮轮公司的两个主要原因。

(3) 一个人出游平均每人消费 1628 美元，一个 2～4 人的团队出游平均每个团队消费 2330 美元。

迪斯尼邮轮以 871 分（总分 1000 分）高居游客满意度榜首，明显高于报告 824 分的平均分，在娱乐和餐饮因素方面的表现尤为出色。皇家加勒比以 838 分排名第二，在服务方面的表现特别好。荷美邮轮以 835 分排名第三，也是在服务方面表现出色。

虽然服务、客舱和餐饮对总体满意度的贡献多达50%以上,但游客在邮轮上遇到问题的数量也对游客满意度和忠诚有重大影响。总体而言,18%的游客表示他们在邮轮上至少遇到一个问题。每名游客平均会遇到1.8个问题。

没有遇到问题或遇到一个问题的游客(分别为61%和55%)表示,他们"绝对会"乘坐他们最近乘坐的邮轮公司旗下的其他邮轮。遇到两至三个问题的游客,乘坐同一邮轮公司旗下的其他邮轮的可能性急剧下降(分别为33%和28%)。在行业平均水平以上的邮轮品牌中,68%的游客表示他们"绝对会"向他人推荐他们的邮轮,超过报告61%的平均值。高水平的游客满意度会转化为顾客忠诚。

选择特定邮轮航线的主要原因是价格(53%)。然而,在那些说"绝对不会"或"可能不会"再乘坐邮轮的游客中,消费是驱动因素,他们的总体满意度是614分。一人旅行的平均消费是1628美元,当旅行的人数增加到两人或四人时,该团队的平均消费是2330美元。在那些说"绝对会"再回来的人中,服务是他们决策的关键原因。

大多数游客通过以下几种方式了解其邮轮品牌:通过邮轮公司的网站(28%);以前曾乘坐过该邮轮的忠诚顾客(24%);通过朋友和家人的推荐(17%)。另外,电视在提高游客对邮轮的了解方面发挥了一定作用,2.8%的游客说电视广告是他们选择邮轮品牌的原因。

2013年邮轮公司满意度调查报告是在过去12个月曾乘坐过邮轮的3003名游客的反馈基础上完成的。该研究从2013年5月29日持续到2013年6月14日。值得注意的是,在排名高于报告平均水平的五个邮轮品牌中,皇家加勒比邮轮和精致邮轮隶属于皇家加勒比邮轮有限公司。荷美邮轮、公主邮轮(均高于报告平均水平)和嘉年华邮轮(低于报告平均水平)均隶属于嘉年华邮轮有限公司。

(3) 有利于邮轮改善服务质量,提高管理水平。

邮轮通过顾客的投诉不断地发现问题、解决问题,进而改善服务质量,提高管理水平。

(4) 投诉有助于创造常客。

目前,邮轮公司非常重视培养忠诚顾客,而研究表明,提出投诉而又得到妥善处理的顾客大多会成为回头客,所以,投诉在使邮轮为难的同时也创造了常客。

(5) 投诉说明顾客对邮轮还有较高的期望值。

通常,如果顾客认为某一邮轮令他不满是一个例外才会投诉,在该顾客心目中邮轮的形象远比现在顾客感受到得要好,顾客认为通过投诉,邮轮就会表现出应有的水平;如果顾客对某邮轮的服务不满而又认为该邮轮的正常水平就是如此通常也不会投诉,他会去寻找理想中的其他邮轮。

任务二 正确处理顾客投诉

一、顾客投诉处理的原则

在处理顾客投诉的过程中,邮轮方面要注意把握以下几个原则。

(一) 真心诚意帮助顾客

处理顾客投诉,"真诚"两字非常重要。应理解顾客的心情,同情顾客的处境,努力识别和满足他们的真实需求,满怀诚意地帮助顾客解决问题。只有这样,才能赢得顾客的信任和好感,才能有助于问题的解决。处理顾客投诉时的任何拖沓或"没了下文"都会招致顾客更强烈的不满。因此,邮轮要制定合理、行之有效的有关处理投诉规定,以便服务人员在处理投诉时有所依据。

（二）绝不与顾客争辩

处理顾客投诉时，要有心理准备，即使顾客使用过激的语言及行为，也一定要在冷静的状态下同顾客沟通。当顾客怒气冲冲地前来投诉时，首先，应适当选择处理投诉的地点，避免在公共场合接受投诉；其次，应让顾客把话讲完，然后对顾客的遭遇表示同情，还应感谢顾客对邮轮的关心。一定要注意冷静和礼貌，绝对不要与顾客争辩。

（三）"双利益"原则

处理投诉时，应真诚为顾客解决问题，保护顾客利益，但同时也要注意保护邮轮的正当利益，维护邮轮整体形象。不能仅仅注重顾客的陈述，讨好顾客，轻易表态，给邮轮造成不该有的损失；更不能顺着或诱导顾客抱怨邮轮某一部门，贬低他人，推卸责任，使顾客对邮轮整体形象产生怀疑。对涉及经济问题的投诉，要以事实为依据，具体问题具体对待，使顾客不蒙受不应承担的经济损失，邮轮也不应无故承担赔偿责任。仅从经济上补偿顾客的损失和伤害不是解决问题的唯一有效方法。

（四）切不可在顾客面前推卸责任

在接待和处理顾客投诉时，一些员工自觉或不自觉地推卸责任，殊不知，这样给顾客的印象反而更糟，使顾客更加气愤；结果，旧的投诉未解决，又引发了顾客新的更为激烈的投诉，出现投诉的"连环套"。

（五）尽快处理投诉问题

美国服务业质量管理奖的获得者帕特里克·米恩（Patrick Mene）总结了"1—10—100"的服务补救法则，即出现服务失误后，当场补救可能要使企业花费1美元，第二天补救的费用就会是10美元，而以后进行补救的费用会上升到100美元。这是对服务补救经济效益的最好诠释。

 小资料

100－1＝0 与 100－1＋1＞100

作为服务行业的一员，大家可能对"100－1＝0"这个定律都非常清楚，这个定律最初来源于一项监狱的职责纪律：不管以前干得多好，如果在众多犯人里逃掉一个，便是永远的失职。随后，这个定律慢慢的延伸到各个行业，在服务行业内，这一定律含有两层含义，第一层含义是对客服务是由一个个环节串成的，只要有一个环节没有让顾客满意，那么即使其他环节做得再好，顾客的满意度还是等于零；第二层含义是100个顾客中只要有一个顾客不满意，那么说明服务质量还是存在问题的。由此衍生出了"100－1＋1＞100"定律，该定律主要说明了服务行业中服务补台和服务补救的重要性，后面的那个"1"就是针对前面那个"1"所采取的补台措施。换言之，服务中出现投诉或差错并不意味着就是世界末日了，只要补台工作做得好，也许所产生的正面效果将超过原先预计的效果。

在阐述之前首先跟大家分享奔驰公司的一个经典案例，通过这个案例也许大家会对"100－1＋1＞100"定律有更加深刻的理解。有一次，一个法国农场主驾驶着一辆奔驰货车从农场出发去德国。可是，当车行驶到了一个荒村时，发动机出故障了。农场主又气又恼，大骂一贯以高质量宣传自己的奔驰骗人。这时，他抱着试一试的心情，用车上的小型发报机向奔驰汽车的总部发出了求救信号。这样的事情现在也经常发生，一般来说驾驶员只好自己找拖车把故障车拖到4S店进行维修，可是奔驰公司却不是这样做的，不仅用直升机将工程师和检修工人送到现场进行免费的维修，而且后来还为这位农场主免费换了一辆崭新的同类

型货车。结果也就可想而知了，法国农场主不仅没有了一点怨气，反而连连夸赞他们，夸赞奔驰公司。

从上述案例中可以明显看到，只要我们处理得当，那么坏事也会变成好事。统计结果表明：如果全球市场中的1个消费者对某产品或服务的质量满意，会告诉另外8个人；如果不满意，则会告诉25个人。这一正一负之差可以充分说明补台在服务中的重要性。那么服务补台又该如何操作呢？首先声明一点，补台的操作跟投诉的处理有相同点，但是又有区别，因为补台不一定要发生投诉后才进行；换言之，补台的范围比投诉处理更广。

首先，上至管理人员，下至普通员工，都要具有补台的意识，对于补台的重要性要充分认识，对于补台不及时所造成的负面影响也要有全面、清晰的认识，如果不够重视，那么势必会影响到接下来所采取的措施，甚至会对补台措施无动于衷。

其次，部门与部门之间、班组与班组之间、员工与员工之间要形成一种团队的氛围，不要因为这是某个人、某个班组或者某个部门产生的问题就熟视无睹或者一味地埋怨别人，而是要积极地为其他人、其他班组、其他部门做好补台工作。

最后，需建立首问责任制和快速反应机制。首问责任制即是任何员工预见顾客的需求、接到顾客的投诉或者收到顾客的请求后必须第一时间协助顾客解决，如果解决不了必须第一时间找到能够解决该问题的人，而不是相互推诿。而快速反应机制则要把顾客的任何需求作为当前最紧急的事来处理，不以"正在忙没时间""这不归我管"等任何理由来推脱，要让顾客感受到对他的重视。要做到真正在工作中贯彻这两种机制，就需要所有员工具备这种意识和具备解决问题的能力，这就离不开培训，除了服务意识方面的培训外，还有岗位技能的培训、部门/班组之间的交叉流程培训等。

"100－1＋1＞100"定律如果在邮轮工作中得到充分执行，那么邮轮不仅会少很多投诉的顾客，而且还会增加许多忠诚顾客和新顾客。

（六）解决投诉不应在公众场合进行

如果在人多的场合发生激烈的顾客投诉，需先陪伴顾客到安静、舒适并与外界隔离的地方，如办公室等，以避免顾客投诉的激烈情绪与批评在公共场合传播。要有礼貌地接待，请其坐下，最好与顾客一起坐在沙发上，使顾客有一种受尊重的感觉，再给顾客倒一杯饮料或茶，请他慢慢讲述。在态度上给投诉人亲切感。有人认为由女性负责人来接待顾客投诉比较合理，因为女性的微笑容易使暴怒的投诉者趋于平静。

（七）顾客投诉时要保持冷静

向邮轮服务好的方面引导，不要任由顾客贬低邮轮服务质量，否则容易引发"连锁反应"，最终使顾客对邮轮服务整体给予否定。

二、投诉处理的程序

接待投诉顾客，无论对服务人员和管理人员，都是一个挑战。要正确、轻松地处理顾客投诉，同时又使顾客满意，就必须掌握处理顾客投诉的程序和方法。

（一）做好接待投诉顾客的心理准备

1. 树立"顾客永远是对的（The guest is always right）"的信念

一般来讲，顾客来投诉，说明邮轮服务和管理工作有问题，不到万不得已，顾客是不愿前来投诉的。因此，首先应该替顾客着想，树立"顾客永远是对的"的信念。"顾客永远是对的"说明：顾客的需求在服务中是至高无上的，将这句格言作为处理邮轮员工与顾客之间的一种准则，是保证邮轮产品质量的标准之一。

正确理解"顾客永远是对的"。评判一件投诉处理结果的好坏，站在不同的角度，其标准是不同的。往往是顾客对其结果满意而邮轮却承受了重大的损失；反之亦然。因此，处理投诉的结果理想与否，主要视双方的满意程度而定。应该说投诉的处理没有固定的模式和方法，而应根据不同对象、不同时间、不同地点、不同内容、不同程度等采取恰如其分的措施和解决方法，力争达到双方都能接受的完美程度。在邮轮服务行业有一种约定俗成的说法："顾客永远是对的（The guest is always right）。"

规则一：顾客永远是对的。

规则二：如果顾客是错的，请参照规则一执行。

这是邮轮的服务宗旨，是服务观念需要达到的一种境界。但是，在具体处理顾客的投诉时，不应机械地、教条地去理解执行，还需认真分析，判断是非。一方面要为顾客排忧解难，为顾客的利益着想；另一方面又不可在未弄清事实之前或不是邮轮过错的情况下，盲目承认顾客对具体事实的陈述，讨好顾客，轻易表态，给邮轮造成声誉上和经济上的损失。

当然，一般情况下，在一些非原则性或非重大问题上，若邮轮与顾客之间产生纠纷，邮轮还是应该礼让三分，主动而又积极地改善与顾客的关系。所以，理解"顾客总是对的"应该持正确、客观的态度。应该这样认为：

"顾客总是对的"强调的是一种无条件为顾客服务的思想；

"顾客总是对的"是指一般情况下，顾客总是对的，无理取闹、无中生有者很少；

"顾客总是对的"是因为"顾客就是上帝"；

"顾客总是对的"并不意味着"员工总是错的"，而是要求员工"把对让给顾客"；

"顾客总是对的"意味着邮轮管理人员还必须尊重员工，理解员工。

 案例赏析

"顾客总是对的"的来历

故事发生在斯塔特勒（Statler）在麦克卢尔旅馆当领班的时候。

一位刚刚与餐厅服务员吵了架的顾客冲到服务台要值班员评理。值班员说："因为我认识那个服务员比你要早得多，所以我只好说他是对的。"顾客听罢，二话不说，收拾东西，结账离店。

看到这一切的斯塔特勒（Statler）在他的小本子上写下："顾客永远是对的（The guest is always right）。"老板对斯塔特勒说："你是不是对服务员太苛刻了，你甚至都不想打听一下服务员是否也有他的道理。"斯塔特勒回答："不是的，先生。我的意思是，服务员不应该与顾客争吵，不管什么原因都不应该与顾客争吵。您看，我们失去了一位顾客，不是吗？"

这就是"顾客总是对的"这句话的来历。

2. 要掌握投诉顾客的心态

第一，求发泄。顾客在邮轮遇到令人气愤的事，怨气满腹，不吐不快，于是前来投诉。

第二，求尊重。无论是软件还是硬件出现问题，在某种情况下都是对顾客的不尊重。顾客前来投诉就是为了挽回面子，求得尊重。

第三，求补偿。有些顾客无论邮轮方有无过错，或问题不论大小，都会前来投诉。其真正目的不在事实本身，而在于求补偿，尽管顾客可能一再强调"这不是钱的事"。因此，在接待顾客投诉时，要正确理解顾客，给顾客发泄的机会，不要与顾客进行争辩。如果顾客的真正目的在于求补偿，则要看自己有无权限。如果没有这样的权限，就要请上一级管理人员出面接待顾客的投诉。

3. 设法使顾客消气

先让顾客把话讲完，切勿乱解释或随便打断顾客的讲述。顾客讲话时（或大声吵嚷时），接待投诉者要表现出足够的耐心，绝不能随顾客情绪的波动而波动，不得失态。即使遇到一

些故意挑剔、无理取闹者，也不应与之大声争辩，或仗理欺人，而要耐心听取意见，以柔克刚，使事态不致扩大或影响他人（引导顾客理解邮轮服务好的方面，不要任由顾客贬低邮轮的服务质量）。讲话时要注意语音、语调、语气及音量的大小。

接待投诉时，要慎用"微笑"，否则会使顾客产生你在"幸灾乐祸"的错觉。

（二）认真做好记录工作

边聆听边记录顾客的投诉内容，不但可以使顾客讲话的速度放慢，缓和顾客的情绪，还可以使顾客确信，邮轮对其反映的问题是重视的。同时，记录的资料也是邮轮处理顾客投诉的原始依据。

（三）对顾客的不幸遭遇表示同情、理解和抱歉

设身处地考虑分析，要对顾客的遭遇表示抱歉（即使顾客反映的不完全是事实，或邮轮并没有过错，但至少顾客感觉不舒服、不愉快）；同时，对顾客不幸遭遇表示同情和理解。这样，会使顾客感觉受到尊重，同时也会使顾客感到你和他站在一起，而不是站在他的对立面与他讲话，从而可以减少对抗情绪。

例如，顾客对你说："你们的服务简直糟透了。"这种否定一切的说法显然是不客观、不恰当的。根据接待礼仪要求，正确的做法是先适当地满足顾客一下，"真抱歉，我们的服务工作是有做得不够好的地方"。等顾客的态度变得较为缓和的时候，再向他提出问题："为了进一步改进我们的工作，希望您多指教。您能不能告诉我，您刚才遇到了什么问题？"顾客发泄不满时要表示出宽容，不要计较他的气话，在适当的时候说："是的，是这样，关于这件事，您能否说得再具体一点？""现在我们有两种办法来解决这个问题，您看用哪一种办法好？"

（四）把将要采取的措施和所需时间告诉顾客并征得顾客的同意

如有可能，可请顾客选择解决问题的方案或补救措施。不能对顾客表示由于权限不够，无能为力，更不能向顾客作不切实际的许诺。既要充分估计解决问题所需要的时间，最好能告诉顾客具体时间，不能含糊其词，又要留有一定余地，切忌低估解决问题的时间。

（五）立即采取行动，为顾客解决问题

这是最关键的一个环节。顾客投诉最终是为了解决问题，因此，对于顾客的投诉应立即着手处理，如果是自己能解决的，应迅速回复顾客，告诉顾客处理意见；对真正属于邮轮服务工作的失误，应立即向顾客致歉，在征得顾客同意后，做出补偿性处理。

如若超出自己权限的，须及时向上级报告；确系暂时不能解决的投诉，要耐心向顾客解释，取得谅解，并请顾客留下地址和姓名，以便日后告知顾客最终处理的结果。

（1）把要采取的解决方案告诉顾客，顾客投诉的最终目的是为了解决问题，在解决顾客投诉所反映的问题时，应有多种解决方案。处理问题前应有多种准备，划清多条心理底线，预估顾客能够接受的条件。

（2）征求顾客的意见，请顾客自己选择解决问题的方案或补救措施，以示对他们的尊重。一般人的心理是最相信自己的选择。

（3）切忌一味地向顾客道歉、请求原谅而对顾客投诉的具体内容置之不理，也不可在顾客面前流露出因权限不够而无能为力的态度。

（4）把解决问题的时限告诉顾客，应充分估计处理该问题所需的时间。明确地告诉顾客，绝不能含糊其辞、模棱两可，从而引起顾客的不满，为解决问题增加难度。

（5）立即行动：应立即着手调查，弄清事实，找出根源。

（6）将解决问题的进展情况随时通知顾客。

（六）对投诉的处理过程予以跟踪

接待投诉顾客的人，并不一定是实际解决问题的人，因此，顾客的投诉是否最终得到了

解决仍然未知。事实上，很多顾客的投诉并未得到解决，因此，必须对投诉的过程进行跟踪，对处理结果予以关注。

（七）检查落实、记录存档，同时感谢顾客

需要联系检查、核实顾客的投诉是否已经圆满解决，并将整个过程记录存档，作为日后工作的依据。与此同时，应再次感谢顾客，感谢顾客把问题反映给邮轮公司，使邮轮公司能够发现问题，并有机会改正错误。这样，投诉才算得到真正圆满的解决。

处理顾客投诉的程序可概括为下列模式，即：
(1) 承认顾客投诉的事实（Get the Facts）；
(2) 表示同情或歉意（Sympathize or Apologize）；
(3) 同意顾客的要求并采取措施（Agree and Act）；
(4) 感谢顾客的批评指教（Thank the Guest）；
(5) 快速采取行动补偿顾客的损失（Act Promptly）；
(6) 落实、监督和检查解决顾客投诉的具体措施和结果（Follow-up）；
(7) 总结提高（Summarize and Improve）。

三、投诉处理的艺术

为了妥善地处理顾客投诉，达到使顾客满意的目的，处理顾客投诉时要讲究一定的艺术。

（一）降温法

投诉的最终解决只有在"心平气和"的状态下才能进行，因此，在接待投诉顾客时，首先要保持冷静、理智；同时，要设法消除顾客的怒气。比如，可请顾客坐下慢慢谈，同时为顾客奉上一杯茶水或不含酒精的饮料（Soft Drinks）。

（二）移步法

顾客投诉应尽量避免在大庭广众之下处理，要根据当时的具体环境和情况，尽量请顾客移步至比较安静、无人干扰的环境，并创造良好的气氛与顾客协商解决。避免在公共场所与顾客正面交锋，影响其他顾客，可能会使邮轮公司及投诉顾客都下不了台。

（三）一站式服务法（One-stop Service）

"一站式服务法（One-stop Service）"也称为"首问负责制"，就是顾客投诉的受理人从受理顾客投诉、信息收集、协调解决方案直至处置顾客投诉的全过程跟踪服务。"一站式服务法"的具体要求如下。

(1) 快速。受理人直接与顾客沟通，了解顾客的需求，协商解决方案，指导顾客办理相关手续，简化处置流程，避免多人参与造成解决时间被延误，争取提高办事效率。
(2) 简捷。缩短处理顾客投诉所花费的时间，省去复杂的处理环节。
(3) 无差错。避免因压缩流程、减少批准手续产生差错，造成顾客重复投诉。

（四）交友法

向顾客表达诚意，同时，适时寻找顾客感兴趣的、共同的话题，与顾客"套近乎"、交友，解除顾客的戒备和敌意，引起顾客的好感，从而在投诉的处理过程中赢得主动，或为投诉的处理创造良好的环境。

（五）语言艺术法

处理顾客投诉时，免不了要与顾客沟通。与投诉顾客沟通时，特别要注意语言艺术，要注意运用礼貌、诚恳以及幽默的语言，另外还要注意避免无意中使用伤害顾客或容易引起顾客误解的语言。

（六）博取同情法

对顾客动之以情，晓之以理，让顾客理解问题的出现并非邮轮的主观意愿，而且邮轮也

愿意承担一定的责任或全部责任；必要时告诉顾客，赔偿责任将由当事服务员全部承担，以体现邮轮对投诉的重视，同时争取顾客的同情。在这种情况下，很多顾客会放弃当初的赔偿要求。

（七）多项选择法

此方法即给顾客多种选择方案。在解决顾客投诉中所反映的问题，往往有多种方案，为了表示对顾客的尊重，应征求顾客的意见，请顾客选择，这也是处理顾客投诉的艺术之一。

思考与训练

一、问答题

1. 如何正确理解顾客？
2. 与顾客沟通的技巧有哪些？
3. 如何理解邮轮忠诚顾客计划？
4. 投诉的原因有哪些？
5. 采取投诉的顾客的心理是什么？
6. 投诉的作用是什么？
7. 处理顾客投诉时应坚持哪些原则？
8. 复述投诉处理的程序。

二、实训项目

项目名称：顾客投诉处理。

练习目的：通过训练，使学生能掌握顾客投诉处理的程序和注意事项，并能根据投诉处理的程序熟练地解决顾客投诉，与顾客建立良好的客我关系。

实训内容：散客投诉处理程序。

测试考核：根据相关程序要求进行考核。

【课后阅读材料】

A day in the life of a Guest Rela tions Manager

It all begins at around 8∶00am when I begin to plan my day, this is so important as every day is different. There are departing and arriving guests almost every day, so I like to begin by writing a plan of who is leaving and who is arriving. Once I have all of my timings decided I pay a visit to the reception team to find out where my new guests will be staying. Once I know where they are staying I can prepare for their arrival by placing their hamper of local goodies and essential items into their residence and making sure that everything is as they requested it.

Next up I visit the Explorers club and welcome the children for their day of adventures. Our amazing childcare team have the club ready to open at 10∶00am, six days a week, and they take children aged 4 months to 12 years. I like to sit outside the club and catch up with the parents, usually once they've relieved themselves of their children! It's a great opportunity to find out how their holiday is going and if there is anything that I can do for them. They may ask me to do anything from finding a last minute table at a much sought after restaurant or arrange a special pink birthday cake for their child's birthday tea! I also love to speak with guests about their day's plans and recommend some places that I think they'll love, whether that be a surf lesson on the west coast or explo-

图 25-1 全球十大顶级豪华邮轮第九位——"精制水印"号

ring nearby towns.

　　Another big part of my job is to say goodbye to our departing guests, all of our guests arrive and depart from resort in a private taxi so I like to check that the vehicle is absolutely perfect and that the guests have everything that they need before they leave for the airport. It's also a great opportunity to collect feedback and I'm often sad to see my guests leave, especial ly their adorable children!

　　By now it's the early afternoon and time for a bit of a break before I return to work to greet arriving guests, because timings alter every day so does my spare time which means that I get to experience the surrounding area at different times of the day. If I have a morning off I'll usually spend a few hours on the beach or go for a walk and meet friends for coffee. In the afternoons I might go shopping and if I have a whole evening off then it's usually dinner with the childcare team. I always reserve my day off for the big adventures and really make the most of the local area.

　　I return to work in the late afternoon to greet arriving guests. Whilst they're checking in it's a great opportunity to get to know the children and tell them about the exciting things that they have to look forward to. Once the guests are checked in I walk them to their residence through the beautiful grounds pointing out all of the best spots to swim, relax and dine. Once in the residence I show them around and then leave them to relax and enjoy their holiday knowing that I will see them at the children's club and around the grounds.

　　As my working day comes to an end I spend time catching up on paperwork and making sure that I'm up to speed ready for the next day.

附录

邮轮前厅英语词汇

Aft/forward：往船尾叫"aft"，往船头叫"forward"。经常作为形容词使用，如"aft balcony cabins"或"Deck 8 forward"。

Available berth：可售舱房。

Abandon ship alarm：弃船信号。

Abandon ship drill：弃船演习。

Adaptor：转换接头。

Adventure cruise：探险航次。

Atrium：中庭（邮轮中间楼层的主要公共空间）。

Auditory assistance：听力帮助。

Assisted listening devices：助听设备。

Accessible gaming（casino）：无障碍赌场。

Accessible showroom seating：演出室无障碍座位。

Accessible public areas：无障碍的公共区域。

Accessible public restrooms：无障碍的公共厕所。

Assistant guest service manager/assistant guest manager：邮轮前厅部副经理。

Bow/stern：船的前半部分叫"bow"，船后半部分叫"stern"。

Booking form：预订表格。

Booking on baord：船上预订，指游客在邮轮的未来航程销售中心预订下次航程。

Bunker adjustment factor（BAF）：燃油附加费。

Baggage policy：行李条款，指游客登船时可携带行李的数量、重量和物品限制等。

Beuma：行李员。

Board：登船。

Boarding pass：登船卡、登船通行证等证明性材料。

Bibby cabin：特等舱房。

Boutique ship：精品邮轮，全部都是套房。

Braille signage：盲文标牌。

Butler：私人管家。

Cabin steward：客舱服务员。
Closed-loop sailing：指出发和返回都是同一个港口的邮轮航程。
Cabin balcony：客舱阳台。
Cabin voltage：舱内电压。
Captain's cocktail party：船长鸡尾酒会。
Captain's farewell dinner：船长告别晚宴。
Captain's welcome dinner：船长欢迎晚宴。
Cashless：非现金的、无现金的。
Casual dress：非正式着装。
Clearance officer：签证官。
Ceiling pullman：上铺，通常可折叠于舱壁。
Convertable lower beds：下铺可合并为大床的两个单人床。
Comments card：意见卡。
Commission policy：佣金条款。
Concierge：礼宾服务，宾客礼宾关系。
Concierge lounge/club：礼宾俱乐部。
Credit card：信用卡。
Credit watch：信用警告。
Crew laundry：邮轮上负责洗衣的服务员。
Crew mess：船员餐厅。
Crew quarter：船员宿舍，游客不能擅入。
Crew only：船员专区，游客不能擅入。
Cruise director：负责船上娱乐工作的服务人员。
Cruise tour：由邮轮公司提供的巴士岸上观光行程。
Captain：船长，船上的最高指挥官。
Cruise documents：邮轮船票、行李牌等相关资料文件。
Cruise counselor：邮轮顾问。
Cruise staff：邮轮员工。
Cruise terminal：邮轮码头。
Cruise tour：邮轮旅游。
Cruise tickets/E-ticket：邮轮船票、电子船票。
Category：（舱房）的类别、种类，如内舱房、海景房等。
Capacity utilization：入住率，舱位利用率。
Charter：包船。
Charter party：包船契约。
Charter purchase：包船租购协议。
Daily program：船上日程表，上面详述船上活动、注意事项等事项。
Deck：甲板。
Deck plan：甲板布置图（每一层的空间平面图）。
Disembarkation：离船、下船。
Downgrade：降低舱位，由高档次舱房降至低档次舱房。
Debarkation：下船。
Dealer：荷官。

Documentation officer/administration officer：证件管理专员。
Dress code：着装代码，指船上对游客穿着的要求。
Duty-Free shops：免税店。
Dry cleaning/laundry service：干洗/洗衣服务。
Embarkation：登船、上船。
Embarkation counter/check in counter：登记柜台。
Embarkation day：登船日。
Embarkation department：登船部。
Embarkation lunch：登船午餐。
Embarkation ladder：登船梯。
Embarkation agent：登船代理。
Embarkation officer：登船专员。
Early bird booking：早鸟预订，价格会有优惠。
Emergency card：应急卡。
Evacuation order：逃生顺序。
Friends of bill W：船上匿名酒会的代名词。
Friends of dorothy：GLBT（同性恋、双性以及变性游客）活动的代名词。
Fly cruise：长线邮轮旅游，通常需要海空联航。
Full-ship charter：整包船。
Family cabin：家庭套房。
Fire escape：防火逃生梯。
First seating：第一批次用餐，一般为晚6点。
Formal dress：正式着装。
Formal night：正装之夜。
Future cruise sales/next cruise：未来航程销售，下次航程销售。
Front desk manager/guest relations manager：前台部经理。
Galley：邮轮厨房。
Gangway：邮轮码头和邮轮之间让游客上下船用的那段舷梯。
Group coordinator：团队协调员。
Guarantee：担保预订，预订时不指定舱房，由邮轮公司指定房间，通常比正常的价格略低一些。
Guest service department：宾客服务部，即邮轮前厅部。
Guest relations desk：宾客服务台，即邮轮前台。
Guest service desk：宾客服务台，即邮轮前台。
Guest service manager/front office manager：邮轮前厅部经理。
Helideck：直升机甲板。
Hotel manager：酒店部经理。
Home port：母港。
In-cabin calling：舱内直拨电话。
In-cabin magazine：舱内杂志。
Inside cabin：内舱房。
Internet center：网吧。
International host or hostess/ambassador：国际翻译专员。

Liner keeper：舱房床品保管员。
Inaugural cruise：新船首航。
Lido deck：丽都甲板，即游泳池甲板。
Life boat：救生艇。
Life raft：救生筏。
Life buoy：救生圈。
Life jacket：救生衣。
Life preserver：救生用具。
Life saving equipment：救生设备。
Lobby deck：大堂甲板。
Logo shop：纪念品店。
Lower berth：下铺。
Library：图书馆。
Loyalty program：忠诚顾客计划。
Luggage tag：行李牌。
Maiden voyage：处女航，首航。
MDR：main dining room 的缩写，指邮轮上的主餐厅。
Muster drill/muster station：紧急集合演习和紧急集合地点。
Manifest：船上船员及游客名单。
Ocean view stateroom：海景房。
Ocean view stateroom with balcony：阳台房。
Onboard：登船、上船。
Onboard credit（OBC）：船上消费额，通常是指邮轮公司奖励或者补偿费用到邮轮的船卡账户上，游客可以用它在船上消费。
Onboard currency：船上通用货币。
Onboard/shipboard account：船上消费账户。
Onboard revenue：船上消费收入，指游客在船上酒吧、付费餐厅、赌场、岸上观光预订等的消费收入。
One piece evening gown：女士连身一体式晚礼服。
Online check-in/Web check-in：网上登记，游客登船前在网上办理登记服务，打印出登船所需的相关文件。
Operator：接线员、话务员。
Open-jaw sailing：单向巡航，出发和返回不在同一个港口。
Open seating：开放式用餐，指没有固定时间、地点、餐位的用餐方式。
Outside cabin：外舱房。
Owner's suite：专属套房，或主人套房。
Port/starboard：航海术语一般把右边称为"port"，左边称为"starboard"。
Porthole：舷窗。
Purser：收银员，主管财务和结算。
Passenger boarding bridge：游客登船桥。
Pre and post cruise package：巡航前后的套餐，通常指长线邮轮旅游。
Port agent：港口代理。
Port authority：港务局。

Port briefing/talk：港口说明会。

Port day：靠港日，通常指邮轮访问停靠港，游客可登陆游玩。

Port of call：挂靠港、访问港或停靠港。

Port of departure：始发港。

Port of desination：目的地港。

Port of entry：入境港。

Port of registry：船籍港。

Pre-sold shorex：预售的岸上观光行程。

Pax：乘客 passenger 的缩写。

Passenger profile：游客资料概况。

Priority check-in：优先登船。

Promenade：长廊，步行街，步行道。

Promenade deck：服务设施甲板，一般分布有步行街、咖啡馆、酒吧、商店等。

Quad share：四人间。

Receptionist：邮轮前台接待员。

Repositioning or repo cruise：转港航线，通常指邮轮从某个航行区域转到另一个航行区域。

Ratio of staff to passengers：船员与游客的比例。

Room service：客舱服务，特指客舱送餐。

Room attendant：客舱服务员。

Room move：舱房更换。

Passengers space ratio：游客空间比率。

Safe：保险箱。

Sea bands：防晕带。

Sea day：海上航行日，船方会组织各种各样的活动。

Seapass card：邮轮登船卡、邮轮船卡、邮轮房卡。

Second seating：第二批次用餐，一般为晚 8 点左右。

Self-service laundry：自助洗衣服务。

Shipboard announcements：船上广播。

Shore excursion：岸上观光。

Shore excursion desk/tour desk：岸上观光预订台。

Shoulder season：邮轮平季。

Sign on：签到，船员登船。

Sign off：签退，船员离船。

Specialty restaurant：付费餐厅。

Stateroom：客舱，特指游客的舱房。

Staterooms with wide doors：适合轮椅进出的宽门客舱。

Staterooms with low or no doorsills：低门槛或者无门槛的客舱。

Suite：套房。

Sun/sports deck：运动甲板。

Table card：餐席卡。

Tender boat：接驳船、摆渡船。有些港口邮轮无法停靠，这时候就需要将邮轮停在离港口较远的地方，然后用接驳船接游客上岸。

Transit passengers：中转游客，指连续航程（一个航次紧接着一个航次的）游客。

Traditional dining：传统用餐，指固定时间、地点、餐位的用餐方式。
Turnaround day：离船/登船日，是指在同一天有下船的游客也有上船的游客。
Upgrade：舱位升级、舱房升级，由低档次舱房升至高档次舱房。
Vip service：贵宾接待服务。
Voyage charter：航次包船，指某条航次由公司或旅行社包下。
Veranda cabin：阳台舱。
Visual assistance（visually impaired）：视力帮助。
World cruise：环球航线。
Wrap-around promenade：运动甲板上的环形跑步道。
Wheelchair passengers accepted：轮椅游客可选。
Wheelchair passengers must be accompanied：轮椅游客必选。

参 考 文 献

[1] 李肖楠. 酒店前厅运营与管理. 北京：化学工业出版社，2016.
[2] 吴玲. 前厅运行与管理. 上海：上海交通大学出版社，2014.
[3] 邮轮服务英语教材编写组. 邮轮服务英语. 北京：中国旅游出版社，2016.
[4] 陈增红. 邮轮服务礼仪. 大连：大连海事大学出版社，2016.
[5] 吉普森. 邮轮经营管理. 天津：南开大学出版社，2010.
[6] 程丛喜. 国际邮轮实务英语教程. 北京：化学工业出版社，2016.
[7] 刘艳. 邮轮旅游市场营销. 大连：大连海事大学出版社，2016.
[8] 上海国际邮轮旅游人才培训基地教材编委会. 国际邮轮旅游销售实务. 北京：中国旅游出版社，2014.